法院人员

分类量化考核管理

泉州市中级人民法院
姚丽青　主编

法律出版社
LAW PRESS · CHINA
北京

图书在版编目(CIP)数据

法院人员分类量化考核管理 / 泉州市中级人民法院 姚丽青主编. -- 北京 : 法律出版社, 2023
ISBN 978 - 7 - 5197 - 8350 - 1

Ⅰ. ①法… Ⅱ. ①泉… Ⅲ. ①法院 - 人事管理 - 研究 - 中国 Ⅳ. ①D926.2

中国国家版本馆 CIP 数据核字(2023)第 176533 号

法院人员分类量化考核管理
FAYUAN RENYUAN FENLEI LIANGHUA KAOHE GUANLI

泉州市中级人民法院
姚丽青 主编

策划编辑 沈小英
责任编辑 沈小英 任 娜 张思婕 王 鸿
装帧设计 鲍龙卉

出版发行 法律出版社
编辑统筹 法治与经济出版分社
责任校对 裴 黎 王语童
责任印制 吕亚莉
经 销 新华书店

开本 710 毫米×1000 毫米 1/16
印张 23 字数 397 千
版本 2023 年 9 月第 1 版
印次 2023 年 9 月第 1 次印刷
印刷 固安华明印业有限公司

地址:北京市丰台区莲花池西里 7 号(100073)
网址:www.lawpress.com.cn
投稿邮箱:info@lawpress.com.cn
举报盗版邮箱:jbwq@lawpress.com.cn

销售电话:010 - 83938349
客服电话:010 - 83938350
咨询电话:010 - 63939796

书号:ISBN 978 - 7 - 5197 - 8350 - 1
定价:148.00 元
凡购买本社图书,如有印装错误,我社负责退换。电话:010 - 83938349

编委会

序　言

习近平总书记强调："要建立科学规范的干部考核评价体系，形成激励干部求真务实的有效机制"[①]。党的二十大报告提出："完善干部考核评价体系，引导干部树立和践行正确政绩观，推动干部能上能下、能进能出，形成能者上、优者奖、庸者下、劣者汰的良好局面。"科学有效的干部考核评价机制是优化干部管理的必然之举、应有之策。

千秋基业，队伍为本；奖惩激励，管理为要。司法改革后，人民法院工作人员划分为法官、法官助理、执行人员、行政人员、司法警察、聘用人员等不同类别，如何对这些不同序列的司法工作人员进行科学合理、公正高效、规范有序的考核评价，成为摆在所有人民法院面前的重大而紧迫的课题。最高人民法院张军院长指出，绩效考核的根本是解决干与不干、干多干少、干好干差一个样的问题。要进一步做实全员考核工作，最高人民法院据此正于近期研究制定《法院人员考核工作指引》，充分发挥考核指挥棒、风向标作用，引导、规范、激励人民法院人员依法能动履职，推动新时代人民法院工作高质量发展。

---

① 中共中央党史和文献研究室编：《习近平关于力戒形式主义官僚主义重要论述选编》，中央文献出版社2020年版，第99页。

司改浪潮，如荼推进；创新之浪，潮起东南。2017年6月起，我先后在福建省三明市中级人民法院、泉州市中级人民法院（以下简称泉州中院）两地人民法院任职。作为中级人民法院"一把手"，我深知，建立一个导向正确、体系完善、操作规范、运用深入的干部考核体系，对充分调动人民法院干警工作积极性、推动人民法院高质量发展具有现实和长远的意义。"非知之难，行之惟难；非行之难，终之斯难"，我们从未停止过对司法各类工作人员考核管理工作的探索和实践步伐。在福建省三明市中级人民法院，我们初步探索构建了以量化为基础的分类考核体系，试行四年，干警反响普遍较好。到了泉州中院后，我们结合最高人民法院《法院人员考核工作指引》，在"三明实践"的基础上，进一步构建了更为完善的"分类＋量化＋加减＋智评＋运用"五位一体的司法工作人员考核管理体系，不仅在实践操作中得到了干警的普遍认可，也得到了最高人民法院、省人民法院以及省、市组织部门的高度关注和大力肯定，在福建省高级人民法院召开的全省中级人民法院院长座谈会上作经验推广。

考核之本，首在"分类"；人以类分，分而管之。"为政之要，莫先于用人。"在人民法院不同岗位上的人，也呈现工作性质、工作绩效等方面的差异性，因此需要探索一体化基础上的分类考核，强化精准性、体现差异性，同时兼顾不同类别人员的岗位特点，真正发挥激励争先的导向作用。我们坚持分类评价，针对员额制改革后人民法院队伍各类人员工作分工等方面的明显差异，对考核对象进行合理分类，将司法人员划分为"6＋1"类。"6"指的是员额法官、法官助理、执行人员、综合行政人员、司法警察和聘用人员六大类别人员，"1"指的是部门负责人，其中聘用人员按聘用书记员、聘用协警、聘用驾驶员等进行分类划分。根据不同岗位工作特点，通过合理的人员类别划分，构建起"一类一案""一人一表"的精细化考核体系，实现对人民法院干警日常工作表现的分类差异化评价，不仅激发了干警们在各自赛道上"向优者学、与快者比、跟强者争"的能动性，也为后续各项考核指标的设定奠定了良好基础，让"考核谁"更有区分度。

考核之要，难在"量化"；绩以量度，量而后比。古人说："称物平施，为政以公。"如何最大限度地公平评价员工，是考核管理最核心、也是最难的环节。结合最高人民法院指导意见和实践探索，我们认为，把工作业绩进行"量化"评分，以具体分值的形式体现出来并进行比较，是公平考核干部的最优解。所谓"量化"，就是采取百分制形式，考核得分由共性指标得分、综合评价得分和业绩指标得分三部分组成，其中业绩指标分值不低于满分分值的60%，力求做到“以事考人”。共性指标重点评价人民法院人员政治品质、道德品行、履职能力、精神状态、工作作风、廉洁自律等，以及正负向加减分项目。综合评价结合民主测评等形式，由分管领导、部门负责人、法官、审判辅助人员、司法行政人员等评分。业绩指标根据各类人员岗位职责不同，设置不同的业绩指标考核和不同的评价人员，以此更贴近部门或岗位特征，如员额法官、法官助理和执行人员的业绩主要从质量、效率、效果三个维度设置具体考核指标和计分分值，并突出质效导向，统筹好“有数量的质量”和“有质量的数量”；行政综合部门的业绩，可以采取基础分（平均分）结合加减分模式、目标绩效评价模式、按件计分结合加减分模式、综合评价模式；此外，围绕部门党建工作、目标绩效、队伍管理等情况对部门进行考核，部门考核结果作为确定部门负责人考核等次、调整各部门人员考核优秀等次比例的依据。通过“以事考人”，让“考什么”更有精准度。

考核之策，重在“加减”；有为则加，无为则减。人民法院工作千头万绪，除本职工作外，还有诸如服务保障大局、调研信息宣传、参与社区志愿服务等“业外工作”。如何有效激励干警参与“业外工作”的积极性，就必须建立相应的加减分机制。我们聚焦考核导向性作用，设置包括信息、调研、宣传、综合文稿、季度考核、表彰奖励、品牌亮点、办案（服务）竞赛、承担疑难复杂案件（急难险重任务）9个正向加分项目，激励全体干警积极“晒工作、晒成绩、晒创新”，让愿意多干活、能干活、出业绩的干警不吃亏。同时，坚持负面清单扣分，共设置廉洁自律、机关效能、案件监管等3个负向扣分项目，全方位规范干警言行，对踩“红线”的行为对照清单扣分，对干警出现严重不良影响的行为实行“一票否决”，以此拉紧干警工作与生活的“高压线”。通过合理实行“正向加分+负向扣分”，让“优与劣”更有辨识度。

考核之基，新在“智评”；数据跑步，管理省心。我们常说，“察势者智，顺势者赢”。当今时代最不可忽略的“势”就是信息化潮流浩浩荡荡，几乎所有工作都只有在科技的助力下才能具有更加长久的生命力。以往，在开展绩效测评之前，相关工作人员先到考核部门领取考核表格，并逐一发放至每一个人，在填写完成后，考核表格再按照流程返回到考核部门，整个流程不仅费时费力，还会出现漏发漏收的情况。泉州中院聚焦“怎么考”的问题，试行“传统录入＋智慧考评”的数据收集方式，通过数字赋能，实现考核工作由“纸端”进入“云端”的转变，不断提升考核工作科学化水平。另外，还自主研发分类量化考核软件，创新通过扫描“二维码”进行综合评价，实现数据填报“一屏掌控”、自动生成，并将分类量化考核软件直接接入人民法院人事信息管理系统和人民法院审判信息系统，实现数据信息共享贯通，所有干警均可随时登录查看个人排名，有效提升考核的透明度。通过创新采取“传统录入＋智慧考评”，让“怎么考”更有科技度。

考核之效，贵在“运用”；奖优惩劣，双向激励。考核的落脚点在于奖惩，考核的生命力在于运用。量化考核后，我们分别对“6＋1”类人员按照量化总分进行排名，并将量化排名结果作为职务职级调整、法官等级升降、绩效奖金分配、评优评先、交流任职、退出员额等的重要依据，使平时考核成为激发干部队伍奋发有为、担当作为的“指挥棒”。同时，对排名靠后的人员，采取必要的惩戒措施，如考核得分排名多次靠后的法官一般不得晋升领导职务，考核得分排名多次靠后且工作质效不高、能力较弱、态度消极的一般不得晋升等级、职级；对考核排名靠后、结果不理想的人民法院人员及时开展谈心谈话，让干事者有动力、干成者得实惠，充分调动干警的工作积极性和创新性。通过一体推进“量化排名＋兑现结果”，让“怎么用”更有公信度。

“知其理，方能得其法；得其法，方能善其治。”泉州中院在实践探索中走出了这条“分类＋量化＋加减＋智评＋运用”的考核管理新路径，让“实干者”有激励、“老黄牛”有动力、“老油条”有压力，既有一定的理论价值，也有现实的操作意义。时逢第二届海上丝绸之路（泉州）司法合作国际论坛在泉州召开之际，泉州中院撰写推出《法院人员分类量化考核管理》一书，以期更好地提炼理论、交流经验、启迪思维、推动工作。全书共分为十五章，第一章内容为司法改革后人民法院人员考核管理新形势，第二章内容为法院人员考核管理的模式探究，第三章内容为分类量化平时考核管理的总体架构，第四章至第十一章分章内容为员额法官、法官助理、执行人员、行政人员、司法警察、部门领导、聘用制书记员、其他聘用制人员等不同考核对象的职业特点、考核现状、考核路径，第十二章内容为人民法院人员共性量化考核内容，第十三章内容为分类量化考核系统建设及应用,第十四章内容为将考核结果广泛运用到干部管理全过程,第十五章内容为人民法院人员分类量化考核管理的发展走向。因时间仓促、水平有限、工作仍在不断完善中,还望读者批评指正、不吝赐教!

是为序。

姚丽青

2023 年 9 月 12 日

目 录

第一章 改革潮涌:司法改革后人民法院人员考核管理新形势 …………… 1
第一节 整体回溯:人民法院人员分类管理改革历程 …………………… 2
一、最高人民法院主导改革阶段 ………………………………… 2
二、中央主导改革阶段 ……………………………………………… 4
三、不同阶段改革比较分析 ………………………………………… 6
第二节 价值导向:人民法院人员分类管理改革目标 …………………… 8
一、审判资源优化配置 ……………………………………………… 9
二、法官职业化建设 ………………………………………………… 10
三、促进公正与效率 ………………………………………………… 11
第三节 审时度势:人民法院人员分类管理改革新要求 ………………… 12
一、新一轮司法体制改革对人民法院人员分类管理的新要求 ………… 13
二、依法治国新时代对人民法院人员分类管理的新要求 …………… 18
三、人民法院内部运行规律的新要求 ……………………………… 22

第二章 比较分析:法院人员考核管理的模式探究 ……………………… 24
第一节 英美法系:美国、英国等国家法院人员的考核管理模式 ………… 25
一、英美法系国家法院人员管理的基础 …………………………… 25
二、英美法系国家法院人员的分类现状 …………………………… 26

三、英美法系国家法院人员考核管理的考察 …… 28
四、英美法系国家法院人员考核管理的评析 …… 29
第二节 大陆法系:法国、德国等国家法院人员的考核管理模式 …… 30
一、大陆法系国家法院人员管理的基础 …… 30
二、大陆法系国家法院人员的分类现状 …… 31
三、大陆法系国家法院人员考核管理的考察 …… 33
四、大陆法系国家法院人员考核管理的评析 …… 34
第三节 中国特色社会主义法律体系:我国历次司法改革对人民法院人员考核管理模式的探索 …… 34
一、初步探索阶段:1978 年至 1996 年 …… 35
二、逐渐成熟阶段:1997 年至 2012 年 …… 36
三、全面深化阶段:2013 年至今 …… 38

第三章 最优路径:分类量化平时考核管理的总体架构 …… 40
第一节 现状检视:现有人民法院人员考核机制之短板不足 …… 41
一、行政思维习惯:简单将单位或部门绩效排名作为人员考核目标 …… 41
二、分类管理缺位:未能根据人员职业特点和岗位性质进行分类考核 …… 41
三、指标设置机械:简单机械核算办案工作量忽略了案件的差异性 …… 42
四、反馈运用不足:重考核结果轻反馈运用思维定式不利于人民法院队伍专业化、职业化建设 …… 42
第二节 反思解构:人民法院人员考核机制改革之价值分析 …… 43
一、考核理念:坚持科学管理 …… 43
二、考核体系:实现全员、全面、全时考核 …… 44
三、考核运用:树立鲜明导向 …… 47
第三节 进路探寻:人民法院人员“分类+量化”平时考核管理机制之重构 …… 47
一、遵循审判执行工作规律和特点,合理划分人民法院人员考核类别 …… 48
二、根据各类人员权力、责任清单、岗位特点与职责要求,确定量化考核项目 …… 49
三、实行平时考核,注重过程管理和结果反馈机制 …… 52

第四章　员额法官:推行以办案质效为核心的量化考核 …………… 56
第一节　职业架构:员额法官的特点及职责 …………… 56
一、革命化:坚定政治立场、宗旨意识和责任担当 …………… 57
二、正规化:相应的人权事配套制度保障 …………… 57
三、专业化:专业的法律素养保证 …………… 58
四、职业化:价值取向、行为模式和职业道德相一致 …………… 58
第二节　抽丝剥茧:员额法官考核工作的现状 …………… 59
一、法官考核制度的发展历程 …………… 59
二、现行的法官考核制度 …………… 61
三、现行法官考核制度存在的问题 …………… 64
第三节　考核路径:对员额法官进行量化考核 …………… 67
一、法官考核制度发展要求 …………… 67
二、法官考核制度的实践探索 …………… 70
三、法官考核难点:办案数量计算标准 …………… 72

第五章　法官助理:推行以辅助质效为核心的量化考核 …………… 80
第一节　职业探寻:法官助理的发展沿革及其岗位职责 …………… 81
一、法官助理制度的发展沿革 …………… 81
二、法官助理的职责内容 …………… 83
第二节　职业检视:法官助理考核的预期与现状 …………… 87
一、法官助理的制度价值与考核目标 …………… 88
二、法官助理考核机制的运行困境 …………… 92
第三节　职业展望:法官助理量化考核的路径 …………… 94
一、法官助理量化考核的基本方法 …………… 94
二、以量化表格构建精细化考核体系 …………… 96

第六章　执行人员:推行以执行质效为核心的量化考核 …………… 99
第一节　考核对象:执行人员职业的特殊性 …………… 99
一、执行人员制度发展 …………… 100

二、执行人员的岗位特点 …… 103
三、执行人员的职责内容 …… 108
第二节 考核现状:执行人员考核制度之不足 …… 111
一、执行人员绩效考核基本原则 …… 112
二、执行人员绩效考核的现状检视 …… 114
第三节 考核方式:执行人员量化考核指标与路径 …… 116
一、构建全面客观的执行人员量化考核指标 …… 116
二、执行人员量化考核具体操作 …… 119

第七章 行政人员:推行以服务质效为核心的量化考核 …… 124
第一节 岗位探寻:人民法院司法行政人员的职业特点 …… 125
一、职业新功能定位 …… 125
二、职业新特征分析 …… 126
三、职业新困境解析 …… 128
第二节 问题检视:人民法院司法行政人员的考核现状 …… 130
一、考核现状综述 …… 131
二、考核存在的问题 …… 133
三、问题原因探析 …… 135
第三节 摸石过河:人民法院司法行政人员的考核路径 …… 136
一、量化考核的现实条件 …… 137
二、量化考核的设计原则 …… 138
三、量化考核指标的确定与权重分配 …… 140
四、量化考核的组织实施 …… 145

第八章 司法警察:推行以警务质效为核心的量化考核 …… 147
第一节 职业特点:司法警察的历史沿革和职业现状 …… 147
一、司法警察的发展沿革 …… 148
二、司法警察的岗位特点 …… 150
三、司法警察的职责内容 …… 152
第二节 思路架构:司法警察考核工作的破题之策 …… 155

一、思路:推进司法警察工作现代化 …… 155
二、困难:在探索中不断前行 …… 157
三、解题:建立彰显司法警察特点的考核机制 …… 159
第三节 实操举措:司法警察考核工作的方法与步骤 …… 162
一、考核方式 …… 162
二、考核步骤 …… 163
三、结果运用 …… 164

第九章 部门领导:推行以管理质效为核心的量化考核 …… 166
第一节 特殊群体:人民法院部门负责人单列考核的必要性 …… 167
一、部门负责人的角色变迁及发展沿革 …… 167
二、部门负责人的岗位特点 …… 169
三、部门负责人的职责内容 …… 171
第二节 模式检索:人民法院部门负责人考核模式的多元性 …… 172
一、审判业务部门负责人考核现状 …… 173
二、行政综合部门负责人考核现状 …… 176
第三节 分类考核:人民法院不同部门负责人的考核路径 …… 178
一、审判业务部门负责人考核路径 …… 178
二、综合行政部门负责人考核路径 …… 181

第十章 聘用制书记员:推行以工作质效为核心的量化考核 …… 183
第一节 群体聚焦:聘用制书记员制度的发展和现状 …… 184
一、聘用制书记员职业发展沿革 …… 184
二、聘用制书记员分类和职责 …… 188
三、聘用制书记员岗位特点 …… 189
第二节 实践探索:聘用制书记员的考核现状 …… 190
一、聘用制书记员考核的司法实践 …… 191
二、聘用制书记员考核上级政策导向 …… 193
第三节 构建图景:聘用制书记员的考核细案 …… 194
一、聘用制书记员考核总体原则 …… 195

二、聘用制书记员考核主要方法 …… 196
三、聘用制书记员考核的主体 …… 197
四、聘用制书记员考核内容和程序 …… 198
五、聘用制书记员量化考核的创新运用 …… 200

第十一章 其他聘用制人员:推行以服务保障为核心的量化考核 …… 201
第一节 群体特点:其他聘用制人员的岗位职责和发展现状 …… 202
一、其他聘用制人员的分类和职责内容 …… 202
二、其他聘用制人员的岗位特点 …… 202
三、其他聘用制人员的职业困境 …… 203
第二节 问题剖析:其他聘用制人员考核的现实考量 …… 204
一、其他聘用制人员考核的实践意义 …… 204
二、其他聘用制人员考核的运行困境 …… 205
第三节 框架建构:其他聘用制人员的考核路径 …… 207
一、其他聘用制人员考核的总体思路 …… 207
二、其他聘用制人员考核的指标设定 …… 207
三、其他聘用制人员考核的结果反馈运用 …… 210

第十二章 共性指标:人民法院人员共性量化考核内容 …… 212
第一节 从严治院:人民法院人员队伍建设考核设计 …… 213
一、党建创建:队伍建设的引领工程 …… 213
二、机关效能:队伍建设的保障工程 …… 216
三、廉洁自律:队伍建设的底线工程 …… 218
第二节 广听民意:人民法院人员综合评价指标设计 …… 221
一、综合评价在干部考核中的实践背景 …… 222
二、综合评价在考核工作中的价值意涵 …… 222
三、综合评价在考核工作中的实践困境 …… 223
四、人民法院人员综合评价的考核路径 …… 224
第三节 激励担当:人民法院人员特殊工作正负向考核指标设计 …… 227
一、"正负向加减分"指标的设置意义 …… 228

二、"正负向加减分"指标的考核路径 …… 228
三、人民法院"正负向加减分"的可参考项目 …… 229

第十三章　考核载体:分类量化考核系统建设及应用 …… 233
第一节　宏观取向:分类量化考核系统建设构思 …… 234
一、绩效考核系统建设的目的及意义 …… 234
二、人民法院绩效考核系统建设现状 …… 235
三、分类量化考核系统建设目标 …… 236
四、分类量化考核系统整体架构设计 …… 237
第二节　系统架构:分类量化考核系统功能及模块设定 …… 237
一、绩效考核系统基础数据采集平台建设 …… 238
二、办案绩效考核规则配置建设及应用 …… 240
三、非办案绩效考核规则配置建设及应用 …… 244
四、绩效考核系统功能配置管理及应用 …… 245
第三节　赋能提效:综合评价测评的信息化需求及应用 …… 246
一、传统纸质化测评模式的弊端 …… 247
二、信息化综合评价测评的优势 …… 247
三、信息化综合评价测评实操 …… 248

第十四章　结果运用:将考核结果广泛运用到干部管理全过程 …… 250
第一节　精准画像:建立人民法院人员业绩档案 …… 251
一、业绩档案设计构想 …… 251
二、业绩档案总体框架搭建 …… 253
三、业绩档案智慧化生成模式 …… 255
第二节　打通应用:建立考核结果运用机制 …… 257
一、明确转化步骤 …… 257
二、在编干警结果转化 …… 258
三、聘用人员结果转化 …… 272
第三节　完善配套:建立结果运用保障机制 …… 274
一、明确考核全过程监督机制 …… 274

二、明确考核结果整改反馈机制 …… 275
三、健全考核结果整改惩处机制 …… 276

第十五章 前景展望:人民法院人员分类量化考核管理的发展走向 …… 278
第一节 整体检视:人民法院人员分类量化考核管理的“四个挑战” …… 279
一、量化考核管理法治化建设不足之挑战 …… 279
二、量化考核管理痕迹化倾向之挑战 …… 279
三、量化考核管理单一化评价之挑战 …… 280
四、量化考核管理形式化倾向之挑战 …… 280
第二节 固本夯基:人民法院人员分类量化考核管理体系的“四大基石” …… 280
一、坚持党对人民法院工作的绝对领导 …… 281
二、全面准确落实司法责任制 …… 282
三、深化司法管理体制改革 …… 283
四、巩固拓展智慧法院建设成果 …… 284
第三节 行稳致远:人民法院人员分类量化考核管理体系发展的四个现代化 …… 285
一、坚持科学理念引领,推进审判理念现代化 …… 285
二、聚焦人民法院队伍职业化、专业化与精英化发展需求,推进审判机制现代化 …… 288
三、围绕司法体制改革新目标,推进审判体系现代化 …… 291
四、建立干部信息数字管理系统,推进审判管理现代化 …… 294

附件1 福建省泉州市中级人民法院法院人员分类量化考核办法(试行) …… 296

附件2 福建省泉州市中级人民法院平时及年度考核工作实施方案(试行) …… 332

附件3 聘用制书记员绩效考核办法(试行) …… 336

附件4 平时考核发表情况 …… 346

第一章　改革潮涌：司法改革后人民法院人员考核管理新形势

成事之要，关键在人。习近平总书记强调："建立符合职业特点的司法人员管理制度，在深化司法体制改革中居于基础性地位，是必须牵住的'牛鼻子'。"[①]司法体制改革想要触及根本，取得预期效果，离不开对人民法院人及人的行为的管理。新一轮司法体制改革将人民法院人员分类管理改革作为推动司法体制改革行进的关键之举，具有深厚的理论支撑，符合司法规律，直接回应了现实需求。[②] 新时代新发展阶段，深化人民法院人员分类管理改革，既需要归纳总结改革新进展，更需要探索改革未来走向，不断深化对审判工作现代化规律的认识，不断适应新时代全面依法治国对人民法院人员考核管理工作带来的新机遇、新任务、新挑战。[③]

---

① 习近平：《论坚持全面依法治国》，中央文献出版社2020年版，第61页。

② 参见陈步云：《法院人员分类管理改革研究》，法律出版社2014年版，第79页。

③ 参见胡铭、陈喆：《新时代司法体制改革走向之展望》，载《理论视野》2018年第6期。

第一节　整体回溯：人民法院人员分类管理改革历程

伟大变革总是在时代呼唤和历史选择中诞生。恰如道格拉斯·诺思所言："如果不回顾制度的渐进演化，我们就不可能理解当今的选择。"只有对人民法院人员分类管理改革历程进行回溯，洞悉司法改革过程中人员分类管理出现的问题、改革的难点以及健全完善路径选择，才能解决人民法院人员管理为何进行分类，如何进行分类以及何以维系分类等一系列问题，从而不断适应新形势、新变化、新要求。

根据主导改革的主体不同，可以将人民法院人员分类管理改革划分为两个阶段，即最高人民法院主导改革的阶段和中央主导改革的阶段。① 两个阶段的划分以 2013 年党的十八届三中全会《中共中央关于全面深化改革若干重大问题的决定》的颁布为界，后者常被称为新一轮司法体制改革。

一、最高人民法院主导改革阶段

从既有司法改革实践来看，人民法院人员分类管理的理念可以追溯到 1999 年最高人民法院印发的《人民法院五年改革纲要》（以下简称《一五纲要》）。《一五纲要》要求建立书记员单独职务序列、对法官配备法官助理和取消助理审判员工作进行试点、对审判部门与司法行政管理部门的人员比例进行规定等明显体现了"人员分类""单独序列""员额配比"等人民法院人员分类管理的理念。② 人民法院系统官方文件正式启用"分类管理"这一术语可追溯到 2000 年。该年度最高人民法院工作报告提到"实现审判人员与行政人员的分类管理"。而司法改革文件第一次采用"分类管理"的表述可见于最高人民法院于 2002 年发布的《关于加强法官队伍职业化建设的若干意见》，③由此，人民法院系统人员分类管理改

① 参见强梅梅：《法院人员分类管理改革的历程、难点及其破解》，载《政治与法律》2017 年第 1 期。

② 参见王禄生：《我国司法改革的内卷化风险及其治理》，载《法商研究》2022 年第 3 期。

③ 最高人民法院于 2002 年发布的《关于加强法官队伍职业化建设的若干意见》明确提出，"对法官、法官助理、书记员以及其他工作人员实行分类管理，建立科学的管理制度，提高法院干部人事管理法制化、科学化水平"。

革正式拉开帷幕。

自新中国成立以来，人民法院书记员与审判人员同属行政干部序列，一直沿用着“书记员—助理审判员—审判员”的晋升模式。2003 年颁布的《人民法院书记员管理办法》是书记员管理体制改革的一个里程碑，规定了书记员的职责、要求新招收的书记员实行聘任制和合同管理，是第一个聘任制公务员管理的规范性文件，但是遗憾的是一直没有出台相关配套文件予以指导，也缺乏必要的保障制度，书记员体制改革没有在机制设计上得以实现。书记员在法官的指导下工作，也就意味着法官制度在没有合理变革的前提下，真正意义上的书记员单独序列管理是不现实的。

2004 年出台的《人民法院第二个五年改革纲要（2004—2008）》（以下简称《二五纲要》）把人民法院工作人员分为 7 大类并要求制定分类管理办法。① 同时，还要求建立科学、统一的审判质量和效率评估体系，统一法官绩效考评的标准和程序，从而在管理理念上将人员分类管理与绩效考评机制结合起来。2008 年，最高人民法院发布《关于开展案件质量评估工作的指导意见（试行）》，初步建立起人民法院案件质量评估体系，统一了全国法院案件质量的评估方法和评价标准。②

2009 年颁布的《人民法院第三个五年改革纲要（2009—2013）》（以下简称《三五纲要》）同样包含人员分类管理的内容，提出“完善法官及其辅助人员分类管理的制度。改革人民法院司法警察体制”，同时要求“研究建立适应性更强的编制制度，逐步实施法官员额制度；研究制定与法官职业特点相适应的职数比例和职务序列的意见”。《三五纲要》虽有法官员额制这一提法，但是由于涉及面广，且无相应的人事支撑和经费保障，被一些学者认为“多年以来并未取得实质性进展”。③

---

① 2004 年出台的《人民法院第二个五年改革纲要（2004—2008）》明确提出：“推进人民法院工作人员的分类管理，制定法官、法官助理、书记员、执行员、司法警察、司法行政人员、司法技术人员等分类管理办法，加强法官队伍职业化建设和其他各类人员的专业化建设。建立符合审判工作规律和法官职业特点的法官职务序列。在总结试点经验的基础上，逐步建立法官助理制度。”

② 参见张军：《开展案件质量评估　提高科学管理水平》，载《人民法院报》2011 年 10 月 17 日，第 2 版。

③ 徐昕、黄艳好、汪小棠：《中国司法改革年度报告（2014）》，载《政法论坛》2015 年第 3 期。

二、中央主导改革阶段

党的十八届三中全会的召开，让2013年成为新一轮司法体制改革"元年"，司法体制改革不再由人民法院、检察院各自单兵突进，而是上升为执政党的宏图大计。中央针对上一阶段改革中存在的问题，从顶层设计层面作出重要部署，并以法官员额制作为新一轮司法体制改革的突破口，着力推进司法人员分类管理改革。①

2013年3月，中共中央组织部、最高人民法院印发的《人民法院工作人员分类管理制度改革意见》对人民法院工作人员的范围和种类作出明确规定，人民法院工作人员是指纳入中央政法专项编制，依法履行审判、审判辅助、司法行政的在编在职人员。其中，法官是依法行使国家审判权的审判人员，审判辅助人员是协助法官履行审判职责的工作人员，包括执行员、法官助理、书记员、司法警察、司法技术人员、技术调查官等。由此，人民法院的司法人员分为法官、审判辅助人员和司法行政人员，为新一轮司法体制改革中做好司法人员分类管理工作的认识基础。

2013年11月，党的十八届三中全会决议通过《关于全面深化改革若干重大问题的决定》，从"推进法治中国建设"的战略目标出发，对深化司法体制改革，加快建设公正高效权威的社会主义司法制度，作了全方位的谋划部署和愿景勾画，提出"建立符合职业特点的司法人员管理制度，完善司法人员分类管理制度"，本条是对司法人员分类管理的一个总纲性的规定，既是对以往司法体制改革关于人民法院工作人员分类管理改革方向的肯认，也为后续开展一系列司法人员分类管理改革措施提供大政方针基础。司法人员分类管理真正作为一个影响法治国家建设进程的重大问题被提上了改革的日程。②

2014年7月，《人民法院第四个五年改革纲要（2014—2018）》（以下简称《四五纲要》）再次强调了要将人民法院人员分为法官、审判辅助人员和司法行政人员，各类人员采用不同的方式分类管理，加快推进改革进程。并首次明确提出，"建立法官员额制，对法官在编制限额内实行员额管理，确保法官主要集中在审

---

① 《人民法院司法体制改革十年成就述评》，载微信公众号"最高人民法院"2022年11月17日，https://baijiahao.baidu.com/s?id=1749672185809146556&wfr=spider&for=pc。

② 卞建林、王天保：《司法人员分类管理再思考》，载《内蒙古社会科学》2021年第6期。

判一线,高素质人才能够充实到审判一线”。对法官员额制的样态、内涵及目的作出明确规定。

2014 年 10 月,党的十八届四中全会决议《关于全面推进依法治国若干重大问题的决定》进一步提出,“加快建立符合职业特点的法治工作人员管理制度,完善职业保障体系,建立法官、检察官、人民警察专业职务序列及工资制度”,①再次强调了人民法院工作人员分类管理改革的必要性和紧迫性,要求对法官进行单独职务序列管理并完善工资制度等职业保障。

2015 年 9 月,中央组织部、中央政法委、最高人民法院、最高人民检察院联合印发的《法官、检察官单独职务序列改革试点方案》中强调了要开展法官单独职务序列和工资制度改革试点,促进法官队伍职业化、专业化建设。强调突出法官、检察官职业特点,建立有别于其他公务员的单独职务序列。至此法官等级与行政职级脱钩,实行单独管理,不同审级人民法院法官根据一定比例,实行按期晋升和择优选升相结合的晋升制度。

2015 年 12 月,最高人民法院会同中央编办、中央政法委、最高人民检察院印发《关于省以下地方法院检察院政法专项编制统一管理的试点意见》,提出省以下地方人民法院的机构编制管理工作,由省以下分级管理上收至省级统一管理。由此,国家既利用传统编制管理进行集中调控,又充分尊重自主建立的法官员额省级统筹机制。

2017 年 6 月,最高人民法院和地方各级人民法院均已完成首批员额法官选任工作。到 2017 年年底,初步建立符合司法职业特点的人民法院人员管理制度。截至 2018 年,即《四五纲要》收官之年,司法改革已从立柱架梁转入深化综合配套的“精装修”阶段。

改革行至深处,系统性、整体性、协同性要求也越发迫切,党的十九大作出“深化司法体制综合配套改革,全面落实司法责任制,努力让人民群众在每一个司法案件中感受到公平正义”的重大战略部署,提出要进一步健全职业保障制度体系,要完善法官选任机制和法官单独职务序列配套举措,实行编制动态调整、建立审判辅助人员任职和增补机制等问题予以明确,确保人民法院各类人员职

---

① 王禄生:《员额制与司法改革实证研究:现状、困境和展望》,东南大学出版社 2017 年版,第 9 页。

能分工清晰、职业前景明确、职业保障到位，推动全国人民法院人事管理系统化、专业化。深化司法体制综合配套改革可以全面激发改革的“联动效益”和“共生效应”，[①]确保各项改革举措形成整体合力，推动人员分类管理改革纵深发展。

2019 年 2 月，《关于深化人民法院司法体制综合配套改革的意见——人民法院第五个五年改革纲要（2019—2023）》（法发〔2019〕8 号）（以下简称《五五纲要》）正式提出建设中国特色社会主义人民法院人员分类管理制度和人民法院人员职业保障制度体系，实现人民法院人员的专业化和正规化建设，通过改革促进人民法院不同类别人员间形成职能分工明确、职业保障到位的人员管理体系。在更高站位、更深层次、更宽领域，以更大力度深化新时代人民法院司法体制综合配套改革。

2022 年 3 月，中共中央组织部会同最高人民法院印发《法官单独职务序列规定》，标志着中国特色法官职务管理制度基本定型并不断发展完善。

三、不同阶段改革比较分析

（一）从单兵突进向协同联动转变

人民法院人员分类管理是司法审判职能与司法行政职能分离的必然要求。[②]长期以来，传统体制下出现的司法权力地方化、审判活动行政化、法官职业大众化等问题，成为制约人民法院发展的瓶颈，改革传统司法体制的关键在于改革人事管理制度。最高人民法院主导阶段的人民法院人员分类管理改革主要进行了体制内的修补式改革，大多是在既有的司法体制框架下的工作机制改革，很多没有真正落地实施。司法体制改革既涉及中央和地方的关系，也涉及复杂的部门利益，需要加强统筹协调、协同联动、形成合力，最高人民法院主导的改革模式既缺乏强有力的领导主体统筹推进，也无法跳出既有的利益格局大刀阔斧进行根本性变革。一旦改革面临“利益”冲突，即可遭遇来自系统内外的双重“夹击”和阻力。随着改革的持续推进，最高人民法院主导下的单兵突进的“碎片化”改革无法适应改革需要，必须依靠各方协同作战，才能为改革发展革除羁绊、扫清障碍。

---

① 姜伟：《学习十九大报告重要法治论述笔谈》，载《中国法学》2017 年第 6 期。

② 参见李邦军：《论司法审判与司法行政之分离》，载《西南民族大学学报（人文社科版）》2004 年第 9 期。

而中央主导下的新一轮司法体制改革，是中央在全面深化改革的框架下统筹规划、一体推进的，被放在了全面深化改革的“沙盘”中，不同于以往人民法院系统内部实施的片面的、浅层的改革，不是简单的修补缝合，而是涉及深层次的体制调整，是全局性、颠覆性的变革。据统计，2014 年至 2021 年 5 月，中央全面深化改革领导小组（2018 年 3 月改为中央全面深化改革委员会）一共审议通过 60 余个司法改革文件，其中以人民法院人员分类管理改革为主题的文件有 7 个，涉及相关内容的文件更是多达 18 个。[①] 与最高人民法院主导改革的阶段相比，中央主导改革的阶段更加注重顶层设计，也更加容易调动各部门参与到改革中来，从而有利于各项改革举措的顺利推进。在中央的统一安排部署下，各地法院积极开展人民法院人员分类管理改革并取得了显著成效。

（二）从“纸面上的分类”走向“行动中的分类”

人民法院人员分类管理的理念从最高人民法院主导改革阶段开始就多次强调，最高人民法院多个改革文件中都有不同程度的涉及，但是改革成效并不显著，分类管理改革最终停留在人员分类的层面，即“纸面上的分类”，未真正按照人员分类进行管理。究其原因，可归结为以下三个方面：

一是制度设计过于原则，可操作性不强。最高人民法院主导改革阶段只提出要建立人民法院工作人员分类管理制度，但没有提供具体的改革步骤和分类管理的操作指南，也没有对改革结果形成有效的评价方式，执行者的自由裁量空间较大。具体的操作规范，基本上都采用授权式立法，由各改革试点单位自行制定具体的操作规定。这种授权式立法模式的效力层级较低，无法从根本上解决制约分类管理改革的因素，也因各地之间实践水平高低而出现改革效果参差不齐的现象。

二是人财物保障不到位，人员管理自主权受限。长期以来，我国司法设置和行政区划设置高度重合，人民法院、检察院人财物高度依赖地方政府。司法人员分类管理要求对法官、检察官实行有别于普通公务员的管理制度，如果没有切断人民法院在人财物等方面同地方的关联，人民法院无法真正实现对人员的自主管理，更遑论在普通公务员管理制度之外探索全新的管理制度。新一轮司法体制改革推出人财物省级统管的改革举措，就是为了扭转这种格局，从根本上革除

---

① 参见王禄生：《我国司法改革的内卷化风险及其治理》，载《法商研究》2022 年第 3 期。

人民法院地方化的弊端。

三是改革合力未凝聚,单一主体力量有限。改革牵一发而动全身,想要取得成功离不开“各负其责、合力攻坚”。最高人民法院主导下的人民法院人员分类改革未能有效获得其他部门的认同和支持,尤其是缺少了人事和薪酬部门的支持,导致很多改革措施只能流于形式,这也是改革长时间以来一直停留在人员分类层面上的重要原因。[①] “自己主导 + 自我改革”模式下的人民法院人员管理制度改革没有汇聚改革合力,实际推行起来困难重重,捉襟见肘。

人民法院人员分类管理从“纸面上的分类”走向“行动中的分类”,即从对人员进行分类层面(静态分类)进化为对人员进行分类管理层面(动态管理),关键在于分类后如何进行考核管理。以“事”的分流来影响对“人”的分类仅仅是纸面意义上的人员分类,无法实现改变我国人民法院审判权和行政权并行的二元结构,建立以法官为中心的内部管理结构的预期目标。有学者指出,在制度上尤其是法官职业保障制度上还没有构造出能够作为分类管理的“法官”时,表层措施不可能直接实现改革目的。[②]

在中央的统一安排部署下,人民法院人员分类管理才真正开始走向“行动中的分类”,通过进一步明确各类司法人员的职责权限、实行法官员额制、推进法官单独职务序列管理、完善法官职业保障、推行省以下地方人民法院人财物统一管理、构建合理的审判业绩考核制度等一系列重大的基础性改革,点面结合、统筹推进、重点突破,为人员分类后如何进行管理提供了更为全面、具体的制度保障,有力推动实现各类人员按其专业岗位特点分类管理。

第二节　价值导向:人民法院人员分类管理改革目标

任何制度改革均存在特定的价值诉求,遵循一定的价值导向,正如庞德指出,“价值问题虽然是一个困难的问题,它是法律科学所不能回避的。”[③]制度改

① 参见强梅梅:《法院人员分类管理改革的历程、难点及其破解》,载《政治与法律》2017 年第 1 期。

② 参见李浩主编:《员额制、司法责任制改革与司法的现代化》,法律出版社 2017 年版,第 256 页。

③ [美]罗斯科·庞德:《通过法律的社会控制、法律的任务》,沈宗灵、董世忠译,商务印书馆 1984 年版,第 55 页。

革缺少价值目标是不可想象的，犹如缺了一条腿只能跛足行走甚至动弹不得。[①]正在广泛推进的人民法院人员分类管理改革预期实现什么样的理想目标，是关乎改革举旗定向的基本问题。探寻人民法院人员分类管理改革目标必须置于整个司法体制改革的背景之下，充分理解人员管理对司法体制改革所起到的重要作用，通过一系列改革措施实现目标任务，进而促进司法体制改革落地见效、纵深发展。

一、审判资源优化配置

社会转型期以来，随着社会的急剧变迁，矛盾纠纷日益增多，民众权利保障意识不断增强，对司法定分止争的期望越来越高，有限的司法资源与增长的诉讼案件数量之间发生激烈冲突。“审判资源优化配置是法院人员分类管理的重要目标”，[②]在人员数量一定的前提下，如何对现有审判资源进行内部挖潜，合理优化配置审判资源，从而有效应对案件高位运行态势，是人民法院人员分类管理亟须面对的问题。按照经济学的理论，有限的资源应当“流动到最需要的地方”。为了满足人民群众日益增长的司法需求，人民法院的资源配置体系应围绕审判工作中心建立，审判资源应当优先服务保障审判一线工作。[③]

莫里斯·罗森伯格曾言，“司法是任何制度的集合体，即使有最明晰的规则、最透明的程序、最精巧的法庭技术，法官依然是最关键的因素”[④]。审判资源优化配置的关键点在于员额法官的配置。人民法院人员分类管理改革的一个重要内容是法官员额制，实行法官员额制，是优中选优，将最好的人力资源用于审判工作核心岗位。[⑤] 此外，将法官从事务性工作中脱离出来，专职于主持庭审、研究法律适用和决定裁判这一“最需要”的工作上来，可以有效提高人民法院系统人力

---

① 参见张文显：《法学基本范畴研究》，中国政法大学出版社 1993 年版，第 256 页。

② 上海市闵行区人民法院课题组、席建林：《员额制背景下审判资源有效配置研究》，载《上海法学研究》集刊(2019 年第 12 卷 总第 12 卷)——上海市闵行区法院文集。

③ 参见周迅、钱锋：《论审判资源及其配置——以基层法院为视角》，载《中国审判》2010 年第 1 期。

④ [美]莫里斯·罗森伯格：《司法的品质》，载美国亚利桑那州曼尼科巴高等法院编：《法官手册》“附 5 页”。

⑤ 参见石东洋、陈忱、刘新秀：《司法职业保障机制之路径：推进人员分类管理改革》，载《人民法治》2015 年第 3 期。

资源的科学配置和结构优化。①

“司法不是法官一个人的舞台,裁判不是法官的独角戏。”②审判资源的配置,既包括法官的配置,也包括法官助理和书记员等审判辅助人员的配置。法官要从烦琐的程序性、事务性工作中抽离出来又不影响审判工作的有序运行,必须依赖审判辅助人员的支持。没有科学合理、分工明确的审判辅助人员,人民法院的人员结构配置就是不合理的。根据司法改革的设计,将审判辅助人员细分为法官助理、书记员、执行员、司法警察、司法技术人员等几大类,确保各类人员结构符合审判规律要求,可以推动人民法院内部的各项权力在各自轨道上良性运转。

实行人民法院人员分类管理,通过厘清不同人员的权力职责,细化法官、法官助理和书记员分工组合的工作方法,构建以法官为主体、以法官助理与书记员为辅助的新型专业审判团队,形成符合不同审判条线特点的审辅搭配和审判团队人力资源配置优化方案,从而将具有审判资格的人员从行政事务中解脱出来,让审判人员专注于审判,让服务人员专注于服务,可以最大限度地发挥各类人员在案件办理过程中所承担的职责,有效提升审判资源优化配置水平。

二、法官职业化建设

“法律是靠人来执行的,司法的权力如果经过无知和盲从的非职业者之手,再神圣纯洁的法律也会变质。法治国家要求法律职业具有强烈的职业素质和专业特征。”③司法活动对专业性的高要求决定了其必须依靠高素质高专业化的法律职业群体,法律职业化建设之重要性不言而喻。而法律职业化建设又以法官的职业化建设为核心。④ “法官职业化是现代世界各国司法制度发展的基本趋势。”⑤作为现代司法制度的构造性因素,法官职业化要求我国司法改革应以人民法院人事制度为改革前置内容。⑥ 而人民法院人员分类管理作为人民法院人事

① 参见汤小夫:《关于优化审判资源配置的思考》,载《人民法院报》2014 年 7 月 23 日,第 5 版。

② 于柏华:《实用主义法律观之检讨》,载《学术交流》2014 年第 10 期。

③ 张文显主编:《法理学》,法律出版社 1997 年版,第 248 页。

④ 参见彭栖燃:《论法官职业化建设》,载《法制与社会》2017 年第 3 期。

⑤ 马建华:《法官职业化研究》,人民法院出版社 2004 年版,第 1 页。

⑥ 参见强梅梅:《司法人员分类管理改革的制约因素及其破解》,载《法制与社会发展》2016 年第 2 期。

制度的核心内容,其改革目标同样指向法官职业化建设。

“法官的职业化意味着法官在职业上必须具有独特的知识、技能、工作方法、行为方式以及思维模式,也意味着法官的资格有严格的标准,即并非人人都能当法官。”①法官职业化某种程度上意味着法官精英化,司法裁判的权威性和法官职业的专业性决定了法官应由法律精英和社会精英担任。传统司法体制下法官职业定位模糊,准入的门槛低,法官职业特性不受重视,其直接结果就是法官队伍整体素质不高、专业性不强,不具备法律专业知识和职业道德的人员也可成为法官。准确定位法官职业并将真正符合法官条件的高素质人才吸纳和固定到法官队伍,才能真正将法官职业化建设从理论层面推向实践维度,从根本上解决我国法官素质不够高的问题。

“人员分类管理是实现法官职业化的有效路径。”②就对法官本身的管理而言,司法人员分类管理改革通过对人民法院人员进行分类管理,突出法官在审判活动中的主体作用,实行法官员额制、严格法官职业准入标准、加强法官业务培训、建立审判业绩考核机制、健全职业保障制度以及监督制约制度等“一揽子”改革举措,推动法官职业群体从量的增加向“少而精”的质变转化,全面提升法官队伍能力素质水平。就对审判辅助人员的管理而言,司法人员分类管理改革可以通过加强审判辅助事务的集约化和专业化管理,服务和保障法官职业化建设。人民法院人员分类改革通过建立一套符合法官、审判辅助人员、司法行政人员职业特点和司法规律的人员管理制度,实现人民法院干部人事制度法制化、科学化,不断推动法官职业化建设。

三、促进公正与效率

“公正与效率”是实践高质量人民司法的核心要义,是人民法院工作永恒的主题,是我国司法的两条生命线。最高人民法院院长张军强调要“以公正与效率的统一答好司法工作人民满意的时代问卷”。司法体制改革的初衷即是解决实践中“司法不公”“司法腐败”“司法效率不高”“司法公信力不强”等问题,进而实

① 王晨光:《法官的职业化精英化及其局限》,载《法学》2002年第6期。

② 张志铭、李学尧:《论法院人员分类改革——以法官职业化为指向》,载《法律适用》2007年第1期。

现司法公正与效率的有机统一。[①] 人民法院人员分类管理改革作为司法体制改革的关键之举,其改革的最终目标也直指司法公正与效率。

人民法院人员分类改革以人事管理制度的变革为着力点,力图通过一系列人事管理举措提高人民法院队伍整体素质,从而更好地实现司法公平正义。建构这一行动秩序不仅要靠运转有序的人民法院,还需要有一支稳定可靠的司法队伍。人民法院司法实践的历史发展表明,公正司法不但须有依法独立公正行使审判权的司法体制构建及其制度安排作保障,而且也离不开一支高素质、过硬的人民法院队伍的精心锤炼和打造。[②] 而人员分类管理可以革除人民法院现行人员管理制度的弊端,打破传统上令下从、板结僵化的科层制官僚组织关系,去除审判工作的行政化,形成责任倒逼机制,实现"由审理者裁判、由裁判者负责"的审判工作方式,"使法官无须担心因秉公办案得罪他人而在职务上受到不利变动"[③],确保法官独立公正行使审判权。

谚有云,"迟到的正义非正义"。司法效率也是人民法院人员分类管理改革的目标追求。马克思·韦伯的分工理论认为,以专业能力为基础才能够形成新的以理性为准则的组织关系。司法人员分类管理改革正是建立在各类人员自身专业技术能力之上进行的分工,体现的正是专业化分工的内在要求,有利于建立富于理性和弹性的司法组织关系,使司法人员队伍结构更加优化,形成科学合理的办案团队,明确工作职责、规范工作流程,从而有助于司法效率的提升,促使司法活动更加合理化、更富有生机活力。

第三节　审时度势:人民法院人员分类管理改革新要求

通过历史追溯可以发现,真正意义上的人民法院人员分类管理改革是从2013年党的十八届三中全会《中共中央关于全面深化改革若干重大问题的决定》颁布开始的。2013年以来,新一轮司法体制改革如火如荼开展,依法治国全

① 参见吴卫军:《习近平法治思想中的司法体制改革理论研究》,载《比较法研究》2022年第5期。

② 参见牛建华:《科学的人员分类管理与法官制度改革》,载《人民法院报》2013年12月11日,第8版。

③ 程竹汝:《司法改革与政治发展:当代中国司法机构及其社会政治功能研究》,中国社会科学出版社2001年版,第367页。

面推进，中国特色社会主义进入新时代，人民法院人员分类管理改革面对新形势、新变化、新要求展开积极探索与实践。

一、新一轮司法体制改革对人民法院人员分类管理的新要求

人民法院人员分类管理是优化配置以法官为核心的人力资源，科学合理地核定法官员额及与其他人员的数量比例，开展分类人员单独职务序列管理改革，遵循司法职业规律和岗位特性，制定包括人员选任、考核、晋升与奖惩、职业保障机制等在内的配套管理制度的综合人事管理制度。如何真正将人员分类改革落到实处，优化审判资源配置，推动法官职业化建设，促进提升司法公正与效率，是新一轮司法体制改革的重要课题。新一轮司法体制改革在党中央统一领导下，加强顶层设计，从全局出发，战略性部署人民法院人员分类管理的各项任务与举措，自上而下有序推进。

（一）以事分岗：科学厘清各类人员职能权责

2013年，《人民法院工作人员分类管理制度改革意见》对人民法院工作人员的范围和分类进行了明确，将人民法院工作人员分为法官、审判辅助人员和司法行政人员，其中审判辅助人员包括法官助理、书记员、执行员、司法警察、司法技术人员等。有学者指出，在新一轮司法体制改革全面铺开之前，应认真研究人民法院各类人员职能、权限和责任的定位，以作为审判人员改革的基础。① 质言之，人民法院人员分类管理的基础性工程是以职能权责界定为基础对各类人员进行划分。这就要求按照人民法院各类人员的专业特点实行科学的分工定岗，对各类人员的岗位性质、权力、职责进行明确界定。首先，需要界定“审判工作”的范围，才能根据审判工作与非审判工作对于相应人员的需求，来确定审判人员与非审判人员的比例。其次，审判工作可进一步分解为必须由法官承担的工作与可以由审判辅助人员替代的工作。最后，在对审判事务、审判辅助事务和非审判事务界分清楚的基础上，对从事相应事务工作人员的权力职责内容作出具体规定。

具体而言，法官是根据国家和人民赋予的审判权从事案件审判的工作人员，主要权责包括：对当事人提交的证据进行全面审核，提出审查意见；提炼案件争议焦点，拟定庭审提纲，制作阅卷笔录；主持或指导法官助理就案件审理相关情

① 参见傅郁林：《以职能权责界定为基础的审判人员分类改革》，载《现代法学》2015年第4期。

况询问当事人，调取相关证据；在合议案件中，参与案件评议，如实汇报案情，就案件的证据采信、事实认定、法律适用及处理结果等，先行提出明确、具体的处理意见；制作或者指导法官助理制作审理报告、裁判文书，签署裁判文书等。

法官助理是指专职辅助法官办理案件的工作人员，主要职能是协助法官接待案件当事人；根据法官的指派组织庭前调解、庭前会议；协助法官调查、收集、核对与案件相关的证据材料；在法官的指导下，起草阅卷笔录、审理报告、裁判文书等。法官助理通过遴选考试可转任法官，法官主要从法官助理中产生。

书记员是指协助法官办理一系列事务性工作的审判辅助人员，主要负责庭前准备的事务性工作；负责各项记录工作；负责案件纸质卷宗移转；卷宗整理归档；完成法官、法官助理交办的其他工作。书记员有政法专编书记员，也有雇员制、聘用制、劳务派遣制的书记员，编制性质多样。

执行人员是在人民法院执行局负责执行工作的人员，根据当事人的申请和审判人员的移交，开展执行工作，实现生效法律文书确定的有关财产给付的内容。在执行活动中，根据需要，可依法采取强制执行措施，如查封、扣押、冻结、处分被执行人财产以及拘留被申请人等。

司法警察是指依照法律法规可以使用法律赋予的强制手段，维护审判机关的审判、执行秩序，保障法官和其他诉讼参与人的人身和财产安全的人民警察。其担负着值庭、押解、看管、送达、执行死刑等职能，并参与对判决、裁定财产的查封、扣押等强制措施的实施。

司法技术人员是指在司法活动中从事技术工作的专业人员，其主要职责包括委托司法鉴定、评估、拍卖、指定破产案件管理人司法委托案件的办理；为审判工作提供技术咨询和服务；负责计算机通信、办公现代化等司法科学技术的规划建设、开发应用和管理；维护视频会议系统的正常运行；等等。包括法医、鉴定人员和信息技术人员等。

司法行政人员是指人民法院中除审判业务部门工作人员外，主要从事财务、印章、档案、装备管理、政工人事、党建、纪检监察、工会等后勤保障工作的人员，主要分布在政治部、督察室、机关党委会、综合办公室、人民法院司法行政装备处（以下简称行装处）等部门。

（二）科学配比：合理确定各类人员比例

2013 年 3 月，中组部与最高人民法院联合印发了《人民法院工作人员分类管理制度改革意见》，要求各级人民法院要明确法官、审判辅助人员、司法行政人员的类别和职责，设置各类人员的员额比例，确定职务序列和职数，实施分类管理。人员比例如何分配问题，首先是员额法官的比例确定。新一轮司法体制改革中，中央将全国人民法院法官员额比例上限设置为39%，且赋予省级部门在省域范围内进行政法编制、法官员额的调配权力。如何具体确定法官的员额比例，不同的学者有不同的论述，但都将法官工作量作为最基本的考量因素。[①] 各地人民法院应根据审判需要和法官工作量合理确定法官的数量和比例，具体包括案件数量、人员结构、法官人均办案数、案件难易程度、程序特点等要素。其次是法官员额与法官助理、书记员的配比。在司法改革前，法官和审判辅助人员的比例小于1∶0.66，[②]审判辅助人员比例较低，新一轮司法体制改革应加强研究不同配比条件下法官的审判效率，进而找到三者之间的最优比例，从而科学整合并配齐一线审判力量，组建并优化办案力量与办案任务相匹配的审判团队，实行扁平化的管理模式。[③] 最后是司法行政人员数额比例的确定。新一轮司法体制改革后司法行政人员原则上不得超过中央政法专项编制的15%。

社会矛盾和案件数量的不断动态变化，要求制度本身必须具有一定的包容性和动态性。分类人员比例可以根据人民法院具体情况适时进行动态调整。2020年，最高人民法院印发《省级以下人民法院法官员额动态调整指导意见（试行）》，要求高级人民法院定期对辖区人民法院人员编制、案件数量、员额比例、法官人均办案工作量进行全面调查评估，提出动态调整使用意见。人民法院应建立各类人员比例动态调整机制，根据审判需要以及工作中出现的新变化、新情况，结合人民法院任务变化，做到以变应变，因地制宜，通过审判组织的子系统内部与人民法院其他系统之间的相互联系，确定各种变数的关系类型和结构类型，[④]对各类人员配比作出更优方案，不断优化审判资源配置。

（三）单独管理：实行各类人员单独职务序列

新一轮司法体制改革之前，我国对司法人员的管理基本套用行政管理模式，

---

① 参见陈永生、白冰：《法官、检察官员额制改革的限度》，载《比较法研究》2016年第2期。

② 参见胡仕浩、马渊杰：《2016：人民法院司法改革综论》（下），载《人民法院报》2017年1月1日，第2版。

③ 参见骆锦勇：《重视后员额制改革时期的挑战》，载《人民法院报》2016年10月21日，第2版。

④ 参见王成财：《中国法官员额制问题研究》，吉林大学2019年博士学位论文，第128页。

人民法院人事管理权受制于地方党委组织和原人事部门，物资经费保障依赖于地方政府的机关管理和财政部门，导致人民法院的地方化色彩比较浓厚，成为实现司法公正的主要障碍。①

建立符合职业特点的人员单独职务序列，是新一轮司法体制改革落实司法人员分类管理的一项重要举措。单独序列管理，就是要明确人民法院各类人员不同的工作职责，按照工作性质和岗位特点，对各类人员实行单独的管理制度，包括分类招录、选任、培训、等级评定、考核晋升、薪酬、交流转换、退休和监督一系列配套制度，从而实现各类人员分类管理全覆盖。即法官按照法官职务序列进行管理，司法警察按照警察职务序列进行管理，司法行政人员、法官助理、行政编制的书记员按照综合管理类公务员进行管理，聘用制书记员按照聘用人员管理办法进行管理。通过分类管理，打破目前人民法院内各类人员“一体化”的管理体制，建立各类人员的分途发展模式和差异化管理机制，②推动形成各类人员能上能下、能进能出、有效激励、竞争择优、严格监督、充满活力的用人机制。

（四）序列流通：畅通不同类别人员交流通道

实行司法人员分类管理是遵循审判工作规律、打造高素质人民法院干部队伍的内在要求，但分类管理并不意味着各类人员之间壁垒高筑、互不交流。人民法院内部的工作人员，相互交流和转任不存在实质性障碍。各类人员保持相对的稳定性是必要的，但也应保持各序列之间流通的可能性。③ 2013 年中组部、最高人民法院联合印发的《人民法院工作人员分类管理制度改革意见》规定：“根据工作需要，完善法官、审判辅助人员和司法行政人员的交流机制，一般在各自类别内交流，也可以跨类别交流。”如何有序推进人员分类管理下的跨序列交流，是新一轮司法体制改革对人员分类管理改革提出的新要求。

为保证跨序列交流的规范性，应明确跨序列交流的主体、交流的条件以及交流的具体程序。不同序列人员交流主要包括以下三种情形：一是审判辅助人员、司法行政人员转任法官。符合任命法官条件的审判辅助人员、司法行政人员，可

---

① 参见徐礼强：《深化司法人员分类管理改革研究——以上海司改及综配改革为样板》，上海交通大学 2019 年硕士学位论文，第 16 页。

② 参见范开尉、张帆：《法官管理，应当单独序列》，载《人民法院报》2014 年 4 月 1 日，第 2 版。

③ 参见强梅梅：《法院人员分类管理改革的历程、难点及其破解》，载《政治与法律》2017 年第 1 期。

以采取竞争性选拔或组织调整等方式转任法官,在中央政法专项编制、员额比例职数限额内,严格按照员额法官遴选办法转任法官。[①] 二是法官转任司法行政人员、审判辅助人员。法官在退出员额的前提下可以转任司法行政人员、审判辅助人员,并综合考虑其任职资历、工作经历等条件,比照确定职级。三是审判辅助人员和司法行政人员之间相互转任。法官助理与司法行政人员可以根据工作需要,相互交流任职,参加晋升时,相应层次的法官助理等级和公务员职务职级任职年限可以累计计算。

(五)考核管理:构建合理的分类考核制度

过去以公务员管理模式为基础的粗线条考核、统一考核、业务工作与行政工作混同考核的传统方式已经远远不能满足司法体制改革后的新要求,倒逼重构一套能够真实客观反映法官工作业绩的精准考核体系。[②] 对人民法院工作人员进行分类管理的同时,应积极探索与人员分类管理相配套的评价机制。

就法官审判业绩考核而言,相关考核制度应满足可量化、动态调整以及结果转化等条件。一是可量化,案件类型不同导致工作量存在差别,要如何准确科学评价不同类别、不同领域之间的法官工作量,考核不同法官之间的业绩指标,从方法层面来看,可以采用审判数据指标作为考评法官业绩的主要依据,以便体现精细化管理的基本思路。二是动态调整,在不同的月份或年度,人民法院的受理案件数与法官的年龄身体状况等都是变量因素。如果发生阶段性的明显起伏或变化,理当适时进行削峰填谷类的适当调整,以保证各个岗位职能的平稳协调运行。三是结果转化,包括正向运用和反向运用。正向运用要求除与绩效奖金分配挂钩外,要进一步拓宽考核结果运用领域,将评价结果更多运用于评优评先、职级晋升、等级晋升、职务调整、岗位交流和中层领导干部竞争上岗等方面,充分发挥绩效考核的“激励性”作用,有效调动各类人员工作积极性。反向运用则是将绩效考核结果与惩戒机制、退出机制等刚性制度衔接,切实发挥绩效考核的“约束性”作用,为完善人员分类管理、真正落实司法责任制

---

① 参见王立:《法院人员分类管理制度的路径与期许》,载《中国党政干部论坛》2015年第1期。

② 参见张星磊:《重构与司法改革相匹配的法官绩效考核体系》,载《人民法院报》2021年1月21日,第8版。

奠定坚实基础。[①]

此外,对人民法院领导干部、法官助理、书记员、司法警察和司法行政人员等亦应制定符合岗位特征和职责内容的评价制度,以此作为奖惩的依据,从而实现所有类别人员全覆盖考核管理,形成多种类、多层次、全方位的人员分类考核管理体系,有力地保证人民法院各项工作的顺利开展。

二、依法治国新时代对人民法院人员分类管理的新要求

党的十九大明确提出中国特色社会主义进入新时代。党的十九大报告指出:"深化司法体制综合配套改革,全面落实司法责任制,努力让人民群众在每一个司法案件中感受到公平正义。"党的十八大以来司法体制改革主体框架基本完成,这些缝隙在过程中将阻碍司法改革目标的实现,综合配套措施可以起到"查漏补缺"的作用,在巩固经验成果的同时弥补改革中的疏漏和不足。[②]

司法体制综合配套改革是在基本完成司法体制主体性改革任务、构建起"四梁八柱"的司法基础性制度后迈入的新阶段,是对司法改革举措配套完善、系统集成、提质增效的新阶段。[③] 在此背景下,司法体制改革和司法制度的中国模式开启了新征程,我国人民法院人员分类管理改革进入新时期,向完善已有改革的配套措施机制和保障措施机制方向纵深发展。

(一)完善审判人员权责清单

2019 年,最高人民法院印发《关于完善人民法院审判权力和责任清单的指导意见》,要求明确院长、庭长、法官依法行使职权的边界和责任。审判人员权责清单是在科学厘清人民法院各类工作人员权力职责的基础上对审判人员的进一步细化,明确各类审判人员权责边界,可以提高人员分类管理事权精准度,提升管理的科学性和有效性,同时消除权力行使过程中的"灰色地带",避免越权履职导致的风险隐患。

审判权力和责任清单既包括正面清单,也包括负面清单。其中,正面清单是"可以为"清单,明确规定了审判人员在案件办理和审判管理、监督等工作中

---

① 参见徐礼强:《深化司法人员分类管理改革研究——以上海司改及综配改革为样板》,上海交通大学 2019 年硕士学位论文,第 46 页。

② 参见郭志远:《司法体制综合配套改革:回顾、反思与完善》,载《法学杂志》2020 年第 2 期。

③ 参见黄文艺:《论深化司法体制综合配套改革》,载《社会科学文摘》2023 年第 3 期。

的具体职责；负面清单是“不能为”清单，明确指出了哪些行为属于违规办案、违法审判、违法监督管理、违反职业道德准则的行为。根据“两个清单”，只要院长、庭长在清单规定范围内，依法履行审判监督管理职责，就不属于违反规定过问和干预案件；相反，如果院长、庭长应当履行监督管理职责，却不履行或者怠于履行，还要追究监督管理不到位的责任。举例而言，作为与法官近距离接触的管理者，庭长在“六类案件”监督管理方面要高度关注案件事实、纠纷背景、群众诉求等重要工作，并在案件到期预警、“四类案件”管控签批等程序方面按照权责清单负起监管责任。① 各地人民法院应当结合本地实际，制定和完善本院权责清单，并将落实清单情况作为开展业绩考评、晋职晋级、法官惩戒等工作的重要依据。

（二）完善法官单独职务序列管理

随着法官纳入单独职务序列进行管理以及法官等级晋升的常态化，法官职级低、待遇差、晋升通道狭窄、职业尊荣感不高等问题得到根本扭转，为法官提供了更加广阔的职业发展空间。随着改革的深入推进，各地对员额法官进出政策不够明确、职业保障不够有力等问题反映较为集中，需要进一步完善相关管理制度。

一是健全员额选任与退出机制。员额的资格性与有限性决定了除因退休、辞职、调离等自然退出情形外，对于业务能力不适应、办案质效不达标的法官还应当有正当且合理的机制让其退出员额，这就需要在尊重司法职业特性的基础上，进一步规范员额退出的条件、程序和救济途径，从而实现与保障司法人员依法履职协同。2020 年，最高人民法院印发《人民法院法官员额退出办法（试行）》，针对实际工作中因辞职、调动、违纪违法等情形退出员额较多，因办案业绩考核不达标退出员额较少的问题，将“办案业绩考核不达标”的情形细化为五种具体情况，同时规定法官在退出员额后一般还可按程序重新申请入额。各高级人民法院还应当建立员额法官常态化增补机制，对辖区人民法院预留或空出的员额定期开展法官遴选，同时建立员额法官递补机制，在向省级法官遴选委员会推荐拟入额人选时，可按照一定比例推荐递补人选，出现空缺时可以直接从递补

---

① 参见袁长伟：《强化审判管理　让管理机制更加科学精准有效》，载《人民法院报》2023 年 5 月 13 日，第 2 版。

人选中推荐拟入额人选,从而形成“能进能出”的良性循环,以确保人“岗”相适、“额”尽其用。①

二是构建科学合理的法官等级晋升体系。各级人民法院员额法官均已完成法官等级确定工作,并普遍开展了等级按期晋升,但仍有部分人民法院没有进行择优选升工作。这项工作涉及广大法官职业发展和切身利益,需要加强与组织部门沟通协调,深入推进法官等级择优选升工作。此外,在法官的等级序列不断完善的基础上,对于法官等级的晋升标准和晋升条件要进一步细化,对各等级法官的晋升年限、晋升要求、晋升标准、晋升考核程序等内容要制定具体可操作的细则。

三是完善法官职业保障。司法人员独立行使职权并对案件质量终身负责,应当有相应的“利益支撑”,以维持和激励他们保持尊严、洁身自爱、投身事业。②完善员额法官单独职务序列管理应积极落实员额法官配套交流任职、医疗待遇、差旅补助、公车补贴、住房待遇等政策,推动完善法官退休养老政策,做好法官基本养老保险待遇衔接工作,确保法官职业保障落地见效。

(三)完善审判辅助人员管理制度

从新一轮司法体制改革实践来看,审判辅助人员数量不够,法官助理与书记员职责定位不清晰,法官助理后备力量不足,编制外辅助人员流动性大、保障不到位等问题,已成为制约人民法院良性发展的重要因素。应当进一步健全审判辅助人员选任、培养、使用、监督机制,积极协调有关部门,重点对管理体制、岗位职责、人员招聘、考核管理、内部监督、职业保障等统一规范,配套制定法官助理管理办法和书记员管理办法。

(四)完善人民法院人员内部交流机制

新一轮司法体制改革以来,各级人民法院认真落实中央决策部署和最高人民法院工作要求,加强干部交流,激发工作活力,取得了突出成效。与此同时,部分地方人民法院反映,目前内部交流政策不够明确,交流机制不够顺畅,导致综合部门与审判业务部门之间交流力度不够,中层干部队伍年龄偏大、职业晋升空

① 参见丁亮华:《新时代司法改革的逻辑展开与路径思考》,载《中国法学》2023年第3期。

② 参见丁亮华:《新时代司法改革的逻辑展开与路径思考》,载《中国法学》2023年第3期。

间受阻、年轻干部数量不足等问题较为突出。①

完善人民法院人员内部交流机制，是贯彻新时代党的组织路线和干部方针政策、加强人民法院队伍建设、深化司法人事制度改革的重要内容。② 为进一步加强人民法院人员内部交流，增强队伍活力，优化人才结构，2021 年 11 月，最高人民法院出台《关于建立健全人民法院人员内部交流机制的若干意见》，就健全人民法院人员内部交流机制，进一步拓宽法官、审判辅助人员、司法行政人员交流渠道，促进人民法院人员多岗位培养和锻炼提出了具体举措。建立健全人民法院人员交流机制，有利于全面培养高素质复合型人才，增强干部的积极性、主动性、创造性，有利于进一步加强人民法院人才储备，增强队伍凝聚力、战斗力，为新时代人民法院改革发展提供坚强的组织保证和人才保证。

（五）完善业绩考核管理方法举措

新一轮司法体制改革后，全国各地人民法院均不同程度地开展了法官绩效考评的探索，虽然在应用中取得了一些成效，但亦存在评估指标不够科学、考核标准不统一等问题。最高人民法院院长张军指出："考核工作我们一直都在做，但做得不够、抓得不实，距离党中央的要求，距离审判工作现代化的需求，还有差距。"③审判管理现代化是审判工作现代化的重要保障。新时代新发展阶段，应紧扣"公正与效率"主题，树立审判管理现代化理念，强化全员考核管理意识，不断推进业绩考核管理体系的标准化、科学化、智能化，持续完善符合司法规律的目标责任考核体系。

一是推进标准化管理。在兼顾案件类型和特征差异性的基础上，制定相对统一和稳定的管理制度和评价标准，切实解决多头管理、标准不一等问题，保障案件管理的一致性、稳定性和规范性。二是推进科学化管理。衡量案件管理科学与否，主要看约束和评价案件质效的指标是否符合司法工作规律。制定分类明晰、权重科学的绩效考核实施办法，认真研究绩效考核与新的指标体系衔接问题，把"案—件比"等新增指标纳入案件管理体系中，不断优化考核指标体系和考

---

① 参见叶健、侍东波、梁代杰：《〈关于建立健全人民法院人员内部交流机制的若干意见〉的理解与适用》，载《人民司法》2022 年第 1 期。

② 参见叶健、侍东波、梁代杰：《〈关于建立健全人民法院人员内部交流机制的若干意见〉的理解与适用》，载《人民司法》2022 年第 1 期。

③ 张军：《抓紧抓实抓好干部全员考核工作　以高质量干部考核推动审判工作现代化》，载《人民法院报》2023 年 7 月 25 日，第 1 版。

核方式方法，包括建立以审限内结案为核心的审判效率考核体系，探索科学精准的指标合理区间，探索一体化基础上的分类考核，引导司法人员在办案过程实现案件质量、效率、效果相统一。三是推进智能化管理。积极依托信息技术，开发人员分类考核管理信息系统，搭建与办案系统贯通的审判质效考核平台，实现考核结果自动提取、考核过程自动分析、考核排名实时呈现，为人员考核管理插上信息化的“翅膀”。

三、人民法院内部运行规律的新要求

尊重司法规律是司法体制改革的一个基本指导方针，人民法院人员分类管理改革旨在尊重司法活动的基本规律的基础上，构建科学的人员分类管理制度。随着司法体制改革的不断推进和深化，人民法院内部运行规律面临一些新情况，提出了新的任务要求，为了进一步激发改革潜力，更好地释放改革红利，人民法院人员分类管理改革也要因时制宜作出相应调整。

（一）健全人民法院内部监督工作体系

随着以司法责任制为核心的审判权力运行体系的逐步形成，人民法院内部监督工作应在遵循司法权力运行规律的前提下不断适应新变化、满足新要求。确立法官的办案主体地位，实行独任法官和合议庭办案责任制，推动实现“由审理者裁判、由裁判者负责”的同时要求加强内部监督管理。法官独立行使职权，并不意味着可以不受监督，但这种监督不应是以前审批制下的科层管理，而是程序设计内的机制约束。① 人民法院要因应形势任务的发展变化，遵循司法权力运行规律，结合自身实际，坚持内部监督工作正确政治方向，坚持内部监督工作与人员分类考核管理工作同谋划、同部署、同推进、同考核，牢牢把握加强内部监督工作着力点，深化内部监督制度“供给侧结构性改革”，推动形成系统完备、科学规范、运行高效的制度体系，切实提高内部监督工作质效。②

（二）深化司法体制改革与现代科技应用相结合

新时代新机遇，司法体制改革与现代科技深度融合并外化为智慧司法，正成为我国司法制度的新亮点、新气象。智慧司法以现代科技为支撑，聚焦互联网、

---

① 参见丁亮华：《新时代司法改革的逻辑展开与路径思考》，载《中国法学》2023 年第 3 期。

② 参见王喜凤：《浅谈加强人民法院内部监督工作的着力点》，载《人民法院报》2020 年 7 月 9 日，第 8 版。

大数据、云计算、人工智能、区块链等数字经济技术，将司法规律融入现代司法制度，全面重塑人民法院工作模式，推动司法审判和管理深度融入网络强国战略和数字中国建设。在新科技革命时期，深化人民法院人员考核管理工作与现代科技应用相结合的同时，应当坚守司法规律的客观理性，通过大数据、人工智能等现代科技的表象，深刻认识现代科技对司法而言的辅助性和保障性作用。①

① 胡铭、陈喆：《新时代司法体制改革走向之展望》，载《理论视野》2018年第6期。

第二章　比较分析:法院人员考核管理的模式探究

运用何种模式,选择何种标准,如何有效地对人员、部门和机构的工作进行考核,以帮助管理者改善组织绩效,历来是整个公共管理中的一个大难题。法院管理作为公共管理的子命题,自然也面临如何进一步优化人员考核管理的问题。英美法系和大陆法系国家基于特有的政治制度背景和司法文化传统,发展出了各具特色的法院人员考核管理制度。概括来说,无论是大陆法系还是英美法系国家,都对法官及其他辅助性人员的职责予以明确,以便分类管理,但在管理模式和具体做法上存在差异。大陆法系国家以“科层式”管理模式为主,倾向运用公务员管理的做法对法官进行管理,而对法官以外的人员则有的采用雇佣制管理,有的仍纳入公务员管理。英美法系国家则更多运用“协作式”管理模式,在法院人员的类别划分上并不彻底,尤其体现在法官和法官助理的分类管理上,而对由政府雇用的法院其他人员,仍然实行了严格的分类管理,并建立相应的考核奖惩机制。我国经过历次司法改革,对人民法院人员考核管理也经历了“初步探索”“逐渐成熟”“全面深化”三个阶段,从完全适用公务员考核管理模式,到推出针对法官的司法绩效考核模式,再到探索分类量化考核模式,人民法院人员的考核管理更加遵循司法运行规律。

第一节　英美法系：美国、英国等国家法院人员的考核管理模式

采取何种考核管理模式，在不同时期及不同国家、地区有所不同，既要考虑历史文化传统，适应政治制度背景，也要以组织发展为目标导向，因而，考核管理制度的选择具有原则性，要遵循某些规律，对不同国家或地区的法院人员考核管理模式的探索，往往离不开对其内在的历史文化传统、司法制度传统和司法制度特征等方面的考察。英美法系国家以美国、英国为代表，本节从英美法系的历史文化和制度传统出发，在考察美国、英国的法院人员分类管理的基础上，总结英美法系国家法院人员考核管理模式。

一、英美法系国家法院人员管理的基础

英美法系又称普通法系，是指英国从11世纪起主要以源于日耳曼习惯法的普通法为基础，逐渐形成的一种独特的法律制度以及仿效英国的其他一些国家和地区的法律制度，英美法系的代表国家包括英国、美国、加拿大、澳大利亚、新西兰等。英美法系将经验主义作为法哲学的灵魂和基础，对经验主义的崇信是英美法系区别于其他法系的独特之处。对英美法系国家来说，只有体验过的东西，即经验，才是有力的，而英美法系的普通法就是一种致力于经验的理性原则，这种对经验的崇尚使英美法系判例成为法律的主要形式，人们不相信毕其功于一役的大规模立法，尽管近年来英美法系国家制定法数量不断增多，但判例法的主导地位依然如故，制定法只是为弥补判例法的不足而出现的一种法律形式。[①]在法律思维的运用上，英美法系国家对于法律理性的确定性遇到的挑战更多，类比推理是法律思维的主要方式，在已有判决既判力的基础上，判决本身还设定了特定条件下法律规范的具体内容。因而，在英美法系的法官不仅是司法的中心，也是法律的中心。

基于该历史文化和司法制度传统，英美法系国家对于法官的选任和考核与其他法系也不同。在法官专业标准的要求上，英美法系国家与大陆法系国家的

---

① 参见张帆：《大陆法系与英美法系的差异》，载《求实》2011年第2期。

侧重点不同,前者十分注重法官的律师执业经历,就任职资格制度而言,最重要的是大学法科教育原则和法律实务经验原则,其目的在于通过严格的选任程序层层遴选出最优秀的人才。例如,美国公民成为联邦法官之前,必须先从大学法学院毕业并获得法律职业博士学位,然后经过考试成为律师,拥有 6 年以上的律师生涯,才能取得选任法官的资格;在英国,担任除治安法官外的地方法院法官必须拥有至少 7 年的出庭律师经历,而担任高等法院法官则必须拥有 10 年以上的出庭律师经历。[①] 英美法系国家由于实行一种"协作式"的管理模式,因而对于法院人员的分类管理并不是那么彻底,但在发展过程中,仍然建立了以法官为中心的人员分类管理制度,不断去除审判权运行及管理的行政化,形成职责清晰、管理严格、配置合理的人事体制格局,为形成加强法官独立履职的职业保障制度提供了重要基础,凸显了法官的职业地位和职业责任。

二、英美法系国家法院人员的分类现状

(一)英国法院人员分类

英国法院的人员分类呈现两个双轨制的典型特征,包括法官的双轨制管理,以及法官和行政人员的双轨制管理。在法官层面,类别大致可以分为治安审判官和职业法官,其中,治安审判官是英国刑事法院系统中最低一级的、不带工资提供义务服务的非职业法官,属于低级初审法官。而职业法官是独立性较高的英国职业法官阶层,这些法官一般出身社会上层,有着渊博的法律知识和实践能力,象征着法律和司法的威严。他们享有崇高的社会地位,比较少与当事人接触,社会活动也较少,极少受到行政干扰。职业法官在上诉法院和部分初审法院开庭,特别是高一级的法院和位于大城市的法院[②]。

法院辅助人员的类别包括法官助理、书记官、登记官、法庭记录官和法庭传达员、图书管理员。值得一提的是,英国的法官助理与我国一般意义上专职审判辅助工作的司法人员的角色不同,英国的法官助理更类似于一般工勤人员,这些职员都是政府的公务雇员,不是由法官或受法官控制的官员负责挑选。[③]

如前所述,英国法院的管理不是通过单一的综合上下级结构管理,其所采用

---

① 参见陈陟云:《法院人员分类管理改革研究》,法律出版社 2014 年版,第 112 页。

② 参见陈陟云:《法院人员分类管理改革研究》,法律出版社 2014 年版,第 89 页。

③ 参见陈陟云:《法院人员分类管理改革研究》,法律出版社 2014 年版,第 97 页。

的是法官和行政管理人员的双轨管理构架。这两条构架的最高层集中于大法官,但在他之下存在两类不同的上下级领导关系。[①] 也就是说,司法系统中有关司法审判的最关键部分完全由法官掌握和管理,司法系统中有关司法行政的最关键部分完全由行政部门掌握和管理。法院系统中从上到下都由法官在日常工作的处理中起主导作用,法官如同一家之主,主管法庭的工作,他们具有独立性,无论法官还是法庭都不属于大法官办公厅或任何政府部委管辖范围之内。而除法官以外的其他法院职员,包括法官的个人助理,都是政府的公务雇员,而不是由法官或受法官控制的官员负责挑选。法院辅助人员在定级、工资增长、提升、处分和解雇方面受公务管理人员管理。[②] 因此,司法部门完全依靠行政部门提供辅助工作人员,以协助其执行司法职能。

(二)美国法院人员分类

美国是典型的联邦制国家,在法院的设置上明显的特征便是有两种平行设立的法院系统,存在两种系列的法官,即联邦法院法官和州法院法官。联邦最高法院的大法官、各联邦巡回上诉法院和联邦地区法院的法官都由美国总统任命,并由参议院批准。美国《联邦宪法》第 3 条规定,这类法官应在“品行良好时任职”,这意味着这些法官除非被弹劾,将终身任职。州法院法官一般由州长任命,州议会认可,市立法院和高等法院的法官也可经由市或县范围内的无党派选举产生。除州最高法院的法官为终身制外,其他各级法院的法官的任期一般为 6 年,期满后可参加连任竞选。

在美国法院工作群体中,核心人物为法官,负责控制庭审程序作出裁决。以法官为中心的其他人员一般有:秘书,负责法官的日常事务,包括给法官整理文件、收取报刊和发送信件、接待来访者等;法官助理,主要职责是记录案件摘要,审查筛选上诉案,出席听证会,为法官准备与案件事实和法律相关的备忘录,与法官讨论案件,起草判决意见供法官审阅和批准;裁判官,由法院任命的协助处理法官事务的司法官员,履行一定的审判职能,进行证据调查,提出对争议事实的初步认定,发布各种执行令、处理各种申请书;法院书记官,主要负责法院审理案件的日程安排,保存法院诉讼程序记录和案件中使用过的证据,通知当事人开

---

① 参见陈陟云:《法院人员分类管理改革研究》,法律出版社 2014 年版,第 102 页。

② 参见最高人民法院中国应用法学研究所编:《美英德法四国司法制度概况》,韩苏琳编译,人民法院出版社 2008 年版,第 285 页。

庭等；法院管理官，是负责管理法院日常工作的非司法官员，他们的职能包括草拟预算、法院人员的招聘及管理、法院设施和案件登录档案的管理等；法庭记录员，负责记录法庭诉讼程序；法警，受司法行政部门指派，负责整个审理过程的执勤工作，对法官和陪审团提供官方保护，看管出庭的刑事被告。①

在联邦法院系统中设有联邦法院行政管理局、联邦司法中心、联邦司法委员会及巡回区司法委员会对联邦法院进行行政管理，联邦最高法院的首席大法官以及联邦上诉法院和地区法院的首席法官分别负责其所属法院内部的全面行政管理工作。首席大法官承担整个联邦司法系统的行政责任，担任联邦司法委员会主席和联邦司法中心理事会主席，负责挑选联邦法院行政管理局局长。上诉法院的首席法官承担其所属法院之外的行政责任，包括承担其巡回区内联邦地区法院的一些行政责任。地区法院首席法官负责总管法院全体非司法人员。与联邦法院的关系相比，州一级法院系统的管理状况比较落后，州法院管理的行政官员由州一级的终审法院、终审法院的首席大法官、首席法官或州一级的司法委员会任命。每个行政总管手下都配有工作人员，协助行政办公室的工作。行政办公室主要负责收集有关案件的受理和审结统计数字，以及准备有关州司法系统各方面的报告，但因各州的具体情况而异。在有些州，还负责组织州一级法院系统各级工作人员的州内培训班和进修会议。

三、英美法系国家法院人员考核管理的考察

英美法系国家在历史传统和司法制度方面有其独特的渊源和表现，也因此形成了与之相匹配的法院人员分类。而在考核管理方面，在20世纪西方国家率先将绩效考核管理模式运用到政府机构中，以英美为代表的西方发达国家以立法的形式来推进了政府绩效管理，已经建立起一套相对完整的绩效管理法律体系，让绩效管理不仅成为一种科学的管理方法，更形成一种法律制度②。

总体来说，国外学者专门针对法院人员考核管理的研究成果并不多，但许多国家已建立起了专业的监督考核机构和绩效考核指标。倘若司法系统对于法律适用有偏差，或者所做出的行为不符合相关的法律规定，那么作为监督考核机构

① 参见陈陟云：《法院人员分类管理改革研究》，法律出版社2014年版，第115页。

② 参见沐润：《法院绩效考核机制的评析及其完善》，载《云南大学学报（法学版）》2012年第2期。

就可以接受外部各界的投诉,同时拥有一定的权力对这些不端行为进行调查和惩处。可见,法官考核制度是具有较高的系统性。例如,美国在20世纪中叶开始,就针对法院建立起了高标准的管理制度,其司法绩效评估尤为注重社会公众的评价,其中透明性、便捷性、有效性参与均设置了当事人、律师、社会公众的互动评判程序。

在美国有十多个州采纳2005年美国律师协会制定的《司法绩效评价规则指南》,该指南绩效评估指标涵盖了法官的专业知识、诚信、沟通、管理等各方面的能力。运用科学的方法对资料收集统计,将绩效评估结果进行客观公正的反馈,用于改进司法体制建设。美国律师协会曾公布过具有代表性的四个州的司法绩效考评方案。这四个州的司法绩效考评制度各具特色,但也有共通之处:都有专门的绩效考核机构,均设立司法绩效评审委员会来负责各州的法官绩效考核工作;考核方式多样化,包括问卷调查、查阅案卷、面谈、法庭观察、召开听证会、法官自我评估等,其中问卷调查是各州普遍采取的做法,是对法官进行绩效考评的主要方式之一。各州的问卷调查对象也有所不同,但几乎都包括律师、法院职员以及陪审团成员;考评的内容大同小异,主要考评法官的公正廉洁程度、司法品性、裁判的知识与技能以及庭审控制能力等方面,注重对法官多方位的考核;考评结果主要用于为法官留任选举提供参考,同时提升法官的职业素质,确定未来重点培训和改进的方向。

四、英美法系国家法院人员考核管理的评析

英美法系国家法院人员考核管理采用的模式主要是基于司法绩效的考核管理模式,注重工作效率、工作质量、职业操守、团队协作等方面,同时注重员工的职业发展和培训,并以强调审判人员及审判业务相关人员的独立性和权威为主要特点和目标导向。在强调独立性和权威性方面,如《美国律师协会法官行为评估指南》规定,除因特殊要求,评估结果和资源不应被公开;只将个人评估结果提供给被评估的法官及其所在法院负责总体工作的法官;需要公布评估结果时,不能透露法官的详细姓名,也不得将评估结果用于法官之间的比较和排序,法官评估不包括对法官的惩戒,除非法律或职业行为准则规定,评估信息不得披露给负有惩戒职责的部门。这样的做法有力保障了法院人员不因外部考核的因素而影响审理公正和依法进行程序。

在绩效评估和薪酬制度方面,英美法系国家的法院系统通常采用与绩效评估相挂钩的薪酬制度,根据人员的表现进行评估,并给予相应的薪酬,这种做法旨在鼓励员工提高工作效率和质量,同时为法院系统提供了一种有效的管理工具。在重视员工的职业发展和培训方面,英美法系国家的法院为员工提供多种培训和发展机会,以提高他们的专业技能和知识水平,在帮助员工个人职业发展的同时,有助于提高法院的工作效率和公正性。以保障审判公正为目标而延伸的考核做法和特点,对于法院的考核管理具有一定的参考意义。

第二节　大陆法系:法国、德国等国家法院人员的考核管理模式

大陆法系与英美法系相比,存在许多差异,而这些差异产生的背后仍然离不开其历史文化传统和政治体制的影响,反应在法院管理当中也延伸出与英美法系不尽相同、甚至相反的做法。本节将结合大陆法系的历史传统和司法制度背景,在考察法院人员分类情况的基础上,进一步梳理总结大陆法系国家在法院人员考核管理上的特点。

一、大陆法系国家法院人员管理的基础

大陆法系,又称罗马法系或民法法系,是指欧洲大陆上源于罗马法,以罗马法为基础建立起来的法律制度。以及其他国家或地区仿效这种制度建立的法律制度。大陆法系的代表国家包括法国、德国、奥地利、比利时、荷兰、意大利、瑞士、西班牙、明治维新后的日本以及亚、非、拉部分法语国家或地区。大陆法系以理性主义为法哲学基础,普遍认为,通过人类的理性,可以发现一个确定的、永恒的规则体系,从这个原则体系可以推导出包罗万象完美无缺的法律体系,立法者的任务就是用法典形式推广这个结论,这种对理性的笃信使国家制定法成为大陆法系的主要法律形式。在法律思维上,大陆法系国家普遍采用演绎推理的司法认知模式,以法律规范为大前提,以案件事实为小前提,以结论作为推论的结果。

在这样的文化传统和司法制度之下,大陆法系国家对法官的专业性训练尤其重视,强调法官资格考试与职业见习的重要性。在大陆法系国家,获得法学学士学位是取得法官资格的首要条件,但这还远远不够。德国的大学法科毕业生

若要取得法官资格,须通过两次国家司法考试。第一次司法考试是在大学法学教育结束之际,通过者接受 2 年的培训,再参加注重实践能力的第二次司法考试,通过者方可获得见习法官资格。在日本,欲成为法官的大学法科毕业生首先要参加淘汰率高达 95% 以上的第一次司法考试,过关者再参加司法考试委员会主持的第二次司法考试,通过后成为司法研修员,在司法研修所研习 2 年后参加第三次司法考试,通过者方能获得见习法官资格。见习法官工作满 5 年以上,才能够取得法官资格。经过三次严格的司法考试后,只有约 1/60 的报考者最终能成为法官,对法官专业化要求可见一斑。①

大陆法系国家法院人员除了法官以及与法官审判案件联系最为紧密、直接协助法官做好审判辅助性工作的人员,还有一批从事纯粹司法行政管理工作的人员,另外,在一些国家还设有一些行使审判权及与审判权相关的一些权力的官员。为确保门类如此繁多的法院人员有序地履行其职责,各国法院均对其进行了分类管理。大陆法系国家由于奉行一种科层式的管理模式,将法官纳入国家公务员进行管理。对于法官以外的人员,有的国家纳入公务员序列管理,有的国家实行雇佣制管理。然而,共通的一点是,各国法院均根据法院各类组成人员的职位,明确了各类人员的职责,并建立了一系列的指标对其进行考核。

二、大陆法系国家法院人员的分类现状

(一)法国法院人员分类

法国的职业法官管理表现为一种二元体制。在法国,人们通常所论及的司法机关实际上是两个相互独立的法院系统,其中一个是行政法院系统,或称行政司法系统,另一个法院系统就是狭义上的行使司法权的典型系统,被称为普通司法机关。因而,在法国,法官按所属体系不同,可以分为司法法院法官与行政法院法官。在司法法院系统内,各等级法院内的法官享有相同的地位。而在行政法院系统内,由于没有一个真正的、适用于整个行政法院的统一规则,不同类型行政法院的法官在选任、晋升、惩戒等方面都有自己的特殊规定。②

① 参见最高人民法院中国应用法学研究所编:《美英德法四国司法制度概况》,韩苏琳编译,人民法院出版社 2008 年版,第 323 页。

② 参见金邦贵主编:《法国司法制度》,法律出版社 2008 年版,第 363 页。

法国法院司法辅助人员，主要包括书记官、司法执达员、司法鉴定人等。[①] 书记官的职责主要在于辅助司法官的工作，负责传唤当事人及证人、创作笔录、起草文件，向其他法院移送案卷及相关法律文书的副本，向当事人发送各种法律文书，协助法官前往当事人所在处见证其宣誓，负责收取与诉讼文书及执行程序有关的费用，并负责该费用数额的审核，向当事人提交收费的审核证明等工作。司法执达员是设在法院专门从事送达法律文书和实施民事执行行为的公务人员，一般的案件都是由司法执达员采取民事执行措施，强制债务人履行债务。在司法实践中，法国采取司法鉴定人注册制度，以确保法官可求助于不同学科的专家的意见。司法鉴定人相对独立于司法系统之外，不属任何司法机关管辖。[②]

在法国，司法部和司法部部长是司法制度的执行者和司法政策的生产者，也是保障司法运行的管理者，虽然没有任何权力行使或干涉法官和检察官的司法职能。然而，作为司法行政的最高官员，他负有领导全国司法行政的政治责任。一般而言，司法部部长有着与司法相关的重要权限之一就是负责管理从事司法职业的人事，国家正是以他的名义任命法官及司法部公共权力持有人，如司法执达人、法庭书记员等行政人员，并在法律的框架下执行纪律惩戒权，司法部部长同时是国家对司法机关的预算拨款、财政执行运行以及决算的负责人。为实现和履行司法部的这一职能，下设司法事务局，主管司法人员的人事事务，帮助司法部部长完成其司法行政管理职能。[③]

（二）德国法院人员分类

在德国，法官职务具有终身法官、任期法官、试用法官和委任法官等法律形式，取得法官任职资格后在法官岗位上服务 3 年以上的，可以被任命为终身法官，因而，终身法官是法官任用的常态。而在一名德国法官的整个职业生涯中，他的工作表现需要由其他法官进行定期评审。法官所在的法院分庭的主管法官负责承担对年轻法官工作进行评审的特别责任。资历较深的法官通常负责对年轻法官在其主持的法律程序的有效性及其书面法庭意见的质量方面进行评审。所有法官都会按效率受到评级，这种评级的衡量标准包括案件处理速度和撤销

① 参见金邦贵主编：《法国司法制度》，法律出版社 2008 年版，第 304 页。

② 参见金邦贵主编：《法国司法制度》，法律出版社 2008 年版，第 308 页。

③ 参见程春明：《司法权及其配置——理论语境、中英法式样及国际趋势》，中国法制出版社 2009 年版，第 213 页。

原判率等客观因素,也包括法官同事评审一类的主观因素。

德国法院聘任了许多助理人员,根据职能分工的不同为法官提供多种服务,包括司法公务员、司法行政人员、执行官、书记官、法医、法警以及缓刑监督官等,统称为司法辅助人员。由于种类繁多,德国的司法辅助人员人数要远多于法官,承担了大量的司法工作。德国的司法公务员在司法工作中,虽然是法官审判的辅助人员,但也具有相当强的独立性,在根据法律规定独立完成审判辅助工作与法院规定的其他的事务。

根据德国《基本法》第 92 条的规定:“司法权托付于法官;由联邦宪法法院、本基本法所规定的各联邦法院及各州法院分别行使。”第 98 条规定:“各州法官的任命事宜,由州司法部部长会同法官选任委员会联合决定。”据此,在德国,审判权归属各级法院,而联邦司法部则负责管理属于联邦管辖范围的法院司法行政业务,包括人事管理的业务。

三、大陆法系国家法院人员考核管理的考察

德国建立了精密和复杂的法官绩效考评制度,对法官的考评主要以考评书的形式呈现,主要包括客观事实陈述、院长评价以及做出院长的上级领导评价三部分。对于考评书的内容,德国也是十分讲究的,考评内容事事涉及法官的审判工作但绝不干涉法官的独立审判。即便院长的评价带有一定的主观性,但仍以法官的审判独立为底线。具体来说,考评的内容主要为定性评价指标,如法官法律知识的扎实程度、文字能力、庭审驾驭能力、化解纠纷的能力等。院长不会对法官的裁判内容做出评价,也不会在评价中要求或建议法官具体的审判行为。当然,德国也赋予法官相应的司法救济权利,如果法官对评语不满意,可以向法院提起诉讼。同时,德国还建立了专门的纪律法院,全方位考核法官法律知识水平、判断、语言文字表达能力、为人处世等方面的能力,并由资深的人员进行考核。①

日本对法官绩效考核的相关规则主要在《法官人事评价规则》中规定。根据规则的内容,日本对法官进行评价的项目主要包括案件处理能力、合理运作所属组织的能力、作为法官履行职务必要的一般资质和能力。日本对法官的评价也

---

① 参见邓文秀:《我国法官绩效考核机制研究》,青岛大学 2019 年硕士学位论文,第 21 页。

以评价书的形式呈现。评价结果作为法官晋升和任免的主要依据,法官对评价书不满可以提出异议。值得注意的是,日本对法官的考核不包括案件处理数量,即便一个法官处理案件数量多,但审理过程和结果都很粗糙,也不会获得好的评价。相反,即使案件处理的数量少,但能够解决疑难案件,也能够受到很好的评价。日本对法官的评价更侧重于法官对案件的审理质量而非数量,以此避免数字化对审判独立造成影响。①

四、大陆法系国家法院人员考核管理的评析

大陆法系国家法院人员考核管理的方式主要受到法院系统内部管理和行政化管理模式的制约,法院系统内部通常会设立专门的人事管理部门,负责考评工作。考评流程通常包括自评、上级评价、同事评价、当事人评价等多个环节,以确保评价的全面性和公正性。总体而言,大陆法系国家法院人员的考评注重工作业绩、知识和业务水平,重视反馈和指导。这些特点有助于确保法院人员具备足够的专业水平和能力,提高工作质量和效率,促进其自我提高和改进工作。

一是以工作业绩为主要考评依据。大陆法系国家法院通常以审判工作业绩为主要考评依据,包括考核处理案件的数量和质量、审理案件的时间、裁判的准确度等,通过直接反映人员的工作能力和贡献激发工作的积极性。二是法院内部人事部门负责考评。在大陆法系国家,法院内部的人事部门通常负责法官的考评工作,并定期进行评估,评估内容涉及工作质量、工作效率、工作态度等多个方面,这有助于法院管理层全面了解工作表现,为法官的晋升和奖惩提供依据。三是重视知识和业务水平。大陆法系国家法院对法官和其他法院人员的知识和业务水平有较高的要求。在考评过程中,法院会重点考察专业知识、法律素养、业务能力和审判技巧等方面,这有助于确保法院人员具备足够的专业水平和能力,以胜任其职责。

第三节 中国特色社会主义法律体系:我国历次司法改革对人民法院人员考核管理模式的探索

法与时转则治、治与世宜则有功。1999 年至 2019 年,最高人民法院相继出

① 参见邓文秀:《我国法官绩效考核机制研究》,青岛大学 2019 年硕士学位论文,第 22 页。

台五个“人民法院五年改革纲要”,全国各地法院以“改革纲要”为指导,多年来不断探索如何建立健全法院绩效考核体系,力争实现绩效考核工作的常态化、制度化,达到提高审判质量和效率的目标。然而,国内对法院绩效考核指标体系的研究起步较晚,当前学术界尚未形成系统成熟的成果,学术论文较少。尤其是关于法院绩效考核体系、法院绩效考核指标量化问题及法院绩效考核制度研究的学术文章数量有限,在内容上对法院绩效考核指标体系的论述也较为笼统和抽象。

目前,对司法改革的历程划分,学术上众说纷纭,有的学者将其分为六个阶段,有的则分为四个阶段。应该说,不同的标准划分各有侧重,得出的结论各不相同。然而,将“考核管理”这一关键字眼嵌入历次司法改革的理论和实践当中,从纷繁复杂的改革举措中抽丝剥茧、精准定位时,可以发现,历次司法改革对人民法院人员的考核管理模式的影响实际上分为三个阶段:第一阶段 1978 年至 1996 年的初步探索时期;第二阶段 1997 年至 2012 年的逐渐成熟时期;第三阶段是 2013 年至今的全面深化时期。这个过程中,考核的对象从以法官为主体不断延伸到法院各类人员,考核管理模式逐渐从完全运用公务员考核模式到公务员考核模式与司法绩效管理模式相结合的过程,在发展完善中,行政化的色彩逐步褪去,司法的特性和目标价值慢慢回归。

一、初步探索阶段:1978 年至 1996 年

(一)发展历程

1978 年 12 月,人民法院进入恢复、重建、改革的重要时期,其中涉及人民法院的人事制度改革,关系如何考核、评价人民法院工作效果和质量的问题。在此阶段,法官绩效考评制度改革与人民法院工作重启同步推进。①

1987 年 10 月,党的十三大报告中正式提出了对包括法官在内的干部人事制度改革,报告针对人民法院的法官绩效考评问题,要求“建立类似国家公务员的制度进行管理”,由此法官绩效考评也被置于国家整体人事制度改革中。

1988 年 7 月,最高人民法院召开第十四次全国法院工作会议讨论《中华人民

---

① 参见李国华:《人民法院法官绩效考评制度改革回顾与展望》,载《河南财经政法大学学报》2021 年第 4 期。

共和国法官法(草案)》,提出了涉及人民法院自身改革和建设的六项具体改革措施,其中之一就是改革现行人民法院人事管理制度,要求通过制定法官法从法官的录用、考核、奖惩等方面完善法官制度①。此次会议提出通过制定专门的法官法解决法官考评问题的改革意见,为建立人民法院此后的法官绩效考评制度指明了方向。

1992 年 10 月,党的十四大报告提出:"逐步建立健全符合机关、企业和事业单位不同特点的科学的分类管理体制和有效的激励机制。"人事制度改革逐渐深入,开始探讨分类管理模式。可以说,这一阶段改革法官绩效考评制度的外部动力,主要是人民法院出于贯彻中共中央关于建立符合不同单位特点的科学的分类管理体制和有效的激励机制的精神所做的努力,实现了针对人民法院法官绩效考评规则的从无到有。

(二)阶段特征

在这一阶段,人民法院的司法人事管理制度行政化色彩,审判人员与非审判人员界限不清,在管理上没有明显区别,法官被纳入统一的行政管理体制,法官身份的模糊和概念的泛化使考核管理的着眼点和着力点主要放在法官身上,采取管理公务员的方式管理法院人员。然而,我国以前的公务员管理奉行单纯的以管理对象所具有的资格条件为主要依据,以职务或级别高低来确定待遇的人事分类制度,这种管理制度运用到人民法院内部人员的管理方面,其固有的分类不系统、轻视专业人才、限制了学历低但能力强的人的发展等缺陷造成了人民法院人员管理的过度行政化,即法官必须承担过多的行政事务,行政管理人员兼有法官职称并享受法官待遇,法官辅助人员数量不足、结构单一、分工不足、专业化程度低。②

二、逐渐成熟阶段:1997 年至 2012 年

(一)发展历程

1997 年 9 月,党的十五大报告确定了依法治国的基本方略,明确提出:"推进

---

① 参见中国法律年鉴编辑部:《中国法律年鉴》,法律出版社 1999 年版,第 258 页。

② 参见李国华:《人民法院法官绩效考评制度改革回顾与展望》,载《河南财经政法大学学报》2021 年第 4 期。

司法改革……加强执法和司法队伍建设”这一改革目标①,并提出了具体的改革要求。这一时期的司法改革着重解决司法地方化、司法行政化和司法非职业化的问题。为了贯彻中央要求,1999 年《一五纲要》基于现行法官管理制度无法适应现实需求、法官素养亟待提升的现状,要求 2000 年年底前,建立审判人员的人事考评制度。《一五纲要》在法院系统内部为法官绩效考评制度的实施创造了条件。

2002 年 10 月,党的十六大报告提出了“推进司法体制改革”,并强调“完善司法机关的机构设置、职权划分和管理制度”。更加重视司法机关审判业务的特殊性,为法官绩效考评制度提出了更为明确的要求和指引,要求针对特定法官群体探索和完善人事分类管理制度。

2005 年,《二五纲要》出台,纲要区分了针对法官的绩效考评和针对其他公务员的绩效考核,从“绩效考核”悄然转向“绩效考评”,法官职业性、专业性的特质在绩效考评制度中凸显。

2007 年,党的十七大报告提出“深化司法体制改革”之后,有关部门多次发文落实,其中 2009 年印发的《三五纲要》原则部分提出要“完善司法管理体制”,要求进一步改进审判管理制度、法官行为规范,完善反腐倡廉长效工作机制、人事管理制度和机构设置、队伍管理制度等,并且明确提出要建立以案件审判质量和效率考核为主要内容的审判质量效率监督控制体系,以法官、法官助理、书记员和其他行政人员的绩效和分类管理为主要内容的岗位目标考核管理体系。

(二)阶段特征

在这一阶段,提出了改进法官绩效考评制度,更加注重考核,但从法律和政策层面来看,焦点仍然放在法官的绩效考评,人民法院其他人员的分类考核管理仍处于地方各自试水推行的阶段。在这个过程中,针对法官绩效考评作出了“调整考评指标”和“确立案件质效并重的考评标准”的改变。法官绩效考评的法律依据在于《中华人民共和国法官法》(以下简称《法官法》)等法律规范,但《法官法》的规定较为概括,实践操作性和可适用性不强,无法进行有效的绩效考评,也难以实施考评。针对此问题,根据《二五纲要》所明确的“在确保法官依法独立判

---

① 《高举邓小平理论伟大旗帜,把建设有中国特色社会主义事业全面推向二十一世纪——江泽民在中国共产党第十五次全国代表大会上的报告(1997 年 9 月 12 日)》。

案的前提下，确立科学的评估标准，完善评估机制”的指导思想，人民法院推出了量化指标考评法官绩效，量化考评模式细化了《法官法》关于法官绩效考评内容的规定，构建明晰的量化考核方案，在一定程度上有利于以直观的数据呈现办案的过程和结果，明确法官的职责任务，协助法院领导层高效管理法官。

三、全面深化阶段：2013 年至今

（一）发展历程

2013 年 11 月，党的十八届三中全会通过的《中共中央关于全面深化改革若干重大问题的决定》，将党的十八大报告提出的“进一步深化司法体制改革”明确为“深化司法体制改革，加快建设公正高效权威的社会主义司法制度”。

2014 年 2 月出台的《关于深化司法体制和社会体制改革的意见及其贯彻实施分工方案》明确了深化司法体制改革的目标、原则、各项改革任务的路线图和时间表。为了贯彻党中央决定，2014 年 7 月，《四五纲要》发布，力图破解长期以来对法官沿用普通公务员管理模式、法官绩效考评未能凸显自身特性等问题，提出“要坚持以法官为中心、以服务审判工作为重心，建立分类科学、结构合理、分工明确、保障有力的法院人员管理制度”。

2014 年 10 月，党的十八届四中全会专题研究依法治国基本方略，并通过了《中共中央关于全面推进依法治国若干重大问题的决定》，这体现了中央对法治的空前重视。与之相适应，2015 年 2 月修订后的《法院改革四五纲要》围绕建成具有中国特色的社会主义审判权力运行体系这一关键目标，改革内容囊括了法院组织体系、司法管辖制度、法官履职保障、审判权力运行、法院人事管理等层面，并设定了具体的路线图和时间表。在强化司法责任制、司法人员分类管理、法官员额制改革、建立健全以审判为中心的诉讼制度改革等一系列举措下优化审判权力运行。

2019 年《五五纲要》专门提出“健全人民法院人员分类管理和职业保障制度体系”，内容涉及“健全法官员额管理制度，完善法官交流和退出机制……完善人民法院综合业务部门人员交流机制和人才培养机制。完善审判辅助人员培训考核、培养选拔等机制，建设专业化审判辅助人员队伍”。

（二）阶段特征

这一阶段绩效考评制度改革的基本特点在于，没有自上而下地建立大一统

的考评制度，而是采取了最高人民法院宏观指导，地方各级人民法院自行细化考评细则的做法，充分发挥了地方各级人民法院的主动性、积极性。在司法责任制度改革和法官员额制改革之后，作为员额法官的法院管理人员同样需要接受绩效考评，并且加大了对院长、庭长的考评力度，强化院长、庭长作为法官身份的办案考核，在某种程度上使院长、庭长同时作为考评主体和被考评的对象，优化了法官绩效考评制度。同时，进一步重塑考评指标、考评方式和考评结果运用。主要包括如下几个方面：一是清理不合理的考评指标，增加其他考评指标；二是更加合理地设定考评指标，合理设定改判发回重审率；三是在考评方式上，建立审判团队绩效考评制度，坚持人民法院分类分级考评；四是更加重视考评结果的正向激励功能，同时重视对故意办错案者的责任追究。① 在这个过程中，我国绩效考核体系不断向成熟化发展，各地人民法院先后制定了符合本院情况的绩效考核办法，积极尝试建立健全绩效考评机制，开展人民法院人员分类量化考核，特别是一些先进发达地区人民法院，探索出了适合自身的绩效考核机制。各地人民法院均相互借鉴学习，如杭州、江苏、南京、上海、成都、西安等地人民法院的绩效考核制度建立已趋于成熟，进入了一个比较科学的发展阶段。

① 参见李国华：《人民法院法官绩效考评制度改革回顾与展望》，载《河南财经政法大学学报》2021 年第 4 期。

第三章　最优路径：分类量化平时考核管理的总体架构

人民法院人员分类管理制度改革后，原有人员格局被调整，对人民法院各类人员的思想、行动都产生广泛而深刻的影响。首先是员额法官方面，作为部门领导的庭长和副庭长，原本承担的政务管理权被相应弱化，第一身份由“部门管理者”变成法官，第一要务是办案，且担起法院其他中心任务。其次是审判辅助人员方面，助理审判员身份发生变化，由独立办案的法官转为法官助理，与员额法官的尊荣和福利待遇有所区别，且在一定程度上入额竞争激烈，职业前景、上升渠道存在不确定性，容易产生心理落差。书记员大多数是聘用合同制，由于没有正式编制，在人民法院归属感不强。司法警察未涉及未能享受司法改革的绩效工资福利，个别人员工作积极性受影响。司法行政人员的工资待遇和职级晋升都与员额法官有所区别，工作积极性容易受影响。因此，亟须探寻一套科学、完善、行之有效的人员分类管理考核机制，获得人民法院内部大多数人员认同，达到激励鞭策、科学评定双赢的局面。

第一节　现状检视:现有人民法院人员考核机制之短板不足

当前,人民法院人员考核机制并非一个健全完善的科学机制,考评工作与推进人员分类管理改革要求存在一些不足,不利于法官专业化、职业化建设。

一、行政思维习惯:简单将单位或部门绩效排名作为人员考核目标

司法实践中,由于行政思维习惯,人民法院考核方式容易注重部门而忽视了法官个人。法官办理案件行使审判权,并不是行政管理意义上的具体庭室对案件负责,因此,以部门为单位进行考核,其实是平均主义。上级人民法院考核下级人民法院的考评指标直接被下级人民法院作为指标考核本院法官、法官助理、司法行政人员等,甚至从最高人民法院到法官个人普遍共用一个指标体系,兼具案件质量评估和业绩考评功能的案件质量指标化管理制度。[①] 由于审判工作的特殊性质以及对法官依法独立行使审判权的要求,对其关键性的工作很难理解和评估。

二、分类管理缺位:未能根据人员职业特点和岗位性质进行分类考核

人民法院人员分类管理制度改革施行,考核项目应随着人员分类管理更加细化,凸显考核的实效性和导向性,进一步保障司法责任制的全面落实。但是,有些人民法院对人民法院人员的考核未作区分,未能根据人员岗位特点和岗位性质进行分类考核。考评指标较为单一,制定考核办法时表述较为笼统,考核时难以把握、难以操作。被考核对象不能及时根据自身职业特点和岗位性质进行自我评估,缺乏对考核评价结果的可预期,不能通过考核预估进行自我调整和自我改进。这种笼统、未能有效分类的考核方式,缺乏对案件类型、人员能力、工作职责的综合考量,容易导致考核形式化。

---

① 参见王晨:《审判管理体制机制创新研究》,知识产权出版社2013年版,第77页。

三、指标设置机械:简单机械核算办案工作量忽略了案件的差异性

实践中,有些人民法院核算办案工作量时,直接按照结案数量来处理,由于案件类型及难易程度的差异导致考核方式机械、量化不科学,未能真正反映法官实际办案工作量。同样,民商事、刑事、执行等不同部门之间的办案工作量也无法进行比对。另外,案件适用程序、类型、结案方式等要素与案件疑难复杂程度或法官工作量并非一一对应关系。很多事实清楚、争议不大的民商事案件,因采用公告送达由简易程序变为普通程序,但因公告送达产生程序性事务一般由审判辅助人员处理,法官工作量实际未增加。而对于撤诉方式结案的案件,工作量未必比判决或调解方式结案的案件工作量小,很大原因是法官做了大量的工作使当事人撤诉。[①] 测算方法不仅要考虑不同业务口案件的差异,也要考虑同业务口不同案由案件的差异。以刑事案件为例,如果所有刑事案件的固定系数值相同,但承办不同案由案件法官的工作量可能存在明显差异,如职务犯罪、经济犯罪案件普遍比危险驾驶罪、盗窃罪在事实认定方面更为复杂,案件处理难度更大。

四、反馈运用不足:重考核结果轻反馈运用思维定式不利于人民法院队伍专业化、职业化建设

考核结果大都仅在奖金分配、择优选升、晋升等方面发挥参考作用。有些人民法院未能建立考核结果反馈机制,没有将平时考核结果反馈给法官,不利于与法官的沟通及改进工作的意见的提出。从目前业绩考核的逻辑来看,仅仅依赖奖惩制度提高人民法院人员职业能力本身存在局限性,单纯依赖年底的一次性考核或者季度性考核,也不利于找准人民法院人员在工作中存在的问题和不足,容易忽略对审判执行工作的过程性管理及反馈,不利于问题的及时整改和人员队伍素质的提升。同样,不注重过程和结果反馈运用,容易使被考核者产生抵触情绪、过度排斥考核,造成管理者与被考核者的冲突和对立。

由此可观之,人民法院人员考核管理机制短板日益凸显,难以激励干警担当

---

① 参见张朝阳、黄源泉:《论绩效管理视角下基层法官业绩考评机制的困境与出路》,载《法院改革与民商事审判问题研究——全国法院第29届学术讨论会获奖论文集(上)》。

干事创业,难以适应司法实践需求。

第二节　反思解构:人民法院人员考核机制改革之价值分析

在司法体制改革背景下,人民法院人员分类管理制度改革正式启动以来,无论是从顶层设计上还是各地的实践经验中来看,改革都积累了宝贵且需要继续坚持的基本经验。然而在人民法院人员考核机制上,由于行政思维习惯,人民法院考核方式过于注重部门而忽视了法官个人,未能根据人员职业特点和岗位性质进行分类考核,办案工作量的简单机械核算忽略了案件的差异性,重考核轻运用思维定式不利于人民法院队伍专业化、职业化建设。针对人民法院人员考核机制面临的困境,既要溯本求源,进行原因反思检讨,又要固本培元,对考核机制功能价值进行深层反思解构。

一、考核理念:坚持科学管理

司法公正是社会公平正义的底线,司法公正需要司法效率作保障。人民法院人员考核作为司法体制综合配套改革的重要环节,应以确保司法公正与效率作为价值目标,以遵循司法规律为核心支撑。"司法是对冲突的事实及诉求进行判断和处断,司法的中立性、被动性、亲历性,法官的独立性以及相伴随的德性和才能,是司法的逻辑。"①司法责任制改革和员额制改革的一个重要目标是人民法院内部去行政化,将审判权赋予独任法官和合议庭独立行使。但在去行政化、赋权与明责之后,人民法院监督、管理也面临行政管理、监督指挥功能弱化、政治激励效果弱化、绩效奖金分配缺乏可操作性标准等问题。从改革实践来看,放权之下,加强管理监督的一种主要做法是加强对审判人员的绩效考核。② 因此,科学合理的考核机制应结合人民法院人员工作内容、岗位职责确定评价内容和评价模式,既要全面评价审判工作中办案质效、效率、效果等各方面工作实绩,又要兼顾管理的宏观导向性和微观合理性,引导人民法院人员依法能动履职,推动人民

---

① 龙宗智:《审判管理:功效、局限及界限把握》,载《法学研究》2011 年第 4 期。

② 参见龙宗智:《法官业绩考核怎样才能"相对合理"》,载《人民法院报》2017 年 7 月 9 日,第 2 版。

法院工作高质量发展。

(一)分类考核理论的引入

分类量化考核理论的提出和发展,是对传统考核方式的反思与完善。早在20世纪80年代,分类考核理论就被提出,分类考核理论的主要原则是强调考核的客观公平,对考核结果进行分类处理。20世纪90年代,学界提出了量化考核的理论,其主要特点是用量化分值表示进行考核评价,增加了考核评价的科学性。分类考核理论的提出,标志着考核由过去的片面强调考核结果的公平,向强调考核过程公平的合理转变。分类考核将被考核者按类别区分考核,不同类别人员采取不同的考核方式和考核标准,根据不同人员的特点实现差异化考核,从而保证考核结果的公平。但早期的分类标准和方法缺乏系统性的理论,分类的依据和考核内容较为单一,主要是以工作量、业务量为主要考核内容。而到了20世纪90年代中期,分类考核的方式在实践中逐步扩大了应用范围,丰富的行业业态,使考核分类标准逐渐发展得更加丰富,考核内容从业绩扩展到能力和行为。近年来,分类考核理论不断发展,使分类标准更系统全面,考核内容涵盖工作能力、工作态度、工作方式等多方面。但仍存在一定的问题,主要是考核内容仍较雷同、缺乏动态性,需要注重个性化和动态化考核。

(二)量化考核理论的引入

量化考核理论中考核结果以量化分值进行表达,从而对考核人员进行计量和比较,减少主观性,增加考核的客观性和科学性。早期量化考核过于注重考核的结果,对考核过程关注较少。同时,考核指标体系还不够完善,评分标准不够科学。2000年以后,量化考核理论不断发展,融合了统计和数理模型的理论,提高了评分的科学性。但是,部分量化模型过于理性化,只能够简单地反映数量,未能反映考核的质性要素。当前,量化考核面临的问题是考核内容单一,评分标准难确定等。近年来,分类考核理论和量化考核理论在自身不断发展的同时融合发展。两种考核方式各有优势,分类考核注重差异性,量化考核则更加强调科学性,两者可以实现优势互补。通过分类考核确定考核对象范围,而量化考核则负责完成具体的评分任务。

二、考核体系:实现全员、全面、全时考核

在人民法院人员考核体系构建上,要进一步抓实“公正与效率”工作主题,结

合司法规律和职业特点，树立全时段管理的理念，以政治素质和工作实绩为重点，科学评价人民法院人员的德才表现和工作实绩，实现全员、全面、全时考核。

（一）全员考核：注重考核对象差异化

目标管理理论的要旨是在一个组织中，管理者应该在一定的工作目标指导下布置工作任务，工作的完成是为了组织目标的实现，应该是先目标后确定组织内部团队与个人的工作任务，而不是有了具体的工作才有工作目标。随着新公共管理理论的不断发展和完善，目标管理的理论和方法也逐渐成为政府管理的重要依托，以达到加强对公务员队伍高效管理的目的。

就人民法院考核工作而言，在绩效考核过程中，在充分了解自身实际情况的基础上，明确人民法院系统的组织目标，根据组织目标确定绩效考核的工作目标，在目标的指导下对绩效考核进行整体设计，通过完善组织架构、优化指标体系、运用技术手段、充分发挥激励及约束作用，最终达到人民法院绩效考核的目标。

法院的员额法官可以分为院庭领导、普通员额法官、综合审判法官。不同类型的法官工作内容、工作重点不同，若采用同一标准对不同类型的法官进行考核，难免有失公允。最高人民法院《五五纲要》中首次提出明确院庭长的权力清单和监督管理职责。在本轮司法改革中，院长、庭长本身肩负员额法官应有的办案任务，是审判绩效考核体系中的考核客体，同时，在完成办案任务的基础上，院长、庭长也承担着院内、庭内的行政管理职责，履行审判管理权、审判监督权。相对应地，人民法院人员分类管理制度改革实施后，人员序列大致分为员额法官、审判辅助人员、司法行政人员，而审判辅助人员、司法行政人员序列更是进一步细分。因此，应该根据人员序列的不同，实行差异化考核。

（二）全面考核：注重考核内容可量化

关键绩效指标理论是指在绩效考核指标体系中衡量组织内部核心工作的关键性考核指标。关键绩效指标理论强调在制定绩效考核指标时，应该在组织目标的指导下进行，对核心工作设置关键性指标并分解为可量化的具体目标，使绩效考核符合组织内部的工作实际，从而使绩效考核的目标促进组织目标的实现。

就人民法院绩效考核工作而言，一是实现战略目标的有效分解，人民法院系统在制定绩效考核指标时，依据人民法院的战略目标，将战略目标向下分解。二是围绕重点工作设置关键性指标，抓住关键指标，使人民法院绩效考核指标体系能够反映人民法院核心的审判工作,实现人民法院工作目标的实现。三是指标量化要科学,使每一条指标在具体考核过程中都能按照具体的流程和规则进行,充分发挥好绩效考核工作对人民法院审判工作的引导促进作用。

办案(事务)工作量难以准确衡量是长期困扰考评的难题之一。案件类型、审理程序、难易程度不同,客观上造成不同性质的案件难以简单地以通过案件数或简单的折算来衡量工作量。为破解这个难题,需要对不同类型案件或事务的工作量进行科学评估,将办案人员在审判工作过程中或者其他人员在司法行政过程中付出的差别化的劳动换算为标准化、规范化的数值,由“案件(工作事务)数量说话”转变为“案件(事务)工作数据反映的工作量说话”,这是发挥考核评价功能的基础工作。对此,将抽象的案件(事务)难易程度量化为具体的权重系数,如将案件权重体系综合应用于工作量评价,使部门之间、审判团队之间、办案人员之间等审判质效的横向比较更具科学性和说服力。

(三)全时考核:注重考核方式平时化

激励理论的本质是探索不同个体的个性需求,并对不同个体采取多种形式的刺激,通过这种刺激激励或者惩戒个人的行为,从而激发个体的动机,使个人的行为符合组织的目标,从而达到个体活动服务于组织目标的目的。

就人民法院绩效考核工作而言,一是发挥考核结果运用效果,在人民法院绩效考核工作完成后,以绩效考核结果为标尺来衡量部门或个人的工作实绩,并采取相应的激励或约束措施,通过正面的精神、物质奖励来激发个体内驱动力,通过负面的措施,如员额法官退出机制等达到对个体的约束作用,最终实现人民法院绩效考核对人民法院人员的高效管理。二是在结果运用的过程中要针对人民法院不同岗位工作人员的不同需求来设定不同的激励和约束手段,根据个人需求的不同丰富结果运用的形式,不同的个体采取不同的激励形式,使人们在满足自我需求和实现自我价值的过程中不断改进工作能力,提升工作水平,从而达到绩效考核的目的,进一步实现人民法院的战略目标。

年度考核是对一个单位或个人年度工作情况的综合评价,是加强机关作风建设和提高机关干部职工队伍素质,提高组织管理水平,促进各项工作高质量完成的“度量衡”。但在实际操作中,还不同程度存在一些问题,如存在重年终轻平时,以材料论英雄、以数据论成败、临时造材料等现象。长此以往容易出现年终考核“走过场”的情况,一定程度上违背了考核的初衷。所以,在考核过程中,应注重抓在平时,注重日常平时跟踪督促、责任落实、考核应用,真正让考核成为促进工作提质增效的指挥棒。另外,要充分运用现代信息技术的识别功能和预测功能,通过人民法院绩效管理平台的目标管理、动态管理、数据填报等模块,实现绩效考评工作网上运行,推动现代信息技术在考核工作中深度应用,保障考评机制高效运转。

三、考核运用:树立鲜明导向

在人民法院人员考核结果运用上,要充分发挥考核指挥棒、风向标作用,将考核结果作为职务职级调整、法官等级升降、绩效奖金分配、评优评先、交流任职、退出员额等的重要依据。考核机制的改革要更加突出三个"注重",树立鲜明导向。一是注重综合素质。分类量化考核项目中,除工作业绩外,还要注重信息调研宣传、评先评优、办理疑难复杂案件或承担重要工作事项、考勤等方面,这些内容基本上能反映一名干警的综合素质,特别是工作能力、文字能力、调研能力等。在司法绩效、评先评优、提拔使用上优先照顾,形成综合素质高的有位置、有平台的用人导向。二是注重群众基础。在量化考核项目中,注重民意测评或满意度测评、分管领导和庭室领导评价的比重,确保平时默默无闻、承担临时性事务性工作,或办理疑难复杂案件、承担重要工作事项的干警分数不会低,从而形成踏实干事的老实人不吃亏的导向。三是注重担当作为。在量化考核项目中,要注重干警担当作为精神,营造良好干事创业氛围。比如,在一些考核对象的量化项目中,办理(执结)疑难复杂案件或承担急难险重任务,既体现干警的能力水平,更体现其担当作为精神。按照庭室收案数或部门完成任务情况,确定一定比例的疑难复杂案件或重要工作事项,并给予适当加分,让素质较高、想干事、能干事的干警脱颖而出,从而形成争办难案难事、敢于担当作为的良好导向。

第三节　进路探寻:人民法院人员"分类+量化"平时考核管理机制之重构

立足我国人民法院实际,笔者认为,实行分类量化考核管理,是行之有效的办法。人民法院人员分类量化考核管理机制设计路径主要在于:遵循审判执行工作规律和特点,根据各类人员权力、责任清单、岗位特点与职责要求,形成审判执行工作业绩为重点的考评体系，并注重过程管理和结果反馈机制，实现人民法院队伍专业化、职业化。

一、遵循审判执行工作规律和特点，合理划分人民法院人员考核类别

考核对人民法院人员的管理发挥着极其重要的杠杆作用。对个体而言，考核是对其特定时期内工作完成度的衡量与反馈；对于组织而言，将期望结果设计为考核管理目标，将考核手段作为主要管理手段，以期推动个体朝着组织预设的目标去努力，达成个人和组织双赢的结局。按照顶层设计思路，设计分类量化考核管理机制时，首先是根据人民法院人员不同序列特点，实行人员分类管理。

（一）基本思路

人民法院人员考核要根据要区分人员类别、岗位特点以及案件类型，分层分级制定针对性强、级差合理、简便易行的绩效考核办法；要以办案数量、案件难易程度、办案质量效果为主要依据，科学设计绩效奖金发放标准，合理拉开档次，不搞平均主义，最大限度激励入额人员多办案，办好案等要求，遵循司法规律，充分考虑不同部门、不同工作岗位、不同类别人员的差异，依照科学规范、客观公正、公开透明、简便易行的原则进行。

（二）主要类型

根据司法体制改革关于人员分类的框架意见，人民法院人员分为法官、司法辅助人员和司法行政人员三个相对独立的序列，但具体人员类别划分，可结合实际进行。例如，以泉州中院为例，目前干警队伍具体分为“6＋1”共七类人员，其中“6”即员额法官、法官助理、执行人员、司法行政人员、司法警察、聘用人员六大类别人员，“1”即部门负责人。

（三）具体划分

人民法院各类人员的考核，可以作如下划分：一是员额法官：包括各审判业务部门的员额法官（不包括执行局法官）；二是法官助理：包括各审判业务部门的法官助理（不包括执行局法官助理）；三是执行人员：因执行工作与审判工作差异较大，且实行分段执行模式，执行人员实行单列考核（包括执行局法官和法官助理）；四是综合行政人员：包括综合行政部门人员（包括工勤人员）、审判业务部门中未设办案任务数的法官助理和书记员，以及司法技术人员；五是司法警察：法警支队实行单列考核；六是聘用人员：包括审判、执行业务部门和综合行政部门

的书记员(省聘、市聘及院聘)及辅助人员,车队驾驶员,食堂员工以及法警支队辅警等,考虑工作的差异性,分类别进行考核;七是部门负责人:包括审判业务部门负责人和综合行政部门负责人,除办案任务外,还担负着行政管理等职责,实行单列考核。

二、根据各类人员权力、责任清单、岗位特点与职责要求,确定量化考核项目

构建人民法院人员分类量化考核管理机制,设计考核管理体系时,应当体现人民法院战略目标,重点在于确定量化项目,从而真正实现人民法院整体工作目标。

个人量化考核要遵循审判执行(工作)规律和特点,根据各类人员权力、责任清单、岗位特点与职责要求,以审判执行(工作)业绩为重点,兼顾个人综合表现情况,选取若干可量化、可比较的指标赋予不同权重比例构成百分制量化计分考核。量化考核采取基础分和正负向加减分评价相结合的方式。基础分采取百分制,考核基础得分由业绩指标得分、共性指标得分和综合评价得分三部分组成,并赋予一些指标正负向加减分项目。基础分主要考核各类人员的工作业绩、队伍建设以及群众公认度等方面;正负向加减分主要考核担当精神、创新意识等方面。

(一)业绩指标考核

工作业绩主要是分类评价员额法官、法官助理、执行人员的办案数量、质量、效率、效果;司法警察的值勤、体能、技能;综合行政人员的履职程度等。同时,对兼职、晋职、转岗等特殊人员的业绩进行评价。

一是员额法官工作业绩评价。办案质量方面,主要通过案件质量评查和优秀文书、优秀庭审评比结果进行评价。案件质量评查包括常规评查、专项评查和重点评查。优秀裁判文书、精品文书、典型案例和优秀庭审、精品庭审根据获奖等次给予加分。在办案效率方面,主要评价结案率目标完成和长期未结、久押不决案件清理情况以及诉讼费退费、未按期归档情况。其中,办案数量是一个重要考核指标,如院领导行政管理等工作折办案工作量可以大致设置为75%;庭长、团队长(副庭长)、副庭长行政管理等工作分别折办案工作量的50%、30%、20%。法官独自办理的案件,全部折算工作量。助理参与协助办案的案件,法官只计算

该案件70%的工作量。在办案效果方面,主要评价上诉、抗诉、申诉、申请再审、上访、信访化解等相关工作完成情况。全年办案质量、效率、效果未被扣分的,年终予以加分。

二是法官助理工作业绩评价。法官助理评价内容中,协助办案数量、质量、效率方面与员额法官一致。在办案效果方面,增设"法官评价",由所在团队员额法官对参与办案的法官助理进行评价。

三是执行人员工作业绩评价。在执行人员评价内容中,办案数量与员额法官一致,不分区分员额法官和法官助理。办案质量通过案件评查、一案双查及执行异议、复议被上级法院撤销、改判、发回重审等进行评价。办案效率重点评价执行结案率、实际执行到位率及长期未结案件等。办案效果通过涉诉上访及信访化解情况进行评价。

四是综合行政人员工作业绩评价。主要实行亮岗晒绩和述职测评,结合平时一贯表现和关键时刻表现进行综合考评。首先,考核对象对照职责任务和工作实绩,填写"3+1"实绩表(本季度内最能体现自己工作能力及成效的三项工作和最不满意的一项工作)。其次,召开部门会议,干警汇报季度或年度履职情况(重点汇报"3+1"实绩),分管领导、部门负责人、普通干警以无记名投票方式进行测评,按不同权重计分。最后,部门负责人根据测评结果提出定档建议,报分管领导审定,后报政治部备案。

五是司法警察工作业绩评价。主要包括执勤(开庭保障、刑民事案件执行、应急处突、实施强制措施、安保警卫任务、值班备勤等)、业务考核("实战化训练"考核细则为评分标准)、规范执法(执法执勤情况)等。具体由法警支队组织实施并对工作业绩作出评价。

六是聘用人员工作业绩评价。审判业务部门和综合行政部门书记员(省聘、市聘及院聘)、辅助人员的工作业绩由书记员管理办公室协同所在部门根据量化评分细则进行评价;执行部门书记员及辅助人员由执行局根据量化评分细则进行评价;车队驾驶员、食堂员工由行装处负责根据量化评分细则进行评价;辅警由法警支队根据量化评分细则进行评价。

七是部门负责人工作业绩评价。部门负责人分为审判业务部门负责人和综合行政部门负责人。审判业务部门负责人工作业绩由个人工作业绩和本部门干警平均业绩两部分组成进行评价,个人工作业绩和本部门干警平均业绩由审管办提供。综合行政部门负责人工作业绩由政治部根据每季度本人考核认定等次计分后，进行量化排名。

另外，还有特殊人员业绩评价。特殊人员包括多岗位兼职、晋职和转岗以及挂职、借调等人员。多岗位兼职的人员，其业绩按各职位的评价分值和分担的任务比例进行合成评价。晋职和转岗等人员，其业绩评价由晋职和转岗前后不同的职位评价分值合成。挂职、借调等人员，离岗期间不作业绩评价。

（二）共性指标考核

在队伍建设方面，共性指标考核主要评价各类人员参与党建创建以及机关效能、廉洁自律等方面的情况。

一是党建创建方面评价，包含机关党建、文明创建和工青妇团工作。支部党建主要评价参与支部党建活动的情况，包括参加"三会一课"、机关党校、党员政治生日、党日活动、党建竞赛，以及在岗位工作中发挥先锋模范作用等。文明创建主要评价参与志愿活动、便民服务、创先争优、遵章守纪等。工青妇团工作主要评价参与工会、共青团和妇委会开展的各项活动等。

二是机关效能方面评价，主要评价各类人员接受效能督察，遵守会风会纪和培训纪律，遵守外出、请假、考勤、用餐等制度，以及部门负责人履行主体责任等情况。

三是廉洁自律方面评价，主要评价信访问责、廉洁自律、执行"八项规定""三个规定"等情况。

（三）综合评价考核

综合评价主要是指院领导、部门领导（正副职）、中层正职以上领导根据考核对象的一贯表现作出的评价。

以泉州中院为例，普通干警由分管领导、部门领导（正副职）、中层正职以上干部进行综合评价；部门负责人由分管领导、全体院领导、中层正职以上干部进行综合评价。对审判业务部门的法官助理评价，还应增加所在团队员额法官的评价意见。对各类人员全年的综合评价，在每年年底进行。其中，各部门负责人的综合评价结合年度述职测评进行。

（四）正负向加减分指标考核

正负向加减分指标方面，主要评价各类人员从事调研、信息、宣传，受各级表彰以及获各类竞赛奖项，撰写交流、讲话、汇报等综合文稿，以及品牌亮点、办案

(服务)竞赛等。

一是调研、信息、宣传、表彰奖励分别由研究室、办公室、政治部根据附件评分规则审核认定(负责调研、信息、宣传工作的干警,其调研、信息、宣传得分由政治部认定)。

二是综合文稿由个人申报,所在部门认定后,报分管领导审批,政治部审核录入。

三是品牌亮点按照市绩效考评加分项目标准对等加分;部门品牌亮点获表彰奖励,同时被市绩效考评加分的,可选最高得分项加分。部门负责人可根据对该品牌亮点贡献的大小,提出该分数分配的建议,报分管领导同意后,送政治部审核认定。

四是办案(服务)竞赛由审判管理部门审核认定。根据本院常态化开展的办案(服务)竞赛活动,由审判管理部门组织评选出月办案最佳庭室、月办案最佳团队、月办案标兵、月办案能手、月执行标兵、月执行能手、月服务先锋、月优秀书记员等,给予加分奖励,并对"黄牌示警"对象,给予扣分。

五是对承担全院性工作任务或本部门创新项目且得到院长或上级领导的批示认可,以及对承担急难险重任务或承办重大疑难案件、作出突出贡献的,由所在部门提出书面申请,报分管领导审核,党组研究后给予适当加分。

三、实行平时考核,注重过程管理和结果反馈机制

年度考核是对一个单位或个人年度工作情况的综合评价,是加强机关作风建设和提高机关干部职工队伍素质,提高组织管理水平,促进各项工作高质量完成的"度量衡"。但在实际中,还不同程度存在一些问题,如存在重年终轻平时,以材料论英雄、以数据论成败、临时造材料等现象。如果长此以往,将出现年终考核"走过场"的情况,一定程度上违背了考核的初衷。故在考核过程中,应注重抓在平时,注重日常平时跟踪督促、责任落实、考核应用,考核步骤具体做到抓在平时、管在季度、考在年终,真正让考核成为促进工作提质增效的指挥棒。

(一)抓在平时

平时考核应当以干部岗位职责和所承担的工作任务为主要依据,通过了解干部德、能、勤、绩、廉表现,特别是干部在政治忠诚、政治定力、政治担当、政治能力、政治自律方面的表现,结合群众意见等情况,全面、客观、准确评价干部的德

才表现和工作实绩。

主要内容包括:一是政治思想,主要考核政治品质等方面情况,包括是否牢固树立“四个意识”,是否坚定“四个自信”,是否坚决做到“两个维护”,是否坚持原则、敢于斗争,是否善于从政治上观察和处理问题,是否严格遵守党的政治纪律和政治规矩,还要着重考核对西方“宪政”“三权鼎立”“司法独立”等各种错误思潮是否敢于亮剑、旗帜鲜明予以反对等情况。包括参加“三会一课”、参与党内组织生活、按时足额交纳党费等。

二是行为规范,主要考核工作作风、职业道德和廉洁自律等方面情况,包括在日常工作中是否态度端正、主动积极,是否工作勤勉敬业、责任心强,是否善于钻研、勤于学习,是否热爱本职工作、具有上进心,是否能够认真遵守廉政规定、严格遵守工作纪律、保守工作秘密、严格遵守院内各项规章制度。

三是常规工作,主要考核工作质量和效率等方面情况。审判及辅助人员工作业绩主要包括案件办理、调研指导及其他重点工作的完成质量与效率等情况;综合行政人员工作业绩主要包括日常办公、综合调研及其他重点工作完成的质量与效率等情况。

四是专项工作,主要考核重点专项工作办理等方面情况,包括重大改革事项推进、大要案办理,以及完成急难险重任务、处理复杂敏感问题的有关情况等。

(二)管在季度

平时考核主要是按季度进行,所以也称为季度考核。平时考核(季度考核)等次分为“好、较好、一般、较差”四档,表现优秀的同志评定为“好”,“好”的等次不超过本部门干警人数的40%。平时考核思路主要如下:

一是考核时间:每季度结束后下季度首月10日前,由各部门组织开展季度考核,考核时间提前报政治部,由政治部和督察室派员参加。

二是亮岗晒绩:各部门考核对象对照职责任务和工作实绩,填写“3+1”实绩表(本季度内最能体现自己工作能力及成效的三项工作和最不满意的一项工作)。

三是述职测评:中层正职以下干警的述职测评,由部门负责人主持召开本部门全体干警会议,邀请分管院领导参加。干警(以“3+1”形式)逐一汇报本季度岗位任务完成情况,之后以无记名(二维码)方式进行投票测评。测评项目分为好、较好、一般、较差,并赋予对应分值,可以设置为:好为1分、较好为0.8分、一般为0.6分、较差为0.3分。测评票权重系数,可以设置为:分管领导为1.5、部门正职(包括负责人)为2、其他干警为1。季度考核分值根据民主测评结果量化排名。测评结果由考核组统计后,反馈给部门负责人。另外,部门负责人的述职测评,以书面形式提交本季度“3+1”实绩表,政治部汇总后印发给每位院领导,院领导以无记名(二维码)方式进行投票测评。测评项目也分为好、较好、一般、较差,并赋予对应分值。测评票权重系数,同样可以设置为:院长为1.5、分管领导为1.5、其他院领导为1。测评结果由考核组带回统计。

四是确定等次:部门负责人根据考核组反馈的测评结果,对部门干警的考核等次提出建议,报分管领导审定。部门负责人的考核结果由政治部根据测评结果提出建议,报院长审定。各部门下季度首月15日前,将上一季度考核备案表报送政治部。

五是结果反馈:部门负责人可采取适当方式,及时向干警本人反馈考核结果,肯定成绩、指出不足,提出改进要求,听取本人意见。部门负责人的考核结果由政治部反馈。

(三)考在年终

平时考核结果作为确定机关干部年度考核等次的重要依据。年度考核按人员不同分类实施,选取若干可量化、可比较的指标赋予不同权重比例,由工作业绩、队伍建设(党建创建、机关效能、廉洁自律)和综合评价等部分构成量化计分。另外,调研、信息、宣传、表彰奖励、重大案件或项目等作为加分项目。年度考核确定为优秀等次的,应从当年度平时考核结果一半以上为“好”等次,且无“一般”“较差”等次的对象中产生。当年度平时考核结果均为“较差”等次的,年度考核可以直接确定为不称职等次。上述考核步骤通过抓在平时、管在季度、考在年终,可以真正让考核成为促进工作提质增效的指挥棒。

具体考核结果的兑现上,实行考核结果与绩效奖金、评先评优、提拔使用、员额退出直接挂钩。量化考核排名靠前的,司改绩效定档高,评先评优和提拔使用优先考虑。在开展各类表彰奖励活动时,优先推荐日常考核中表现较好的人员。考核结果作为机关干部职务职级调整、员额退出、轮岗交流等工作的重要参考。尤其在员额退出方面,以此为契机,完善员额退出机制,通过科学考核、依法追责,使不能独立办案、案件质效较差、完不成核定工作量的人及时退出员额,树立正确的改革导向。[1] 同时,法官助理考核结果靠前的,优先进入员额。通过考核,形成能上能下、能进能出、优胜劣汰的机制,确保法官队伍精英化、职业化。

古语云:"制度名言事将为,其赏罚之数必先明之。"能否建立符合审判权运行规律和司法职业特点的人民法院人员考核机制,对于司法责任制落实起到关键作用。在上述基础上,泉州中院起草了《人员分类量化考核办法》以及设计了人民法院不同类别人员量化考核表格,以期对司法实践有所裨益。

① 何帆:《完善绩效考核办法 实现员额"有进有出"》,载《人民法院报》2017年5月26日,第2版。

第四章　员额法官:推行以办案质效为核心的量化考核

建立完善员额法官考核机制,是深入贯彻党中央决策部署和有关政法队伍建设工作要求的现实需要,是深化法官员额制改革,推进法官队伍建设,全面落实司法责任制的内在要求,也是人民法院切实加强队伍管理和审判管理、提升审判质效的重要抓手。本章首先从"革命化、正规化、专业化、职业化"四个方面分析当前我国法官职业的特点,其次分析我国法官考核制度发展历程、现状及存在的问题,分析法官考核发展路径,结合中央有关文件精神阐释员额制改革后,法官考核机制发展的新要求,介绍泉州市两级人民法院推行以办案质效为核心的量化考核机制的经验做法。

第一节　职业架构:员额法官的特点及职责

法官考核的对象是法官,因此建立科学的法官考核制度的前提是对法官的职业特点有正确和完整的认识。在2019年中央政法工作会议上,习近平总书记提出"加快推进政法队伍革命化、正规化、专业化、职业化建设"的重要指示[1]，为新时代法院推进法官队伍建设提供了根本遵循。本节从法官队伍建设目标出发，结合员额制改革、法官权责清单等内容，从"革命化、正规化、专业化、职业化"四个方面分析当前我国法官职业的特点。

一、革命化：坚定政治立场、宗旨意识和责任担当

"革命化"是法官队伍建设的根本性遵循，包括政治方向、政治立场、宗旨意识等内容。法官要有坚定理想信念，用习近平新时代中国特色社会主义思想武装头脑，矢志不渝做中国特色社会主义事业的建设者、捍卫者。要坚持党的绝对领导，遵守党的政治纪律和政治规矩，深刻领悟"两个确立"的决定性意义，增强"四个意识"、坚定"四个自信"、做到"两个维护"，始终在思想上政治上行动上同以习近平同志为核心的党中央保持高度一致，在大是大非面前旗帜鲜明、立场坚定。要践行执法司法为民宗旨，坚持"以人民为中心"的司法理念，坚决维护人民群众合法权益，努力让人民群众在每一个司法案件中感受到公平正义，通过个案公正裁判，涵养社会法治意识，呵护社会文明，树立法治信仰。

二、正规化：相应的人权事配套制度保障

"正规化"是法官队伍建设的基础性工程，须有相应的人权事配套制度保障。司法改革后，党中央和最高人民法院颁布了一系列关于司法体制改革的文件，如《最高人民法院关于完善人民法院司法责任制的若干意见》等，这些文件对法官正规化建设提供了明确的指引，特别是在新修订的《法官法》亦有相应的条文予以规定，提供了相应的制度保障。例如，建立了严格的法官遴选制度，省、自治区、直辖市设立法官遴选委员会，负责初任法官人选专业能力的审核，各地根据自身司法状况，在确定法官比例的前提下，利用笔试、面试、考核的方式确定法官人员，只有理论水平高，业务能力强，思想道德水平高的法官方可入额，保障法官任免"入口""正规化"。又如，法官权责制度，最高人民法院《关于完善人民法院司法责任制的若干意见》明确了法官的权责清单，规范法官行使审判权力的边界和程序，保障法官权力运行"过程""正规化"。再如，法官职责保障机制，《法官

---

[1] 《习近平出席中央政法工作会议并发表重要讲话》，载新华网 2019 年 1 月 16 日，http://www.xinhuanet.com/politics/2019-01/16/c_1123999899.htm。

法》第53条规定:“除下列情形外,不得将法官调离审判岗位:(一)按规定需要任职回避的;(二)按规定实行任职交流的;(三)因机构调整、撤销、合并或者缩减编制员额需要调整工作的;(四)因违纪违法不适合在审判岗位工作的;(五)法律规定的其他情形。”保障法官退出“出口”“正规化”。

三、专业化:专业的法律素养保证

随着社会分工的精细化,一方面,人民法院从国家行政机构中相对独立出来,代表国家行使审判权;另一方面,法律体系不断成熟和完善,对社会生活的影响日益扩大,法律运用的技术性和专门化程度越来越高,法官专业化十分必要。法官“专业化”应有三方面含义,一是从法学学科角度来看,法学有大量复杂的技术规则、法律规范和逻辑推断,非经专业性训练,不可能具有专业的法律素养,法律本身的专业化决定了法官的专业化。二是法官专司审判职能,其工作是审理案件,定分止争,其主要依据是法律规范,因此必须有系统的法律知识,有良好法律专业背景和专业素养的人担任,新修订的《法官法》第三章规定的法官任职条件,较之1995年《法官法》,要求法律专业条件更严格更高要求。三是依法独立行使审判权是现代法治对法官的核心要求,没有专业的法律素养,也就无法正确地裁判案件,自然也无法真正依法独立审判,这是法官专业化的前提。

四、职业化:价值取向、行为模式和职业道德相一致

在员额制改革前,只要符合法官任职条件,正式在编干警在一定年限后均可以成为法官,法官人数呈逐年上升趋势。员额制改革后,法官的数量固定在一定的比例,受到严格控制,符合法官任职条件的人员只有在员额空缺下经过遴选才能递补,法官遴选“职业化”。法官“职业化”的内在要求是法官要有最低限度一致的价值取向、行为模式和职业道德。最低限度一致的价值取向,意味着法官处理案件要按照公平和正义的价值取向和运用专门法律知识解决纠纷,相同的价值取向使法官裁判案件时对法律的解释和适用更加合理和公正。最低限度一致的行为模式,意味着法官在进行证据认定、事实认定和适用法律等方面应该遵循相同的职业准则规范,规范化的操作既可提高裁判效率,又可实现程序正当统一。最低限度一致的职业道德,意味着法官能够以法官职业道德准则为指引,保持清醒的头脑,严格自律,树立公正廉洁的形象。

第二节 抽丝剥茧:员额法官考核工作的现状

法官考核制度是指法官所在的人民法院根据法官管理的相关法律规定,依照其所享有的权限及法律规定的程序对法官的工作情况进行评价的制度。[①] 以下从制度发展历程、制度现状和存在问题三个方面介绍我国法官考核制度。

一、法官考核制度的发展历程

我国的法官考核制度经历了从无到有,从原则到具体,从行政化走向专业化、职业化的发展过程,主要有四个阶段[②]:

第一阶段,未建立严格意义的法官考核体系。新中国成立后很长一段时间内,人民法院往往被视为党政机关的一部分,人民法院工作人员也被视为党政工作人员的一部分,并不关注其司法人员性质。该时期对法官的考核主要是按照党政工作人员的标准来进行考核,主要是包括政治素养、执行法律法规及政策的情况、对上级领导的服从情况。因此,该阶段并未建立严格意义的法官考核体系。

第二阶段,建立参照公务员考核标准的法官考核体系。20 世纪 70 年代末,我国社会、经济、政治体制经历了一系列变革,此时,人民法院作为审判权力机关的中立性不断凸显,法官职业特点得到重视。1983 年 9 月 2 日,国家制定了《中华人民共和国人民法院组织法》(以下简称《人民法院组织法》),规定审判人员必须具有法律专业知识。至此,法官的法律专业素养要求正式进入法律规定的内容,但该部法律并没有对法官考核制度作出正式规定。1995 年 2 月 28 日,国家制定了第一部专门规范法官的法律,也就是《法官法》,正式确立了法官考核制度,但从内容来看,还比较笼统,只是简单地规定了考核主体和考核内容。20 世纪 90 年代初,《国家公务员暂行条例》(已废止)和《中华人民共和国检察官法》也相继出台。认真考察三部法律规定,可以发现规定的考核内容相差无几,并没有突出法官的司法人员属性,对法官的审判业务实绩和能力没有做出具体的要

① 参见周道鸾主编:《法官法讲义》,人民法院出版社 1995 年版,第 142 页。

② 参见金晶:《法官考核制度完善研究》,黑龙江大学 2016 年硕士学位论文,第 21 页。

求,对公务员考核的“德、能、勤、绩、廉”内容也没有特别区别。虽然1996年,最高人民法院以《法官法》为依据,细化制定了《法官考评委员会暂行组织办法》,规定了对法官考评的组织、内容和方式的具体要求,但一直以来,实践中依旧还是参照公务员考核标准对法官进行考核。

第三阶段,改革和完善符合法官审判权力运行机制的法官考核体系。2003年以后,在最高人民法院《二五纲要》《三五纲要》《四五纲要》等几个重要文件中,均明确提出要改革和完善符合法官审判权力运行机制的法官考核制度。2008年,最高人民法院制定下发了《关于开展案件质量评估工作的指导意见(试行)》,并在上海、江苏、四川等11个省、市高级人民法院率先开展案件质量评估试点。2011年,最高人民法院在总结试点工作的基础上,最终形成《关于开展案件质量评估工作的指导意见》和案件质量评估指标体系,并下发全国法院正式施行,但这些指标更多的是对人民法院整体的审判质效进行考核,并没有专门建立针对法官的考核指标。由于这些考核指标具有很强的指导性,因此在审判实践中,不少法院将这些指标应用于法官绩效考核中,至此,关于人民法院及法官的案件考核标准趋于精细化。

第四阶段,建立与司法责任制相匹配的员额法官考核体系。2017年1月,中共中央印发《关于新形势下加强政法队伍建设的意见》,该意见提出牢牢把握政治过硬、业务过硬、责任过硬、纪律过硬、作风过硬的总要求,努力打造信念坚定、执法为民、敢于担当、清正廉洁的高素质政法队伍。2020年3月,中共中央办公厅印发《关于深化司法责任制综合配套改革的意见》,要求健全法官绩效考核制度。中央全面依法治国委员会办公室将“建立完善法官业绩评价机制”列为重点改革任务。2020年8月,最高人民法院印发《关于深化司法责任制综合配套改革的实施意见》,提出要健全绩效考核制度,对法官在完成办案任务的同时,根据组织安排参与专项工作、审判调研、业务指导等,应当科学设置考核指标。2021年10月12日,最高人民法院印发《关于加强和完善法官考核工作的指导意见》,就法官考核内容、考核标准、考核组织实施、考核结果运用等作出全面规范,并于2022年1月1日起施行。2022年6月,最高人民法院通过《人民法院审判质量管理指标体系》,分为质量、效率、效果三大类指标,突出“公正与效率”主题,尊重司法规律。这一阶段,党中央对政法队伍建设作出了一系列重要的部署,同时因为司法体制改革,也需要建立起与司法责任制相匹配的员额法官考核体系。

另外,还有一条主线,就是我国法官考核制度与《法官法》的制定、修订紧密联系。《法官法》的出台正式确立了我国法官考核制度具有重要的意义。《法官法》也经历了 2001 年、2017 年和 2019 年三次修订,前两次修订关于法官考核规定均没有发生大的变动,但在 2019 年进行的第三次修订中,对法官考核的规定进行大刀阔斧的修改。第一,突出考核成果运用,把考核、奖励和惩戒合为一章,突出结果对奖惩的影响,同时考核结果增加了"基本称职",考核惩罚增加了"降职";第二,明确考核主体,从"由所在人民法院组织"改成"由人民法院设立考评委员会",并规定法官考评委员会主任由本院院长担任;第三,修订考核内容,考核内容从"审判工作实绩、思想品德、审判业务、法学理论水平、工作态度、审判作风"改为"审判工作实绩、职业道德、专业水平、工作能力、审判作风"。

综上,我国法官考核制度的发展过程有一条清晰的建立、发展、完善的脉络,且与我国审判工作发展水平紧密联系。不断强化法官的专业化和职业化,是法官考核制度发展的总体走向和整体趋势。因此,当前法官考核应当根据法官职业特点和审判规律,设定科学的考核标准和项目,由特定的主体按照特定的程序对法官进行考核、评价,并对考核结果进行利用。

二、现行的法官考核制度

"考核就是考察和评价管理活动主体的行为状态与行为结果的活动或者过程。这一活动包括三个要素:考核主体、考核对象与内容、考核技术与方法"。[①]我国法官考核制度的依据来自《中华人民共和国宪法》第 27 条第 1 款的规定:"一切国家机关实行精简的原则,实行工作责任制,实行工作人员的培训和考核制度,不断提高工作质量和工作效率,反对官僚主义。"除宪法依据外,《中华人民共和国公务员法》(以下简称《公务员法》)和《法官法》是我国法官考核制度的主要法律依据。但因为上述法律规定均比较原则,因此最高人民法院根据上述法律规定,结合人民法院工作实际,出台制定《关于加强和完善法官考核工作的指导意见》等规范性文件,总体建立了我国法官考核制度,以下从考核原则、考核主体、考核方式、考核程序、考核内容、考核标准、考核结果、考核复核八个方面进行介绍:

---

① 王少南主编:《法院实用信息管理》,人民法院出版社 2015 年版,第 336 页。

(一)考核原则

《法官法》第40条确立了法官考核制度应该遵循的原则,主要包括全面原则、公正原则、客观原则,平时考核与年度考核相结合原则。除上述规定外,最高人民法院《关于加强和完善法官考核工作的指导意见》规定法官考核工作坚持以下原则:(1)党管干部;(2)全面、客观、公正、公开;(3)遵循司法规律,体现职业特点;(4)聚焦主责主业,突出工作实绩;(5)定量与定性相结合,平时考核与年度考核相结合;(6)分级分类,科学高效,考用结合。

(二)考核主体

《法官法》第38条规定,法官由其所在的人民法院组织实施考核。《法官考评委员会暂行组织办法》(已废止)具体规定了法官考核的主体,规定人民法院内部设立法官考评委员会,是具体实施法官考核的组织机构。法官考评委员会负责指导对法官的培训、考核、评议工作。此外,最高人民法院《关于加强和完善法官考核工作的指导意见》也规定法官考评委员会在本院党组领导下,负责开展法官考核工作,并对其组成人员、办事机构、工作职责等作出明确规定。

(三)考核方式

《法官法》第40条规定,即采取将平时与年度的考核两者相结合。现实中,由于平时考核没有统一的规范,各个人民法院对于平时考核的时间范围和考核程序并不统一,很多只是作为年度考核的参照,所以大多数法官并不是很在意平时考核的结果,认为只要做好年度考核即可。针对上述问题,最高人民法院《关于加强和完善法官考核工作的指导意见》进一步强化了日常考核结果的运用,规定法官年度考核以平时考核为基础,年度考核确定为优秀等次的,应当从当年平时考核结果为好等次较多且无一般、较差等次的法官中产生。

(四)考核程序

由于《法官法》对于考核程序没有进行统一规定,导致实践中只能参照公务员的考核程序进行。针对考核程序不统一的问题,最高人民法院《关于加强和完善法官考核工作的指导意见》规范了考核程序,规定平时考核一般按照采集考核数据、组织审核评鉴、反馈考核结果等程序进行,年度考核一般按照总结述职、组织考评、民主测评、了解核实、确定等次、结果公示与反馈等程序进行。

(五)考核内容

《公务员法》第35条规定,公务员的考核应当按照管理权限,全面考核公务员的德、能、勤、绩、廉,重点考核政治素质和工作实绩。考核指标根据不同职位类别、不同层级机关分别设置。《法官法》第 41 条规定:“对法官的考核内容包括:审判工作实绩、职业道德、专业水平、工作能力、审判作风。重点考核审判工作实绩。”最高人民法院《关于加强和完善法官考核工作的指导意见》将两者考核的内容融合,规定对法官的考核,以其岗位职责和所承担的工作任务为基本依据,以指标化评价的方式,全面考核德、能、勤、绩、廉各方面,重点考核政治素质和审判工作实绩。

一是对“德”的考核,主要围绕政治素质和道德品行等设置指标。法官政治素质考核情况应当记入政治素质档案。二是对“能”的考核,主要围绕法律专业水平和工作能力等设置指标,重点考核法律政策运用能力、审判业务水平、法学理论水平、司法实务研究水平,以及防控风险能力、群众工作能力、科技应用能力、舆论引导能力等。三是对“勤”的考核,主要围绕精神状态和工作作风等设置指标,重点考核忠于职守,遵守工作纪律,爱岗敬业、勤勉尽责,敢于担当、甘于奉献等情况。四是对“绩”的考核,一般以办案业绩和其他工作业绩为主要评价内容,其中对办案业绩的考核,主要围绕办案数量、办案质量、办案效率和办案效果等四个方面设置指标。法官参加党和国家中心工作、地方重点工作,参加审判委员会、赔偿委员会、司法救助委员会、专业法官会议讨论案件,办理涉诉信访,开展执行监督,参与诉源治理,开展案件评查、业务指导,开展未成年人案件社会调查、回访帮教等延伸工作,以及参加规范性文件制定、课题研究、案例研编等其他工作的,可以设置相应指标,纳入法官业绩考核范畴。五是对“廉”的考核,主要围绕廉洁司法、廉洁自律等设置指标,重点考核遵守廉洁纪律,落实中央八项规定及其实施细则精神,落实防止干预司法“三个规定”等情况。

(六)考核标准

《法官法》第 42 条第 1 款规定:“年度考核结果分为优秀、称职、基本称职和不称职四个等次。”但上述考核等次标准相对原则,不便于实践操作。最高人民法院《关于加强和完善法官考核工作的指导意见》着重从三个方面进行了明确:一是结合《公务员考核规定》和法官职业特点,明确优秀、称职、基本称职、不称职四个等次分别应具备的条件和情形。二是将《法官法》关于应当免除法官职务的规定,《公务员考核规定》关于不称职情形的规定及《人民法院法官员额退出办法》关于应当退出员额情形的规定相结合。三是考虑借调、公派学习培训、接受组织安排参加其他工作等原因,无法正常履行办案职责的情况,赋予地方法院对法官办案任务量考核标准适当调整的权力。

(七)考核结果

《法官法》第 42 条第 2 款规定:“考核结果作为调整法官等级、工资以及法官奖惩、免职、降职、辞退的依据。”在最高人民法院《关于加强和完善法官考核工作的指导意见》的基础上进行细化:一是明确法官年度考核确定为优秀等次的,其参加法官等级晋升时,在同等条件下优先考虑。法官年度考核确定为不称职、基本称职等次或者参加年度考核不确定等次的,当年度不计算为法官等级晋升的任职年限。二是明确法官年度考核不称职,或者连续两年考核为基本称职的,应当退出员额。三是明确法官年度考核确定为基本称职、不称职等次或者参加年度考核不确定等次的,不享受当年度奖励性绩效考核奖金。

(八)考核复核

《法官法》第 43 条规定:“考核结果以书面形式通知法官本人。法官对考核结果如果有异议,可以申请复核。”但该规定也较为简单,没有明确救济部门和复核程序。而从《法官法》第 42 条的规定来看,法官考核的结果将与法官的奖惩等直接挂钩,这也给了法官压力,对考核结果会比较重视,为了让考核结果更公平,也为了让法官对考核结果有相应的救济途径,有必要加强考核复核工作。因此,最高人民法院《关于加强和完善法官考核工作的指导意见》规定了救济部门和救济程序,法官对本人考核结果有异议的,可以按规定向法官考评委员会申请复核。法官考评委员会应当及时处理,并将复核结果告知申请人。

三、现行法官考核制度存在的问题

建立起科学完善的法官考核制度,不仅是对法官进行内部监督和接受外部监督的重要方式,更是培养法官的职业道德,提高法官的职业技能,树立法官良好的职业形象的重要抓手。2019 年,《法官法》进行了修订,2021 年年底最高人民法院也出台了《关于加强和完善法官考核工作的指导意见》,对于建立完善法官考核机制,全面落实司法责任制内在要求,加强队伍管理和审判管理、提升审判质效起到了十分积极的作用。但从实践角度来看,真正意义上的员额制改革也才进行了 5 年,长期以来法官考核制度行政化、《法官法》规定过于原则、员额制改革等因素,均制衡和影响着法官考核制度的运行及效果,导致该项制度并未

取得预期的效果。主要表现为以下四个方面:①

(一)从考核依据来看,双重法律依据导致考核工作缺乏统一的标准和体系

我国法官具有双重的角色,既是公务员受《公务员法》调整,也是独立行使审判权的司法性质人员,受《法官法》约束,因此具有双重身份性质的法官就面临两个考核,即《法官法》所规定的由法官考评委员会进行的考核和《公务员法》所规定的组织部进行的考核。双重考核依据导致各地人民法院对法官考核标准和体系的认识、做法均差异较大。有的地方将法官考核与公务员考核加以区分,重复考核、多头考核,加重了法官的负担,没有真正理顺法官考核和公务员考核的关系;有的地方则合二为一,实行一次考核,多个结果运用,但由于《法官法》和《公务员法》对考核指标的规定不完全一致,导致实践操作也是各种考核指标模式并存;有的地方主要按照《公务员法》有关规定进行考核,而对法官业绩进行单独考核,这种做法,一方面,可能造成法官作为公务员的考核与法官业绩考核之间的冲突,导致考核结果不一致,甚至矛盾;另一方面,可能割裂法官审判业绩与政治素质、能力水平、司法作风等之间的联系,造成考核结果不全面、不科学。

(二)从考核过程来看,传统行政意识导致法官考核存在一定的行政化

近年来,由于《法官法》中所规定的考核原则和内容过于原则,导致实践中难以落实,再加上在双重法律依据的状态和传统行政意识的影响下,各级法院对于法官的考核都带有一定的行政色彩。法官考核行政化主要包含考核程序行政化和考核内容行政化两个方面。

考核程序行政化主要体现在,虽然法律规定是由人民法院成立考核组对法官进行考核,但在实践中大多数的人民法院的考核工作是由政治部负责。一般在考核年度次年年初时,政治部统一发放年度考核表(与普通公务员一样),由法官个人填写,再由法官所在庭的负责人填写情况,最后由政治部进行评定考核结果,并没有由法官考评委研究进行评定。对法官的考核与其他公务员考核的程序并无异处,均使用相同的考核表格和采用相同的方式进行考核。

考核内容行政化则主要体现在,之前的法官考核内容并没有遵循法官的职业特性,没有重点放在考核政治素质和审判工作实绩。法官的特性决定了法官

---

① 参见谢旬娟:《我国法官考核制度研究》,中南财经政法大学2020年硕士学位论文,第20~25页。

考核的方法必须有别于其他普通公务员的考核,应该最大限度去行政化,将考核的重心放在政治素质和审判工作实绩上。

(三)从考核指标来看,指标参数未能充分考虑法官工作内容、岗位、层级差异

最高人民法院《关于加强和完善法官考核工作的指导意见》中有附件《案件权重系数设置指引》,但该指引并非考核指标,只是用于测算法官实际办案工作量,实现不同业务条线、不同岗位法官办案工作的可量化、可评价,且该权重指数只能部分反映法官的审判工作量,无法完全反映法官的其他工作,实践中也少有人民法院按照案件权重系数计算工作量。当然,也有不少人民法院也引入量化管理的理念,尝试以案件数量和案件质量、结案率、结案数、调解率、二审发回率、改判率等为指标的考核模式,毫无疑问,与传统的考核模式相比,是一大进步,但由于指标单一,更多也都是局限于对员额法官办案工作的计算,未能涵盖审理中的一些隐性工作,如法官的事务性和学术性工作等。

法官行使审判权,是属于社会科学事务范畴,不能以单一的案件质效指标进行评估。注重审判实绩的考核固然重要,但是如果只注重审判实绩的考察而忽视对法官其他方面的考察也是不全面的。所以法官考核,一方面需要将办案数量、办案质量、办案效率、办案效果通过指标量化;另一方面将其他工作内容(如党建创建、机关效能、理论研究等)进行量化计算并相结合,否则太过僵硬缺乏灵活性。

(四)从考核结果来看,运用不够充分,与员额退出等机制衔接不够紧密

法官考核是为了达到准确评价、区别管理、有效激励的目的,但只有将考核结果运用于奖励惩罚、晋升、处分,才能实现上述目的,否则法官考核制度将变得可有可无,无法实现其对法官衡量、制约、监督、激励和鞭策的作用。但在现实中,法官考核结果运用并不充分,许多情况下并没有真正兑现,只有少数人民法院对考核结果较为重视,多数人民法院仅仅将考核工作按部就班地完成。例如,《法官法》规定法官等级的确定,以法官所任职务、德才表现、业务水平、审判工作实际和工作年限为依据,但在实际过程中,法官等级的高低往往与行政职务密切关联,行政职务高的往往法官等级就高。又如,法官等级晋升都是人民法院党组研究决定,因此院领导的意见十分重要,所以法官会更加注重和领导之间的关系,考核这个环节就可能会被忽略。

第三节　考核路径：对员额法官进行量化考核

近年来，泉州市两级人民法院针对司法改革后员额法官出现的新情况，不断创新完善法官考核制度，考核内容全面与重点相结合，突出考核政治素质和审判工作实绩，考核指标基础分与加减分相结合，全方位采用指标化评价，考核结果排名与运用相结合，激励法官提升司法质效，契合当前法官考核制度发展的新要求，为完善法官考核路径提供了有价值的探索和实践。首先，以最高人民法院《关于加强和完善法官考核工作的指导意见》为依据，阐释当前法官考核制度发展的新要求。其次，从考核内容、考核指标、考核结果运用三个重要维度详细分析泉州市两级人民法院法官考核实践运作与制度发展新要求的高度契合性，论证其科学性和合理性。最后，重点介绍泉州市两级人民法院法官考核制度的难点，法官办案工作量计算体系。

一、法官考核制度发展要求

建立完善的员额法官考核制度，是推进以法官员额制改革为主的人员分类管理改革，推进法官队伍建设，落实“让审理者裁判、由裁判者负责”的司法责任制的重要举措和有力保证。党中央有关司法体制改革和政法队伍建设的决策部署，以及最高人民法院制定的相关规范性文件精神，给当前我国员额法官考核制度发展完善提出了新方向。最高人民法院《关于加强和完善法官考核工作的指导意见》明确了当前我国员额法官考核制度发展的新要求，本节内容重点阐释①。

（一）理顺法官考核和公务员考核的关系

在理顺法官考核和公务员考核的关系上，要牢牢把握两者的基础关系，即明确法官考核是法官作为公务员的考核，从而实现两者的内在逻辑统一，避免重复考核、多头考核，有效减轻法官工作负担。一方面，法官作为独立行使审判权的公职人员，与其他党政公职人员相比，具有不同的职能和角色，因此在考核中要遵循审判工作规律，立足审级职能定位，紧紧围绕构建新型审判权力运行机制、

① 参见叶健、侍东波、梁代杰：《〈关于加强和完善法官考核工作的指导意见〉的理解与适用》，载《人民司法》2021年第34期。

落实司法责任制等重点任务,注重突出法官主体地位,牢牢抓住审判业务关键环节和核心内容;另一方面,法官又是公务员群体,考核时亦不能脱离公务员考核体系,单独开展,另起炉灶。

在考核框架设置上,法官考核在总体框架上仍采用德、能、勤、绩、廉的公务员考核体系,同时充分融入《法官法》规定的法官职责、义务、考核等内容,要求重点考核政治素质和审判工作实绩,该种考核内容既充分考虑法官职业的特点,又与公务员考核体系保持一致。

在考核结果运用上,要实现考核结果统一,明确法官考核结果作为其公务员考核结果记入本人公务员年度考核登记表。其他考核方式、考核程序等内容,均参照《公务员考核规定》有关要求进行。

(二)突出政治素质和审判工作实绩考核重点

本次司法体制改革的核心内容是让员额法官回归办案的主责主业,实现"让审理者裁判,由裁判者负责"。因此最高人民法院《关于加强和完善法官考核工作的指导意见》对考核内容的规定是在全面考核的基础上,重点考核法官的政治素质和审判工作实绩,是要把法官政治素质放在首位,同时要聚焦审判工作业绩。

对法官政治素质的考核主要是重点考核深入学习贯彻习近平新时代中国特色社会主义思想,学习贯彻习近平法治思想,坚持党对司法工作的绝对领导、坚持中国特色社会主义法治道路,深刻领悟"两个确立"的决定性意义,增强"四个意识"、坚定"四个自信"、做到"两个维护",提高政治判断力、政治领悟力、政治执行力,遵守政治纪律和政治规矩,自觉抵制西方"宪政民主""司法独立""三权鼎立"等错误思潮情况。

对法官审判工作业绩进行考核,主要是要从办案质量、办案效率(包含办案数量)、办案效果三个维度设置考核指标,并对各项指标考核重点作出指导性规定。一是对办案质量的考核,以案件发回、改判等情况为基础,充分运用案件质量评查等机制,重点考核法官办案中证据审查、事实认定、法律适用、文书制作、释法说理、裁判结果等情况。二是对办案效率的考核,重点考核法官在考核周期内办理案件和相关业务工作的数量、投入、时效等情况,结合审限内结案率、审限变更率、平均结案时间等。三是对办案效果的考核,以案件取得的政治效果、法律效果和社会效果等情况为基础,重点考核维护国家安全和社会稳定、维护法律的严肃性和权威性、维护人民群众合法权益、弘扬社会主义核心价值观等情况。

(三)采用指标化评价考核方式

最高人民法院《关于加强和完善法官考核工作的指导意见》规定,对法官的考核,以其岗位职责和所承担的工作任务为基本依据,以指标化评价的方式,全面考核德、能、勤、绩、廉各方面。采用指标化的评价方式,使法官考核更加客观、公正,是今后法官考核工作方式的重要方向。

一是全面设置指标。对德、能、勤、绩、廉各方面情况设置指标。对"德"的考核,主要围绕政治素质和道德品行等设置指标;对"能"的考核,主要围绕法律专业水平和工作能力等设置指标;对"勤"的考核,主要围绕精神状态和工作作风等设置指标;对"绩"的考核,一般围绕办案业绩和其他工作业绩设定指标;对"廉"的考核,主要围绕廉洁司法、廉洁自律等设置指标。

二是分层设置指标。考核指标应当按照审级职能定位,根据不同人民法院层级、不同业务条线(岗位)特点,分层分类设置。其中,基层人民法院考核指标应重在体现准确查明事实、实质化解纠纷等方面;中级人民法院考核指标应重在体现二审有效终审、精准定分止争等方面;高级人民法院考核指标应重在体现再审依法纠错、统一裁判尺度等方面;最高人民法院考核指标应重在体现监督指导全国审判工作、确保法律正确统一适用等方面。

三是个性调整指标。各人民法院应结合本院工作实际,对指标设置、考核内容、考核标准、计分规则、分值比重等内容进一步细化,并根据考核情况有针对性地进行调整。

四是案件权重系数设置。区分不同人民法院层级、不同案件类型,充分考虑体现审判工作特点的审判程序、审判团队配置、审判流程节点等因素,构建"固定系数+浮动系数"的权重系数体系,最大限度实现不同业务条线、不同岗位法官的办案业绩在同一个考核体系下的可量化、可评价。

(四)注重法官考核结果应用

最高人民法院《关于加强和完善法官考核工作的指导意见》十分注重考用结合工作,具体规定了考核结果运用的几种情形,将绩效奖金分配、法官等级调整、员额退出等工作与考核结果紧密挂钩,激励法官多办案、办好案,着力解决干与不干、干好干坏、干多干少一个样的问题。一是考核结果在法官等级晋升的运用。法官年度考核确定为优秀等次的,其参加法官等级晋升时,在同等条件下优先考虑。法官年度考核确定为称职等次的,可以按相关规定参加法官等级晋升。

法官年度考核确定为不称职、基本称职等次或者参加年度考核不确定等次的,本考核年度不计算为法官等级晋升的任职年限。二是考核结果在员额退出的应用。法官年度考核确定为不称职等次,或者连续两年确定为基本称职等次的,应当退出员额。三是考核结果在绩效奖金分配的应用。法官年度考核确定为优秀、称职等次的,享受当年度奖励性绩效考核奖金。法官年度考核确定为基本称职、不称职等次或者参加年度考核不确定等次的,不享受当年度奖励性绩效考核奖金。

二、法官考核制度的实践探索

泉州地处福建东部沿海,全市经济总量常年居福建省榜首,因民营经济较为活跃,泉州市两级人民法院受理案件数量常年居全省前列,"案多人少"矛盾突出。为充分调动法官工作积极性,近年来,泉州市两级人民法院不断探索法官考核制度创新,优化试行分类量化考核办法,以下从考核内容、考核指标、考核结果运用方面作重点介绍。

(一)考核内容全面与重点相结合,突出考核政治素质和审判工作实绩

最高人民法院《关于加强和完善法官考核工作的指导意见》对考核内容的规定是要求全面考核的基础上,重点考核法官的政治素质和审判工作实绩。泉州市两级人民法院法官考核内容在《公务员法》规定"德、能、勤、绩、廉"考核内容框架内,充分融入《法官法》规定的考核内容,全面与重点相结合,突出考核政治素质和审判工作实绩。重点考核员额法官的工作业绩、队伍建设以及群众公认度等方面。工作业绩主要考核法官办案质量、办案数量、办案效率、办案效果等方面;队伍建设主要考核党建创建、机关效能和廉洁自律等方面;群众公认度主要考核分管领导、部门领导(正副职)、中层正职以上(包括市管干部)对员额法官进行综合评价。

除上面考核内容外,还通过正负向加减分考核担当精神、创新意识等方面。正向加分主要包括调研、信息、宣传、表彰奖励、综合文稿、品牌亮点、办案(服务)竞赛及对承担急难险重任务或承办重大疑难案件、做出突出贡献的。负面清单扣分的,共设置廉洁自律、机关效能、案件监管 3 个负向扣分项目,全方位规范干警言行,对踩"红线"的行为对照清单扣分,若出现严重影响的,实行"一票否决",以此拉紧干部工作生活中的高压线,形成持续震慑。

(二)考核指标基础分与加减分相结合,全方位采用指标化评价

最高人民法院《关于加强和完善法官考核工作的指导意见》规定,对法官的考核,以其岗位职责和所承担的工作任务为基本依据,以指标化评价的方式,全面考核德、能、勤、绩、廉各方面。泉州市两级人民法院法官考核采用基础分与加减分相结合的指标化评价方式。基础分为百分制,包括工作业绩评价(60 分)、队伍建设评价(25 分)、综合评价(15 分)。

1. 工作业绩(权重 60 分)

2022 年 6 月,最高人民法院党组研究建立审判质量管理指标体系,分为质量、效率、效果三大类指标,要求审判质量管理要坚持质量优先,将一审裁判被发改率、生效案件被发改率等质量指标作为首要评价标准;要兼顾审判效率,综合运用审限内结案率、审限变更率、平均结案时间等指标督促科学提升办案效率;要重视裁判效果,设置案件比等指标,防控程序空转,让法院办案质效更高、司法资源投入更少、当事人的体验更好。因此在实践中,员额法官工作业绩计算,一方面,要与审判质量管理紧密结合,服从审判质量管理工作需要;另一方面,还要充分体现《法官法》和《公务员法》规定的考核内容。

泉州市两级人民法院设定的员额法官工作业绩计算方式兼顾了上述两个方面的需要,以办案数量、质量、效率及效果为基础进行量化评分。审判管理办公室根据员额法官办案质量、办案数量、办案效率、办案效果考核标准,并对工作业绩作出评价。

(1)办案质量(权重 24 分)。主要通过案件质量评查和优秀文书、优秀庭审评比结果进行评价。案件评查中被评为一般瑕疵、重大瑕疵、不合格的案件及引起国家赔偿的案件进行负向减分。优秀裁判文书、精品文书、典型案例和优秀庭审、精品庭审根据获奖等次给予加分。

(2)办案数量(权重 10 分)。主要通过超岗比例(办案数量与任务数的比例)来进行评价。

(3)办案效率(权重 10 分)。主要评价法定审限内结案率目标完成和长期未结、久押不决案件清理情况以及诉讼费退费、未按期归档情况。

(4)办案效果(16 分)。主要评价上诉、抗诉、申诉、申请再审、信访化解等相关工作完成情况。

全年办案质量、效率、效果未被扣分的,年终各加 2 分。

2. 队伍建设(权重 25 分)

队伍建设包括党建创建、机关效能和廉洁自律等方面。其中党建创建 10 分、机关效能 8 分、廉洁自律 7 分,均按月滚动积分。

3. 综合评价(权重 15 分)

员额法官由分管领导、部门领导(正副职)、中层正职以上(包括市管干部)进行综合评价。

4. 正负向加减分(权重见清单)

主要评价各类人员从事调研、信息、宣传,受各级表彰以及获各类竞赛奖项,撰写各类交流、讲话、汇报等综合文稿,以及品牌亮点、办案(服务)竞赛等。

(三)考核结果排名与运用相结合,激励法官提升司法质效

考核结果运用是法官考核的最重要一环,运用合理,激励法官提升司法质效,真正发挥激励先进、鞭策后进的“指挥棒”“风向标”“助推器”作用;运用不合理,就会损害法官工作积极性,导致考核沦为单纯排名的工具。

泉州市两级人民法院将量化考核结果纳入法官业绩档案,作为法官评先评优、晋职晋级、员额管理、年度考核、绩效考核与奖金分配等的重要依据。对排名靠后的员额法官,第一年给予黄牌警告,第二年降低一个法官等级,第三年要求其直接退出员额,有效杜绝“大锅饭”、平均主义、“躺平”思想等现象,让干事者有动力,干成者得实惠,充分调动干警工作积极性。

三、法官考核难点:办案数量计算标准

建立科学的法官考核制度的前提是对法官办案工作量进行科学合理的计算,实现不同业务条线、不同岗位法官办案工作的可量化、可评价。由于法官办案均不一样,不同的业务条线(民事、刑事、行政)案件的办案难度均不相同,同一条线中不同的案由案件难度也不同,甚至同一案由中案件也有难易之分,因此建立一套相对科学合理的法官办案数量计算标准一直是法官考核工作的难点。为了解决这个问题,泉州市两级人民法院认真学习最高人民法院《案件权重系数设置指引》内在精神,在此基础上,遵循审判规律,进行了创新和简化,并在审判实践中不断摸索和调整,形成一套相对科学合理的法官办案数量计算体系。

(一)案件权重系数本质

最高人民法院《关于加强和完善法官考核工作的指导意见》后面附有一个十

分重要的附件《案件权重系数设置指引》,对如何测算法官实际工作量指明了方向。案件权重系数是法官在承办该案时所需要的工作量的反映,能够科学地设置案件权重系数,也就能够科学地计算法官的办案量。根据最高人民法院关于案件权重系数设置指引的要求,设置案件权重系数时,可以区分案件特点分别设置固定系数和浮动系数。固定系数与浮动系数之和为案件最终权重系数。设置案件权重系数时主要考虑以下内容:

1. 固定系数,根据案件普遍性特点设置的办案工作量基础系数,一般包括案件类型、审判程序、审级,以及审判团队配置等。(1)案件类型权重系数,确定时一般按照刑事、民事、行政、国家赔偿、执行、其他类型案件等分类进行设置。其他类型案件可以进一步分为速裁案件、破产案件、减刑假释案件、司法救助案件、国际区际司法协助案件、特别程序案件等。还可以根据案由等进一步细化案件类型权重系数。(2)审判程序权重系数,确定时一般按照一审简易程序、一审普通程序、二审程序、再审程序、其他程序等分类进行设置。还可以根据审判实际情况进一步细化审判程序权重系数。(3)审级权重系数,确定时一般按照基层人民法院、中级人民法院、高级人民法院等分类进行设置,原则上审级越高,审级权重系数越大。(4)审判团队配置权重系数,确定时一般考虑法官助理和书记员的人数、个人贡献度等因素。

2. 浮动系数,根据案件性质、流程等特殊性设置的动态系数,可以根据案件审理情况累加适用,一般考虑系列案件、疑难复杂案件、重大敏感案件、当事人人数众多案件、涉外案件、审判委员会讨论案件、专业法官会议讨论案件,以及鉴定、评估、审计、保全、公告、发送司法建议等因素进行设置。(1)刑事案件浮动系数还可以考虑刑事附带民事诉讼、涉众型犯罪案件、判处死刑的案件等因素。(2)民事案件浮动系数还可以考虑先予执行、反诉等因素。(3)行政案件浮动系数还可以考虑附带提起行政赔偿、规范性文件附带审查、复议双被告等因素。(4)国家赔偿案件浮动系数还可以考虑调卷审查、组织质证、征求意见、赔偿委员会讨论、舆情处置、案件协调、刑事善后、困难帮扶、回归社会等因素。(5)执行案件浮动系数还可以考虑异地执行、搜查、拍卖变卖被执行财产、强制腾退房屋或土地、拘留、罚款、限制出境、限制消费、纳入失信名单、移送涉嫌犯罪的有关人员等因素。(6)涉未成年人案件浮动系数还可以考虑社会调查、社会观护、心理疏导、法庭教育、回访帮教等因素。(7)司法救助案件浮动系数还可以考虑组织听证、入户调查、邻里访问、司法救助委员会讨论、联动救助等因素。

综上可见,设置案件权重系数的本质是要求计算法官实际办案工作量时,应充分考虑所承办案件的类型、审判程序、审级,以及是否为系列案件、疑难复杂案件、重大敏感案件、当事人人数众多案件等个案难易程度及个别案件中需要开展鉴定、评估、审计、保全、公告、司法建议等特别工作等各项因素。

(二)泉州市两级人民法院法官办案数量计算标准

泉州市两级人民法院在充分学习吸收案件权重指数设置经验的基础上,尊重审判工作规律,避免传统的以行政化方式简单评价审判工作,注重不同案件的客观差异,对各专业审判岗位的工作特点予以全面考虑,探索出一套较为成熟、完善的法官绩效考核办法。通过科学测算,确定和统一任务数,解决各业务庭忙闲不均的问题,并综合运用权重系数与案件折算办法,形成不同案由之间、不同考核要素之间合理的换算关系,统一度量衡,提升绩效考核公平性和科学性。通过制作月考核汇总表,记录庭室、团队和法官任务数、受理案件数、结案数、超岗率、在办案件、长期未结案件、文书上网率以及排名情况,一目了然实现宏观到庭、中观到团队、微观到人的管理。主要表现为三个“统一”,即统一任务数、统一标准件、统一度量衡。

1. 统一任务数

为解决不同业务庭之间忙闲不均、不同业务庭法官办案压力不均的问题,在全院实行统一任务数的做法,核定入额法官每年办案任务数为 180 个标准案件(以一个民商事二审速裁案件为标准案件),即无论法官身处哪个庭室、哪个审判团队,审理何种案件,均要完成同样的任务数。

此外,在统一设定任务数时,充分考虑不同员额法官个体的差异,以人民法院实际情况,即人民法院受理案件数及平均结案数、人民法院审判资源现状、法官工作能力作为主要考虑因素,从人员的年龄、性别、承办或辅助办理审理案件的类型、结案方式、案件繁简程度、兼顾的事务性工作或行政工作的繁重程度等综合考虑,分别确定办案指标任务数。例如:(1)院领导行政管理等工作折完成办案工作量 75%;(2)庭长、团队长(副庭长)、副庭长行政管理等工作分别折完成办案工作量 50%、30%、20%;(3)立案庭领导信访工作、诉讼服务中心领导立案工作折完成本人办案工作量 30%;(4)业务庭内勤折完成本人办案工作量 30%、党务专员折完成本人办案工作量 25%;(5)男满 55 周岁、女满 50 周岁(四级高级法官以上满 53 周岁),入额法官每增加一岁折完成本人办案工作量 5%;(6)女法官怀孕期间折完成本人办案工作量 50%;(7)挂职,病假、产假,抽调参加中心工作,参加学习连续一个月以上等,无办案任务。

通过统一办案任务数,可以实现在员额法官总数不变的情况下,以“以案定员”为原则基础,对各审判团队的人员分配比例和案由分布情况进行动态统筹和调整,通过精细化管理实现人员和案件的再平衡再分配,解决各业务庭、审判团队之间忙闲不均、法官办案压力不平衡的问题。一方面,通过案件的再分配,逐渐实现各业务庭、审判团队之间工作量的均衡。解决了一些案件量少的业务庭、审判团队可能无法完成办案任务数的问题,改变了以往案件量大的业务庭任务数多,案件量小的业务庭任务数少的办案模式,打破审判团队各干各的、各管各的的壁垒,全院审判工作一盘棋,实现案件统筹管理。另一方面,根据各庭室或各团队实际受理案件数量的情况,合理配备人员,使各庭室、团队实现任务均衡,并达致人力资源的充分、有效运用。一方面,缓解了部分以前“不堪重负”的法官的压力;另一方面,亦能充分调动起以前未充分调动的人力资源,有效解决了“案多人少”的矛盾。

2. 统一标准件

在传统的法院绩效考核中,往往单纯地将结案数作为计算法官工作量的依据,或将一审、二审、再审案件进行简单的换算,未将不同案件类型、同类案件不同难易等案件的差异化因素纳入计算范畴,因而导致测算结果常常与实际不符,难以得到认同。因此,在各业务庭、审判团队法官统一办案任务数的前提下,如何将绩效考核内容进行要素分解,并根据实证资料科学计算各考核要素的工作量,形成不同案由之间、不同考核要素之间科学的换算关系是绩效考核的重点和难点。

这里需要设定一个参照物,或者说是测量案件工作量的标准单位(也就是标准案件),在确定标准件之后,其他案件再参照标准件的工作量计算其工作量。标准件选定要考虑一定的要素:一是标准件本身的工作量比较容易计算且相互之间差别不大,最好没有一些特殊的诉讼事项如鉴定、保全、勘验等;二是标准件最好是该法院占比比较多的案件类型;三是案件事实认定和法律关系认定比较简单。

泉州市两级人民法院在确定标准件时也走过不少弯路,2017 年确定 1 件二审民事案件为标准件,无疑该标准件的确定是失败的。因为本身1件二审民事案件的工作量是不固定的,不同案由、不同案情的办案难度是完全不一样的,同样是二审民事案件,但办案量可能差别好几倍。既然标准件的工作量都不固定,那么其他案件如何以此作为标准计算其工作量?经过不断摸索,泉州市两级人民法院选定民商事二审速裁案件(原一审适用简易程序上诉案件)为标准件,其他案件以此标准件的工作量为标准计算工作量。民商事二审速裁案件(原一审适用简易程序上诉案件)是中级人民法院较为常见案件类型,同时因为一审适用的是简易程序,因此其法律事实和法律关系认定均会比较简单,二审合议庭往往经过一次调查、一次合议和撰写裁判文书均能够快速结案,工作量较为容易计算,也比较统一。

3. 统一度量衡

案件工作量的计算除要有统一的标准件作为参照物外,还要考虑一套度量衡来计算标准件以外案件的工作量。泉州市两级人民法院充分学习借鉴《案件权重指数设置指引》对于工作量计算的考虑因素,经过实践不断摸索完善,以案件类型、诉讼程序作为确定工作量的最主要入口,通盘考虑案件案由、办案环节、结案方式等各类反映案件繁简难易程度的重点要素,更加准确地界定案件的难易程度和实际工作量,实现办理不同案件法官之间工作量的科学比对。如1件普通刑事一审案件折算3.72件标准件,1件刑事二审案件折算1.86件标准件,1件普通一审民事案件折算2.66件标准件,1件普通二审民事案件折算1.33件标准件,1件普通一审行政案件折算3.46件标准件,1件普通二审行政案件折算1.73件标准件,此外还有因案由因素如毒品犯罪、经济犯罪、建设工程等因审理难度较大有不同的加折标准,还有如拟宣告无罪、拟判处死刑、涉黑恶案件等疑难复杂案件。

除按以上客观标准进行折算案件外,为了避免规定未尽事宜和未考虑充分因素造成个别案件办案量计算不科学,还规定:“法官办理重大、疑难复杂案件,需另行折算的,应向分管院领导提出,由分管院领导提交院长办公会研究决定,报政治部、审判管理部门备案。”

除案件计算工作量外,还可将参加审委会、专法委、案件评查等方面的工作与标准件案件工作量进行比对换算,干警完成上述任务,可根据任务的难度系数及相应成果的质量,科学折算为案件工作量,以更为完整地评估法官的实际业绩和工作能力。这种绩效考核体系不仅追求办案速度，也肯定了办好案、办难案及业务能力显著的法官，激发法官的办案激情，帮助法官提升法律综合能力，催生越来越多的经典案件。此外，还应结合一定时期内的审判工作重点，根据情况及时调整案件折算办法，动态调整具体评价内容，避免出现照抄照搬、“一刀切”和固化僵化现象。（泉州市两级人民法院具体折算标准见表4-1）

表4-1 泉州市两级人民法院具体折算标准

<table>
<tr><th>案件类别</th><th>审判程序</th><th>具体案件类型</th><th>案件量折算标准/件</th></tr>
<tr><td rowspan="15">刑事</td><td rowspan="4">一审</td><td>除以下各类案件外的刑事一审案件</td><td>3.72</td></tr>
<tr><td>毒品犯罪、经济犯罪、判处死刑案件</td><td>6.65</td></tr>
<tr><td>判处死刑缓期执行、宣告无罪、职务犯罪案件</td><td>5.32</td></tr>
<tr><td>涉黑涉恶案件折算数，另外申请</td><td></td></tr>
<tr><td rowspan="6">二审</td><td>除以下各类案件外的刑事二审案件</td><td>1.86</td></tr>
<tr><td>毒品犯罪、经济犯罪、职务犯罪案件</td><td>2.66</td></tr>
<tr><td>危险驾驶</td><td>0.5</td></tr>
<tr><td>二审涉黑</td><td>15</td></tr>
<tr><td>二审涉恶</td><td>10</td></tr>
<tr><td>被告人15人以上，罪名5个以上且具有重大社会影响的涉黑涉恶案件折算数，另外申请</td><td></td></tr>
<tr><td rowspan="3">刑罚与执行变更</td><td>假释案件、经过开庭的减刑案件</td><td>0.44</td></tr>
<tr><td>未开庭的减刑案件</td><td>0.19</td></tr>
<tr><td>监外执行或撤销缓刑</td><td>0.67</td></tr>
<tr><td>强制医疗案件</td><td>所有案件类型</td><td>1.86</td></tr>
<tr><td rowspan="2">一审</td><td>除建设施工合同纠纷以外的民事一审案件</td><td>2.66</td></tr>
<tr><td rowspan="4">民事</td><td>建设施工合同纠纷案件</td><td>8</td></tr>
<tr><td rowspan="2">二审</td><td>除建设施工合同纠纷以外的民事二审案件</td><td>1.33</td></tr>
<tr><td>建设施工合同纠纷案件</td><td>4</td></tr>
</table>

续表

案件类别	审判程序	具体案件类型	案件量折算标准/件
民事	特殊程序	申请确认、撤销仲裁裁决的案件	0.5
		申请承认和执行外国以及我国台湾地区、香港特别行政区、澳门特别行政区法院民事判决和仲裁裁决的案件	2.66
	破产重整、清算、和解	破产重整、清算、和解	53.2
		破产预审查	13.3
		破产衍生诉讼	按其他相同诉讼案件计算
	办理转续贷	所有案件类型	1.33
行政、赔偿	一审	所有案件类型	3.46
	二审	所有案件类型	1.73
综合	管辖	所有案件类型	0.33
	延长审限	所有案件类型	0.13
	再审审查	所有案件类型	有询问(听证)1.33；无询问(听证)0.5
	再审	上级法院指令再审、本院指令再审后上诉的案件	2.66
	诉讼	按自动撤诉处理案件	0.19
		发回重审	0.5
		六个月内的系列案件，自第4件起	0.5
	诉讼保全	到本市外保全	0.67
		在本市内保全	0.44
	速裁团队	调解结案或撤诉结案	1.33
		判决结案	挑选0.67；调剂1.33
	诉讼	指令再审、被发回重审，发回重审后又上诉、抗诉的案件	刑事1.33 民事、行政1
		数罪并罚增加一个罪名	0.5
		执行死刑	10

续表

案件类别	审判程序	具体案件类型	案件量折算标准/件
增加折算案件量情形	诉讼	刑事附带民事诉讼、未成年人犯罪、检察抗诉、三个以上被告人案件	0.5
	其他	案件质量评查等每件	0.33
	一审	重大案件按卷宗数量折算:案件卷宗5卷以上的 (需另行折算的,应向分管院领导提出,由分管院领导提交院长办公会研究决定,报政治部、审判管理部门备案)	每增1卷0.27;封顶10.64
	二审		每增1卷0.13;封顶6.65
	诉讼	调解、撤诉结案、附加民事诉讼、抗诉案件(系列案件如有以上情况,按折后数再加算)	0.67

第五章　法官助理：推行以辅助质效为核心的量化考核

“审判辅助人员到位，法官才可真正归位。”[①]随着司法改革的推进，审判辅助事务管理在司法改革中呈现举足轻重的地位。司法人员分类管理改革是推进我国法官职业化的直接措施，这一改革以员额法官为主体，以审判辅助人员和司法行政人员为两翼。[②] 而最高人民法院之所以设立法官助理制度，其目的在于通过合理划分审判职责，科学配置审判资源，在诉讼场域理顺法官与其他辅助人员之间的关系，实现法官与法官助理的分工与协作，保证法官专司审判，提高审判的质量和效率。因此，法官助理制度的建立作为推进人民法院人员分类管理的关键环节，是人事管理改革的一个突破点和发展方向，[③]与法官、书记员的管理均有一定的关联性，具有承上启下的作用，其制度改革意义深远，既是司法改革成败的关键，又是法官员额制改革取得预期成效以及促使法官职业化、精英化顺利完成的重要保障，还是推动法律职业共同体

---

① 许琛：《到位与归位：基层法院审判辅助人员管理制度构建的路径》，载《中山大学法律评论》2019 年第 17 期。

② 参见张瑞：《法官助理的身份困境及其克服》，载《法治研究》2019 年第 5 期。

③ 参见任鸣、蒋继业、卢云云：《法院队伍建设的必由之路：法官职业化——全国法院法官职业化建设院长论坛综述》，载《法律适用》2006 年第 12 期。

的形成,进而推动中国法治的发展与进步的现实基础。

第一节 职业探寻:法官助理的发展沿革及其岗位职责

案件审判实务中需要分工配合,强调的是司法职业者在司法裁判活动中共同但有区别的角色定位和职责需求。根据最高人民法院《关于在部分地方人民法院开展法官助理试点工作的意见》第4条第1项的规定,法官助理是指协助法官从事审判业务的辅助人员。因此,需要在现有资源有限的条件下,对人民法院人员进行科学的分类管理,通过合理界定不同人员的职权范围,充分发挥各类职能主体的功能,进而在总体上实现人民法院工作机能和效率的最大化。

一、法官助理制度的发展沿革

我国法官助理制度的发展起源于1999年最高人民法院颁布的《一五纲要》,到目前为止共发布了四个五年改革纲要,在这20余年里,我国法官助理制度改革经历了一个从点到面、从表到里、从感性认识到理性经验的发展历程,大致可以分为以下四个阶段。

(一)第一个阶段:1999~2003年法官助理制度的萌芽期

改革开放打开了我国经济发展的大门,在各类经济活跃发展的推动下,随着1992年党的十四大的召开,在我国有着几十年发展历史的计划经济体制自此终结,社会主义市场经济应运而生。市场经济的推行满足了资本、技术和劳动力的发展需求,要素市场在此背景下迅速发展。市场开始可以自由贸易,经济迅速发展,与此同时,社会摩擦、交易冲突等现象也逐渐增多,人民法院案件数量大幅增多,司法工作人员无暇平衡审判质量与审判效率之间的天平。

在此背景之下,最高人民法院于1999年颁布了第一个五年改革纲要,提出“随着审判长选任工作的开展,结合人民法院组织法的修改,高级人民法院可以对法官配备法官助理和取消助理审判员工作进行试点,摸索经验”,这是首次提出建立法官助理试点,也由此正式开启了我国法官助理制度改革的篇章。2000年年初,北京市房山区人民法院落实这一试点制度,为其法官配备相当数量的法官助理。2002年,最高人民法院《关于加强法官队伍职业化建设的若干意见》中明确指出法官助理是从事审判辅助工作的司法工作人员,法官助理与法官之间形成单向关系,即符合条件的法官助理可以成为法官,并将在成功试点经验基础上推行法官助理制度。这一文件的发布不仅推动了我国法官职业化建设改革,也将我国法官助理制度推向全国范围,法官助理制度在一系列的规划和实践探索中不断发展成型。。

(二)第二个阶段:2004～2012 年法官助理制度的试点期

这一时期我国司法案件数量增长值进入突破阶段,开始以万为计算单位。案件数量的增加也进一步证实了法官助理存在的必要性,法官助理的增设势在必行。2004 年,最高人民法院下发《关于在部分地方人民法院开展法官助理试点工作的意见》,正式确定北京市海淀区人民法院、广东省深圳市中级人民法院等 18 个人民法院试行法官助理制度。同时,在该意见中指出对于法官助理改革,要"老人老办法,新人新政策",这一改革指示我国各地人民法院在法官助理制度试点过程中,不能盲目开展,而是要在考察法院实际情况的基础上进行,各地人民法院以该意见为部署,可以结合本级人民法院实际情况进行调整,这也反映出我国司法改革的真谛,由于经济发展水平、人物资源分配等原因,我国各地的发展程度不能一概而论。司法改革要考虑这些问题,做到在统一部署、统一推进的基础上因地制宜,实现改革初心。

2005 年,最高人民法院发布《二五纲要》,在总结试点经验的基础上,提出逐步建立法官助理制度。随后,最高人民法院于 2007 年发布的《关于在西部地区部分基层人民法院开展法官助理制度试点、缓解法官短缺问题的意见》,以及最高人民法院政治部于 2008 年发布的《关于在西部地区部分基层人民法院开展法官助理制度试点的实施方案》,决定从 2008 年起在西部 12 个省(自治区、直辖市)共 800 余个基层人民法院逐渐推行法官助理制度改革,以进一步缓解西部基层人民法院法官短缺的问题,加快人民法院工作人员分类管理改革进程。2009 年,最高人民法院发布《三五纲要》,重申完善法官及其辅助人员分类管理制度。在这一阶段,是最高人民法院自上而下地部署推进到各地人民法院的生动实践,我国法官助理制度从局部试点发展到全国大范围推广,试点成效也为后续的法官助理制度确定及改革发展打下了坚实的基础。

(三)第三个阶段:2013～2017 年法官助理制度的成长期

2013 年,最高人民法院相继发布《人民法院工作人员分类管理制度改革意见》《关于新形势下进一步加强人民法院队伍建设的若干意见》《关于切实践行司法为民大力加强公正司法不断提高司法公信力的若干意见》三个文件，强调建设职业化、精英化法官队伍的重要性，提出司法工作人员应当分类管理，司法工作人员职业化改革进程亦应当重新推动。2014 年，原中央全面深化改革领导小组第三次会议通过了《关于司法体制改革试点若干问题的框架意见》，最高人民法院亦出台了《关于司法体制改革试点中有关问题的意见》，为法官员额制的宏观框架和微观构建指明改革之路的同时，也意识到我国法官助理作为审判辅助工作人员在这场改革中的重大意义。

随后召开的党的十八届四中全会对法官助理的设立以及助理审判员的取消作出明确指示。2015 年，最高人民法院发布《四五纲要》，为司法改革确定了总纲要，明确司法改革的目标之一是坚持以法官为中心、以服务审判工作为重心，建立分类科学、结构合理、分工明确、保障有力的法院人员管理制度。《四五纲要》把人员分类管理列为改革试点的四项重点内容之一，将法官与法官助理的相互配合放在重要位置，并进一步细化了法官助理制度改革举措。多地人民法院在中央的指导下逐渐制定法官助理招录、选拔、管理制度，试图以明确的规定完成制度优势转化为实践优势，法官助理制度改革也在这一时期迅速发展。

（四）第四个阶段：2018 年至今法官助理制度的稳定期

这一阶段的法官助理制度经过前期的摸索试验以及发展改革，已经逐步成熟完善，关于法官助理的改革试点在全国各地开展。2018 年 10 月《法院组织法》修订，该修订明确了法官助理的主要职责——负责审判的辅助事务，并对法官助理这一职业的愿景进行阐述。2019 年，我国《法官法》进行修订，提出法院系统要强化法官助理队伍的建设，明确了法官助理可以作为法官遴选的储备人才，并规定了法官助理可以在法官的指导下负责审查案件材料、草拟法律文书等审判辅助事务。法官助理制度的发展改革从原来的参与主体单一发展到各政府部门都参与其中，从原来的文件规范上升到法律规范，这是整个法官助理制度发展过程质的飞跃。在此基础上，仍应立足我国审判实践，将法官助理制度改革作为促进公正、高效、权威的社会主义司法制度形成的一项重要内容，以此进一步深化改革构建与我国司法环境和审判规律相适应的中国特色法官助理模式。

二、法官助理的职责内容

“法官—法官助理—书记员”这一审判团队，是以公正高效为共同目标，以法官为团队中心，以分工负责、互相配合、密切协作为运行基础，人员相对固定，审判团队中应当按照司法规律和责任落实的要求明确各类人员职责定位，厘清法官与审判辅助人员、法官助理与书记员的关系。

（一）宏观定位：区分审判核心事务与审判辅助事务

一种权力运行机制的设计受制于权力的性质、功能及其目的。审判权作为核心权利，是一种判断权和裁量权，以公正为首要价值，要求赋予判断主体高度的独立性、中立性和专业性，充分体现程序性、技术性等司法自身的规律。一般认为，按照审判权的本质要素作为标准，可以将审判工作区分为审判核心事务与审判辅助事务。从理论上来说，距离案件判断和裁量越近的事项应该由法律专业技能高的法官承担，距离案件判断和裁量越远的事务性工作可以由对法律专业技能要求较低的法官助理、书记员承担。法官、法官助理、书记员职责所包含的判断裁量要素和法律要素逐渐较少。①

审判辅助工作的专业化、精细化分工，是司法专业化发展的必然趋势。对司法事务进行合理分工，是人民法院内部机构及人员设置的一个重要前提，包括法官定员、法官助理配置等在内的多个司法改革措施，均涉及审判事务的分工及法官辅助人员配置的科学化问题。② 将审判业务进一步区分为审判事务与审判辅助事务、日益扩大审判辅助事务的职权是被司法专业化驱使的一种世界动态。③一直以来，我国的法官背负的辅助事务工作过于繁重，但随着案件数量不断上升、审判工作的专业化程度发展，这种“一脚踢”的工作模式让法官不堪重负。法官的职责定位主要是从事核心审判事务，要通过事务分工将法官从烦冗、琐碎的程序性事务或非审判事务中解脱出来，专心致志行使判断权。除程序性事务之外，对于审判核心的一部分事务性工作，如组织证据交换、参与庭前会议和庭审活动、依法办理财产保全和证据保全、草拟法律文书等。也可以分离出来，由法官助理来承担，真正做到“助理到位，法官归位”。

审判核心事务，是指体现审判权作为判断权和裁量权性质的部分，主要包括

---

① 参见赵书博、郑东梅、朱晓倩：《关于基层法院入额法官履职情况的初步研究——以B市Y区法院为样本》，载《法律适用》2017年第9期。

② 参见邹碧华：《审判事务的分工与法官辅助人员的配置探讨》，载《法律适用（国家法官学院学报）》2002年第12期。

③ 参见傅郁林：《以职能权责界定为基础的审判人员分类改革》，载《现代法学》2015年第4期。

认定事实、适用法律、司法裁断，也可以理解为在案件处理过程中，必须由员额法官亲自完成或者在场完成的具有独立决策性质的审判工作。而辅助审判工作，则是指在案件处理过程中，虽然也具有一定的专业要求，但由于具有流程化、重复性、纯粹程序性，或者不具有司法判断等特点，对具体操作者的法律专业水平、决策能力要求不是特别高，可以交给法官助理、书记员等审判辅助人员主持或者完成的事务。审判辅助事务具有一定行政性，以效率为首要价值。①

审判核心事务和审判辅助事务是一种对立统一的辩证关系。其一，审判辅助事务应服务于审判核心事务。审判辅助事务具有从属于审判核心事务的辅助性功能，不能超越审判核心事务而独立存在，更不能取代审判核心事务，其应助力审判核心事务的行使与运作，促进审判工作高效权威。其二，审判辅助事务应制约审判核心事务。审判辅助事务与审判核心事务二者在权力分配和制度设置上相互制衡，互相监督。②

就法官与法官助理应当承担的责任而言，最高人民法院明确规定："审判辅助人员根据职责权限和分工承担与其职责相对应的责任。法官负有审判把关职责的，法官也应当承担相应责任。"③最高人民法院司法改革领导小组办公室认为"只有审判辅助人员'各司其职、各负其责'，才能确保追责的科学性，保护审判辅助人员工作的积极性"。④ 因此，让法官与法官助理的职权、责任、利益三者相匹配，做到"各司其职、各负其责、各享其利"，⑤才能实现法官助理制度为帮助法官摆脱传统"一对一"审判模式下琐碎的事务性工作的设立初衷，培育专业精英法官，从而提升司法审判工作的效率和质量。⑥

（二）微观透视：区分专业性审判辅助工作与一般性审判辅助工作

法官助理和书记员均为审判辅助人员序列，共同帮助法官减轻审判事务性

① 孙海龙编著：《深化审判管理》，人民法院出版社2013年版，第31页。

② 参见孙海龙、高翔：《审判事务管理权的回归》，载《人民司法》2010年第9期。

③ 最高人民法院《关于完善人民法院司法责任制的若干意见》第32条规定。

④ 最高人民法院司法改革领导小组办公室编著：《〈最高人民法院关于完善人民法院司法责任制的若干意见〉读本》，人民法院出版社2015年版，第243页。

⑤ 张瑞：《法官助理的身份困境及其克服》，载《法治研究》2019年第5期。

⑥ 参见刘茵、宋毅：《法官助理分类分级管理和职业化发展新模式研究——以北京市第三中级人民法院司法改革试点实践经验为基础》，载《法律适用》2016年第5期。

工作负担。[①] 因此,在将审判辅助事务从审判核心事务中区分出来的基础上,还应当再将审判辅助事务进行符合审判规律的分解分类,通过对审判辅助事务的类型化管理,以"事"定"人",不同类型的辅助事务配置不同类型的辅助人员,从而实现对辅助人员的分类管理。

审判辅助性事务可进一步细化为专业性审判辅助事务和一般性审判辅助事务。专业性审判辅助事务,主要是指需要相应法律专业知识和技术,有一定的程序指挥能力,能与法官裁判思路基本保持一致的裁判性辅助事务,如阅卷、审查诉讼材料、组织庭前证据交换、庭前调解、庭前调查、办理财产保全、办理证据保全、办理委托鉴定、评估、准备与案件审理相关的参考资料、研究相关法律问题、在法官的指导下草拟文书等,[②]这些工作需要由受过良好法律教育,具有法律工作实践,作为未来法官重要来源的法官助理承担。[③] 一般性审判辅助事务,主要是指除专业性审判辅助事务之外,辅助审判业务的各类审判辅助事务。包括送达材料、分案排期、案件移送、庭审记录、卷宗归档等纯审判事务性辅助工作,具有机械性和可取代性,处理这类事务不需要经过特殊的法律专业训练,则更适合交由书记员处理。[④] (见表5-1)

表5-1 法官、法官助理、书记员审判职能解构

人员	职责分工
法官	1. 全面负责案件审理;2. 承办案件;3. 指导并协调辅助人员开展工作;4. 认定案件事实,正确适用法律;5. 开庭审理和调解案件,组织并参加合议庭合议;6. 制作签署裁判文书;7. 其他审判业务
法官助理	1. 审查诉讼材料,归纳争议焦点、摘录证据;2. 组织交换证据;3. 组织庭外调解;4. 接待来访和阅卷等事宜;5. 调查、收集、核对证据;6. 办理委托鉴定、评估、审计等事宜;7. 准备与案件审理相关的参考资料;8. 协助法官采取诉讼保全措施;9. 在法官指导下草拟法律文书;10. 办理案件审判管理的有关辅助事务;11. 其他与审判业务相关的辅助性工作

① 参见马渊杰:《司法责任制下审判团队的制度功能及改革路径》,载《法律适用》2016年第11期。

② 参见邹碧华:《审判事务的分工与法官辅助人员的配置探讨》,载《法律适用(国家法官学院学报)》2002年第12期。

③ 参见柳福华、柏敏主编:《法官职业化的运作与展望》,人民法院出版社2005年版,第361页。

④ 参见李喜莲、肖文:《法官助理角色异化与回归》,载《湘潭大学学报(哲学社会科学版)》2020年第1期。

续表

人员	职责分工
书记员	1.收立案、排开庭庭前准备工作;2.邮寄、送达应诉通知、传票、裁判文书等材料;3.检查开庭情况,宣布法庭纪律;4.庭审记录;5.办理诉讼费和案款收退;6.办理案件移送;7.法律文书校对印制;8.案件上诉相关手续;9.整理、装订、归档案卷材料;10.其他审判事务性工作

关于法官助理的职能,2015 年最高人民法院《关于完善人民法院司法责任制的若干意见》第 19 条规定,对法官助理的职责内容进行了列举,涉及诉讼材料审查、组织庭前证据交换等七项。2019 年修订的《法官法》第 67 条规定,以概括式的立法技术,明确了人民法院的法官助理在法官的指导下负责审查案件材料、草拟法律文书等审判辅助事务。上述文件和法律的出台,在一定程度上从制度层面明确了法官助理的岗位职责,切实推动法官助理管理、使用、职级晋升和职业保障朝着制度化、体系化、严谨化转变。

通过细化司法事务的分类:一方面,区分审判核心事务和审判辅助事务,突出法官在法院的主体和核心地位,使法官从繁重的辅助事务中解脱出来,专司审判;另一方面,根据审判辅助事务的不同特点和类型,区分专业性审判辅助事务和一般性审判辅助事务,并明确法官助理的职责侧重于“业务性”,而书记员的职责更侧重于“事务性”,①将审判辅助事务分配给不同审判辅助人员承担,阻断法官助理岗位职责不清晰的根源。可见,在法官、法官助理和书记员之间形成职责明确、分工合理、运行高效、监督有力的审判机制,使审判团队的不同角色各司其职,可以达到司法人员分类改革的理想预期,从而实现辅助人员资源的优化配置。

第二节　职业检视:法官助理考核的预期与现状

业绩考评是落实司法责任制的重要内容,也是衡量审判团队工作成效的重要措施。根据最高人民法院《关于进一步全面落实司法责任制的实施意见》,对审判辅助人员的绩效考核,应当以岗位职责和承担工作为基本依据。因此,准确

① 参见夏锦文、徐英荣:《法官助理制度改革需求与法治人才培养创新》,载《法学》2017 年第 12 期。

定位法官助理的职责内容,不仅有利于厘清法官助理复杂的身份关系,实现有效的人员分类管理以及法官助理的单独序列管理,还是健全法官助理单独考核机制的基础。

一、法官助理的制度价值与考核目标

完善绩效管理机制的建立能够提高组织成员职业技能、激发组织成员工作热情,进而促进组织运行效率,最终达成组织及其成员良性健康发展的目标,而在此之前,则应当首先明确法官助理制度价值及其考核目标。

(一)法官助理制度的多元价值

法官助理是审判辅助性人员,是员额法官的强大后备军。法官助理制度设立的初衷,旨在协同促进审判活动的公正、高效和权威。[①]

1. 司法程序的内在要求

一是实现司法程序的安定和统一。从法官助理的职责范围来看,协助法官完成审前准备程序是其重要的组成部分。审前准备程序,是指在案件受理后至人民法院正式开庭审理前所运行的包括交换收集证据、确定争点等一系列诉讼活动的总和。[②] 一方面,现代社会对纠纷解决的效率要求,“使审前准备必须以一种有利于诉讼早日终结的方式进行”;另一方面,司法程序的正当性要求使“审前的准备活动必须满足一些最低限度的程序保障”,[③]包括:(1)整理并固定争点,防止庭审中的裁判突袭;(2)收集并冻结证据,防止审理中的证据突袭;(3)促进和解,解决纠纷,并以此避免言辞审理的空洞化和形式化。由法官助理而非审判法官本人主持审前准备程序,还在一定程度上有利于防止法官“先定后审”“单方接触”“强制调解”,[④]从而使法官更能以居中者的身份依法公正裁判。因此,如果将法官助理制度作为司法程序构造的一个组成部分来看,有助于实现程序安定化与统一化等一系列制度诉求。

二是促进司法过程的公正和公开。合理的分权与限权,是规范审判权行使

---

① 参见黄思瑞:《我国法官助理制度运行的现实困境及化解路径》,载《人大研究》2022年第8期。

② 参见陈爱武:《论我国民事审前准备程序的重构》,载《南京政治学院学报》2005年第3期。

③ 吴泽勇:《民事诉讼审前准备程序的正当化》,载《法学》2005年第1期。

④ 李浩:《民事审前准备程序:目标、功能与模式》,载《政法论坛》2004年第4期。

的应有之义。法官助理虽然不享有核心裁判权，但其承担的职责与核心审判事务如齿轮般协同互动，不可机械分割。其一，法官助理可对法官的审判提出参考意见或建议，从而让法官有更开阔的思路进行审判。与法官个体决策相比，“法官＋法官助理”的组织设置所提供的信息、方案更加丰富，在易出错时也有更多的检验和校正机制。其二，法官助理作为法官与当事人之间的“隔离带”，[①]由法官助理负责庭外接待当事人、组织证据交换、开展调解、解答疑惑等，减少诉外因素干扰审判的可能性，可以有效地避免诉讼当事人的误解，确保案件审理更加公平正义，树立良好的法院和法官形象。

三是提升司法工作的效率。社会生活对法律服务需求的增长与有限的司法资源之间的矛盾是一个普遍难题。[②]“迟来的正义即非正义”，因此，司法效率也是一种程序正义。法官助理制度的推行中，对司法效率的提升是最可预期、可评估的效果之一。在当前法院案件数量保持高位运行，案件类型日趋多元化、新型化、专业化，而审判人员日趋紧张、压力日益增大的情形下，法官助理制度的设立厘清了审判与其辅助工作之间的关系，将审判事务中大量重复烦琐、非技术性辅助工作向法官助理分流，最大限度地保证员额法官集中精力处理审判核心事务，解决司法需求与司法资源之间的矛盾，有效促进审判质量和效率的提高。[③]

2. 司法组织的合理建构

法官职业化是法院队伍建设的一条主线，即让法官“以行使国家审判权为专门职业，并具备独特的职业意识、职业技能、职业道德、职业地位”。[④]在组织设置层面，法官助理制度作为法官职业化的一个子命题被提上司法改革的议事日程。在法官职业化的总体目标下，法官助理制度主要承担三项基本功能。

一是法官职业化的重要保障。党的十八届三中全会作出的《中共中央关于全面深化改革若干重大问题的决定》对全面深化改革作出总体布局，大力强调法治建设，体现了法治改革优先的战略。[⑤]“建立符合职业特点的司法人员管理制度”“完善司法人员分类管理制度”已经成为自上而下的共识。如果法官人数持

---

① 杨玉兰：《法官助理制度的实践与探索》，载《人民司法》2007 年第 13 期。
② 参见瓮怡洁：《论法官助理制度的功能定位与职权界分》，载《政法论坛》2020 年第 2 期。
③ 参见张传军：《我国法官助理制度之探析》，载《法律适用》2005 年第 1 期。
④ ［美］理查德·A. 波斯纳：《超越法律》，苏力译，中国政法大学出版社 2001 年版，第 44 页。
⑤ 参见徐昕、黄艳好、汪小棠：《中国司法改革年度报告(2013)》，载《政法论坛》2014 年第 3 期。

续增加到达了臃肿的程度,势必会使法院和法官的整体社会声誉下降,为审判权威的树立形成致命的阻碍。因此,为缓解案件增长压力而不断做加法的模式已经几乎走到了尽头。法院自身有强烈的动力,在促成法官职业化的目标下将法院现有的审判人员重新按照明确的职责进行分工,以更加精细的分工和更加有效的管理推升司法质效。法官助理制度作为法官职业化进程中的重要配套制度,也就成为一种必然选择。

二是法官员额制的有效调节。法官员额制一直是法官职业化道路上绕不开的一个议题。通过员额制的调整,实现按岗定额,使有能力、有意愿从事审判业务岗位的法官充实到办案一线,而不胜任或不在审判岗位的人员则不享受法官员额,从而激励法官勤于工作,"更注意积累司法的知识,有志于终身致力于司法审判,与时俱进,不断提升法官的整体水平"。① 一旦法官队伍实现能进能出的良性流动,法官助理作为法官员额制度的调节阀,将成为法官分流的重要走向,并在一定程度上缓冲人员调整带来的震荡。

三是职业法官养成的必经路径。法学是一个极其依赖社会经验的学科,法律知识需要经由习惯、熟悉和训练才能获得,②而只有大量接触并参与办理各类案件,才能锻炼出从纷繁复杂的证据和案情中发现案件事实的能力,才能发展出将法律条文灵活运用于千变万化的司法案件的能力。在我国的司法实践中,法官的后备力量主要从具有从事法律实务工作经验的人员中产生,法官人选又主要从人民法院内部人员中选任,而"法官—法官助理—书记员"在横向上构成人民法院人员分类管理中并行的序列,在纵向上又构成法官成长的职业阶梯。法官助理在法官的指导下,长期参与重大、复杂案件审理的相关辅助工作,积累了丰富的司法实践经验,凝练了审判的职业技能,培养了正确理解和适用法律的能力。因此,法官助理制度作为培养法律人才的重要渠道,是法官队伍的强大后备军,也就包含了法官培养与选任的功能。

(二)法官助理考核的预期目标

基于上述法官助理制度的多元价值,法官助理考核的目标至少应当包含以下三个方面。

---

① 苏力:《法官遴选制度考察》,载《法学》2004年第3期。

② 参见[英]托马斯·霍布斯:《哲学家与英格兰法律家的对话》,姚中秋译,上海三联书店2006年版,第203页。

1. 效率要素：促进审判团队的高效运行

在法官职业化的过程中，让法官可以抽离事务性工作而专注于审判核心事务，提升审判工作的效率和质量，这是法官助理制度设计的初衷之一。司法实践中，法官助理承担的审判辅助职责与核心审判事务如齿轮般协同互动，①此外，法官助理往往还承担了庭室或者团队中大量的内勤、党务、宣传、业务调研、学术研究等司法行政事务工作以及专项工作，此类工作虽然并未明确列入法官助理的职责范围，却占据了法官助理相当时间以及精力，这也是员额法官能够真正脱离事务性工作的原因之一。因此，应当将其参与的其他工作囊括到法官助理的岗位考核范畴，使其角色职责与考核内容相匹配，促使法官助理在自主高效完成员额法官布置的任务之外，还能主动将司法行政事务工作纳入岗位职责范畴，避免权责边界模糊导致工作中因配合不畅产生内耗，从而保证审判团队得以高效运行，提升整体工作效率。

2. 目标要素：培养合格的法官后备力量

根据《人民法院组织法》第 48 条第 2 款的规定："符合法官任职条件的法官助理，经遴选后可以按照法官任免程序任命为法官。"也就是说，法官助理是员额法官的重要来源。法官需要运用理性对社会关系进行事实认定、价值判断来实现正义，需要刺破面具发现事物本质、熟练掌握社会运行规律和准确适用法律，这些能力的习得离不开经验的积累，离不开反复的训练。而优秀的法官从来不是案件审判的机器，应具有敏锐洞悉法治社会发展动向的能力，能够通过司法行为树立自身和法院的威信，能够拥有专业的调研能力。因此，法官助理作为当前员额法官养成的必经路径，在设置法官助理岗位考核的定位上，也应当将审判业务能力和专业调研能力纳入其中，并作为之后法官培养与选任的重要参考依据。

3. 激励要素：对法官助理形成正向反馈

根据"激励保健理论"，与工作满意度相联系的内在因素具有激励作用，②如

---

① 参见袁青峰、李岳：《法官助理制度在基层法院的实践与思考——基于优化司法程序构造和完善司法组织设置的双重视角》，载《上海法学研究》集刊（2019 年第 12 卷 总第 12 卷）——上海市闵行区法院文集。

② 参见［美］斯蒂芬 P. 罗宾斯等：《管理学原理与实践》，毛蕴诗等译，机械工业出版社 2013 年版，第 264 页。

在工作中获得成就感、工作成绩被认可、获得职业上的发展等,被信任、被寄予厚望、被重视和被重用也被称为员工的四大需求,①而此类内心积极争取的条件、希望、愿望、动力等构成了对人的激励。② 当前,法官助理的工作现状是长期埋头于审判综合事务以及行政辅助事务当中,法官助理工作内容庞杂,往往面临多头领导,工作压力大,在入额时间长、竞争激烈、前景堪忧的状况下,容易产生负面情绪,对工作的积极性受挫。长期以辅助审判事务为工作内容的法官助理,因工作内容枯燥、重复性强,工作难度与其接受的法学教育不匹配,工作成就感不高。职责设置的现状容易给法官助理的心理造成一定的负面影响。因此,在制定法官助理工作考核内容时,应参照激励保健理论,充分考虑不同阶段法官助理的内心需求,设定职、责、能相统一的岗位考核机制,对法官助理形成正向的激励。

二、法官助理考核机制的运行困境

《关于进一步全面落实司法责任制的实施意见》虽然对法官助理的绩效考核以多方位收集为主要方式,采用量化模式进行,但只起到了方向性指导,缺乏详细的操作规则。当前,我国对于法官助理的绩效考核模式主要有"法官单一考核""法院统一考核""合议庭+法院双重考核"三种模式,均存在与推进人民法院人员分类管理以及法官助理职业化等要求相脱节的情况。

一是偏重行政化绩效考核模式,忽视辅助办案质效。有研究情况表明,人们所建立的组织管理体系存在管理惯性表现为管理行为将以原来的发展趋势运行。③ 目前,各地人民法院对法官助理的管理方式上仍多参照综合管理类公务员管理,这种管理模式决定了对法官助理绩效考评不可避免会带有一定的行政化倾向。这种评价方式容易形成实际的人身依附,也无疑会弱化法官助理所在办案团队围绕其辅助办案质效对法官助理业绩评价所起的实际作用。

二是偏重综合能力评价,导致对业务技能的关注度不够。将综合能力作为对法官助理的考评内容已经成为常态,而对于综合能力评价的偏重与法官助理

① 参见[美]利·布拉纳姆:《留住好员工——揭开员工流失的7大隐秘》,王育伟译,中信出版集团2017年版,第35页。

② 参见[美]小詹姆斯·H.唐纳利等:《管理学基础——职能·行为·模型》,李柱流等译,中国人民大学出版社1982年版,第195页。

③ 参见杨阳、张长征:《管理惯性与柔性的动态》,载《管理观察》2008年第12期。

的工作有很大关系。法官助理既要做好自身审判辅助的工作,也要兼顾部分书记员的工作,还要承担党务、宣传、调研、内勤等专项工作,这就意味着对法官助理的能力要求是“复合型”的,即对法官助理综合能力的倚重。这种综合能力意味着法官助理必须是“全能型”的,法官助理不仅需要在其辅助办案业务上表现优秀,而且必须擅长其他行政业务性工作。从长远来看,这种片面强调法官助理综合能力的培养模式,不关注法官助理独立性工作职责的履行,终将会使法官助理失之以专,造成法官助理对工作懈怠、责任心不强等后果,①与法官助理职业化的要求相悖,也不利于法官助理职业尊荣感的形成。

三是偏重辅助办案数量,难以全面兼顾案件的难易程度。由于案件在类型、案由或审级上的不同,加之可能因为参加辅助审理的当事人数量、是否进行保全或提出管辖异议等因素的不同,导致案件的疑难复杂程度有着明显的区别,而多数人民法院仅将协办案件数量或跟案数量纳入法官助理业绩评价,并未就案件疑难复杂程度进行区分,不能实现立案、刑事、民事、行政、审监等不同部门之间工作量的科学比对,不能真实反映实际工作量,②也难以体现办理不同案件所投入的时间、精力的不同,而人民法院考评工作中效率指标又占了很大比重(如年人均结案数、长期未结诉讼案件、平均审理时间指数等),如果不附加权重系数,统一案件权重,就会导致审理简单案件所得到的评价偏高,疑难复杂案件由于审理时间长、难度大、开庭次数多,所得评价反而偏低。因而,仅以法官助理的跟案量对法官助理的辅助办案能力进行考评,缺乏客观性、科学性,一定程度上会使法官助理产生“嫌重避难”的负面心理。

四是业绩考评注重捆绑审判质效,往往忽视独立性评价。当前,人民法院对于法官助理业绩评价中强调捆绑审判质效的依附性评价,但却忽视了对法官助理业绩的独立性评价。现行对法官助理辅助办案能力的考评中,如涉及案件上诉率、发改率等反映案件办理质量的指标时,往往直接与辅助办案质效挂钩,强调捆绑审判质效考评,没有体现法官助理工作业绩的独立性价值。

五是业绩评价结果反馈机制缺失,导致考评的时效性价值难以体现。绩效

---

① 参见陈雅丽、徐前权:《编制内法官助理职能定位研究》,载《长江大学学报(社会科学版)》2018年第3期。

② 参见何帆:《完善绩效考核办法　实现员额“有进有出”》,载《人民法院报》2017年5月6日,第2版。

评价对于管理的重要性不言而喻。业绩考评结果反馈的成效“很大程度上决定了绩效考核之有效性及整体水平,重要程度甚至超过绩效考核本身”。当前,各地人民法院基于法官助理业绩评价的重要性,出台相关规范性文件规定,将业绩评价作为法官助理管理的重要举措,但往往遗漏了法官助理业绩评价反馈机制,没有将业绩评价作为改进法官助理工作的有力手段,在法官助理工作有所不当的情况下,不能通过考评反馈机制及时予以纠正,难以体现业绩考评的时效性价值。

第三节 职业展望:法官助理量化考核的路径

考核体系作为一项制度得以完整运行不可或缺的架构,于上是连接法官助理制度改革的顶层布局,同司法改革的立法内容相融合;于下是指导人民法院管理法官助理的微观运作,以考核结果为基准提升司法服务效能。只有对法官助理的工作进行总结和考核,才能促进其对自身优势和短板的了解,适时调整自身的工作分工、职业规划,详细的考评体系能够全面、系统地检验出法官助理的工作质效,提升人民法院的整体服务水平,为司法服务保证质量、效率与公平。

一、法官助理量化考核的基本方法

任何一项队伍管理和人才培养工作,都离不开科学的评估与有效的引导。健全遵循司法规律和基层实践的考核体系,不仅能高效整合审判资源,有助于实现对法官助理队伍的正向激励,也为合理设置法官助理人员配比、客观构建法官助理评价体系提供了新的机遇。

(一)建立法官助理独立化考核体系

法官助理的考核机制不应当笼统套用《公务员法》中规定的公务员考核机制,这是其本身的职业特性所决定。法官助理既要对法官负责,又要对法院整体负责,换言之,法官助理的考核主体应当包括法官考核以及人民法院考核两部分。这也是法官助理应当独立进行考核的一大原因。对法官助理的考评,分为两个部分:一部分是法官对个别法官助理的考核;另一部分是人民法院对于法官助理的整体考核。

"所有法官助理都做一样的事，就是法官让他们做的所有事。"①法官助理归根结底是法官的"助理"，并非人民法院或其内部某一部分的"助理"，法官享有指引法官助理从事具体审判辅助工作的绝对权威。法官助理作为法官的智识性审判辅助事务助手，二者是最为密切的搭档，无论是在案件审判中还是在日常工作中，法官对法官助理的政治态度、工作能力、个人作风等方面的了解最深入，因此，重视员额法官对个别法官助理的考核，更加能够保证考核的真实性，各地人民法院应当赋予法官考核法官助理的权力，使员额法官在考核法官助理工作中占有一席之地。

虽然法官助理在目前的制度设计下与法官有较强的对应性，法官助理的主要工作是完成法官审判行为的辅助事务，但在现有的制度框架之下，法官助理还承担了相当一部分的司法行政事务，且其管理工作也仍然主要由人民法院负责，因此，人民法院对于法官助理的整体考核也是法官助理量化考核的重要组成部分。人民法院对于法官助理的整体考核，应当明确考核的对象为人民法院的全体法官助理，该考核相对来说比较集中统一，且出于对考核结果公平性的考量，该部分考核应当占总考评的大部分比重。

法官助理制度的考评体系独立化还体现在对聘用制法官助理和体制内法官助理的考评，要根据其管理要求的不同进行区分，不能混为一谈。由于其二者的工作内容不同，聘用制法官助理的招聘条件相比于体制内法官助理的录用条件更为宽松，人民法院以及司法服务中对聘用制法官助理的要求也普遍低于录用制，因此，对聘用制法官助理应当实行单列管理，并根据工作实际和岗位特点，制定具体考评细则。有利于法官助理岗位"引得来人，留得住人"。独立化的考评体系应当与独立化的晋升通道衔接，晋升通道的独立化也是考评体系独立化的进一步发展。

（二）科学设置法官助理量化考核清单

在建立法官助理独立化考评体系的基础上，应当明晰该体系中的考核内容、考核标准及考核模式。法官助理具有司法公务员性质，属于国家公务员范畴，因此，法官助理的考核内容应当参照《公务员法》的考核内容，以德、能、勤、绩、廉作

---

① 李喜莲、肖文：《法官助理角色异化与回归》，载《湘潭大学学报（哲学社会科学版）》2020 年第 1 期。

为考核的主要内容。这五方面涵盖了法官助理的个人品德、工作能力、个人作风、工作绩效等各方面,能够较为全面地表现出法官助理是否满足这一岗位所需条件。

政治思想是法官助理工作与生活的前提,只有明确、坚定政治立场,坚持中国共产党的领导,才能引导其在司法服务过程中坚守初心、服从安排、遵守纪律。个人品德是法官助理作为"人"所应当具备的要求,这是一切工作绩效、工作能力的基础,法官助理要有同理心,以善良、正直、廉洁的品性去完成每一次司法服务,只有和人民群众站在同一战线上,才能被称为切实的司法服务。尤其应当注重审判团队内部人员的评估意见,及其参与案件之各方当事人及其代理人对"助理"工作表现的反馈意见,以此构建合理的角色评估机制。

在政治思想与个人品德的基础上,法官助理的工作绩效是考核的重中之重。因法官助理与司法场域内其他角色之间关系复杂,致使法官助理的许多工作无法被量化考核。在案件类型各异、办案难度不一的情况下,评估法官助理角色扮演合理与否不应局限于其作为"助理"角色参与案件数量或者在某一审判辅助环节中的具体表现,而应当综合多类型核心审判辅助工作进行考核,将法官助理是否真正促进法官将绝大部分精力集中于庭审及法律文书撰写,以及其所属审判团队的办案质量与效率等作为主要评估依据,并根据法官助理的主要工作内容和其他履职情况以及预定目标任务及业绩指标,进行客观评价。同时,将党务、宣传、业务调研、学术研究等司法行政事务工作也可以根据其岗位职责和工作性质,设置相应的业绩指标进行考核,以确保法官助理角色评估的全面性、客观性。①

二、以量化表格构建精细化考核体系

精细的考核评价体系,是对法官助理实施分级管理的基础。为有效检视法官助理的工作实绩,应当科学严谨地设置考核内容与考核主体。由于法官助理的工作成果难以被具体量化,考评内容的设置可以采用主观与客观结合评价的方法。客观考评应对照法官助理的审判辅助职责,侧重于可量化的工作成果,包

① 参见李喜莲、肖文:《法官助理角色异化与回归》,载《湘潭大学学报(哲学社会科学版)》2020年第1期。

括协助进行证据交换、参与庭审、协助庭前调解、办理调查取证、诉讼保全、起草法律文书等,以及从事调研信息法宣工作等情况。将法官助理的履职态度、纪律作风等难以具体量化的事项,纳入主观考评的范畴,尤其应当注重法官与书记员等团队内部人员的评价及案件当事人的回馈。

(一)关于法官助理审判辅助工作的量化考核

实行全新的人民法院人员产生模式和分类管理模式,法官助理的工作应始终围绕法官的开庭和裁判这个中心展开。从审判机制来看,法官助理是联系法官合议庭和书记员之间的纽带,起到了承上启下的作用,法官助理在工作中,既要接受法官的业务指导,又承担协调、指导书记员开展工作的职责。[①] 因此,对法官助理的具体考核标准应建立在其工作职责的完成情况基础之上,并将辅助审判的办案质量、办案数量、办案效率、办案效果四个方面作为具体考核内容。

其中,由于法官助理负责的辅助审判事务完全依托于所辅助的法官承办案件,法官助理此部分工作量被包含在辅助办理的案件中,因此辅助审判的办案数量的计算与员额法官的折算办案工作量相同,均应当充分考虑案件难易程度、审判节点等权重因素。此外,对于随机性强且难以量化的内勤工作和专项工作,可以建立与专业性辅助事务等量置换的方法,即选取某一参照,将所做工作尽量折算为标准案件数量,从而将二者置于同一测算体系中。而辅助审判的办案质量主要通过案件质量评查考核优秀文书、优秀庭审评比结果进行评价。辅助审判的办案效率主要评价目标完成和长期未结、久押不决案件清理情况以及诉讼费退费、未按期归档等情况。辅助审判的办案效果主要评价上诉、抗诉、申诉、申请再审、信访化解等相关工作完成情况,并增设“法官评价”,即由所在团队员额法官对参与辅助办案的法官助理进行评价。[②]

(二)关于法官助理综合业绩的量化考核

如前所述,司法实践中,法官助理除须承担审判辅助事务之外,往往还承担了党务、宣传、业务调研、学术研究等司法行政事务工作。此类工作随着各级各类工作考核要求越来越严、越来越细,呈现常态化的特点,甚至可将其置于与辅助办案同等重要的位置。

---

① 参见张传军:《我国法官助理制度之探析》,载《法律适用》2005 年第 1 期。

② 参见康宝奇、杜豫苏、阿尼沙、季立耘:《审判资源配置新视角:“外援型”法官助理模式运行之检讨及型构》,载《法律适用》2010 年第 11 期。

对于法官助理负责的非审判事务工作量测算,参考工作内容、工作时间、工作难度、工作要求等因素,分为队伍建设评价和正负加减分。其中,队伍建设评价,主要评价的是法官助理参与支部党建、文明创建以及机关效能、廉洁自律等方面的情况。正负向加减分,则主要包括调研、信息、宣传、表彰奖励、综合文稿、品牌亮点、办案(服务)竞赛等。法官助理除辅助审判事务外,该项工作对法官助理个人成长和法院发展较为重要。根据研究种类、获奖等级或者发表刊物等级等因素分别确定分值,有利于调动法官助理参与此类工作的积极性。此外,为鼓励创新和担当,对承担全院性工作任务或者本部门创新项目且得到院长或者上级领导的批示认可,以及对承担急难险重任务或承办重大疑难案件、作出突出贡献的法官助理予以适当加分。

对于法官助理的考核还应当涵盖对个人品德、工作能力、个人作风的综合评价,主要由分管领导、部门领导(正副职)、中层正职以上对法官助理的政治表现、纪律作风、工作态度等方面进行整体评价,此外,还应增加所在团队员额法官的评价意见。

任何一项制度都不是孤立存在的,在改革一项制度的过程中若不对其他与之紧密联系的制度作出应有的回应,必然衍生出新的问题。经过多年的司法体制改革,我国法官员额制已经建立。法官助理制度作为员额制的重要配套制度,其功能的发挥受到实践中诸多困境的制约。我们应当本着制度设计的初衷,从法官助理队伍发展实际需求出发,精心设计,逐步健全完善法官助理制度,促使审判团队各类主体更好地协调运作。

第六章　执行人员：推行以执行质效为核心的量化考核

生效裁判文书的执行，是整个司法程序中的最后一环，事关人民群众合法权益的及时实现，事关经济社会发展的诚信基础，事关司法权威和司法公信力的有效提升，事关全面依法治国基本方略的贯彻落实。当前，在"基本解决执行难"向着"切实解决执行难"奋力迈进关键阶段，执行工作格局和外部环境越来越好，执行难题已经由外部诚信环境欠佳、联动机制不畅等向执行内部流程不畅问题转变。因此，在"后执行难时代"①，选择刀刃向内，深入分析造成执行难的主观原因，解决执行难产生的内因问题，是最终实现"切实解决执行难"的根本之道。最终落脚点在于"人"这一最关键的问题，就是通过完善执行管理机制，建立健全符合执行人员工作特性的量化绩效考核机制，激发执行队伍整体活力，调动执行人员主观能动性，提升执行工作效能。

第一节　考核对象：执行人员职业的特殊性

做好新时代执行工作，切实解决执行难，关键在人。

---

① 参见张星磊：《不断将执行"供给侧"改革向纵深推进》，载《人民法院报》2019年3月9日，第2版。

进入推进“切实解决执行难”新阶段，建立健全符合执行规律和特征的执行人员绩效考核管理长效机制，必须立足于新时代人民法院执行人员职业新特点、新模式、新要求，尤其是要深入梳理分析新时代人民法院执行人员制度发展、岗位特点、职责内容。

一、执行人员制度发展

（一）执行人员的概念

“执行”一词，在《现代汉语词典》中的解释为实施、实行，在程序法意义上则是依法定程序将已经发生法律效力的判决、裁定或行政处罚决定等付诸实施。人们提起人民法院一般对“法官”这一职务称谓，具有一定概念，甚至不少人认为在法院工作的人员就是“法官”。因此，许多负责执行工作的人员，往往也被当事人称为“法官”，这也是实践中群众到人民法院办理执行事务，经常称要找执行局某某法官的原因。

事实上，根据最高人民法院执行局编撰的《人民法院办理执行案件规范》中定义，执行人员包括法官、执行员以及其他参与执行的司法警察、法官助理、书记员等司法辅助人员。① 以此推之可以看出，执行人员可以是法官，但多数的执行人员并不是法官，可以明确的是，执行人员是在人民法院执行局工作的专门负责将已经发生法律效力的判决、裁定或行政处罚决定等付诸实施的法院工作人员。②

（二）执行人员制度的历史沿革

1. 新中国成立至改革开放期间的执行人员制度

1954 年的《人民法院组织法》第 38 条规定最早出现“执行员”表述，该法将其定位为与“审判人员”相对应的“其他人员”③，规定“地方各级人民法院设执行员，办理民事案件判决和裁定的执行事项，办理刑事案件判决和裁定中关于财产部分的执行事项”。1979 年的《人民法院组织法》完整保留了这一规定。根据上述法律规定，我们可以清晰发现，早期立法对于“执行员”的定义，采取的是广义

① 参见最高人民法院执行局：《人民法院办理执行案件规范》（第 2 版），人民法院出版社 2022 年版，第 8 页。

② 参见秦跃：《民事执行员制度改革研究》，内蒙古大学 2018 年硕士学位论文，第 2 页。

③ 童心：《民事执行改革研究》，人民法院出版社 2010 年版，第 98 页。

概念，将其理解为办理宽泛意义上的执行工作的法院工作人员，一定程度上等同于现行执行法律制度对于“执行人员”的理解①，只是当时法院工作人员分类管理没有那么明确和细化。

经济基础决定上层建筑，法律制度和司法实践映射着经济发展的情况。新中国成立至改革开放期间，占据人民法院执行工作主体的民事案件数量并不多，且大多是以调解方式结案，绝大多数的案件实现“案结事了”，少数进入执行的生效法律文书由原审理案件的法官负责执行。法理上认为，生效判决的执行是审判工作的延续，是一个生效裁判的附属，理应由原审判人员继续执行。原审判人员更了解案件情况以及当事人财产情况，更利于开展说服教育工作，促进被执行人自动履行义务，从而利于案件的执行完毕。

因此，虽然法律明文规定地方各级人民法院可以配备专门负责执行工作的执行员，但从实践来看，20 世纪 50 年代中后期，各地人民法院长期实行的“审执合一”模式，即“谁审判谁执行”。② 执行人员制度并未在法院系统广泛推行，而是实行“一人包案到底”模式，由案件原来的审判人员负责案件执行工作，并不存在专司执行工作的执行人员，或者更准确言之，审判人员与执行人员职责并没有明确的区分，审判程序与执行程序总的归结为“一案”。

2. 改革开放以来的执行人员制度

1979 年改革开放后，我国社会主义市场经济高速发展，每年进入到人民法院的民事经济案件数量大幅增长，人民法院审判执行工作任务日益繁重，其中“生效裁判难以执行”问题也日益凸显出来。③ 因时而进，人民法院司法体制改革有序推进，具体到执行体制机制改革中，为应对不断增长的执行工作压力，以及推动解决执行难题，1983 年部分人民法院开始建立执行机构，设置独立于审判组织的“执行庭”“执行组”“专职执行员”。1991 年《中华人民共和国民事诉讼法》明确规定人民法院根据需要可以设立执行机构。20 世纪 90 年代以来，为应对与日俱增的审判执行工作压力，全国许多人民法院让无法胜任审判工作的人员担任执行员，虽然一定程度增加执行工作力量，但也加剧了“执行乱”，造成了“执行

① 江必新编：《比较强制执行法》，中国法制出版社 2014 年版，第 106 页、第 134 页、第 204 页、第 295 页。

② 何兰阶、鲁明健编：《当代中国的审判工作(下)》，当代中国出版社 2009 年版，第 233 页。

③ 参见俞灵雨：《关于当前执行问题的几点思考》，载《人民司法》1991 年第 1 期。

难”问题。①

为应对日益严峻的“执行难”问题，《中共中央关于转发〈中共最高人民法院党组关于解决人民法院“执行难”问题的报告〉的通知》(中发〔1999〕11号)要求“加强执行队伍建设，改进管理体制。各级人民法院要继续认真搞好执行队伍整顿，尽快将不适应执行工作的人员调离执行工作岗位；同时确保按不少于全体干警现在编制总数15%的比例配备合格的执行人员”。②《一五纲要》贯彻落实党的十五大确定的依法治国基本方略、提出的司法改革任务，部署在全国人民法院推进执行机构和执行工作体制改革。2000年9月30日，最高人民法院印发《关于改革人民法院执行机构有关问题的通知》提出，纵向上建立“高级人民法院统一管理和协调”的执行工作机制，横向上“探索裁判权和执行实施权相分离，裁判人员和执行人员分工负责、互相配合、互相制约的新机制”，并明确“考虑由一部分有审判职称的执行人员主要从事裁判事项，其他执行人员主要从事执行事务”。由此，司法政策文件以及人民法院执行工作实践将宽泛意义的“执行工作”划分为“裁判事项”和“执行实施事项”，现行概念意义上的执行人员制度也真正确立起来。法律文本上的“执行员”限定为不具有法官资格负责“执行实施事项”的执行工作人员。“执行员”与“执行人员”成为两个系属包含的不同概念，前者包含在“执行人员”概念中，仅限于不具有法官资格的负责执行工作的人员。

自《二五纲要》起，执行体制和工作机制改革进一步深化，执行机构更加健全，人民法院工作人员分类管理逐步深入，法官、法官助理、书记员、执行员、司法警察、司法行政人员、司法技术人员等分类管理制度相继确立。《四五纲要》提出“深化执行体制改革。推动实行审判权和执行权相分离的体制改革试点”，围绕“执行机构设置在法院内还是法院外”议题争论愈演愈烈，③并形成“彻底外分”“适当外分”“深化内分”等模式④。但无论何种模式，理论界和实务界对于“涉执行诉讼”的审判权和执行审查权应由人民法院具有法官资格的人员行使并无争

① 吴立果：《普通执行员成就中国法官第一贪》，载《廉政瞭望》2006年第1期。

② 《中共中央关于转发〈中共最高人民法院党组关于解决人民法院“执行难”问题的报告〉的通知》(中发〔1999〕11号)。

③ 参见褚红军、刁海峰、朱嵘：《推动实行审判权与执行权相分离体制改革试点的思考》，载《法律适用》2015年第6期。

④ 参见黄忠顺：《民事执行机构改革的深度透析》，载《法律科学(西北政法大学学报)》2016年第4期。

议,主要争议焦点在应否将执行实施权交由人民法院以外的部门及其工作人员行使。[①] 实际上,也就是围绕如何安置目前人民法院执行局配置的非法官执行人员即真正意义上的主要行使执行实施权的“执行员”。目前对于审判权和执行权如何分离,尚未达成共识,2018 年最新修订的《人民法院组织法》删除了关于“执行员”的原有规定。据此,2019 年,最高人民法院制定的《五五纲要》提出“深化执行体制机制改革”,“推行以法官为核心的执行团队办案模式,完善执行警务保障机制,细化执行程序中各类人员职责权限”,以及“完善法院人员分类管理制度”将法院工作人员划分法官、司法辅助人员和司法行政人员三大类,同样删去“执行人员”分类。

总的来看,执行人员制度发展沿革经历了三个阶段:第一个阶段,新中国成立后至改革开放前的计划经济时代,执行人员制度法律文本上表述为“执行员”,但由于实行“审执合一”模式,执行工作由案件原审判人员负责,并不存在专司执行工作的人员。第二个阶段,改革开放到 2015 年前,为应对日益严峻的“执行难”问题,全国人民法院系统执行机构从“执行庭”升格为“执行局”,大量人员力量充实到执行局负责执行工作。执行人员包含了法官、法官助理、书记员、执行员、司法警察等各类人员,具有法官资格的人员通常行使执行裁判权和审查权,其余人员则行使执行实施权。第三阶段,2015 年至今,执行体制改革不断深化,审判权和执行权相分离的体制改革试点推进,围绕执行工作由人民法院还是其他机关负责的争议不断,立法和司法改革政策文件中都删去了关于“执行员”的表述,人民法院工作人员分类管理也排除了“执行人员”的分类,执行人员制度更多是对于负责执行工作人员字面意义上的解释总称,制度意义上已经被法官、审判辅助人员制度吸收,待审判权和执行权相分离体制改革模式确定后再进一步明确。

二、执行人员的岗位特点

现行执行人员制度处于审判权和执行权相分离体制改革推进期和转型期,伴随着执行工作由人民法院还是其他机关负责的争议,或者说是人民法院的执行人员,还是剥离出去在其他机关的从事行使更加纯粹的执行实施权力的执行

---

① 参见雷彤:《执行体制改革背景下“执行员”的再解读》,载《当代法学》2019 年第 1 期。

人员。无论基于何种模式,透过现象看本质,相对于从事审判工作的审判人员,执行人员都有其自身特点。

(一)从职权属性来看,执行人员岗位行使综合执行权

党的十八届四中全会《中共中央关于全面推进依法治国若干重大问题的决定》部署"推动实行审判权和执行权相分离的体制改革试点",最高人民法院在《四五纲要》中明确提出"深化执行体制改革。推动实行审判权和执行权相分离的体制改革试点"。2015 年,最高人民法院先后批复同意广东省、浙江省、广西壮族自治区、江苏省、上海市五地高级人民法院和河北省唐山市中级人民法院试点改革方案。各地试点虽各有侧重,但均着力于审判权与执行权在人民法院内部深化分离,使二者运行协调有序、制约有力①。如广东人民法院着力调整执行机构设置,探索由中级人民法院对辖区执行案件集中管辖,根据各基层人民法院执行力量配备统一分配案件,缓解案多人少矛盾;并根据案件情况在部分基层人民法院设立跨行政区划的执行分局,实现执行机构与诉讼法院适度分离。浙江人民法院积极探索执行警务化改革,在分离设立执行裁判庭行使执行审查权的基础上,现有执行人员成建制纳入司法警察序列,新进执行局人员按招录司法警察的规定录用。广西人民法院成立独立的执行裁判庭,实现执行裁判权和执行实施权分离;执行局实施部门保留部分法官,负责处理执行协调、请示、发布执行命令、决定执行进程等事项,执行实施队伍实现警务化,编入司法警察序列。上海人民法院将执行权细分为 125 项,其中执行实施权 61 项,执行审查权和涉执行诉讼审判权 64 项,分别由执行实施和执行裁决部门行使。河北省唐山市中级人民法院撤销了所有基层人民法院执行机构,由中级人民法院执行局下设 5 个分局,管辖 17 个区县的执行实施案件。

2019 年和 2021 年,最高人民法院分别出台《关于深化执行改革健全解决执行难长效机制的意见——人民法院执行工作纲要(2019-2023)》《关于进一步完善执行权制约机制加强执行监督的意见》,明确提出加快推进审执分离体制改革,将执行权区分为执行实施权和执行裁判权。② 在全国人民法院范围内,对于

---

① 参见最高人民法院于 2016 年 3 月 15 日发布的《人民法院执行工作报告》白皮书。

② 参见最高人民法院《关于深化执行改革健全解决执行难长效机制的意见——人民法院执行工作纲要(2019-2023)》(法发〔2019〕16 号)以及《关于进一步完善执行权制约机制加强执行监督的意见》(法〔2021〕322 号)。

案件数量多，具备条件的人民法院在执行局内或单独设立执行裁判庭，由执行裁判庭负责办理执行异议、复议以及执行异议之诉案件。不具备条件的人民法院的执行实施工作与执行异议、复议等裁判事项由执行机构不同法官团队负责，执行异议之诉案件由相关审判庭负责审理。

据此来看，现行执行权并非纯概念意义上执行权，而是内含执行裁决权能、执行实施权能、执行监督权能、执行命令权能、执行调查权能等一系列权能的权力束。① 规范层面和实务层面将现行执行权划分为执行裁判权和执行实施权。具体到负责执行工作的执行人员岗位上，各地人民法院执行局中，通常配备了法官、法官助理、书记员、执行员、司法警察等人员，由法官行使执行裁判权，由其他人员行使执行实施权，相互协作配合共同行使执行权；与此同时，由于在执行领域中"案多人少"矛盾更为突出，许多人民法院基于执行领域裁判或审查的事项数量较少，绝大多数案件集中在办理执行事项上，事实上，除执行裁判权由具有法官资格的执行人员行使外，事实上包括法官在内所有的执行人员都负责执行实施事项。因此，执行人员岗位从职权属性表现出的是行使综合执行权特点。

（二）从工作模式来看，执行人员岗位职责分工明确

2011 年，最高人民法院《关于执行权合理配置和科学运行的若干意见》的第 1 条第 6 项规定："人民法院可以将执行实施程序分为财产查控、财产处置、款物发放等不同阶段并明确时限要求，由不同的执行人员集中办理，互相监督，分权制衡，提高执行工作质量和效率。"2018 年，《关于落实"用两到三年时间基本解决执行难问题"的工作纲要》也明确提出："建立繁简分流办案机制。根据执行案件财产查找、争议解决、拍卖处置等环节的难易程度，结合执行人员的个人专长，建立和完善案件分配、人员组合机制……"2019 年，《关于深化执行改革健全解决执行难长效机制的意见——人民法院执行工作纲要（2019－2023）》则直接规定"实行以法官为主导的'法官＋法官助理（执行员）＋法警＋书记员'团队办案模式，优化团队之间、团队内部的任务分工和职权划分"。

从规范层面落地到各地人民法院实践探索，执行团队运作主要有以下几种

---

① 参见丁瑶：《裁执关系审视下民事执行"分段集约"模式之反思与重构——以员额制改革下的执行团队建设为契机》，载《司法改革论评》2019 年第 1 期。

模式:一是小团队包案模式,[①]以员额法官为核心,法官助理协助具体执行事项、书记员做好辅助性工作,司法警察保证强制执行力量,由原来单兵办案转变为团队办案。二是分段集约"流水线"式,由执行指挥中心统筹安排执行资源,打破个人或单元负责个案的模式,按照执行流程阶段,对所有案件进行流程或节点分工负责、前后递进。三是繁简分流模式,[②]由执行指挥中心统筹,整合资源,筛选分流。有财产执行案件中简单案件进入快速程序办理,财产处置类案件快速进入评估拍卖;无财产案件或无法处置案件避免无效重复查控和现场调查工作,快速进入终本等。缩短全部案件执行周期,删减重复无效繁复的程序,保证所有节点高效流转。四是综合指挥协作模式[③],由执行指挥中心统一管理、指挥、调度多个执行团队信息化、协作办案,确保各个执行团队高效运转。

总的来看,以上几种模式从先期探索到各地借鉴推广,具有典型代表意义。共同特点是以法官为主导,通过配比不同数量、不同类别人员,共同组成的执行案件办理团队,将执行工作中需要审查裁决的事项(如执行异议、不予执行、执行复议、财产查控裁定、处分裁定、制裁决定权、变更或追加被执行人、中止执行、终结执行等)统一收归法官负责,将执行工作中纯粹的执行实施事项(如对被执行人的财产进行查封、扣押、冻结等,具体实施拘留、罚款等强制措施)交由其他执行人员负责,同时由法官对案件负总责,法官通过向团队中其他执行人员发出执行指令并监督实施的方式推进案件不断前进[④]。执行人员岗位按照不同人员类别进行职责范围清晰划分,并根据案件办理流程节点的难易程度进行流水线式、协作式办案,做到相互衔接和监督制约。

(三)从管理方式来看,执行人员岗位信息化应用广泛

2012年以来,人民法院信息化建设突飞猛进,进入4.0时代。执行信息化是人民法院信息化的重要组成部分。人民法院执行工作坚持"一性两化"工作思

---

① 参见周青莎、贺德威:《团队化执行模式提升执行质效》,载《河南日报》2017年9月15日,第4版。

② 参见吕永波、宋亚文:《执行工作怎么改? 繁简分流+集约化》,载《人民法院报》2019年9月11日,第7版。

③ 参见郭京霞、赵岩、梅宇、谢耀宗:《1+N+X模式信息化执行团队的新探索》,载《法庭内外》2016年第7期。

④ 参见丁瑶:《裁执关系审视下民事执行"分段集约"模式之反思与重构——以员额制改革下的执行团队建设为契机》,载《司法改革论评》2019年第1期。

路，全力推进执行信息化建设，不断完善执行信息化系统。

从外部执行联动来看，人民法院主要建立并完善执行网络查控系统、信用惩戒系统。首先是执行网络查控系统，通过与相关协助执行部门建立查控对接网络，破解“查人找物”难题，①以信息化、自动化、网络化手段查控被执行人及被执行财产，大大提升执行效率和效果；其次是信用惩戒系统，最高人民法院落实中共中央办公厅、国务院办公厅印发《关于加快推进失信被执行人信用监督、警示和惩戒机制建设的意见》，建立公布失信被执行人名单制度。同时，为解决传统失信惩戒曝光覆盖面、及时性不足等问题，最高人民法院开通“全国法院失信被执行人名单信息公布与查询平台”。根据中国执行信息公开网公布的数据显示，截至2023年7月11日，全国法院公布中的失信被执行人8302002个。② 该项措施得到了社会各界的广泛赞誉和普遍认同，已经成为国家信用体系建设的重要内容，是我国社会诚信体系建设的重大突破。③

从内部执行管理来看，主要是建立执行指挥系统、执行案件流程管理系统。首先是执行指挥系统。2014年12月24日，最高人民法院执行指挥系统正式开通。目前，全国四级人民法院上下一体内外联动、规范高效、反应快捷的执行指挥体系初步形成。④ 纵向上，上级人民法院可以指挥到底，实现统一部署、互联互通，横向上可以监督到人，指挥本院执行人员执行实施工作。其次是执行案件流程管理系统。目前，最高人民法院推动建成四级人民法院统一的执行案件流程管理系统，全国执行干警在一个平台办案、规范了执行办案标准和流程，强化了关键节点管控。⑤ 执行案件流程管理系统通过信息化手段全方位、多环节、多层级地加强对执行案件的即时跟踪、管理、监督，有效消除消极执行、选择性执行、乱执行及腐败现象。

在《中华人民共和国民事强制执行法（草案）》中，充分运用现代信息科技作

---

① 王小梅：《法院执行信息化建设的成效、问题与展望——以人民法院“基本解决执行难”为背景》，载《中国应用法学》2018年第1期。

② 参见中国执行信息公开网“数说执行”栏目，http://zxgk.court.gov.cn，2023年7月12日访问。

③ 参见刘贵祥：《人民法院执行工作现状与分析》，载《中国应用法学》2018年第1期。

④ 参见最高人民法院于2016年3月15日发布的《人民法院执行工作报告》白皮书。

⑤ 参见周强：《最高人民法院关于人民法院解决“执行难”工作情况的报告——2018年10月24日在第十三届全国人民代表大会常务委员会第六次会议上》。

为民事强制执行的一项基本原则被确定下来,也是人民法院“高效破解执行难顽疾从而进一步推进‘解决执行难’工作时代课题”的重要举措。① 信息化是新时代人民法院执行工作坚持的思路,也是人民法院执行高质量发展的方向。执行人员不仅要成为“执行办案能手”,也要成为“信息化应用高手”。新时代执行人员岗位特性将更加突出信息化智能化数字系统平台广泛应用,要求执行人员从办案前端、管理后端均需要革新理念,更加注重提升岗位应用信息化系统平台提高效率、解决难题能力水平,同时推动执行案件管理和执行人员管理实现信息化、数字化变革。

三、执行人员的职责内容

根据最高人民法院2019年发布的《关于深化执行改革健全解决执行难长效机制的意见——人民法院执行工作纲要(2019-2023)》,部署深入推进执行体制改革,健全现代化执行工作机制,明确要求全面推行执行团队办案模式。实行以法官为主导的“法官+法官助理(执行员)+法警+书记员”团队办案模式,完善“人员分类、事务集约、权责清晰、配合顺畅”的执行运行模式;健全繁简分流、事务集约的执行权运行机制,加强事务性工作集约化处理,将执行程序中财产查控、文书制作和送达、终本案件管理、涉执信访等事务性较强的工作,统一交由专门团队进行集约化处理,提高执行工作效率。2021年,最高人民法院发布《关于进一步完善执行权制约机制加强执行监督的意见》,进一步明确健全事务集约、繁简分流的执行权运行机制。分段集约、职责清晰、团队办案成为执行工作现代化发展的大方向。

全面推行执行团队办案模式从本质上看是司法劳动的一种分工,通过“合并同类项”将同类的执行事务归集到同一名执行人员或执行团队处理,从集约高效角度出发,提高执行工作效率。与传统“一人包案到底”执行工作模式不同,现行各地人民法院推行的分段集约、团队办案模式通过将执行办案各个流程和节点进行细分,将各个流程和节点细化分解出来的工作任务交由不同人员负责,以各环节的任务到人、专业运作、集约管理、制约监督,提高执行工作效率。

① 参见柴鑫:《执行数字化改革:现代信息科技赋能执行的实践与探索》,载《人民法院报》2023年6月22日,第5版。

2018 年最新修订的《人民法院组织法》删除了关于“执行员”的原有规定。据此，2019 年，最高人民法院制定的《五五纲要》中“完善法院人员分类管理制度”将法院工作人员划分法官、审判辅助人员和司法行政人员三大类，同样删去“执行人员”分类，结合多数人民法院实际上已将没有法官资格的执行员划归入司法辅助人员和司法行政人员的做法，根据现行执行人员配置情况，可以明确员额法官、法官助理、司法警察、书记员的具体岗位职责。

（一）员额法官

员额法官在主管院领导和局长领导下工作，拥有全部执行权能，是执行办案团队的第一责任人，负责本团队内所有执行案件的执行。

1. 负责对案件发出查控、实施、结案等流程指令；

2. 在职权范围内审核、签发本执行团队司法文书和其他文书，处置重点复杂事项；

3. 负责执行事务中涉及追加变更被执行人事项；

4. 负责重大财产限制和处置、重大人身权利限制、司法惩戒事项；

5. 负责本团队内案件执行款物分配与发放（涉及多个案件多个申请执行人的分配方案须经三名以上员额法官集体讨论或合议）；

6. 负责执行案件中止、终结等重要事项，负责组织执行听证；

7. 根据案件情况和流程管理要求及时作出并向执行员（法官助理）、执行司法警察、书记员发出单项指令或阶段指令；

8. 提出对被执行人采取拘传、拘留、罚款、搜查及标的物实施扣押等强制措施提出意见，经三名以上员额法官集体讨论或合议并报批准；

9. 现场组织、指导对强制迁出、强制腾退等措施的实施；

10. 负责对规避执行、抗拒执行等重点疑难事项的处置；

11. 负责本执行团队内案件结案审查及督促案卷归档；

12. 负责对符合恢复执行标准的案件，及时恢复执行案件办理；

13. 负责开展一月一次团队内执行案件研讨会议，组织排查和清理阻碍执行的各个环节，解决执行工作中遇到的问题和团队成员自身难以解决的问题；

14. 负责协调处理可能影响社会稳定的重大突发事件或暴力抗法事件、重大执行信访案件；

15. 负责重大执行事项上报执行局领导会议讨论决定的准备工作，对执行局领导会议讨论作出的决定进行落实或交由相关负责人负责落实；

16. 负责对团队其他人员的日常管理、出勤及执行绩效考核。

（二）法官助理

法官助理（执行员）由具有一定法律基础和执行工作经验的法官助理（执行员）担任。在员额法官的领导下开展工作，协助员额法官承办执行案件，完成员额法官授权或指示的执行实施事务，具体职责：

1. 负责员额法官作出的各种执行强制措施等实施行为，依据生效后的法律文书和合议庭的意见，采取查询、冻结、扣划、解冻、查封、扣押、评估和拍卖等相关措施；

2. 拟制执行案件中发出的公函和司法建议；

3. 负责约谈申请人和被执行人，组织简单案件的执行听证；

4. 认真做好案件执行中的调查笔录、问话笔录、查封扣押财产笔录、现场勘查笔录、相关单位和个人协助执行的文字记载和影像记录等工作；

5. 拟制按规定必须下达的裁定或通知，拟办需要采取罚款、拘留、搜查等措施，以及决定、变更、追加被执行主体、拍卖、变卖等重大事项的登记审批手续；

6. 建议员额法官召开团队内案情分析会议，参与讨论执行工作中的重大、疑难事项；

7. 负责会同书记员和法警互相配合，完成送达执行法律文书；

8. 在员额法官的授权下，负责通过人民法院网络查控系统集中调查核实被执行人财产；

9. 制作结案报告；

10. 会同书记员，及时将执行措施、文书、视频等必须上传的办案节点资料录入网络办案系统；

11. 按卷宗归档规定事项检查书记员装订好的卷宗，及时检查书记员在办案系统中报结、文书上网等工作；

12. 院、局领导、员额法官交办的其他工作。

（三）司法警察

执行司法警察在员额法官的领导下开展工作，具有一定的执行实施权。司法警察与法官助理、书记员的职责有部分交叉，具体职责以员额法官内部调配为准，主要职责如下：

1. 负责参与各类执行法律文书送达;

2. 负责参与查封、扣押、冻结等执行实施类强制措施的执行;

3. 负责对被执行人财产的搜查强制措施的实施;

4. 负责对被执行人采取拘传、拘留等强制措施的实施;

5. 负责对强制迁出、强制腾退等强制执行措施的实施;

6. 负责从事其他执行辅助、安全保障事务,并及时处置突发事件;

7. 院、局领导、员额法官交办的其他工作。

(四)书记员

书记员主要负责内务性事项和其他辅助事项。

1. 负责对受理的执行案件进行分类、登记、录入等工作;

2. 负责执行案件办理全过程的文书校对、打印、盖章等工作;

3. 负责执行过程中听证、调查、询问等记录、相关格式文书的填写及其他文字材料撰写工作;

4. 在员额法官的授权下,负责对被执行人财产实施网络查询、提起控制;

5. 负责失信被执行人信息录入、屏蔽、发送法律文书等;

6. 配合法官助理,及时将执行措施、文书、视频等必须上传的办案节点资料录入网络办案系统;

7. 负责执行案件报结、装卷、归档、文书上网工作(此项工作应与司法警察共同完成);

8. 院、局领导、员额法官交办的其他工作。

第二节　考核现状:执行人员考核制度之不足

近年来,随着司法人员分类管理改革不断深入,在人民法院系统中,绩效量化考核从上级人民法院对下级人民法院、本级人民法院对各业务庭室评估整体审判执行质效,向人民法院内部评估各类司法人员业绩发展,实现了由集体向个人的颠覆性大变革。[①] 具体到执行工作领域,新时代执行工作内部执行权力运

---

① 参见李国华:《人民法院法官绩效考评制度改革回顾与展望》,载《河南财经政法大学学报》2021 年第 4 期。

行、执行工作运作以及执行工作管理新模式，对执行人员工作以及对衡量执行人员工作业绩和水平的考核管理机制提出了新要求。以新要求为导向，深入分析执行人员绩效考核现状，找准解决问题的关键，才能更好贯通“评案”和“考人”，解决好执行人员绩效考核为什么考、考什么和怎么考的问题。①

一、执行人员绩效考核基本原则

（一）执行人员绩效考核必须坚持“从政治上看”

人民法院首先是政治机关，审判执行工作是政治性极强的业务工作，也是业务性极强的政治工作。② 执行工作是人民法院工作的重要组成部分，对于执行人员的工作绩效考核不同于单纯的业绩考核，是包括执行人员的政治素质、政治能力在内的综合性考核，首先就是要坚持“从政治上看”，把政治标准放在首位，把党的建设、纪律建设各方面制度要求融入考核工作中，通过考核把党中央的决策部署压实到每一名执行人员。③ 在具体考核指标设置上，要着重把握是否能够把党中央的决策部署和有关政法队伍建设的工作要求不折不扣地贯彻到人民法院执行工作全过程各方面，融入实现执行办案体现服务大局、司法为民、公正司法，实现政治效果、法律效果、社会效果的有机统一，从而引导执行人员树立正确的考核观、政绩观、价值观。

（二）执行人员绩效考核必须遵循“从规律中行”

执行人员的核心工作是做好执行工作，办好执行案件。执行工作有其自身规律特点，建立执行工作绩效单独考核机制是引领执行工作规范化、提升执行工作效能的必然要求。④ 现行执行工作实行执行裁判权和执行实施权相分离的权力配置模式，理论界和实务界对此认识较为统一。其中，执行裁判权属司法权，具有被动性、中立性和终局性特征，无论是划归执行局的审判庭，或者是划归执行局内部设立的执行裁判庭（执行裁判团队），都体现了执行工作“审判的归审判、执行的归执行”的发展趋向，就是通过剥离非执行事务，突出以执行实施权为

---

① 参见刘耀臣：《我国公务员考核机制研究》，载《天津行政学院学报》2007 年第 4 期。

② 参见田鹤城：《要让基层“小”法庭　彰显司法“大”作为》，载《人民法院报》2023 年 4 月 11 日，第 2 版。

③ 参见孙航：《抓紧抓实干部全员考核工作　以高质量干部考核推动审判工作现代化》，载《人民法院报》2023 年 7 月 25 日，第 1 版。

④ 参见陈恒：《执行管理长效机制的构建》，载《法律适用》2019 年第 11 期。

核心，集中精力高效实现当事人胜诉人权益，解决执行难。执行实施权与前者不同，后者更类似于行政权，不需要高超的司法判断和推理技能，注重效率和强制性。而执行实施权是执行机构依申请执行人申请启动执行程序并实施各类强制执行措施，实现当事人胜诉权益的行为。① 从两种权力内容和运行规律来看，执行裁判权应参照审判权考核机制进行，而对于法律性质和运行规律差异较大的执行实施权，则需要建立与之相适应的单独绩效考核机制，在考核设置上，要契合执行工作规律，根据不同执行人员行使的不同执行权能，设置全面客观的分类考核指标体系，才能最大限度符合执行工作发展新变化、新特点，激励各类执行人员提升工作绩效。②

（三）执行人员绩效考核必须突出“从量化中考”

量化考核管理制度是以数字为基础，对关键的决策点及操作流程，实行标准化操作的管理模式。量化考核管理应用在公务员考核制度中，就是把目标管理对象的考核内容细化为量化指标，根据目标的职责和工作岗位来分别量化考核的指标，最终通过分值体现考核的结果，使考核结果更公平公正。③ 我国公务员绩效考核近年来的发展过程，同样是一个通过明晰职责、增加客观量化标准，减少考核者主观随意性，逐步实现准确衡量、公开透明的完善与科学化的过程。④

分段集约、协同作战，实行以法官为主导的团队办案模式是新时代执行工作的发展方向。审判和执行不同的程序，使诉讼案件具有个性化和不可分性，而执行案件具有同质性和可分割性。⑤ 例如，执行实施权可进一步区分为执行命令权和实施事务权，实施事务权还可根据具体事务的主次地位，再细分为事务性权力和辅助性权力：前者包括办理搜查、查封、扣押、冻结、拍卖、强制迁出、拘传、拘

---

① 参见严银：《司法改革背景下我国民事执行权与审判权的分离模式及制度构建》，载中国法院网2016年11月9日，https://www.chinacourt.org/article/detail/2016/11/id/2338816.shtml。

② 参见江苏省高级人民法院课题组：《关于建立单独执行工作考核机制的若干思考》，载《中国审判》2021年第3期。

③ 参见唐惠：《“量化大考”在公务员考核中的应用研究》，广西大学2016年硕士学位论文，第8页。

④ 参见俞可平：《应当鼓励和推动什么样的政府创新——对中国地方政府创新奖入围项目的评析》，载《河北学刊》2010年第2期。

⑤ 参见江苏省高级人民法院课题组：《关于建立单独执行工作考核机制的若干思考》，载《中国审判》2021年第3期。

留、罚款等核心事项;后者包括立案登记、信息录入、信息核对、卷宗扫描、笔录制作、文书送达、档案装订、卷宗整理等辅助事项。从各地人民法院执行团队化模式改革的趋势看,越来越多地将实施事务权从执行法官手中剥离,转由执行指挥中心或执行事务中心的司法辅助人员办理,实现案件繁简分流、同类工作集约化办理。执行实施案件的办理逐步由"办案"向"办事"转变;这就要求对执行工作的考核内容需注重对"案"的考核与对"事"的考核相结合,其中对于执行人员的考核,要区分不同岗位的不同工作性质,设定不同的考核要求。对办案岗位人员,参照"审理者裁判、裁判者负责"的原则重点考评执行命令权行使的质量和效率;对办事岗位人员,按照"谁办理谁负责"的原则,根据各岗位承担职责的不同设定相应的考评标准,重点对实施事务权行使的差错率、执行团队满意度等进行考评。

(四)执行人员绩效考核必须注重"从数据上管"

进入人民法院信息化4.0时代,依托执行指挥系统,强化了上级人民法院对下级人民法院工作的统一管理、统一指挥、统一协调,以信息化手段,基本实现全国法院执行工作"一盘棋",具体到一个人民法院内部实现全院执行工作数据集成"一张网"。同时,依托执行案件流程节点管理系统,设置了立案、分案、执行通知书、网络查控、启动传统查控、完成传统查控、终本约谈、执行线索等37个节点,执行流程标准化的触角遍及执行工作各个环节,每一个执行案件从立案、执行通知、查控执行人财产,财产评估、拍卖、变现、案款分配和发放等程序都在系统上进行,有效地规范了消极执行、选择性执行和乱执行行为。

以信息化为基础,新时代执行工作实现了流程标准化、管理精细化、过程可视化,也为对执行人员绩效考核管理提供全新的手段支撑。一方面,成为执行人员绩效考核机制设计的启发点,促进形成更为全面精细、量化、客观、公正的绩效考核模式;另一方面,赋能执行人员绩效考核,双向减轻绩效考核管理者和执行人员的负担。

二、执行人员绩效考核的现状检视

(一)重集体轻个人,执行人员绩效考核机制不健全

2017年10月,最高人民法院下发《关于建立执行考核指标体系的通知》,建立了一整套执行案件质效考核指标体系。以此为考核标准,最高人民法院随后发布了全国法院2017年1~9月执行工作考核通报,标志着全国人民法院建立了执行工作单独考核机制。① 从执行绩效考核集体层面来看,《关于建立执行考核指标体系的通知》明确了执行案件质效统计指标,为全国各级人民法院考核观测执行案件办得快不快、好不好提供了清晰指引,以执行案件质效指标完成情况通报为抓手,层层压实责任,有力提升全国人民法院执行工作实效。但从执行绩效考核个人层面看,与审判一线的员额法官、审判辅助人员绩效考核相比,②法律法规和司法政策层面并没有相应的考核管理制度性文件,致使执行人员绩效考核工作处于无章可循的不利局面。各地人民法院制定的关于执行绩效考核文件,同样多为集中于上级人民法院对于下级法院执行绩效考核,以及人民法院内部执行工作通报等内容,直接制定对执行人员绩效考核的制度性文件凤毛麟角。③

受长期以来人民法院审判执行"重集体轻个人"的管理思路评价思想影响,现行执行绩效考核集中于对集体执行案件质效的考核,也就是更多聚焦于"评案",尚未实现从"评案"更进一步到"考人"的贯通。相关考核指标作用更多只是"传导到各级人民法院领导,领导对这些指标的排名很在意,但并未传导到一线执行人员,具体到执行人员的指标靠后,最多是通报,与其业绩并无直接关联"。④ 总体而言,执行人员绩效考核机制很不健全,尚处于初级阶段。

(二)重共性轻个性,执行人员绩效考核内容不准确

执行人员绩效考核机制不健全,各地人民法院对执行人员的考核内容更多沿用一般公务员考核内容,围绕"德、能、勤、绩、廉"五个维度进行抽象性考核。考核形式上通常是召开党组会研究分配庭室优秀名额,考核对象提交考核登记表、述职述廉和"3+1"工作实绩表等材料,部门报送优秀名单,召开民主测评会,党组会研究通过优秀等次名单。而其中的民主测评会一般选在一个时段集中对全院人员绩效进行测评,当场填表、当场提交,时间短、人数多,多数人并未认真

---

① 参见谢耀宗、皮德智:《基层法院执行绩效考评长效机制的构建——以M区法院为样本》,载《法律适用》2019年第11期。

② 如《法官法》、《四五纲要》、《五五纲要》以及《加强和完善法官考核工作的指导意见》等,对员额法官、法官助理个人绩效考核作出了相对完善清晰的制度安排,为全国人民法院开展相应绩效提供了有力制度支撑。

③ 从全国人民法院官网检索看,仅有少数几家人民法院制定对于执行人员的绩效考核文件,如最早的四川省彭州市人民法院于2011年制定《彭州市人民法院法官(执行人员)考核办法》,最新的河南省南阳市宛城区人民法院于2023年3月制定《执行工作绩效考核办法》。

④ 陈恒:《执行管理长效机制的构建》,载《法律适用》2019年第11期。

填表、严肃对待，存在随意勾选、全部勾选相同等次等现象，最终导致全员测评成绩几无差异。

执行工作有其自身的规律，在遵循一般公务员共性考核基础上，更应将“德、能、勤、绩、廉”五个抽象维度具化到执行工作具体运作模式，开展更符合执行工作特性，以及现行团队化办案模式的科学精确式考核。目前，一些人民法院对于直接承办执行案件的执行人员的绩效考核，一般以承办案件、参办案件数量为主要指标进行考核评价，①更为客观地评出了“执行办案标兵”“执行办案能手”，起到良好的导向作用，值得肯定。但对于其他难以办案数量观测的执行人员绩效考核则更多沿用老办法，考核内容并无法清晰反映岗位工作绩效，仍有待进一步优化。

（三）重平均轻实绩，考核结果认同度不高

执行人员绩效考核规范层面无所适从，考核内容不够准确、形式不够科学，成为人民法院工作人员绩效考核中的薄弱环节，给执行内部管理带来不良的影响。执行局执行人员数量众多、职务类别甚至包含了人民法院司法人员所有的类别，在绩效考核难以准确反映个体工作实绩的情形下，许多人民法院存在“重平均轻实绩”现象，表现在：一是优秀等次事先定好，如优秀等次多评给老同志或是在领导身边工作的同志，这样考核结果势必严重打击年轻干警的工作积极性。二是轮流平均主义盛行，让个体干多干少、干好干差的考核结果大同小异，致使绩效考核制度缺乏刚性、考核丧失功能。

第三节　考核方式：执行人员量化考核指标与路径

遵循新时代执行办案团队化，执行工作流程标准化，执行管理信息化以及执行人员职业新特点，解决当前存在的不足和问题，以此为出发点和落脚点，可以清晰建构执行人员绩效量化考核机制。

一、构建全面客观的执行人员量化考核指标

（一）宏观方向：明确考核的五大内容

执行人员是人民法院系统负责强制执行工作的工作人员，对其绩效进行考

① 从各地法院官网、官方微信公众号发布的信息看，许多执行办案标兵、执行办案能手关键评选标准就是办案数量。

核,宏观上必须遵守现有法律法规和最高人民法院制定的指导意见、规章制度。

《公务员法》第35条规定:“公务员的考核应当按照管理权限,全面考核公务员的德、能、勤、绩、廉,重点考核政治素质和工作实绩。考核指标根据不同职位类别、不同层级机关分别设置。”《法官法》第41条规定:“对法官的考核内容包括:审判工作实绩、职业道德、专业水平、工作能力、审判作风。重点考核审判工作实绩。”最高人民法院《关于加强和完善法官考核工作的指导意见》第7条规定:“对法官的考核,以其岗位职责和所承担的工作任务为基本依据,以指标化评价的方式,全面考核德、能、勤、绩、廉各方面,重点考核政治素质和审判工作实绩。”

现有法律法规和最高人民法院制定的指导意见并未对执行人员的绩效考核作出专项规定,因此,从人员分类管理属性上看,宏观上执行人员应当参照上述规定开展绩效考核管理。具体而言,就是对执行人员的思想品德、业务素质和能力、工作作风、履行岗位职责和完成工作目标任务、廉洁自律等方面进行全面考察和评价,重点考核政治素质和执行工作实绩①。

(二)中观重点:量化考核的框架结构

“公共部门通常涉及的是一些具有广泛易变性的无形服务,而这些服务正是因为其具有无形性和广泛易变性,几乎总是会对生产率的测量造成问题。”②但与人民法院其他部门工作人员(如司法行政人员)担任的工作广泛性、复杂性、易变性不同,执行人员所担任执行办案工作是相对固定的、具体的,可以从办案的量与质进行准确客观的观测,传统“德、能、勤、绩、廉”等抽象主观定性,只能提供宏观方向的指引,并无法适应执行人员绩效的准确考核。中观设计上,对于执行人员的绩效考核宜在遵循“德、能、勤、绩、廉”五大考核方向基础上,分为三大部分,构建出执行人员量化考核的框架结构:一是岗位职责执行办案工作业绩模块;二是共性考核内容模块;三是综合评价模块。

1. 岗位职责执行办案工作业绩模块。以每名执行人员岗位职责为基础,对其所负责的执行办案工作完成情况进行量化考核。

2. 共性考核内容模块。主要考核执行人员“德”“能”“廉”情况。

---

① 参见杨士秋、王京清:《公务员考核》,党建读物出版社、中国人事出版社2008年版,第4页。

② [美]乔治·伯克利、约翰·劳斯:《公共管理的技巧》,丁煌等译,中国人民大学出版社2007年版,第410页。

一方面,“德”“廉”反映个体的道德品质和廉洁自律情况,是两项极富个人特质的考核指标,属于他人难以了解的隐秘区和盲区①。要对“德”“廉”进行考核,必须满足以下几个条件:(1)将考核重点放在个体内心世界的公开区,如“德”应主要考核执行人员的政治品德、职业道德,“廉”则考核廉政作风以及遵章守纪行为;(2)因为有盲区,要广泛征询他人的意见,所以对公务员“德”“廉”考核应采取平时记录、多维度测评等方式进行。

另一方面,“能”主要考察执行人员在人民法院人员共性工作内容领域担当作为表现,包含学习调研能力、贯彻执行能力、改革创新能力等情况。例如,新时代人民法院工作坚持为大局服务、司法为民、公正司法,突出能动司法理念。执行工作领域承担着执行工作现代化、优化营商环境重点指标、维护群众胜诉权益等重大工作,更需要增强新时代“执行铁军”的担当使命感和责任感,推动执行工作高质量发展,满足人民群众多元司法需求。执行人员在承担执行办案同时,更多承担着贯彻党委、上级人民法院和所在人民法院决策部署,抓好一定时期司法亮点品牌创建等工作,此类工作任务体现的是组织绩效和人民法院发展的重大战略和目标。在量化考核运作中,由院党组确定重要工作、重点项目,再将工作项目分解至各个部门,由部门负责人领回来,再发包给各个责任人。对于此类特殊工作任务也应量化考核,全面客观反映出执行人员在其中扮演的角色、发挥的职能作用,激励个体创先争优、比学赶超,更好实现组织绩效目标。

3. 综合评价模块。综合评价方式适用于人民法院所有人员,在本书第三章、第十三章均有详细阐述,此处不再赘述。

(三)微观设定:量化考核的关键指标

对于执行人员工作绩效量化考核的指标设定,要遵循新时代执行工作权力配置和工作模式展开。根据权力性质分类,执行权分为执行裁判权和执行实施权。前者属审判权,主要面向执行异议之诉案件和执行异议、复议案件,由执行局外的审判庭员额法官或者执行局内设置的执行审判庭员额法官负责,宜参照审判量化考核机制进行。

下面,笔者重点讨论负责执行实施权岗位职责的执行人员量化考核。在考

① 从心理学“乔哈里视窗”理论来看,个体“德、廉”属于其主观世界的非公开区,考核必须深入个体的主观世界,解读为外人所难以知晓的隐藏区,甚至其本人都未知的盲区,是绩效量化考核的难题。如“德”中的政治忠诚度和“廉”中的廉洁自律等行为,即使考核也很难得出有效结果。

核指标设置上,要遵循分段集约执行团队工作模式,区分不同岗位性质,设定不同执行人员的量化考核指标。

对于负责执行办案的员额法官以及协助法官办案的法官助理,以现在执行办案考核要求为基础,重点考核指标如下:

1. 突出质量优先,设定办案质量指标:重点监控执行办案质量,引导法官提升执行办案质量。

重点关注首执终本率。

2. 统筹兼顾效率,设定办案效率指标:重点监控执行办案效率,鼓励执行人员提高办案节奏。

(1)审限内结案率。

(2)审限变更率。

(3)平均结案时间。

(4)超 12 个月未结案件比。

3. 同步关注效果,设定办案效果指标:重点监控执行效果,主要反映执行人员办案的"三个效果"。

(1)执行完毕率。

(2)执行标的到位率。

对于负责执行办案事务的司法警察、书记员,主要关注完成职责执行事务的效率和质量,具体如下:

(1)司法警察。重点关注执行送达情况,配合法官、法官助理开展常规执行工作情况,配合法官、法官助理采取强制措施、参与强制执行活动情况等。

(2)书记员。重点关注信息化录入情况,笔录制作情况,案款发放情况,系统操作准确情况,归档情况等。

二、执行人员量化考核具体操作

(一)推行目标管理法激励执行办案

理想的绩效考核管理应该是有效落实组织战略目标,在组织战略目标和组织成员之间建立起明确的目标等级链,让成员清楚感受到自身工作与组织发展的关系。[①] 从这个意义上来说，应当改进传统管理方式，转而事先将组织战略目标转化为成员个体的绩效目标，并且放手让成员努力去争先争优达到既定的目标。而组织所要做的是，加强考核目标制定的互动性，兼顾全局任务和个人利益、整体目标和个体发展、阶段需求和干警承受能力。易言之，就是考核对象的综合需要，在激励过程中持续关系是否达到个体“所理解的公平感”。[②]

在对执行人员执行办案的量化考核管理中，可以借鉴目标管理理论和“波特——劳勒综合激励理论”，推行目标管理法，事先制定好执行办案目标，激励执行人员“多办案、办好案”。事实上，该做法目前已被各地人民法院广泛实践，在督促和激励审判执行一线办案人员高质量完成执法办案目标上，取得了良好的效应。即根据考核周期，综合应用执行案件管理系统大数据研判分析，结合干警承受能力，设定岗位办案数量、质量、效率、效果目标，以超岗率作为衡量标准，对每名负责执行办案的执行人员进行量化考核。岗位办案数量、质量、效率、效果目标制定上，力争准确，达到“伸手不及、跳起可取”的良性局面，既让每名执行人员积极完成目标任务，并在通过努力能够完成目标任务中，获得源源不断的实现目标激励，更让高质量完成目标任务的执行人员脱颖而出。

（二）推行工作“颗粒法”展示个性工作

个性工作是组织成员在纯本职外承担的工作任务，并且在人民法院系统中，个性工作一般是富有挑战性的工作，甚至被许多干警所“畏惧”，认为是“额外负担”的工作，其工作业绩可以反映出是一名干警的综合素质能力。具体到执行人员所负担的个性工作，主要包括调研信息宣传、综合文稿起草、亮点品牌创建、比赛竞赛、表彰奖励等。其中调研信息宣传、综合文稿起草、比赛竞赛、表彰奖励一般只需看每名执行人员完成成果即可，如调研信息宣传考核管理在多数人民法院推行的是类似执行办案目标管理法，设定每名执行人员的任务指标，根据完成

---

① 在目标管理理论创始人彼得·德鲁克看来，目标管理改变了经理人过去监督部属工作的传统方式，取而代之的是主管与部属协商具体的工作目标，事先设立绩效衡量标准，并且放手让下属努力去达成既定目标，此种双方协商一个彼此认可的绩效衡量标准的模式，自然会形成目标管理与自我控制。参见［美］彼得·德鲁克：《管理的实践》，齐若兰译，机械工作出版社 2018 年版，第 10 ~ 20 页。

② 调动员工工作效能，提升组织绩效，一直是人力资源管理学关注的重点，其中对员工的激励是考核管理不可或缺的组成部分。正如现代人力资源管理广泛运用的“波特——劳勒综合激励理论”所阐述的，激励是一个非常复杂的问题，关系主线是员工的努力程度决定其工作绩效，而工作绩效又将使员工获得组织内在和外在奖励，各种奖励将影响员工工作的满足感。

情况予以客观评价。但是,亮点品牌创建工作与其他个性工作不同,无法以类似数量来进行量化考核,因此,需要在考察亮点品牌创建工作特点的基础上,借助新的方法论,对其业绩加以量化评价。

“讲好执法办案好故事,传播法治建设好声音,展示新时代人民法院好形象。”亮点品牌创建工作是近年来各级人民法院高度重视的一项工作。在执行工作领域,从各级人民法院宣传和媒体平台的报道中可以看出,执行亮点品牌建设取得良好成效,为奋力迈向“切实解决执行难”阶段,营造了浓厚的氛围,这也反映出新时代执行人员具备较强的创新能力、宣传能力。亮点品牌建设工作具有如下特点:一是创新性。很多亮点品牌具有首创性,如推行全新执行工作模式,建设新执行工作平台,建立健全新执行工作机制。二是事务性。与一线执行办案工作不同,亮点品牌建设是大量事务性工作,如大量协调沟通工作,整合执行资源,起草制度性文件,开展多层级推广宣传。三是阶段性。亮点品牌建设一般是结合一定时期全局性工作,如司法服务优化营商环境、推进诉源治理等,从构思、研讨、推行到取得成效,再到推广扩大知名度、影响力,是一个阶段、一个阶段的工作。从上述特点上看,对亮点品牌建设的量化考核,如果一人承担了所有工作,则工作业绩可客观清晰地计算到其名下;但当一个亮点品牌建设是多人(执行团队)协作时,则必须准确清晰分出每名执行人员工作任务,以及其所承担的工作任务取得的业绩,才能准确评价。此时,如果我们把一个亮点品牌比作一个项目建设,同样与分段集约执行工作模式一致,把亮点品牌工作颗粒分解出一个一个工作任务,再将具体工作任务定岗到人,便能对每一名执行人员工作进行客观考核。

(三)推行“负面清单”观测品德和廉洁

“德”“廉”两项考核,主要面向执行人员的道德品质和廉洁自律情况,属于个体为他人难以了解的隐秘区和盲区。具体考核应当以“负面清单”为主,实行扣分制。具体而言,就是将执行人员所应共同遵守和维护的反映政治忠诚度、法院工作人员公信形象和职业道德以及廉洁司法规章制度等,列出“负面清单”,没有完成或者违反规章制度即实施惩戒性扣分,以此从严督促执行人员注重党性、品德修养。应当指出的是,新时代执行工作廉政风险不容忽视,深入推进切实执行难进程中,执行工作领域的司法“四风”“六难三案”甚至是司法腐败问题,对司法公信造成的严重的损害,为人民群众深恶痛绝。因此,对执行人员重大违法违纪廉洁问题,在绩效考核中应当实行“一票否决”。

(四)推行量化计分法打通比较障碍

绩效考核量化计分法是一种广泛应用的绩效考核方法,是在明确员工的工作任务基础上,再对员工的工作业绩进行赋分,最终通过绩效积分计算得出员工工作的工作表现和能力水平。具体到执行人员绩效考核,就是以明确每名执行人员职责任务为基础,通过每名执行人员所承担工作完成情况进行赋分,并以“分”为桥梁,清晰得出每名执行人员个体工作业绩。最终,体现到每名执行人员绩效上是一目了然的分值,再对分值进行排名,便可客观反映出一名执行人员能力素质和工作表现。

其中,执行办案是执行人员岗位本职工作。此外,共性考核内容反映的是执行人员综合素质能力、担当作为以及廉洁自律等综合情况。以此为基础,结合各地人民法院实践,可以拟定出执行人员量化考核计分主要标准。

第一,执行办案工作业绩项目占主要分值。审判工作现代化,审判管理新理念突出“质量为先、兼顾效率、关注效果”。在同为司法办案工作的执行办案领域,执行办案三大类考核指标同样要以此为指引,体现出权重差异,如质量、效率、效果权重以4∶3∶3,即质量指标占24分、效率指标占18分、效果指标占18分。在具体实践中,各地人民法院重点是结合上级人民法院方向性决策部署,以及所在人民法院阶段性工作侧重,分别对具体执行办案指标权重予以合理调整。第二,共性考核内容工作项目占次重分值。各地人民法院可根据执行人员所承担的个性工作难易程度,分别进行赋分考核。基于个性工作特点,设置分值上不封顶,以此为每名执行人员提供充分展示激励才能的舞台,激励每名执行人员争先争优、比学赶超,更好实现组织绩效目标。此外,共性考核内容中的“德”“廉”两项考核,可以“负面清单”项目,根据其影响程度,分别进行扣分。

(五)推行信息化管理让考核不成为负担

考核对象广泛认同和积极参与是一个考核管理机制科学和成功的关键。但是,如果对于执行人员的量化考核需要增加执行人员大量工作,如需要大量的录入工作,则无疑让原本工作任务繁重的执行人员,更加雪上加霜。如此看来,则必将受到考核对象的抵触,带来敷衍了事、弄虚作假的后果,那么量化考核也将失去它原本的意义和价值。

人民法院信息化4.0时代,建设智慧管理法院与智慧办案人民法院一道,共同构成了智慧法院建设发展图景。建设智慧管理人民法院目标就是实现包括案件管理、人事管理、绩效评估等领域的智慧管理，是司法行政与审判支持意义上的智慧人民法院。[①] 目前全国人民法院均已建立统一的执行案件流程信息管理系统和人事信息管理系统，[②]为执行人员量化考核信息化管理奠定了坚实的基础。在量化考核指标选取和设定中，充分考虑考核基础数据自动化生成程度，以减轻考核对执行人员的工作负担。从类别上看，第一大类执行办案指标，可由执行案件流程信息管理系统以及现行司法大数据系统自动完成信息采集；其余三大类指标，分散到其他职能部门，主要由政治部、办公室、研究室、审判管理办公室、纪检监察等部门日常登记统计生成；只有重大综合文稿、司法品牌建设等项目需要自己登记录入。之所以如此设计，就是为了使量化考核尽可能减轻对执行人员工作负担影响，最大限度调动执行人员参与积极性，提升考核结果认同感。

① 参见王福华：《电子法院：由内部到外部的构建》，载《当代法学》2016 年第 5 期。

② 根据最高人民法院发布的信息，全国 3520 个法院、9238 个人民法庭和 39 个海事法院派出法庭已全部接入法院专网，同时，已建成覆盖全国四级法院的执行流程信息管理系统、人事信息管理系统、数字图书馆等平台。参见罗书臻：《加快智慧法院建设　推进审判体系和审判能力现代化》，载《人民法院报》2017 年 5 月 12 日，第 1 版。

第七章　行政人员:推行以服务质效为核心的量化考核

随着司法改革进程纵深推进,2016 年年底,全国各地各级人民法院基本完成人员分类改革,法官、审判辅助人员、司法行政人员的比例分别为 39%、46%、15%。由于法官的核心业务属性,在人民法院系统改革中最早实现单独职务序列,无论是职务晋升、福利待遇或教育培训,都拥有可靠的制度措施保证。比较而言,司法行政队伍的配套管理制度多年来一直处于立与破之间往返徘徊的尴尬境地,现行管理体系未尽合理,特别是量化考核体系的改革举措未能有效推动,由此不可避免地涌现出职位功能发挥、职业发展空间受限以及工资薪酬等现实问题,导致人民法院司法行政队伍的思想动态更加复杂,普遍感受到“边缘化”危机,队伍建设遭遇挑战和难题。科学合理的量化考核机制,对于人民法院审判业务有序运转以及司法改革全面深入推进具有重要作用,可以保障司法行政人员的工作能动性和积极性,也可以促进行政人员人岗、专业适配,有力增强后勤保障的专业性。

第一节　岗位探寻:人民法院司法行政人员的职业特点

关于司法行政人员的概念界定,最高人民法院下发的《关于深入做好司法改革政策解读工作的通知》中有明确表述,即"从事政工党务、纪检监察、行政事务、后勤管理等工作的人员"。司法行政人员发挥串联机关内部业务部门、融洽沟通群众关系的桥梁和纽带作用,法院审判运行质效的好坏,一定程度上取决于司法行政工作效能的高低。以泉州市两级人民法院约241名司法行政人员为数据分析蓝本,全面梳理和分析司法行政人员职业现状,能够有效展现司法行政人员独立履职的情况(见表7-1)。

表7-1　司法行政人员岗位分配情况

部门	政治部	综合管理办公室	审判管理部门	研究室	机关党委	督察室	其他
人数	55	62	57	25	11	21	10

如表7-1所示,人民法院内设机构改革之后,司法行政部门相应缩减,司法行政人员数量也下降较多,而法院运转依然涉及大量甚至更多的行政事务,"人少事多"现状突出,诸多行政综合部门应对较为被动,这就要求具备专业知识背景的人员专责处理行政事务,以确保法官有足够时间和精力完成其主要职责——审判。[①]

一、职业新功能定位

司法行政人员是担负人民法院部门运作管理和监督的主体力量,担负保障法官、司法辅助人员履行司法使命的重要任务,其工作任务涉及司法政策和程序、财务、人事、信息技术、设施维护、后勤保障等诸多业务领域,通常在法官的指导下履行岗位法定职责,必须清楚掌握工作职能、积淀工作技能经验,尤其强调复杂行政环境中的组织协调、人际交往等能力。[②] 法院工作大体分为两大类:审判执行与司法行政。审判执行工作能够顺利开展,首先要求司法行政工作创造出良好条件。诉讼双方和广大人民群众直观感知司法"公正与效率"的窗口形

① 陆慧娟:《基层法院人员分类管理改革思考》,载《人民法院报》2020年8月10日,第2版。
② 傅灵慧:《基层法院行政管理改革研究》,西北大学2018年硕士学位论文,第49页。

象，直接来自法院基础设施建设、装备以及信息化建设，这对于公众信赖、敬畏法律权威和营造全社会知法学法守法用法的良好氛围都有重要意义。司法行政工作是人民法院机关工作中不可或缺且非常关键的内容，党建政工、行政管理、后勤保障、法治宣传等诸多业务领域取得的成绩中，都有司法行政人员倾注的智慧和汗水。司法行政人员还发挥着串联机关内部业务部门、融洽沟通群众关系的桥梁和纽带作用，人民法院审判运行质效的好坏，很大程度上取决于司法行政工作效能的高低。实务工作中，司法行政队伍担负大量繁杂细琐的工作，不是行外人士所臆测的“工作清闲”，且随着司法改革纵深推进，越来越多的事务性工作转移到司法行政工作中，行政力量精简与工作量更加繁重之间的冲突越发凸显，员额制改革导致的身份认同感困惑，职业上升空间有限和薪酬待遇、政治待遇落差明显，诸如此类的问题都导致司法行政队伍建设面临严峻挑战。破解司法行政队伍建设难题，符合个体职业发展以及司法审判运行质效提升等现实要求，能够促进个体与组织实现双赢。司法审判职能的公正公平履行，建立在工作人员娴熟掌握法律理论素养和审判业务流程的基础上，承担相应工作任务的人员也必须具备相关法律专业背景和审判工作经验。司法行政人员的专业评测指标应涵盖专业知识、专业技能、专业态度、职业道德操守等，以上各项均应纳入司法行政人员量化考核体系。

二、职业新特征分析

相较于人民法院其他工作，司法行政工作显著特征有二：一是法律性；二是保障性。司法行政是附属配套于司法审判的一类事务，基础任务在于服务保障司法公正和效率，这也是司法行政工作的立足点和目标。

（一）内生属性

1. 政治性。坚持党的领导是，政法队伍建设的首位工程，要求始终不移地坚持正确的政治方向。人民法院司法行政人员是政法队伍的构成部分之一，在思想上要将忠诚于党和人民的伟大事业作为最高目标，抓好抓实政治理论武装，将马克思主义以及马克思主义中国化理论成果作为武装头脑的最重要武器，对党忠诚、尽职履责、为民造福，担当时代使命，锤炼政治担当，将党规党纪挺在前面，坚定政治立场，面对急难险重任务能够站在前、挺得住。

2. 服务性。审判是人民法院的核心业务，司法公正是人民法院的业务宗旨，基于此,司法行政人员的基础工作在于保障核心审判业务,有效整合人物财资源以保障服务审判活动。凡涉及此的组织、沟通、协调、服务等各项活动,均基于审判职能和审判活动而展开。司法行政工作的辅助性特征,要求司法行政人员清楚明确自身职业定位,做好后勤保障服务、甘于奉献,坚持"功成不必在我",在平凡岗位上作出不平凡的业绩,确保审判执行业务有效、顺利运转。

3. 兼具行政性和法律性。首先,司法行政工作兼具有内容庞杂、涉及面广、政策性强等多重特性,对内服务保障,对外承接地方党委政府以及上级人民法院交办的各项考核、创城等行政事务,涉及繁杂琐碎的大量组织协调工作,这也对司法行政人员行政能力提出较为严格的要求,可以概括为五方面能力:决策执行、组织统筹、工作规划、综合服务和沟通协调。其次,人民法院的核心属性和基础属性就是法律性,这一特性在人民法院各项工作中都有体现,这就使得司法行政工作区别于党政机关行政工作,既有行政性,又有法律性特征。就司法行政事务而言,法官考核、人员配置等事务与审判业务的关联性最强,因此对此类事务的处理应当安排司法领悟力、组织管理能力强的行政人员来担任,以满足司法实务需求,防止不熟悉审判业务流程可能导致的决策执行风险;推而广之,为杜绝党业融合低效、"两张皮"现象,政工干部应当熟悉掌握审判执行事务流程,法治宣传岗位人员也要增强对审判工作的敏感性。总体来看,人民法院行政人员应当在工作锻炼中积累掌握丰富的法律专业知识,因此其岗位要求也明显高于其他党政机关公务员。

(二)外延变化

司法行政人员涵盖有审判资格的法官、法官助理,以及无法律专业背景的财务、文秘和计算机维护等专岗人员。

1. 员额制改革前,司法行政人员通过司法考试后,经院党组研究决定即可转岗到审判岗位;选拔、选任担任内设机构中层干部也是司法行政人员职业发展的重要路径之一。员额制改革后,员额法官的遴选对象限定为法官助理,这就导致司法行政人员不再具备转岗为法官的直接或间接途径,司法行政人员只能参与内部选任获得提拔使用,职业上升空间被大幅压缩。但司法行政人员"繁、多、杂、细、精"的工作现状却并未改变,繁重的司法行政事务分散在办公室、行装科、政治部、审判管理部门等综合部门,行政人员普遍感到"压力大"。其主要工作涉及法院政务工作,行政事务管理,信息编写、法治宣传、案例编报、司法统计及档案管理，人事管理，财务，信息化建设，地方党委政府及上级人民法院交办工作等。

2. 传统进路被隔断，司法行政人员成为“法院边缘人”。司法行政工作是人民法院工作中不可或缺的基础一环，起到协调机关各部门、上传下达的桥梁和纽带作用，为审判工作提供重要的后勤保障，是贯彻执行上级指令精神、协调司法职能工作的重要队伍。司法行政人员通常具备复合型业务技能，兼具知识结构全面、业务技能突出等多重特征，由此才可以很好地胜任法院工作。财务、档案管理、信息化技术等岗位的专业性毫不逊色于审判执行人员，同样要求司法行政人员具备专业的知识结构。法官员额制改革前，司法行政、审判业务人员的薪酬待遇差距并不明显。改革后，两者间的职业互通桥梁彻底隔断，即便司法行政人员付诸更多努力，也不可能流转进入法院核心的审判业务部门，职业发展面临无形的“天花板”，职业地位“边缘化”趋势明显。此外，员额制改革使法院内部出现“二元化”待遇体制，员额法官能够单独享受与其法官职级对应的行政级别和薪酬待遇。根据一些改革方案，三级、四级高级法官以及一级、二级法官对应的行政级别上限分别为正处级、副处级、正科级、副科级，政治待遇和薪酬差距的拉大，挫伤了司法行政人员的工作积极性。综上，员额制改革导致司法行政人员面临薪酬、政治待遇低于员额法官的客观现实，既往职业晋升渠道被堵塞或隔断，越发感受到沦落为“法院边缘人”的尴尬境遇。

3. 政策有待进一步明朗。当前，司法改革目标与方向更加明朗，审判工作人员的政治待遇、薪酬待遇获得进一步提升，司法行政人员各方面待遇则对标普通党政机关公务员，这就导致司法行政人员在心理层面面临落差。尤其是经济待遇下滑，可能滋生诸多不稳定因素，进而挫伤其工作积极性。特别是法官员额制改革纵深推进背景下，员额法官的进入门槛更高、标准更严，行政人员转岗审判岗位几乎已是不可能的了。而在改革方向和路径不断明晰的过程中，审判业务岗位将享受更优先的政治待遇、更高的薪酬待遇，这对具有审判资格的司法行政人员来讲，也是不容小觑的心理冲击，可能造成司法行政队伍的“人心浮动”。

三、职业新困境解析

对泉州市两级人民法院司法行政人员队伍结构进一步细化检视，不难发现新形势下的新问题已逐步初显，急需相应配套管理制度予以化解和优化。

1. 所学专业方向与所在岗位不匹配。多数行政部门所要求掌握的业务能力为文字综合写作、档案管理、保密工作、人事管理以及财务等。目前司法行政人员有法学专业背景的，占比为 74.2%。尽管 2016 年以来，法院系统对司法行政人员的招录要求放宽，不仅限于法学专业，如文秘岗侧重于招录汉语言文学类专业应历届学生；档案岗招录档案管理、图书馆管理专业；财务岗招录对象专业包含审计、财务等。历经多年招考，不同岗位专业人才得到逐步充实，但法学专业背景人员占比更高，因此前者依旧处于人才匮缺状态。怎样使人才确实有效地发挥专业背景优势，增进提升人才管理效能，做到人岗适配，是各地各级法院系统应当重要考虑与解决的现实问题。

2. 年轻化，岗位专业经验少。两级人民法院的司法行政人员 35 岁以下的共计 127 人，占比 52%。司法干警年轻化对于推动人民法院行政工作而言，是机遇，也是挑战。机遇在于当前司法行政工作推广应用电子签章、财政预决算一体化、党建系统等各类平台，多数年轻行政干警考录有计算机资格证书，能够较快学习掌握新事物、新知识，熟练操作运用新办公平台。所谓挑战，则是因为少数人虽然拥有相关岗位专业背景，但缺少实操经验，在应急事宜处置能力上有所欠缺或短板明显。以信息工作为例，汉语言文学类专业背景的干警能够更快更好地上手信息写作。但高质量的信息不单单要看内容，把好政治关、保密关更加重要，涉密信息、敏感信息要剔除；内容也不能单单注重其"吸睛"程度，更关键的是使之具备警示教育、法治宣传等多重功能。此外，还必须把握好时效性，多数信息写好、审定后要即时报送对口部门。又如机要工作，不仅仅是要求不谈论、不泄密，更要从业务角度掌握紧急情况下上传下达的方法和途径，知晓可供选择的平台、手段，怎样使用，这些都对岗位经验的积淀提出较高要求。因此不少工作改革不可能一蹴而就，必须循序渐进，在工作岗位接受磨炼、锻炼，无论是业务经验的积淀，或是培训掌握，对行政人员来讲都非常关键且重要。

3. 加班常态化，普遍"一人多职"。当前，加班现象普遍存在于最高人民法院到基层人民法院的四级法院系统中，已成为习以为常的一件事情，司法行政人员加班现象更为严重。一方面，其主要原因在于司法行政人员编制少，但工作负荷逐年递增，信息、涉密文件传递、各类事件通知、会务管理等非常态性工作事项多，加班的可能性非常之高，即便是节假日也存在有加班可能；其他日常工作如党建政工、意识形态、乡村振兴、法制宣传等,也存在有工作烦琐细碎、工作量极大等问题,导致司法行政人员常年无休,“5 + 2”“白 + 黑”现象普遍存在,手机24小时开机被视作基础工作标准,因此工作压力居高不下。另一方面,多数司法行政人员“一人多职”,承担的岗职内容通常在三项以上。这些工作部分涉及常规工作,但多数为突发性紧急事务。法院的司法行政工作存在时间紧、任务重等特征,行政人员常常要付出更多的时间和精力才可以达成基础工作要求,要形成优秀案例或典型经验,就更加困难了。

4. 产生职业倦怠心理。“充电少、放电多”是人民法院司法行政人员的工作常态。久而久之,由于长期烦琐工作的影响,疲倦心理和低落情绪油然而生,工作积极性明显下降,因此也对整个工作氛围造成不利影响,职业倦怠效应大幅增强。首先,出现去人格化现象。司法行政工作是一项综合行政工作,需要多部门、多个工作人员协同配合完成,但由于长期烦琐、复杂、突发性强等客观缘故,司法行政人员常常漠视邻近工作环境、协作人员乃至于管理服务对象,工作情绪消极,工作热情减退。加之职业晋升空间狭窄、工作压力沉重等因素影响,对待工作的态度常常是不求有功、但求无过,乃至于极个别人员工作中存在得过且过、敷衍应付的消极态度。其次,产生失败感和自我怀疑感。不少司法行政人员对职业发展方向产生迷茫感,不理解甚至自我否定所从事工作的意义和价值。行政工作繁杂琐碎导致司法行政人员常常感觉工作缺少实际成效,缺少社会价值,也就难以产生成就感。工作积极性随之大打折扣。相较于员额法官、司法辅助人员等从事的审判业务工作,司法行政涉及工作难度系数较低,因此也就缺少足够的成就感和价值感。再次,司法行政人员还承担考勤监督、会风会纪管理等诸多事务,但工作中常常未能获得足够的尊重,甚至遭受质疑或排斥,由此也造成不良的情绪氛围。最后,相当数量的司法行政人员未能清晰规划职业发展,对职业发展方向或前景糊里糊涂,努力的方向存在偏差,工作能力和业务素质提升缓慢,这也是导致职业倦怠的重要原因之一。

第二节 问题检视:人民法院司法行政人员的考核现状

对人民法院司法行政人员进行考核是个难题,实践中也存在不少问题。

一、考核现状综述

以泉州市两级人民法院为调研蓝本,通过实地走访、调查问卷及数据统计等方式,总结司法行政人员的职业现状与考核现状,以进一步了解司法行政人员的考核方式、考核结果运用及干警对考核现状的主观认知,进一步挖掘此类人员考核体系中存在的问题及隐藏在背后的原因,为优化考核路径提供战略支撑。

(一)考核推进客观现状

随着司法改革不断深入,法院系统从上到下都在不断地推行合理的审判管理制度,各个法院也在不断探索绩效考核,用科学的管理方式来激励法院干警的工作积极性,以适应人民群众对司法公正的需求。多数法院均能出台法官、审判辅助人员、司法行政人员考评实施细则,大多设置工作业绩、综合评价及纪律作风建设等核心指标,但具体落到实处中,尤其是工作业绩的考核形式,个体差异较大。

1. 考核方法。采用主观考核与客观考核相结合的办法,主观考核方法多为法院院党组综合意见、部门负责人打分、全院民主测评等方式,主观考核则通过发挥考核主体的主观能动性,主要对干警从职业素养、工作能力、工作态度、干警评价、纪律作风、廉洁自律等进行主观分析与测评,因综合管理部门并未实际办理相关案件,故客观考核方法主要通过加减分项目进行体现,如撰写调研、信息、宣传等成绩突出的、所获表彰奖励情况、承担重大工作项目成效良好的等,由于加减分项目较易量化且直观,多数成为影响考核成绩的关键性指标。

2. 绩效考核指标和标准。司法行政人员工作具有特殊属性,内容繁杂且多变,导致其考核指标的选取变动较大且具有一定随意性,工作纷繁复杂、难以量化,主要根据当年的具体工作开展情况,年底由院党组综合部门的工作情况,运用主客观相结合的考核方式,对本地区特殊工作加分,综合得出绩效评分。

3. 考核的实施。多数法院考核实施主体是考核领导小组及考核办公室,考核领导小组由院领导担任,内设机构负责人担任领导小组成员,由政治部主任担任考核办主任,并挂靠政治部开展日常考核工作,由督察室负责全程监督。大多未设置专业的绩效考核委员会,未形成有效的督察室监督机制,没有一个完整清晰的考核实施流程。依靠政治部的力量,明显较为单薄,对于考核数据收集、结果反馈及结果合理运用等人力投入不足,直接影响考核体系的科学性与合理性。

4. 考核结果运用。多数人民法院将考核结果分为优秀、称职、基本称职,并对优秀等次核定人员比例,除非出现长期缺勤或者其他违法违纪情况,一般不设置不称职等次。考核结果运用方面,一般与年度优秀公务员评定、年度绩效奖金发放、年度评优评先及干部考核任用、职级晋升等挂钩,但鉴于考核路径是否科学的争议,只是作为综合考量因素之一,并未直接运用,也未作为唯一考量因素,一定程度上弱化了考核作用。

5. 考核周期。按照一个考核循环体系时间段长度的选取,考核周期一般可以分为月、季度、年度考核等,结合当地组织部门工作要求,多数法院选择季度考核与年度考核为主,其中季度考核较为简单,其考核结果往往作为年度考核的项目之一,季度考核优秀比例往往较高,一般为年度考核的一倍。年度考核才是真正意义上的量化考核周期。

(二)干警主观态度

法院干警是考核推进的核心主体也是核心对象,他们对考核体系的认知及认同程度,在一定层面上反映了考核体系是否科学合理,是考核体系不断优化倚赖的核心资源,因此以问卷调查的形式,了解司法行政人员主观态度具有必要性。

1. 了解不全不深。通过问卷统计,能完整说出考核流程及步骤的干警人数占比不到40%,主要是有些干警认为,只要做好本职工作即可,至于考核事务是领导考虑的事,这背后折射了考核指标选择不够科学,考核宣传不够到位,考核结果运用不够有力,领导重视不够等深层次原因。

2. 认为考核体系存在问题。干警对具体考核流程了解不全,但对于“你认为考核是否科学合理”,选择“否”的人数占比竟高达91%。进一步访谈中,反映存在较多的问题集中在不能反映真实工作情况、无法真正体现干警能力水平、指标设置不够公平公正、考核结果运用流于形式等几个类别上。

3. 对科学考核有期许。在全国各地均引用量化考核体系来管理法院的大背景下,大多法院干警希望能够建立科学合理的量化考核体系,以体现内部的公平竞争,促进干警的工作积极性,进而充分实现综合部门职能,实现内部竞争的公平正义。司法改革后,司法行政人员一定程度上被“边缘化”,发展前景受到了较大的限制,因此诸多人员希望通过公平公正的考核,让工作业绩被看见,付出的劳动成果得到重视,所获得成绩能够与个人成长相挂钩。人民法院干警大多希望优化目前的绩效考核体系来实现公平的内部竞争,有的也提出了优化方案,如领导引起重视、优化具体的考核指标、考核结果运用得当等。

二、考核存在的问题

(一)主观考核为主

在法院总的量化考核体系中,司法行政人员的量化考核容易被忽略且被简单化,一些人民法院在选取考核指标时运用了关键绩效指标法等考核方法,但总体上是考核还是以主观评价为准,忽略了利用科学的绩效考核方法来管理行政事务推进,主观意志造成内部不公平的竞争和考核不透明现象时有发生,进而挫伤干警的工作积极性。比如,有的法院考核以定性化为主,缺乏可量化的指标体系,考核指标仅包括思想政治建设、党风廉政建设、纪律考勤、教育培训四个方面,没有涵盖工作业绩、工作质效等核心指标,个人自评、同事互评、领导评价等主观因素占比大,工作考核极易变质为关系考核,容易出现晕轮效应、同质化现象,考评结果区分度、差异度不明显。

(二)量化考核流于形式

行政综合事务本身具有一定“看不见摸不着”的属性,绩效指标选择难以具象化和直观化,绩效考核体系无法反映真实水平,干警的满意度较低,这反映了考核指标和权重的设置存在问题,如有的人民法院在权衡工作量的基础上,采取了“一刀切”的量化方法,司法行政人员的年度考核得分以法官的平均得分为基础分,在此基础上运用加减分项目进行计算得出最后得分,现实中,诸多干警加分或扣分项均较少,造成大面积均分的现象,这种“和稀泥”式的考核,无法反映综合部门人员的真实水平和工作业绩,导致干警没有清晰工作目标和比较对象。

(三)指标设置过于机械化

司法行政人员因部门不同,所从事的工作差别较大,共性的内容较少,考核指标也难以寻到普遍适用的共性参考和可量化的方案,致使个人的考核性指标很难按积分制计分,不同部门之间的无法进行科学的评比,出现了“干好干坏一个样”的尴尬境地，给“躺平式”干部留下了浑水摸鱼的空间，也使努力踏实肯干的干警无法得到公平客观的评价，影响了其工作积极性和主动性。

（四）指标设置难以适应多样化发展

有的人民法院未根据工作岗位的实际情况设计考核指标，只是片面地选择几项重要指标，指标过于简单，没有进行细化，数据化参数不明确具体。比如，行政综合岗位中，对文字综合能力的考量是重中之重，因此考核中设置了诸多写作方面的加分项目，致使文字综合岗位的干警在绩效考核中均能稳占前列。实际上，综合行政岗位中，文字岗只是很小的一部分，很多服务保障性的工作同样烦琐忙碌，也同样重要，但在绩效考核中却得不到凸显。

（五）考核实施具有一定随意性

考核在院党组领导下，由政工部门组织实施，考核体系的设计与实施过程，并未让考核对象参与，在管理者与被管理者之间未建立起有效的沟通桥梁，干警参与度低，对组织意图及考核目标了解不够清晰，导致自身的目标也不清晰具体，缺少方向标，从而失去工作动力。缺乏固定可行的绩效实施流程。缺少了考核对象的参与，考核不全面，考核实施组织设计不够科学，无法达到预定绩效考核的目标。

（六）考核反馈渠道不畅通

有的人民法院为了发放绩效奖金而进行的一次性考核，并不具有完整的绩效考核流程。每年的绩效考核结果满意度都不高，但是考核实施者并没有从中查找原因并进行深入分析，而是得过且过，结果日后造成很多人都是带着情绪在工作，以至于在接下来的工作中积极性不高，觉得自己的付出和收获不成正比，再多的努力也得不到应有回报，长此以往，形成恶性循环，各部门、各干警的干劲不足，导致各项工作开展情况也不理想，人心不稳，也加大了对干警整体管理难度。

（七）绩效考核结果设置和应用欠科学

大多人民法院的考核结果仅仅设置优秀、合格和称职，考核等次较少，没有不称职之类的等次，使得考核存在不公平性，不能发现一些工作懈怠的干警，让这些干警无法意识到自身存在的问题，无法提高工作主观能动性，致使影响整个法院的工作。司法行政人员的考核结果以法院绩效考核平均值计算，无法客观真实地反映综合管理部门的工作情况，也无法从中查到存在的问题，造成很多干警养成得过且过、自由散漫的心态。目前的绩效考核结果，仅仅和绩效奖金挂钩，且一些法院鉴于总体工作量较大的考虑，绩效奖金档次之间未拉开差距，从结果上将考核再次流于形式。

三、问题原因探析

司法行政人员面临的职业困境，源于司法改革后行政事务工作量增速高于消解速度，以及内部考核机制未能发挥有效激励效用，但司法行政人员职级晋升及政治、薪酬待遇，很大程度上就取决于量化考核结果。因此，推动量化考核体系科学合理地建构，首要问题在于梳理把握制约司法行政人员职业成长的瓶颈症结。

（一）平均主义思想影响深远

同等条件下，司法行政人员的行政级别与其薪酬福利呈正相关。这本是毋庸置疑的，但在缺少其他考核标准的状态下，此种薪酬发放标准的公正性、公平性就存疑了，某种程度上会对良性竞争环境产生阻碍。受此影响，司法行政人员会越发关注职务晋升，而非倾注精力和时间去提升工作质效。其原因在于报酬与工作量并无直接关联，这样就难以调动、激发工作的积极性。同时，年龄、资历是影响年底考核结果的重要主观因素，有限的优秀名额常常是轮流“坐庄”，存在平均主义、“吃大锅饭”的问题。此外，考核考评结果未能运用到量化工资上，工作量大、考核考评等次高，并不意味着量化收入高，薪酬待遇标准提升；工作量小、考核考评等次低也不会导致量化收入下降或取消。总体而言，量化工资核算发放的基础依据也是最主要依据即职级、学历等。

（二）量化考核存在客观困难

为审判业务提供管理服务，加之党建政工、工会、社保、乡村振兴等诸多行政事务，都呈现明显的服务性特征，内容涉及面广且琐碎繁杂。审判执行部门的量化考核以审执质效为主要依据，参考指标涵盖办案数量、办案效率、办案质量等，而涉及司法行政事务的内设部门如办公室、政治部、审判管理部门、后勤行装的工作则无从具体量化，因此通常采用定性指标考核。法院司法行政人员包括院级领导以及党务、宣传、文书、文印、人事、培训、财务、司法鉴定等各岗位人员，不同科室、不同岗职人员之间的工作无法作具体比较，彼此各司其职，因此也无法采取统一标准进行考核，也就难以形成个性化的考核方案。特别是少数部门承担较重工作负荷,工作量分配失衡,个别工作人员工作低效低质,但考核奖金发放则延续采用平均主义或“吃大锅饭”的做法,将部门考核成绩用以核定工作人员考核绩效,会严重挫伤了行政人员的工作积极性。因为考核指标量化难、不同科室和岗职工作量缺少可比性、平均主义盛行等诸多原因,司法行政人员无从量化考核,司法行政工作质量控制难度大,部分干警工作低效低质,凡此种种,都导致人民法院管理运转难以适应可持续发展要求。

(三)领导主观上对量化考核重视不够

司法改革以来,面向司法行政人员的考核始终未能建立起一套科学完善、有可操作性的考评机制,考评机制链“断链”缺失,行政人员考核存在明显的主观随意性,表现出重形式轻效果等倾向。首先,很多情况下,司法行政人员考核往往是走流程、完成任务,多数采取部门负责人和分管领导打分、干警投票等方式汇总评分,获得考核排名。考核内容也没有区分业务内容、类型,考核未能取得真正实效。其次,上级人民法院和有关单位关于法院的考核评比以具体审执数据为准据此判定审执质效。但行政部门工作成绩的评价指标相对主观、内容繁杂,量化评比较为困难。往往是考评耗费大量时间、精力却未能取得普遍认可与肯定,甚至被质疑考评结果不够客观公正。因此,缺少对司法行政人员的有效考评,一定程度上影响了该群体的工作积极性与能动性。

第三节 摸石过河:人民法院司法行政人员的考核路径

量化考核要发挥指挥棒作用,其设定的科学性直接决定着被考核者的切身利益,分类管理人民法院各类岗职人员,能够很好地营造良性竞争模式,据此建立起科学合理且拥有高度适应性的量化考核体系①。研究建立与人民法院司法行政人员职业特性相契合的量化考核体系,旨在使司法行政人员感受体验到公平性,进而增强组织归属感、职业荣誉感。②

---

① 参见娄必县:《法院人员分类改革》,西南政法大学2017年博士学位论文,第98页。

② 参见邓玉林、张龙、奚红华:《知识型员工的激励机制研究》,东南大学出版社2011年版,第172页。

一、量化考核的现实条件

推动量化考核体系科学合理的建构,首要问题在于梳理把握制约司法行政人员职业成长的瓶颈症结。

以司法行政人员为对象做好配套量化考核工作尤为关键,这也是人民法院量化考核体系中不可或缺的组成部分,其核心内容是引入量化评估理论,将之和该群体所负责的工作有机联系到一起,由人民法院基于全局高度做好顶层设计,将提高广大职工的工作热情和效率作为目标,聚焦行政能力等方面分别设置适宜目标,对职工的日常工作表现予以严谨评估,形成量化考核结果,服务人民法院各项事务的有序、高质展开。设置量化考核指标时应严格把关,要突出对受众综合能力的考核,为职务升降等事宜提供必要依据,也能及时准确地揭示职工的不足之处,敦促其自我进步,为司法活动的有序进行提供助益。

(一)有利于强化内部监督和管理

结合法院工作性质及其特点,设计配套的考核制度与指标,在考虑审判需要的同时,要兼顾行政特点,如此才能使得司法拥有更为理想的公平性和公正性。在人民法院的运行实践中,司法行政人员在职业内容和特点上有别于审判岗上的人员,需为之制定差异化的、更具指向性的量化考核办法,还要健全与之配套的量化评估机制,实现对实务中各种问题的精准反映,更有效地调动目标群体的工作热情,为创设优质司法氛围夯实基础。目前,人民法院已成功架构起了适宜自身的量化评估体系,可对全体职员的行为、过程及效果予以严谨且有效的监管,在提高人民法院运行效能方面发挥了相当积极的作用。

(二)有利于人岗相适应最优化调整

人岗匹配,即职员和岗位之间的匹配性、相融性,要求职员所具备的专业素养能满足岗位所需,即能收到"岗需其才、才得所用"的效果。若想达成人岗匹配的目标,一个尤为重要的前提便是用人单位要对"人""岗位"这两者予以系统分析并加以深度把握。"人"的因素涵盖诸多方面,例如,人的气质、性格、知识储备、实践经验、职业操守、身心状态等;"岗位"因素一般指的是工作职责、内容及权限等,需借助包括资料法在内的诸多方法去描述和解析,并利用工作说明书予以一一明确。人岗匹配可被理解成一种动态的、渐进式的、彼此适应的过程,用人单位可结合岗位需求为之匹配适宜个体,反过来,个体也可结合个人能力、特点和喜好等申请适配岗位,唯有动态优化才能让人岗关系得到不断改进。在法院的人员分类管理实务中,人岗匹配扮演着逻辑起点的角色,亦是法院队伍建设工作当下所面临的一个重难点。将合适的人选拔出来并将之投放到特定岗位上,提高人岗之间的适配性,在解决岗位职责模糊等问题上有着积极的意义。

(三)有利于实现自我评价与社会评价的统一

以司法行政人员为对象落实好配套的量化考核工作,其主要目的是进一步优化工作效率,保证法院的服务质量。若想赋予考核体系更高的科学性,则应找准群众需求并以之为导向,利用量化评估这一方式,推动司法行政事务朝着有序化的方向不断前行,及时且精准地反馈实践中的各类问题,降低工作目标偏离实际的可能,还能为特殊工作的评估提供有力支撑,基于整体层面优化人民法院的工作质量和效率,为其有序运转奠定重要基础。

(四)有利于构建内生性综合激励机制

充分激发职工的工作积极性尤为关键,这一点可借助适宜的量化考核来实现,正因如此,怎样高效达成组织的既定目标始终是管理学领域的一个热门研究方向。在组织内,员工若能在本职工作上取得一定成绩,通常能获得两种奖励,一种是外在的(如加薪、升职、取得奖金等),另一种是内在的。个人成绩特别是非定量化的成绩,一般不易精确描述,内在奖励一般指的是由于业绩较佳职工个体为自身“提供”的奖励,例如,获得了工作成就感,自我存在意义有了进一步提升,自信心有所增长等。单纯的内外奖励无法百分之百地决定职工个体的“满足”,尚需利用“所理解的公平感”进行相应调节,打造量化考核体系的主要目的便是尽量实现这种公平感。即职工“满足”与否和个人期待有一定关联,当到手的奖励超过个人所期待的奖励时,便会产生“待遇公平”的体验,此时激励效果较为理想,反之,形成心理落差,不利于后续工作的展开。架构量化考核体系并将之运用于实践,能对无形的、不易量化的司法行政工作加以有机转化,得到显性的、便于量化的指标并赋予适度权重,让繁杂工作及其成效具象化,形成科学合理、行之有效的成效反馈机制,进而发挥更为理想的作用。

二、量化考核的设计原则

以司法行政人员为对象进行量化考核时需要突出该群体的主体地位,要清楚单靠“考”和“管”是无法培育出优秀职工的,还应充分发挥机制引导作用,依托健全的服务保障,从而“培养”出优秀职工。在打造量化考核体系的过程中需要重点运用下述思维。在关注其工作能力的同时,亦需考察其品行,务必要选拔“德才兼备”者,敢于创新、乐于奉献、勇于担当。上述品质不仅源自个人的着力锻造,外部激励机制同样发挥着不容小觑的作用,如此才能让此类优秀品质在实践中得以保持和强化。

(一)人性化思维

对于司法行政人员来说,其核心职责是为一线审判工作提供服务,制定科学严谨的内控制度,助力司法声誉的提升,方便法官更有效率地推动审判活动,是一项融合有价值评估、利益辨识、逻辑解析等多项内容的高智识活动,需助力法官维护好现行法律体系的静态安全,还需为法官创造性思维的形成和发展营造优质环境。所以,司法行政人员的工作不仅具有法律性特点,也被赋予了政治性特质,有必要接受量化考核,明确其后勤保障的作用和地位。由实践可知,行政事务中的相当一部分是烦琐的,难以量化,因而在设计考核指标及对应权重的操作中,更需贯彻包容、持续的态度,若未能找准考核重点,那么不管如何细化指标,依旧会沦为空文,无法发挥其应有的实效。

(二)系统化思维

量化考核的重要性不言而喻,是沟通包括司法责任制在内的各项制度的中间制度,然而其并非万能,若想让司法行政人员业绩考核制度具备足够的科学性且发挥应有作用,尚离不开其他关联制度的共同发力。第一,应进一步健全内部轮岗制度,尽管负责的都是司法行政事务,然而不同岗位在职责上往往存在很大差异,为赋予量化指标更为理想的适用性,有必要尽快架构和推出更趋完善的定期轮岗机制;第二,应进一步优化人岗资源之间的适配性,基于个人能力为之安排适宜岗位,以此不断提升行政工作的质量和效率,也能赋予行政量化考核事务更为理想的科学性。

(三)信息化思维

一是指标设定时应突出信息化。评价操作中需考察哪些指标,如何确定指标的权重及其评价方式,怎样确定与之适宜的计算公式等,均需借助大数据技术予以实测,而非主观臆断。二是数据处理时应突出实时化。在系统后台进入运行状态之后,能以自动方式抓取指标的相关数据,并能在个人页面上予以实时呈现；自动研究、判断被考核者的各项数据，求取和确认业绩总分，完成对奖金等的自动确认。三是监督测试时应突出自动化。将有关数据提供给系统接受模拟运行处理，评价指标权重合理与否，系统自行分析、评价整个实施过程，动态把握包括考核奖金分配在内的各方面情况。四是综合展示时应突出可视化。以大数据技术为工具，对全体人员的工作业绩予以直观且精准地展示。

三、量化考核指标的确定与权重分配

确定客观、全面、支持量化的考核指标尤为关键，这是考核得以量化的基本前提，全方位、合理化地描述被考核对象的真实情况，考核指标的重要性不言而喻。考核指标在量化考核实践中被赋予了两种角色：一是被考核对象量化成绩的对外呈现，二是组织整体意志的集中展现，不仅是"晴雨伞"，亦发挥着"指挥棒"的作用。在选取关键考核指标的实际操作中，应立足长远，即应当基于单位可持续发展角度考虑问题，要着重培养和强化单位的核心竞争力，这有着相当积极的现实意义，其应当满足下述条件：第一，关键量化考核指标合理与否，有无和人民法院的战略目标保持高度一致性？第二，有无和人民法院的整体考核指标体系保持高度一致性？[①] 第三，在可操作性上达到了何种程度？第四，能否实现对目标对象真实业绩的合理反映？第五，实现成本达到了何种水平？第六，支持追踪与否，是否便于监督？[②]

（一）考核模式的权衡

在量化考核方法方面，业界学者主要归纳了关键量化指标法（KPI）、目标管理法（MBO）、等级评分法、平衡计分卡、360 度考核法、重要事件法、多人比较法等。本书研究主要用到了两种理论，除"二八理论"之外，还包括"目标设置理论"。前者对应的考核方法被称作"关键量化指标法"，后者对应的考核方法被称作"目标管理法"；前一种方法支持的是定量研究，能让被考核者知晓需要做到何种程度，后一种方法支持的是定性研究，告诉被考核者应当如何做。比如，先对月目标进行层层分解，具体到个人，为个人工作的展开指明方向，然后聚焦具体项目利用关键量化指标法形成若干关键量化指标，借助目标管理法划分各自权

① 参见纪然：《司法行政人员培育和践行职业精神》，载《法制与社会》2018 年第 18 期。

② 参见李璐君：《司法职业保障改革在路上——司法职业保障研讨会述评》，载《法制与社会发展》2017 年第 1 期。

重和适宜标准，最后明确各自的量化分值。值得一提的是，在司法改革更趋深入的背景下，更多人民法院意识到了量化考核的积极意义，纷纷大力架构属于自己的量化考核体系，以此推动人民法院各项管理工作的有序展开，尽管各法院所架构的考核体系存在一定差异，然而均涉及对前文提及的两种方法的运用。由上述分析可知，量化指标法、目标管理法各自特色和功能，高度契合法院的工作特点，收到了相辅相成之效，通过它们去设计和确定量化考核方法，是科学的，也是必要的。

根据法院实践经验总结，司法行政人员考核总体设计原则上围绕着关键工作指标及法院目标管理战略和多人比较法等展开，主要有以下几种思路：基础分（平均分）结合加减分模式、目标绩效评价模式、按件计分结合加减分模式、综合评价模式。主要适用情境及适用对象分析如下：

1. 基础分（平均分）结合加减分模式。对于难以量化评价的工作任务，可以直接赋予基础分（平均分），同时从工作完成的创新性、规范性、准确性、及时性等方面设置加减分规则。承担急难险重任务的，或者岗位职责要求明显高于其他岗位的，对基础分赋予更高分值。

2. 目标绩效评价模式。主要适用于领导干部以及工作内容项目化特征明显的岗位。绩效目标应明确、具体、可控，要将法院、部门目标任务层层分解、落实到人，根据目标任务完成情况设置过程管理和结果评价指标。

3. 按件计分结合加减分模式。适用于职责类型专一、工作内容相对固定、规范要求明确具体的岗位，主要对工作量进行评价，可以按件数等指标计分，同时根据管理规范设置加减分规则。

4. 综合评价模式。采用定性与定量相结合方式，在量化考核的基础上，通过个人工作小结或总结、领导审核评鉴的方式，对工作质量、效率、效果进行综合定性评价。可以由主管领导结合任务交办和办结情况进行逐件评价，或者对各岗位职责完成情况逐项进行综合评价，作为确定考核等次的依据。

根据《工作指引》文件精神，司法行政人员考核以简便有效为原则，可根据具体岗位职责采用以上一种或几种结合的综合性考核模式。由于司法行政人员的人员构成及岗位职责具有较大差异性，因此很难简单运用一种模式即可涵括所有司法行政人员，在综合考量基础上，建议采用综合评价模式，同时结合采用加减分模式，有关工作核心业绩以工作总结及领导评鉴的方式来体现，此外承担的重要工作任务、所获各类肯定性评价或否定性评价，通过加减分项目予以体现。

（二）考核指标的选择

司法行政人员承担多项工作内容，除人民法院既定中长期目标、日常工作和内部各种流程之外，还包括学习进步、外部评价等，值得一提的是，当工作效果和提及的五大方面越契合时，单位整体或员工个体往往能取得更大收益，所以在为该群体确定量化指标的具体操作中应以上述维度为切入点，在系统、深度剖析的基础上明确关键性指标，对关键性指标运用综合评价结合加减分模式，采用定性与定量相结合的方式进行考核。

1. 工作业绩。重点了解该群体本职工作（人事、宣传及党建等）的履行情况，除工作量之外，还包括工作质效，另外，还需考察其有无为人民法院的各项中心工作提供有力支持。

2. 队伍建设。重点了解该群体的思政状态、常规工作表现、党建参与情况、纪律执行情况、奉公守法情况等。

3. 综合评价。通常指的是相关领导（如院领导等）聚焦考核对象日常表现做出的评价。

4. 加减分项目。为适应人民法院当前发展需要，进一步鼓励做好宣传、调研等工作，量化考核时予以考虑正负加减分指标：

一是调研、信息、宣传、表彰奖励由研究室、办公室、政治部根据附件评分规则审核认定（负责调研、信息、宣传工作的干警，其调研、信息、宣传得分由考评委员会办公室认定）。

二是综合文稿由个人申报，所在部门认定后，报分管领导审批，政治部审核录入。

三是品牌亮点严格执行市绩效考评加分项目所给出的标准，予以公平合理的对等加分；部门品牌亮点受到单位认可和表彰，还在市绩效考评活动中获得加分的，可从中选出最高得分项享受对应加分资格。部门负责人可结合个人对目标品牌亮点的实际贡献，就分数如何分配的问题提出建议，呈递分管领导且获批后，再由政治部推动后续的审核认定工作。

四是推动的办案竞赛活动，要求审判管理部门的相关工作人员组织专门的评选工作，评选出月办案最佳庭室、月办案标兵、月执行标兵等先进团体及个人，提供加分资格，对于得到“黄牌示警”的这类人员，做出扣分惩处。

五是其他,对负责全院性项目或本部门达到创新标准的项目且成功取得院长等有关领导正式批准通过,以及贡献较为突出的,由所在部门以书面形式提出正式申请,呈交分管领导处接受审核,党组研究通过之后予以一定的加分。

(三)指标权重的分配

在确定指标权重的操作中,应主要考虑这一关键性指标所达到的贡献程度,量化考核工作能否有序、高质地实施下去,并达成预期目标,这主要由权重配置的合理性所决定,所以在确定该群体量化指标的权重时,应重点分析和照顾到该群体所表现出来的职业特性。人民法院是典型的司法审判机关,这一点明显区别于其他性质的企事业单位,因此为其司法行政人员设计对应量化指标时应使其区别于其他公务员,即便是同一指标,也应在权重上有所区别,在确定权重时,要考虑人民法院的中长期目标及其一贯坚持的文化重心,还要遵循动态调整的原则。就审判执行事务而言,司法行政事务扮演着辅助者的角色,各部门被赋予了差异化的职能,然而关键性指标却在指向性上保持一致,即能发挥出何种服务保障程度,所以在服务保障领域所取得的工作业绩是当仁不让的核心指标,权重排在第一位,而助力单位形象改善的这类工作,如宣传、信息以及文案制作等,其权重会低上一筹甚至数筹。指标权重所包含的其他含义是被考核对象能清晰认知人民法院业已确立的中心目标和亟待解决的年度重点事宜,能因地制宜地调整个人工作节奏,找准努力方向,服务于人民法院中长期目标的达成。对各指标的权重可进行如下分配:工作业绩(60%)、队伍建设(25%)、综合评价(15%),正向加减分不设置上限及下限。司法行政人员量化考核表示例可参见表7-2。

表 7－2　司法行政人员量化考核表

<table>
<tr><td rowspan="5">序号</td><td rowspan="5">姓名</td><td rowspan="5">部门</td><td colspan="10">基础分</td><td colspan="8">正负向加减分</td><td rowspan="5">总分</td><td rowspan="5">排名</td></tr>
<tr><td colspan="4">工作业绩(60 分)</td><td colspan="3">队伍建设(25 分)</td><td colspan="3">综合评价(15 分)</td><td>调研</td><td>信息</td><td>宣传</td><td>表彰奖励</td><td>综合文稿</td><td>品牌亮点</td><td>服务竞赛</td><td>其他</td></tr>
<tr><td rowspan="3">第一季度(15 分)</td><td rowspan="3">第二季度(15 分)</td><td rowspan="3">第三季度(15 分)</td><td rowspan="3">第四季度(15 分)</td><td>党建创建(10 分)</td><td>机关效能(8 分)</td><td>廉洁自律(7 分)</td><td>分管领导评价(5 分)</td><td>部门领导评价(5 分)</td><td>中层正职以上评价(5 分)</td><td rowspan="3">调研(6 分)</td><td rowspan="3">信息(4 分)</td><td rowspan="3">宣传(4 分)</td><td rowspan="3">表彰奖励(6 分)</td><td rowspan="3">综合文稿(5 分)</td><td rowspan="3">品牌亮点(5 分)</td><td rowspan="3">具体加分见备注</td><td rowspan="3">具体加分见备注</td></tr>
<tr><td colspan="3">主要指标</td><td colspan="3">评价主体</td></tr>
<tr><td>学习教育、三会一课、党建活动、党员 e 家、缴纳党费、创先争优等</td><td>效能督查、会风会纪、就餐外出、考勤培训等</td><td>信访问责、拒绝腐败、主体责任、廉政监督等</td><td>直属的分管院领导评价</td><td>部门领导(包括正副职)的评价</td><td>中层正职以上(包括市管干部)评价</td></tr>
<tr><td>1</td><td></td><td></td><td></td><td></td><td></td><td></td><td></td><td></td><td></td><td></td><td></td><td></td><td></td><td></td><td></td><td></td><td></td><td></td><td></td><td></td><td></td><td></td></tr>
<tr><td>2</td><td></td><td></td><td></td><td></td><td></td><td></td><td></td><td></td><td></td><td></td><td></td><td></td><td></td><td></td><td></td><td></td><td></td><td></td><td></td><td></td><td></td><td></td></tr>
<tr><td>3</td><td></td><td></td><td></td><td></td><td></td><td></td><td></td><td></td><td></td><td></td><td></td><td></td><td></td><td></td><td></td><td></td><td></td><td></td><td></td><td></td><td></td><td></td></tr>
</table>

备注

1. 工作业绩由四个季度考核认定构成，每季度由干警汇报本季度岗位任务完成情况，分管领导、部门负责人、普通干警以无记名投票方式进行测评，政治部根据测评结果进行核算计分。

2. 队伍建设由机关党委会、政治部、督察室等职能部门根据附件评分规则审核认定。

3. 综合评价由分管领导、部门领导(正副职)、中层正职以上(包括市管干部)评价。

4. 调研、信息、宣传、表彰奖励由研究室、办公室、政治部根据附件评分规则审核认定。

5. 综合文稿由个人申报，所在部门认定后，报分管领导审批，政治部审核录入。

6. 品牌亮点按照市绩效考评加分项目标准对等加分；部门品牌亮点获表彰奖励，同时又被市绩效考评加分的，可选最高得分一项加分。部门负责人可根据对该品牌亮点贡献的大小，提出该分数分配的建议，报分管领导同意后，送政治部审核认定。

7. 办案(服务)竞赛由审管办审核认定。根据本院常态化开展的办案(服务)竞赛活动，由审管办组织评选出月办案最佳庭室、月办案最佳团队、月办案标兵、月办案能手、月执行标兵、月执行能手、月服务先锋等，给予加分奖励 2 分/次，并对“黄牌示警”对象，给予扣分 2 分/次。其中，入选月办案最佳庭室的，部门负责人 +2 分/次，部门其他人员各 +1 分/次；入选月办案最佳团队，团队人员各 +1 分/次。不因团队和个人同时加分或同时扣分，只适用分值高者。

8. 其他：对承担全院性工作任务或本部门创新项目且得到院长或上级领导的批示认可，以及对承担急难险重任务或承办重大疑难案件、做出突出贡献的，由所在部门提出书面申请，报分管领导审核，党组研究后给予适当加分(1～5 分/次)。

四、量化考核的组织实施

基于分布层面观之，量化考核的实施主体对应着不同的广度，这会给考核过程和最终结果带来直接且重大的影响，在一定程度上决定了量化考核结果的可接受度，需要改变之前曾长期沿用的以院领导班子为绝对主体的操作模式，在推动量化考核的实务中，应进一步扩大参与的广度及其深度，将相关各方有机吸纳其中，打造组分合理的考核主体团队，赋予工作人员双重身份，不仅是出卷人，还是答卷人。

考核主体设定思路：结合各职能部门的具体情况，组建专门的量化考核委员会，由院长充当组长，成立专门的办公室，纳入人事部门序列，推动日常工作，督察室履行监督之职，至于一般成员则覆盖包括政治部、督察室以及综合办在内的多个部门的工作人员。在对工作业绩进行考评时，采用“亮岗晒绩＋述职测评”的模式，不仅会考虑平时表现，也会结合关键时刻的表现。综合行政人员工作业绩评价示例可参见表7－3。

表7－3　综合行政人员工作业绩评价

<table>
<tr><td colspan="5">查询时间：　年　月至　年　月</td></tr>
<tr><td colspan="2">评分项目</td><td>权重</td><td>评分标准</td><td>评价得分</td></tr>
<tr><td rowspan="4">工作业绩
（60分）</td><td>第一季度</td><td>15%</td><td rowspan="4"></td><td></td></tr>
<tr><td>第二季度</td><td>15%</td><td></td></tr>
<tr><td>第三季度</td><td>15%</td><td></td></tr>
<tr><td>第四季度</td><td>15%</td><td></td></tr>
<tr><td colspan="4">合计</td><td></td></tr>
<tr><td>备注</td><td colspan="4">综合行政人员工作业绩实行亮岗晒绩和述职测评，结合平时一贯表现和关键时刻表现进行综合考评。
（1）亮岗晒绩。考核对象对照职责任务和工作实绩，填写“3＋1”实绩表（本季度内最能体现自己工作能力及成效的三项工作和最不满意的一项工作）。
（2）述职测评。召开部门会议，干警汇报季度或年度履职情况（重点汇报“3＋1”实绩），分管领导、部门负责人、普通干警以无记名投票方式进行测评，按不同权重计分。
（3）结果报批。部门负责人根据测评结果提出定档建议，报分管领导审定，后报政治部备案。</td></tr>
</table>

1.亮岗晒绩。考核对象结合个人岗位职责及所取得实绩，填写“3+1”实绩表（一个季度之中最能反映个人工作能力及其工作业绩的三项工作、令自己感到最不满意的一项工作）。

2.述职测评。组织专项部门会议，介绍特定时段的履职情况（期间应对“3+1”实绩进行重点汇报），考核委员会要求相关各方（除分管领导和部门负责人之外，同时还包括普通干警）利用无记名投票方式展开测评，结合各自权重计分。

3.结果报批。部门负责人参考测评结果整理出对应的定档建议，提交至分管领导处，待审定通过之后，在政治部处完成备案。

对量化考核体系进行优化和完善时，应重点参考人民法院的中长期目标，所取得的结果能否为人民法院的可持续发展提供助力。在一个完整的循环周期（如按季度进行）彻底完结之后，量化考核委员会应组织人手行动起来，聚焦量化考核结果加以梳理和总结，若发现得分普遍不高，此时应分析既定目标的合理性，有无脱离实际或哪个环节没有走通，及时且精准地确定量化考核体系有待解决的问题（如指标选取存在偏差等），予以针对性优化和调整，在有效分析基础上编制出科学合理、可供实操的优化方案，为后续考核工作的高质展开夯实基础。如果考核得分为普遍提高的情形，此时要认真复盘，巩固成果，争取更进一步。保证量化考核结果的有效性极为关键，是该体系得以动态完善的基础，围绕人民法院战略展开系统研究同样是动态调整、健全量化考核体系的过程，与时俱进地优化各部门的各类业务流程，不断强化司法行政人员的业务素养，如此才能赋予人民法院更为强大的整体实力。

第八章 司法警察:推行以警务质效为核心的量化考核

人民法院司法警察简称“法警”,系人民法院所设执行特定任务的警察。司法警察作为人民警察的重要组成部分,是国家在人民法院设置的唯一具有武装性质的执法力量,其队伍建设对新时代政法工作高质量发展具有积极意义。本章分为三节,分别介绍司法警察职业特点、司法警察考核思路及操作流程。第一节将结合我国司法警察的发展历程及近年来司法警察队伍建设的新要求,对司法警察这一特殊岗位的职业特点进行分析。第二节将以“提问—思索—解题”的思路,对司法警察队伍在新时代所面临的新要求进行分析,并指出目前司法警察建设面临的困难,提出解题思路。第三节着重介绍司法警察考核的实际操作内容,根据“政治建警、改革强警、科技兴警、从严治警”的要求,通过科学制定司法警察的绩效考核方案,既保护队伍的积极性,又确保队伍整体活力,通过考核激励司法警察干事创业,努力锻造一支让党放心、人民群众满意的高素质过硬司法警察队伍。

第一节 职业特点:司法警察的历史沿革和职业现状

人民法院司法警察是随着人民司法制度的建立并适

应审判工作需要而产生的,是法院干部队伍的重要组成部分,是参与诉讼活动的法定成员,其任务是通过行使职权,预防、制止和惩治妨碍审判活动的违法犯罪行为,维护审判秩序,保障审判工作的顺利进行。党的十八大以来,党中央为全面推进依法治国,完善中国特色社会主义法治体系,积极推进司法改革并取得了重要进展。随着司法体制改革的不断深入,人民法院内部具有武装性质的司法警察部门,在面临新的发展机遇的同时,也面临着许多新情况,任务更加繁重,要求越来越高。

一、司法警察的发展沿革

我国近代意义上的司法警察概念出现于清朝末年,经历民国时期的发展逐渐成为警察队伍的一员。在党的领导下,司法警察经历萌芽初创、曲折发展、恢复发展、快速发展、改革发展五个时期,并始终朝着职业化、专业化、正规化的方向迈进。

(一)清末至民国时期的司法警察制度

1906年,清政府在仿效宪政与变法修律的过程中,改刑部为法部,掌管全国司法行政;改大理寺为大理院和各级审判庭,相应设立了各级检察庭;在同年制定的《大清刑事民事诉讼法草案》中提到"差役或巡捕",履行逮捕、搜查、关提等强制行为。1910年,清政府出台《检察厅调度司法警察章程》,确认了检察官调度司法警察并指挥侦查、批捕人犯、押送人犯和取保传人等方面的权力。这也是历史文献中首次出现"司法警察"名词的记载。

民国时期,中央政府设置了内务部,统管全国的警察组织,设立了司法警察在内的名目繁多的特别警察,不仅包括各级法院自行设置的司法警察,而且包括辅助法官和检察官侦办案件的警察,如警察官长和宪兵官长,以及警察和宪兵。这些人员虽然不在司法机关任职,但是受法官和检察官的指令执行职务。可以说,民国政府的司法警察无论隶属关系如何,其都是紧紧依附和服务于司法机关的,同时其职责不仅限于保卫法庭安全、为审判提供警务服务等,还承担着刑事案件侦查的职能。

(二)中国共产党领导下的司法警察制度发展

1. 萌芽初创时期。新民主主义革命时期,在中国共产党领导下,各个革命根据地相继建立了人民司法机关。在这一历史时期,虽然没有明确规定在司法机关设立专职的司法警察,但是在有关规定、文件以及司法工作实践中,也不同程度地明确了司法警察这一职务。例如,1932 年颁布的《中华苏维埃共和国裁判部暂行组织及裁判条例》中规定了“裁判所有随时调用赤卫队、警卫排、民警担任司法范围内各种工作之权”,即执行司法警察职务。同年制定的《革命法庭条例(草案)》明确规定:法警担任公审时之看管、押解及待审处之警戒。该《革命法庭条例》虽然没有施行,但可以看出是司法警察的制度起源。此后,在抗日战争、解放战争时期出台的多部审判工作相关文件中,均明确了审判机关设立专职法警或调用同级政府的警察力量履行司法警察职责。尤其是 1946 年公布的《东北各级司法机关暂行组织条例》中规定:各级司法机关,视其事物之繁简,置法警四人至二十人,以其中之一人为法警长。法警执行送达文件,戒护人犯及其他承上级指挥之事项。这些规定和实践为新中国成立后我国司法警察的设置打下了坚实的基础。

2. 曲折发展时期。新中国成立后,随着人民司法制度的建立和发展,司法警察制度也逐步建立和发展起来。1951 年 9 月 3 日中央人民政府委员会第十二次会议通过的《中华人民共和国人民法院暂行组织条例》第 17 条规定:县级人民法院设法警、检验员,并得视需要设翻译员、法医。第 25 条规定:省级人民法院设法警若干人。1954 年 9 月 21 日,第一届全国人大第一次会议通过的《法院组织法》又取消了人民法院司法警察设置。1956 年 5 月,公安部、财政部、司法部、国家人事局联合下达通知,决定自 1956 年 7 月 1 日起,将各级人民法院的司法警察列为人民警察的警种之一,并规定司法警察的着装、工资待遇等与公安警察一致,这种做法一直沿袭至今。1957 年 6 月 25 日,全国人大常务委员会第七十六次会议通过的《中华人民共和国人民警察条例》第 5 条规定,人民警察的职责如下:……(4)警卫法庭,押解人犯,警戒监狱,看守所和劳动改造场所……对司法警察的职业作出了简要的规定。“文化大革命”期间,我国人民法院审判工作陷于瘫痪,司法警察的工作业务事实上也被取消。

3. 恢复发展时期。党的十一届三中全会以后,我国的民主与法制建设进入了新的发展阶段。1979 年 1 月 1 日,五届全国人大二次会议通过的《人民法院组织法》第 41 条规定:各级人民法院设司法警察若干人。由此重新确认了人民法院司法警察的设置,司法警察制度得以恢复和重建。1992 年 7 月 1 日颁布的《中华人民共和国人民警察警衔条例》规定司法警察和其他警种一样实行警衔制度。

1995 年 2 月 28 日通过的《中华人民共和国人民警察法》第 2 条规定:人民警察包括公安机关、国家安全机关、监狱、劳动教养管理机关的人民警察和人民法院、人民检察院的司法警察。从法律上正式确定人民法院司法警察是人民警察的警种之一,标志着我国人民法院司法警察队伍建设迈入正规化的阶段。1992 年 5 月 9 日最高人民法院人事厅《关于法院司法警察控编数的通知》规定:人民法院司法警察的人数一般按法院控编数的 12% 掌握,从人数配备上对司法警察队伍建设提出具体要求。

4. 快速发展时期。为了进一步加强人民法院司法警察队伍建设和科学管理,保障司法警察依法行使职权,最高人民法院于 1997 年 5 月 4 日公布的《人民法院司法警察暂行条例》明确具体地规定了人民法院司法警察的性质、任务、职责职权、组织管理、警务保障等内容。此后,最高人民法院又陆续颁布了有关人民法院司法警察着装管理、注射执行死刑工作细则、羁押监控设施硬件建设、司法警察使用枪支管理、警衔工作管理、司法警察总队内设机构设置及名称、值庭规则、押解规则、看管规则、安全检查规则等一系列规范性文件。

5. 改革发展时期。2008 年,中央启动了司法警察体制和工作机制改革,重点解决"明确人民法院、人民检察院司法警察职责与职权,规范人员管理机制"等问题。2012 年,作为改革的重要成果,最高人民法院审判委员会在《人民法院司法警察暂行条例》的基础上,修订颁布了《人民法院司法警察条例》,对司法警察的职权、领导关系、职务序列等做了重要修改。随后,2013 年出台了《人民法院司法警察执法细则》等重要制度,2022 年出台的《人民法院司法警察内务条令》均推动了司法警察队伍发展,至此人民法院司法警察逐渐壮大,为人所熟知。

二、司法警察的岗位特点

人民法院的司法警察是人民法院直接管理的一支具有武装性质的司法力量,在党和各级人民法院的领导下,担负着与审判工作密切相关的特定的司法任务。由于其工作内容与人民法院其他岗位有很大区别,因此呈现较为独特的岗位特点。

(一)司法警察工作具有辅助性

1. 司法警察是审执工作不可忽视的重要力量。一直以来,人们对司法警察在审判工作的作用往往存在认识偏差,误认为司法警察只是负责维持秩序,作用远没有法官、执行员那么重要。然而司法警察不仅是审判、执行工作秩序正常进行的保障,也是审判结果得以实现的最终保障,没有司法警察,审判工作的传送文书、执行传唤等各项工作就难以开展,甚至会遭到个别顽固当事人的暴力抵抗,威胁法院干警安全健康。因此,司法警察不仅不能独立于审判执行工作独立发挥作用,而且是审判执行工作中不可或缺的力量。

2. 司法警察是防范风险不可缺少的重要保障。随着司法体制改革的推进,司法警察工作重点主要集中在加强庭审警务安全保障、加大安保设施装备投入、健全安保工作制度机制三个方面。以泉州市两级人民法院系统司法警察队伍为例,近年来在防范风险方面持续发力:一是健全安全隐患风险评估机制,通过与审判业务部门加强沟通协作,详细掌握敏感案件、重点人员信息,扎实做好风险研判和预防工作;二是健全应急处突机制,强化司法警察和机关安防应急分队实战演练,提升应急处突能力,确保及时稳妥处置各类突发情况;三是健全人民法庭安全管理工作制度,对照《福建法院人民法庭警务安全管理细则》,有效提升人民法庭安全管理工作水平;四是强化联防联动工作机制,与当地公安、信访等相关职能部门加强横向互动联络,形成法院安全管理工作的合力;五是健全值班值守制度,在重大活动、敏感节点,持续增强风险意识,准确研判安全形势,时刻绷紧安全弦,严格落实安全检查、24 小时带班值班等制度,坚决守住安全底线。司法警察通过全力抓好防风险、保安全、护稳定工作,为人民法院审判执行工作安全顺利进行提供更加有力的警务保障。

(二)司法警察工作具有强制性

1. 从司法警察的传统职能来看,司法警察在审判执行中主要参与提押、值庭、看管、送达诉讼文书、执行死刑和协助民事执行等工作,相关工作都必须严格依照有关法律规定规范操作。由于司法警察没有裁决权,履行职责时是根据法官的指令行事,为保障审判工作的顺利进行,司法警察应当尊重法官对案件的裁决权,在确保安全的前提下讲究效率,按照程序法的规定,及时、有效、审慎、适当地完成各项保障工作。在民事强制执行程序中,对妨碍执行的人也要依靠司法警察的强制行为来解决,司法警察是保障法律实施的坚实队伍,是不可或缺的强制力量,是法律强制性的重要体现。

2. 从司法警察的新要求来看,随着司法体制改革的推进,人民法院各部门的职、权、责将划分得十分明确,各类人员各司其职,互不逾越。在人员分类管理中,司法警察定位为与法官助理、书记员同样的司法辅助人员,行使办案中司法辅助人员的专有职能,这使得司法警察的警务保障的特点更加凸显。近年来,人民法院面临的各类风险点增多,在安保、安检、安防等方面的工作都面临挑战,司法警察整齐的装容、血气方刚的外表、良好的礼仪、雄赳赳气昂昂的气质,都给人一种庄严感,给人一种潜在的安全感,树立了人民法院的威严,提高了人民法院的公信度。

(三)司法警察工作具有武装性

法警是参照警察进行管理,他的机构构成、工作原则都像公安一样具有行政性,是人民法院在进行审判执行活动中必不可少的司法力量。他们始终冲锋在前,时刻承担着排除风险、保障审判秩序的责任,尤其在协助刑庭开庭,提押犯人或者配合执行局开展执行活动、执行死刑时,法警都面对着很大的风险,这也就要求法警必须具备武装性,否则难以完成如此危险的任务。法警的武装性不仅体现在工作上,也表现在自身硬件配备上。按照法律规定,司法警察必须配备相应的武器和警械,并且要实行专业化管理,常态化开展突发情况演练的业务训练,建立一支听党指挥、快速机动的反应队伍。由于任务的复杂性,司法警察在工作中面对形形色色的风险,这就要求法警必须具有相应的强制手段,具体表现在协助执行的过程中可以拘传和拘留,这不仅有利于树立法警权威,还能更好地保障审判执行工作顺利开展。

(四)司法警察工作具有随机性

人民法院的审判和执行工作错综复杂,出现的各种情况难以预料,司法警察在值庭、看押人犯、参与强制执行及配合执行案件等公务活动中,所处理的突发事件涉及面广泛,例如,在押解看管时,可能有犯罪嫌疑人伺机逃跑、自杀;在值庭过程中,当事人或旁听观众喧哗闹事的,在配合执行时,当事人暴力抗法等,因此要求司法警察在日常警务工作,随时都要有灵活、机动的应变能力和工作机制来应对各种审判、执行中出现的复杂和突发性情况,无论是在庭审值庭时还是审判警卫时,都要精心策划,合理地部署警力,制定详细的措施,在处理各种突发事件时,要对人民群众进行耐心教育和疏导,对违法犯罪分子采取强制措施,防止事态扩大。

三、司法警察的职责内容

司法警察的职责是指法警队伍及法警在履职过程中必须要遵守法律法规所

制定的法定责任和义务，司法警察职责是其任务和性质所决定的，是完成司法警察任务所必须履职尽责内容的具体化，司法警察职责具有法律规范的明确性、司法辅助的保障性、严格履行的强制性。根据《人民法院司法警察暂行条例》的规定，人民法院司法警察主要职责包括：（一）维护审判秩序；（二）对进入审判区域的人员进行安全检查；（三）刑事审判中押解、看管被告人或者罪犯，传带证人、鉴定人和传递证据；（四）在生效法律文书的强制执行中，配合实施执行措施，必要时依法采取强制措施；（五）执行死刑；（六）协助机关安全和涉诉信访应急处置工作；（七）执行拘传、拘留等强制措施；（八）法律、法规规定的其他职责。

（一）岗位职责更加具体化

最高人民法院《关于人民法院司法警察依法履行职权的规定》就司法警察的主要职责，以及在履行职责过程中所具有的执法权限作出了明确规定，其中将法警的职责分成八大类：一是维护法院审判正常工作秩序，是维护国家司法安全的直接体现；二是检查进入法院的当事人，为了保障审判秩序，防止危险物品进入诉讼场所，司法警察需对人员身份、人身和物品进行全面检查；三是刑庭开庭时，将被告人从看守所押解，开庭前中后看管，防止脱逃、开庭时带证人、鉴定人上庭以及将证据送给法官；四是在协助执行工作时，配合法官采取相应措施，在遇到不配合的情况时，动用强制手段；五是执行死刑，依法剥夺已判处死刑罪犯的生命，这是司法警察承担的重大而神圣的职责；六是负责机关安全保卫工作以及突发情况的处置，司法警察根据人民法院保卫要求，做好监控、安全检查、机关安全巡查、机关安全应急处置工作，维护机关秩序；七是执行拘传等强制措施；八是法律、法规规定的其他职责。

（二）党的建设更加规范化

1. 从坚持党对人民法院工作的绝对领导来看，司法警察作为人民法院队伍的一部分，必须坚持党的绝对领导，深刻领悟“两个确立”的决定性意义，增强“四个意识”、坚定“四个自信”、做到“两个维护”，始终以党的旗帜为旗帜、以党的方向为方向、以党的意志为意志，坚决听从党中央命令、服从党中央指挥，确保绝对忠诚、绝对纯洁、绝对可靠，必须将司法警察誓词等融入经常性思想教育，持续深入推进党史学习教育常态化，从党史中汲取强大精神力量，更好地服务人民法院乃至经济社会建设工作。

2. 从推动新时代党的建设新的伟大工程向纵深发展来看，随着司法警察队伍不断发展壮大,警队党建工作的重要性和必要性更加凸显。以党建为引领为司法警察队伍凝心聚力,是坚持党对司法警察队伍绝对领导的有效保障。通过支部党建工作,不断健全完善警队政治工作组织体系,加强对党员教育管理。同时结合司法警察工作实际,不断丰富学习模式,创新学习方法,不断掀起学习热潮,充分发挥警队支部战斗堡垒作用和党员司法警察的先锋模范作用。通过积极开展警营文化示范点建设,更好地发挥文化励警、文化强警作用。

(三)能力提升更加精细化

1. 提高规范执法能力。深入推进司法警察执法规范化建设,切实把严格规范公正文明执法落到实处,不断提升司法警察工作法治化水平和执法公信力。进一步健全完善执法制度体系,探索建立案件评查机制、合法权益保护机制和依法履职免责制度。深化司法警察执法能力训练,抓住司法警察部门负责人这个"关键少数",突出政治标准,做到带头尊崇法治、敬畏法律,了解法律、掌握法律,使尊法学法守法用法成为司法警察的自觉行为和必备素质,不断提高运用法治思维和法治方式防范化解风险、提升处理问题的能力。

2. 提高实战培训能力。扎实推进司法警察训练工作体系化、规范化、专业化、实战化建设,坚持政治领训、依法施训、需求导训、科技兴训、从严治训,以新警训练、晋升训练、专业训练、技战术训练、发展训练为主要内容,科学运用集中培训、岗位练兵、模拟演练、线上培训、比武竞赛、轮训轮值等训练方式,构建响应需求、适应实战、覆盖职业生涯的实战化训练体系。加强教官队伍建设,研究制定警务教官人才库管理办法,健全完善跨区域教官人才联合培养、合作共建、交流锻炼等机制,着力打造在全国有知名度、警界叫得响的实战教官团队。

3. 提高科技应用能力。坚持走科技兴警道路,牢固树立向科技要警力、要战斗力的理念。加强智能预警、移动办公、可视管理、数据分析等司法警察智慧警务的研发应用,及时更新司法警察装备目录,积极推动司法警察装备现代化,持续推进司法警察工作信息化智能化建设,助推"汗水警务"向"智慧警务"跨越。加强人民法庭安全防范设施装备配备,重点提升乡村法庭安全防范设施装备科技水平。加强司法警察科技应用培训,推动网络平台互联互通、训练资源共建共享、训练课程互选互学,培养一批业务精、能力强的骨干人才。

第二节　思路架构：司法警察考核工作的破题之策

司法警察由于其岗位特殊性，既有别于一线办案部门有办案量化指标，又不同于后勤保障部门难以用具体任务量考核。目前，全国人民法院对司法警察的考核并没有统一的量化标准，有的参照业务庭办案指标设定安全保卫具体指标，有的参照党政机关公务员考核标准予以考核，还有的直接由司法警察部门进行内部考核。虽然各地的考核方式有所区别，但司法警察的考核目标是一致的，即加强司法警察队伍建设，警务、政务管理，落实年度目标管理任务及训练计划，充分调动司法警察工作的主观能动性，以提高司法警察履行职责的能力和水平，并以此作为法警日常管理、年度考核警衔晋升的重要依据。

一、思路：推进司法警察工作现代化

司法改革以来，最高人民法院对推进新时代司法警察工作现代化和司法警察队伍革命化正规化专业化职业化建设，提出了更高的要求。人民法院坚持以加强党的政治建设为统领，以加强庭审警务安全保障、加大安保设施装备投入、健全安保工作制度机制“三项工作”为重点，以深化改革创新为动力，以锻造过硬法警队伍为保证，全力抓好防风险、保安全、护稳定工作，奋力推进司法警察工作现代化，为审判执行工作安全顺利进行提供更加有力的警务保障。

（一）队伍建设优效优质

1. 从人员配比来看，通过科学确定司法警察工作岗位设置和编制人数，严格落实准入制度，建立完善司法警察招警便捷机制，不断提高警察类专业毕业生比例。同时，积极吸收退伍军人加入司法警察队伍，不断提升队伍战斗力。

2. 从管理模式来看，随着信息化平台的逐步建立，司法警察的管理也迈入了数字化时代。通过打造“数字党建、数字指挥、数字安防、数字管理、数字警务、数字政工、数字督察”等为一体的数字警队，在警务运行模式上实现空间融合、手段融合、机制融合、能力融合，以移动掌上警务为载体，全面提升警队实战效能。通过持续挖掘、推介智慧警务科技创新成果，积极培养司法警察队伍科技应用人才，深化现代技术在司法警察工作中的实战应用，实现警务指挥体系和工作流程再造，使队伍管理更加有力、勤务部署更加科学、警力投放更加精准、警情处置更

加及时,助推“汗水警务”向“智慧警务”跨越。

3. 从装备升级来看,通过从人防、物防、技防持续建设方面入手,对“六专四室”进行规范建设及升级,加强警务保障队伍建设。严格对标对表《人民法院司法警察警用装备配备标准(修订)》,按照“保障必要、逐步完善、实用高效、安全可靠”的原则,配齐司法警察完成日常警务任务的“必配”装备,对“增配”装备进行必要补充,最大限度地保障司法警察依法履职。严格按照《人民法院司法警察常用装备使用规范》,管好、用好警用装备设施,精心保养、定期维护、加强清点,避免因设施装备损坏、丢失造成安全风险。规范公务用枪、特殊药品管理,认真贯彻落实新修订的《公务用枪配备办法》,完善人民法院公务用枪、特殊药品管理使用制度,强化对公务用枪系列管理规范落实情况的督导检查,提升公务用枪、特殊药品管理制度化、规范化水平。

(二)福利保障落地落实

1. 从优待警全方位。积极拓宽司法警察职业发展路径,积极推动司法警察到其他岗位交流任职,将法警调整到办案一线成为中坚力量。落实定期体检制度,根据不同年龄段司法警察的身体健康状态优化体检项目,确保每名司法警察每年至少接受一次全面身体检查。健全完善司法警察心理疏导机制,关注司法警察心理健康状况,将心理健康评测列为司法警察招录以及常规体检项目。落实特殊勤务司法警察保障制度,定期进行心理疏导、健康疗养,严格按规定兑现特勤补助、调班倒休、卫生保健等保障待遇。

2. 警衔晋升全覆盖。警衔政策的配套出台,是人民警察职务序列改革工作的重要组成部分,将为今后警衔制度改革创新积累经验、奠定基础。对外积极听取基层法院和广大法警的期盼要求,及时向上级反映意见建议,为完善警衔管理法律法规和政策规定提供参考。对内通过准确把握节奏、运用政策,确保司法警察在完成职务套改和晋升后能够按照新的职务序列评授警衔、兑现待遇,充分体现改革综合效果。

3. 参与执行全保障。严格落实最高人民法院《关于深化执行改革健全解决执行难长效机制的意见——人民法院执行工作纲要(2019—2023)》的要求,积极推进司法警察参与执行。通过在制度上赋予司法警察在执行警务保障中体现执行工作要求的执法权限,发挥司法警察采取强制措施、打击拒执行为、收集证据等作用,提升执行效率和威慑力,提升司法警务工作的地位和作用,加强司法警察队伍职业化建设，也提高司法警察职业认同感、归属感。

（三）能力提升有力有为

1. 提升职业荣誉。福建省高级人民法院在全省法院司法警察工作要点中指出，要建设充分发挥警营文化的引领、凝聚作用，使文化建设的种子在警队生根发芽，提升法警队伍的凝聚力和战斗力。通过开展“十个一”系列警营文化活动（一次警察节主题活动、一个最感人法警故事、一次红色教育、一次廉政微党课、一次技能竞赛、一次主题文化活动、一次警营开放日、一次警营文化交流、一期警营文化宣传展板、一个警营荣誉室），更好地发挥文化励警、文化强警作用。泉州中院根据上级部署，积极开展具有司法警察职业特点的主题党日活动，联合团市委每年评选“青年法警标兵”，进一步增强警察职业意识和尊荣感。

2. 提高职业技能。充实教练员人才库，评选司法警察大队小教官，发挥教练员骨干作用，研发和推广庭审警务保障、机关安全保卫、人民法庭安全管理等精品课程，进一步深化“送教上门”机制。组织举办新入司法警察、警衔晋升人员、教练员培训班，开展新出台《人民法院司法警察训练条令》，新修订《人民法院司法警察内务条令》《人民法院司法警察训练大纲》的专项集训，指导基层人民法院加强对警务辅助人员业务技能培训，切实提高司法警察和警务辅助人员的基础理论、业务技能和处置突发事件等素质能力。

3. 提优职业素质。积极鼓励司法警察养成良好业外兴趣，让司法警察充分展现身体优势和团结协作能力。鼓励司法警察主动学习法律知识，更好地服务审判执行工作。

二、困难：在探索中不断前行

司法警察从设立至今，逐渐建立了符合人民法院工作实际的警务工作机制，形成了依法履职、公正司法的良好现状。同时，由于诸多因素，司法警察工作整体水平与法院审判业务和规范化建设的要求还有距离。只有查准症结，才可对症下药，有针对性地提出建设意见。

（一）机构设置不完善

首先，基层人民法院实施内设机构改革后，司法警察部门归入综合后勤部门管理。然而由于司法警察职能的特殊性，机构撤销不仅影响了在编司法警察的职业归属感和荣誉感，更对“统一管理、统一派警、统一使用、统一培训、统一考核”的编队管理模式形成了掣肘。司法警察由哪个部门进行日常管理，与上级法院如何对接，跨地区的重大警务活动如何调派警力等，都是有待解决的问题。

其次，根据各地人民法院的实践情况来看，司法警察不仅承担传统警务保障工作，有的法院司法警察还需要承担执行工作。由于司法警察在内设机构改革后，往往没有单设为一个部门，且由于人员分工导致分散于不同科室，缺少正规化的领导，尚未完全做到警有所用，警有所归，有的流于形式，形成“空壳式”管理，编队管理徒有其名。同时由于人员不集中，不能统一调度，司法警察的整体作战能力受到限制。

(二)管理体制不完善

首先，《人民警察法》中仅是对司法警察职能在第18条一语带过，没有明确规定司法警察享有人民警察的警察权。而《人民法院司法警察暂行条例》以及一些规章文件只是从人民法院内部管理层面上规定了司法警察的职能、管理，不具有法律授权性质。因此造成现实立法中司法警察的状况是：人民法院的司法警察有法定警种存在的明确规定，无履行法定职责职权的具体规定；有司法警察履行警察义务的相应规定，无司法警察执行司法警务行使国家公权力的明确规定；有保障审判工作顺利进行的司法警察的特殊要求，无实现保障的职责范围内的司法警察职能行使的规定。正是因为司法警察职能在立法上的不合理性和不确定性使之陷入有名无分、有职无权的尴尬境地。

其次，《人民法院司法警察条例》第18条规定，人民法院司法警察队伍实行双重领导的管理体制，即受所在人民法院院长和上级人民法院司法警察部门的领导，接受所在人民法院司法警察部门的管理。但目前基层人民法院的司法警察队伍管理仍然由所在人民法院实行管理，没有落实双重领导体制。同时由于客观原因的长期制约，司法警察这个概念容易使人们在思想上存在忽视，认为他们“无足轻重”“可有可无”，具体表现在人员管理缺少司法警察独有特点。

最后，2012年《人民法院司法警察条例》虽然对司法警察的职责进行了规定，但在司法责任制改革和监察体制改革的新形势下，司法警察所需承担的职能有所变化，以更好地保障审判执行工作。因人员分类管理以及审判执行工作需要，多地出现司法警察派驻到院内其他部门从事辅助工作的情况，实际从事警务工作的人员难以达到应有比例，警队力量进一步削弱。

(三)激励机制不完善

首先，司法警察由于没有审判职称，成了“终身制”，即便转行从事审判业务工作,仍然要面临“千军万马过独木桥”般的员额法官竞聘,出口比较单一。此外,司法警察由于岗位特殊,对身体机能要求较高,部分同志由于年龄、伤病等原因造成身体机能下降,难以胜任现有岗位的任务,年轻法警又需要承担执行等任务,客观上造成法警队伍老龄化问题日益严重。

其次,司法警察虽然享受特殊津贴和警衔晋升政策,但由于行政职级几乎得不到晋升,且退出警队可能造成收入锐减,导致部分同志存在顾虑。即使退出警队调整到其他审判执行或后勤岗位,但由于其从警经历、工作业绩缺少量化考核指标,无法使其在新岗位的竞争上岗、评先评优中获得优势,影响了司法警察从事法律工作的热情。

最后,一些岗位如执行岗位、党建岗位的司法警察由于工作的特殊性,参与传统警务保障较少。各地虽然有出台关于司法警察考核方案,但几乎都未将参与刑民事案件执行、党建工作作为工作目标进行考核,仍然按照传统警务保障进行考核,客观上影响了这部分同志的工作积极性。

三、解题:建立彰显司法警察特点的考核机制

司法警察考核制度存在的问题,极大地影响了队伍的科学管理,也降低了日常工作的效率,不利于法警队伍的健康成长,只有直面问题与挑战,才能将法警队伍的管理水平引向新台阶。打铁还需本身硬,要解决法警管理问题,必须追本溯源,从考核机制着手,通过科学、精准的考核,全面反映司法警察工作成效。

(一)司法警察量化考核机制的理论基础

首先,应当将司法警察作为人民法院的重要“资源”,不能片面地将其作为武装强制力量。所谓“资源”是指为了完成审判执行活动而投入的法警管理的一切事物,它包括招录法警人员、配备装备、构建实战训练体系及打造基本服务场所等。但是在上述的这些所有环节中,法警本身是放在首位的,因为人才具有思维活跃性、主观能动性,是可以不断进步和发展的最有价值的第一“资源”。

其次,在现行环境下,各地人民法院往往存在重业务轻建设的问题,没有坚持“以人为本”总体思维。我们必须要时刻围绕着法警来建设,而不是因为某件事来改进人。当然,以人为本必须要建立相应的机制,如在培养法警的时候,要注重集体氛围,让法警从内心对组织产生共鸣进而加强其主人翁意识、责任意识;管理者也需要同警员打成一片,不能颐指气使,要形成“传帮带”的良好关系,

运用各种办法来调动警员的积极性，让全体警员共同建设组织，参与管理；法院需要从干警角度出发，从优待警，切实打造法警的保障机制，营造轻松快乐的工作环境，打造有自身特色的文化品牌，时刻关注干警思想动态。

最后，所有的运行和管理必须在一个合理的制度范围内进行，要形成长效机制，不能存在“做一天和尚撞一天钟”的情况。要加强“心态”建设，确保工作质量。在当前人民法院案件数量高位运行、安保工作日益复杂、工作任务加大的背景下，心态作为每名干警的内在原动力，保证每名干警以最良好的心态投入工作中，变得尤为重要。一方面可以通过积极的心理导向，化解压力，确保工作质量；另一方面可以将考核作为激励和答卷，不增加法警的负担。要将人力资源管理长期地融进警队的管理之中，形成机制，建成制度。利用制度去管人管事，包括人员的晋升、培训、奖励等，这样的长效机制更有利于警队发展。

（二）司法警察量化考核机制的细分方向

1. 分岗定标。由于部分司法警察日常工作为协助开展强制执行工作，与传统警务保障有较大区别，因此应当将司法警察考核区分为传统警务和协助执行两个岗位进行考核。第一，最高人民法院《关于深化执行改革健全解决执行难长效机制的意见——人民法院执行工作纲要（2019—2023）》提出：推进司法警察参与执行。按照“编队管理、派驻使用”原则，向执行机构派驻相对固定的司法警察，警队统一管理，执行机构调度使用，警队和执行机构共同考核、培训，这为司法警察参与执行工作并按照执行岗位的进行绩效考核提供了制度根据。[①] 第二，负责强制执行的司法警察往往承担外勤布控、拘留、查扣等任务，与传统机关警务保障有较大区别，对司法警察法学知识、实战技能的要求会更高，因此应当对负责执行工作的司法警察单独设定工作量及考核。第三，在实际操作中，在执行局内部设立执行警务中队，中队的司法警察实行执行、警务双重管理。执行警务中队负责执行实施工作及执行警务保障，原则上不承担除执行工作之外的其他司法警察工作职责。第四，执行警务中队在执行工作中，可以根据执行现场的具体情况进行警务部署，并就有关方案征求执行法官的意见，在法官允许的情况下，配合开展纠纷化解工作，确保执行方案安全可行和执行工作顺利展开，这与

① 参见陈建华：《司法警察参与执行实施工作之思考》，载《人民法院报》2022 年 11 月 16 日，第 7 版。

传统警务保障存在很大区别。因此,将参与执行的司法警察与承担警务保障的司法警察进行区分,能有效激励不同岗位人员提升专业能力和法律水平,以便更好地完成执行工作。

2. 正向激励。落实从优待警措施,凝聚警心、激发活力,激励广大司法警察忠实履行新时代人民法院司法警察职责使命。对承担重大安保任务、有效化解冲突、提出安保改进方案并获采用等主动担当作为的司法警察,在提拔重用、升职晋级、评先评优、表彰奖励等方面予以优先考虑。同时,进一步激励在执行岗位上的司法警察多办案、办好案,对表现突出的司法警察,除在提拔重用、升职晋级、评先评优、表彰奖励等方面予以优先考虑外,根据其个人意愿可申请转为法官助理或书记员,并在今后的员额法官遴选中予以充分考虑。

(三)司法警察量化考核机制的基本目标

1. 抓日常。建立司法警察平时考核机制,每季度由分管领导对工作业绩进行考核,并作为年终考核的依据。平时考核以司法警察岗位职责和所承担的工作任务为依据,及时了解其在德、能、勤、绩、廉方面的日常表现,重点考核完成日常工作任务和阶段工作目标的情况,以及工作考勤、请销假、着装规范、押解、看管、值庭、学习、培训、内务等日常工作表现进行考核。对工作突出、成绩显著的司法警察予以加分奖励,对违反相关规定的予以扣分。

2. 严作风。结合审务、警务督察中发现的司法作风突出问题集中整治内容和重点,依据《人民警察法》《人民法院司法警察条例》《人民法院司法警察内务条令》等规定,对司法警察有重大关头、关键时刻不服从组织安排,或者推诿扯皮、敷衍塞责造成不良后果的,当期平时考核结果直接确定为较差等次。当年平时考核结果较差等次累计次数超过一半的,年度考核原则上应当确定为基本称职(基本合格)或不称职(不合格)等次。当年平时考核结果均为较差等次的,年度考核可以直接确定为不称职(不合格)等次。

3. 重关怀。与其他岗位偏“文”不同的是,司法警察对身体素质、实战技能有特别要求,属于偏“武”的岗位。然而有的司法警察由于年龄、伤病等原因,身体技能出现明显下降,难以再胜任相关岗位,很可能存在实战训练考核不达标导致考核结果较差的情况。对此应积极拓宽司法警察职业发展路径,积极推动司法警察到其他岗位交流任职。对因身体原因无法承受司法警察高强度训练的,调整为法官助理、书记员或综合行政人员,符合条件的允许其参与员额法官遴选。

在充分保障司法警察职业自豪感的同时,客观上也激励司法警察在日常工作生活中不断充实自己,提升法律专业素养。

第三节 实操举措:司法警察考核工作的方法与步骤

科学的考核方式可以为队伍注入不断前行的能量,可以增强成员对组织的归属感,激发干警想干事、干好事的热情,所以必须对现有考核机制进行补充完善。通过进一步强化岗位责任,建立和完善运转高效的工作机制,促进管理工作的科学化、制度化、规范化,准确评价全体干警的工作实绩,公平合理地实施奖惩,进一步激发全体干警工作主动性、积极性、创造性,不断提高工作质量和效率。

一、考核方式

绩效考核实行百分制量化考核办法,由"工作业绩"60分(占60%)、"队伍建设"25分(占25%)与"综合评价"15分(占15%)三项组成。

(一)工作业绩

1. 执勤(42分)。包括开庭保障、刑民事执行、应急处突、实施强制措施、安保警卫、值班备勤等。由于司法警察常见工作为法庭执勤,故其他非值庭工作均以"庭"为单位量化,计算工作量,具体如下正面清单:

(1)参加处突、安检;

(2)参加刑事执行;

(3)参与省内民事执行;

(4)参与省外民事执行;

(5)配合省院或基础院开庭;

(6)警长(带队)开庭的;

(7)完成支队安排的日常勤务;

(8)完成支队交办的其他各项公务。

2. 业务考核(12分)。包括体能、单警技能、枪械、警情等,该项考核根据福建省高级人民法院司法警察总队出台的《全省法院司法警察"实战化训练推进年"活动考核细则》规定标准进行。

3. 规范执法(6分)。包括执勤不规范、警容不严整、执法执勤失当造成事故等,存在以下负面清单的情况,给予扣分直至该项目为0分。

(1)日常押解负面清单:无特殊情况、不请示报告或请假未准许,无故不参加警务工作;开庭、执行无故迟到;提押时未对被告人进行全面检查。

(2)值庭警务负面清单:未按要求随身携带“八大件”;未对旁听人员进行安全检查;不经带队警长同意私自离开审判场所从事其他无关活动;值庭时玩弄手机、闲聊、打瞌睡;值庭时举止不端。

(3)羁押看管负面清单:警惕性不高,不按要求羁押,私自离开看管现场;在羁押室乱扔烟头、纸屑,破坏环境卫生。

(4)考勤纪律负面清单:无故迟到、早退、旷工;备勤时间未报备私自脱岗。会议、安保等场合未按规定佩戴装备、警容不整。

(5)规范着装负面清单:未按规定着装。

(二)队伍建设

1. 党建创建(10分)。包括学习教育、三会一课、党建活动、党员e家、交纳党费、创先争优等。

2. 机关效能(8分)。包括效能督查、会风会纪、就餐外出、考勤培训等。

3. 廉洁自律(7分)。包括信访问责、拒绝腐败、主体责任、廉政监督等。

(三)综合评价

1. 分管领导评价(5分),即直属分管院领导评价。

2. 部门领导评价(5分),即部门领导的评价。

3. 中层正职以上评价(5分),即中层政治以上(包括市管干部)评价。

(四)正负向加减分(加分、减分均为20分封顶)

包括调研、信息、宣传、表彰奖励、综合文稿、品牌亮点、突出业绩、服务竞赛、季度考核、其他等10个方面。

二、考核步骤

量化考核注重平时考核与年度考核相互衔接。工作业绩每季度考核1次,队伍建设、综合评价、正负向加减分每年考核1次。

(一)组织领导

法警支队成立绩效考评评分组织,支队长担任组长,支队政委、两名支队副职担任副组长。具体职责:(1)负责绩效考评的宣传教育和引导;(2)负责绩效考评的具体考评评分工作;(3)做好绩效考评的阶段讲评总结;(4)做好绩效考评的登记统计及通报工作。

(二)平时考核

考核对象对照职责任务和工作实绩填写"3+1"实绩表。司法警察支队召开部门会议,干警(以"3+1"形式)逐一汇报本季度岗位任务完成情况,之后以无记名方式进行投票测评。部门负责人根据测评结果,对部门干警的考核等次提出建议,报分管领导审定。部门负责人的考核结果由政治部根据测评结果提出建议,报院长审定。

(三)年度考核

在平时业绩考核的基础上,按照司法警察人员数量比例分配优秀名额。根据量化考核结果进行排名,根据排名结果,兑现考核结果。

(四)考评办法

基础分中的工作业绩项目根据《泉州市中级人民法院法警支队履职情况考评实施办法(试行)》审核认定,单项基础分累扣为负的,从个人年终总分中扣除。工作业绩作为平时考核的依据,被评为较差的,由队领导进行个别谈话;连续两次被评为较差的,由督察室开展提醒谈话,且取消年底评先评优资格;庭审警务、内务检查、值班值勤的考评采取突击检查、明察暗访的方式进行。

三、结果运用

(一)平时考核结果与日常管理监督挂钩

对平时考核结果为好等次的司法警察,采取口头或通报表扬等形式及时予以表扬。对平时考核结果为一般等次的司法警察及时谈话提醒。对平时考核结果为较差的司法警察,由分管领导及时批评教育,必要时进行诫勉。对不能胜任本职工作的,进行岗位调整。发现存在违纪违法问题的,按照有关纪律和法律法规处理。

(二)平时考核结果与当年年度考核结果挂钩

年度考核确定为优秀等次的,一般应从当年平时考核结果至少一半以上为好等次,且无一般、较差等次的司法警察中产生。当年平时考核结果均为好等次的,年度考核可以在规定比例内优先确定为优秀等次。当年平时考核结果一般、较差等次累计次数超过一半的,年度考核原则上应当确定为基本称职(基本合格）或不称职（不合格）等次。当年平时考核结果均为较差等次的，年度考核可以直接确定为不称职（不合格）等次。

（三）平时考核结果与个人奖惩提拔任用挂钩

平时考核结果作为各类人员职务职级晋升、选拔培养、评优评先、治庸治懒、问责追责等的主要依据。通过持续传导“不进则退，小进亦退”的竞争意识和“持续积累、功在平时”的长效理念，切实发挥平时考核的指挥棒作用。

（四）其他说明

因身体、伤病等客观原因无法履行原岗位职务的，应在发现上述情况5日内向队领导报告，由队领导及时调整岗位。调整岗位后仍然无法胜任的，由队领导向分管领导报告，并根据该法警个人意愿，申请调离警队，转为法官助理、书记员或综合行政人员岗位。

人民法院司法警察队伍改革的号角已经吹响，每一位司法警察都应当以积极的姿态投入这场改革中去，但改革不是裂变，要循序而改，要按规律而改。人民法院司法警察职能的改革与建设要始终围绕“公正与效率”这一主题，围绕司法警察的警种特点，围绕服务于审判的立警宗旨，把人民法院司法警察队伍建设成为一支忠诚可靠、训练有素、业务精通、纪律严明、保障有力、有坚强战斗力的队伍，使之能够认真履行好职能，切实担负起保障审判工作顺利进行和维护司法权威的神圣使命。

第九章　部门领导:推行以管理质效为核心的量化考核

在人民法院内部组织权力架构中,部门负责人居于中层位置,是承担管理者与监督者等多重角色与复合职权的特殊群体,应突出对部门负责人考核的特殊性,具体表现为:(1)兼顾管理职能及个人工作业绩要求;(2)将部门考核情况作为考核依据,突出其作为领导的综合管理能力;(3)根据部门性质划分对部门负责人的考核方式,突出审判执行业务部门和行政综合部门的不同职能特点。详述之,对于审判执行业务部门,其负责人在行政职务上多表现为"庭长"职务,在叠加司法责任制和内设机构改革等因素后,庭长的审判监督管理回归本位,其作为管理者拥有的职权,从政务管理权扩大到监督管理权,故采取与综合行政部门负责人不同的考核方式,又区别于对一般员额法官进行考核的方式。对于行政综合部门,其负责人多表现为部门"主任"职务,涵盖政治部、督查室、办公室、审判管理部门、研究室、行装处等后勤综合部门,但具体情形因各人民法院内设综合行政机构设置不统一而有所区分,故对其考核较为简化,仅基于自身部门职能目标及管理角色进行考核。

综上,本章立足于审判部门负责人及综合部门负责人职权内容的沿革和变迁,总结新形势下的岗位特点及职责内容,综合考量司法实践中存在的现有模式,以设计出符合各自岗位特点、能够反映工作主业和能力的考核路径。

第一节　特殊群体：人民法院部门负责人单列考核的必要性

随着法官员额制、司法责任制的落实，人民法院传统的人员结构和职权配置发生变革，司法审判组织与司法行政管理部门共存于人民法院内部。对于审判业务部门来说，其负责人是经验丰富的资深法官，承担着办案的中坚重任，同时是人民法院内设机构的负责人，对人民法院日常工作的开展发挥着实质影响，兼具法官审判职能及对所在部门的行政事务管理权、审判监督权，因而在其绩效考评上应兼具考量这些特点。而对于行政综合部门来说，由于缺乏法定管理机构设定、不同层级人民法院无法完全对应、各自依据工作实际情况设置内设机构等问题，负责人存在事务多样，人民法院内部甚少专门对其进行单独考评而多采取平均制等特点。为能制定出科学、合理的考评方式，本节就人民法院内设机构的中层领导按审判部门和综合部门分类，回溯其发展沿革，总结岗位特点，以明确新形势下的部门负责人职责内容。

一、部门负责人的角色变迁及发展沿革

（一）审判业务部门负责人角色及职权的变迁

在人民法院内部的组织权力架构中，审判业务部门负责人处于中层位置，主要表现为“庭长”职务，既要对所在庭室的各项审判业务进行把关，又要肩负行政管理职责，因此其角色和职能主要围绕权力结构运行展开。以时间为线，围绕“角色—职能”结构，审判业务部门负责人的职权变迁在纵向上可划分为以下四个阶段：

第一阶段是集权期即审判权及管理权集中期。表现为《一五纲要》出台及党的十五大提出“依法治国”基本方略之前，庭长对庭室审判业务、行政事务拥有的较大审批权和话语权，能够轻松左右所在庭室案件的审理过程及结果。①

① 张龑、程财：《综合配套改革背景下庭长角色转型与职权优化》，载《司法改革论评》2021年第1辑总第31辑，第132~147页。

第二阶段是业务审判权和行政管理权逐步分离期。即“二五”及“三五”改革期间,随着人民法院内部司法政务管理、审判管理以及审判权的逐步分离,审判管理、行政管理和审判权的行使也逐渐独立,相应地,庭长的管理职能与审判权开始相互剥离,表现为“一岗双责”的确定。但由于行权惯性,此阶段庭长职权延续以往,仍属于高度集中期,可以对部门内的审判资源进行调配,对于提升部门审判效率、把控案件质效起到较大作用。

第三阶段是对庭长权力的监督加强期。由于“四五”改革确立了审判管理权,加强对人民法院内部权力格局的重构和对审判权的监督机制,使庭长的审判管理和行政管理职能行使更规范、明确,相对应地,庭长的角色和职权的定位也更加明晰。

第四阶段是庭长权力适度参与期。《五五纲要》实施以来,强调庭长适度参与审判事务,既要确保其发挥资深法官的业务经验优势,履行既定的审判职责,又要限制其借助行政职务带来的管理权影响所在部门法官的判断。为此,出台了庭长权力清单和配套的监督管理职责,使审判权与审判管理权的边界更加符合规律,法官独任制和合议庭的主体地位得到强化①。

从以上内容可以看出,历经四个阶段的发展尤其是随着司法责任制改革对审判权优化配置与运行机制去行政化的推进,“庭长”这一审判业务部门负责人的职能被逐渐固定下来:第一部分是其作为“法官”角色的审判权职能,如对所承办案件、参与合议案件的审判职责;第二部分是其作为业务部门负责人的“审判管理者”职能,包括但不限于组织疑难复杂案件的研讨,调配办案任务,掌握并分析各项质效指标,督促案件办理,重大案件协调与报告、发改案件评析,召集和主持专业法官会议,研究本庭审判工作运行态势;第三部分是其作为业务部门负责人的“行政管理者”职能,如处理涉诉信访,确定各合议庭、审判团队的职责分工,指导法官助理、培养青年法官,随机分案之外的指定分案,党风廉政管理,政策传达通报,组织调研宣传,主持部门考评会议,个案流程节点的管理及行使程序性事项审批权力,管理监督本庭其他审判执行工作等行政事务。

---

① 例如,2018 年 10 月新修订的《人民法院组织法》新增“合议庭或者法官独任审理案件形成的裁判文书,经合议庭组成人员或者独任法官签署”的规定;2019 年 4 月新修订的《法官法》将司法责任制、法官员额制等一系列改革措施予以确认,改变以往院庭长对裁判文书进行“审核”签发的做法,减少不当行政干预,强调庭长除履行审判职责外,还应当履行与其职务相适应的职责。

(二)综合行政部门负责人职能的发展沿革

党的十八大提出“进一步深化司法体制改革”,党的十八届三中全会提出“省以下地方法院人财物统一管理”,党的十八届四中全会提出“改革司法机关人财物管理体制,探索实行法院、检察院司法行政事务管理权和审判权、检察权相分离”,最高人民法院在《四五纲要》提出“理顺法院司法行政事务管理关系。科学设置人民法院的司法行政事务管理机构,规范和统一管理职责,探索实行法院司法行政事务管理权和审判权的相对分离。改进上下级人民法院司法行政事务管理机制,明确上级人民法院司法行政事务管理部门对下级人民法院司法行政事务的监管职能”以来,人民法院内部行政管理发生较大的格局调整、职能划分,去行政化和行政管理与审判相对分离措施逐步推开,部门整合、人员分类和专业化加强,出现司法行政管理部门与审判业务部门、综合审判业务部门并列的情况。①

然而,实践中各地司法行政管理部门对具体职能认识不同,导致部门设置混乱,甚至承担多种行政管理职能,与服务审判的核心定位相背离。例如,对于宣传职能,有的法院单独设置新闻宣传处,有的则将其划分给研究室或办公室或以内宣、外宣之分交由两个部门负责;有的法院设置综合办公室负责包括办公室、审判管理部门、研究室在内的一般性办公事项,有的则分别单列。

与之相对应地,综合行政部门负责人的职权也不同。因此,其职权变迁,应独立于法律内设行政部门划分,而是基于职权性质及内容来考量。

二、部门负责人的岗位特点

(一)审判执行业务部门负责人的岗位特点

如前文所述,庭长在人民法院治理结构中,承担着多重角色与复合职权能。尤其在叠加了司法责任制和内设机构改革因素的影响后,庭长作为管理者拥有的职权,从政务管理权扩大到监督管理权,呈现如下特点:

一是法官角色和审判职能的回归。《五五纲要》明确提出“要健全庭长办案常态化机制”,最高人民法院也就庭长办案制定了专门意见,规定中基层人民法

① 参见马巍:《论法院内部司法行政管理部门的定位与改革路径》,载贺荣主编:《司法体制改革与民商事法律适用问题研究(上)——全国法院第26届学术讨论会论文集》,人民法院出版社2015年版。

院庭长每年办案量应达到本部门法官平均办案量的50% ~70%。[①] 不少地方人民法院据此出台进一步完善庭长分案、办案工作的指导意见和文件,除明确庭长办案类型应随机分案外,还规定庭长必须承担重大、疑难、复杂案件(包括上级人民法院发回重审的案件)审理,使庭长直接参与案件办理,回归"法官为本,长官为末"。

二是管理职权的弱化和审判管理监督职权的强化。司法改革前,庭长作为审判者及管理者权力混同,经常出现基于管理而对案件形成干预,审判权弱化的情况。而今,在内设机构改革、去科层化背景下,庭长需从大局出发,综合考虑全院和部门总体工作,在审判管理权上注重整个部门的案件流程及质效管理,协调各项工作有效运行,实现审判流程高效和审判团队的协作。因此,庭长的审判管理权得以加强,在行使上突出程序化特点,通过细分管理权限、明确各类管理主体的职责、流程和标准,实现公开化管理和监督,倒逼法官、合议庭的行为规范。[②]

(二)综合行政部门负责人的岗位特点

综合行政部门职能是以"辅助"审判为逻辑起点的,并强调"效率"与"主动"。

一方面,贯穿于人民法院行政事务管理过程中的人民法院行政管理权,是以辅助司法权为目的,涉及司法机关人事、财务、技术装备以及其他司法行政事务管理的权力,其外延包含人事管理权、财务管理权、技术装备管理权及其他行政事务管理权等,[③]具体涉及政治部、督察室、办公室、司法行政装备处、档案室等部门。这些行政管理事务系为审判活动提供物质和人力资源整合,因此区别于一般行政机构的事务性工作,涉及公共管理学、组织行为学等专业知识,具备专业复合性。

另一方面,与审判工作直接相关的审判质量管理、审判流程管理等亦属于综合行政管理部门,因此,各部门负责人的管理职能在遵从各自领域的管理性要求及自行设定的绩效考核目标下,应强调工作的效率和主动,同时要尊重司法的中立性、被动性的特点。对于部分与审判实务关联性较低的办公事务也可以通过

① 参见张龑、程财:《综合配套改革背景下庭长角色转型与职权优化》,载《司法改革论评》2021年第1辑总第31辑,第132~147页。

② 参见赵雪雁、周晓:《放权之后院庭长的审判监督管理角色定位》,载《人民司法》2020年第13期。

③ 参见徐汉明:《论司法权和司法行政事务管理权的分离》,载《中国法学》2015年第4期。

"外包"等社会化方式提升效率，实现行政活动与审判活动的外部分离。[①]

三、部门负责人的职责内容

（一）业务部门负责人的职责内容

根据现有法律规定，庭长的职权设置主要散见于《人民法院组织法》、《法官法》及三大诉讼法等法律及最高人民法院相关意见中，如在最高人民法院《关于审判权运行机制改革试点方案》中明确庭长审判管理职责；在《关于完善人民法院司法责任制的若干意见》中明确审判管理监督职责的范围与边界，强调与审判职责进行区分；在《五五纲要》中再次提出健全其履职指引和案件监管职责，推进庭长常态化办案；在《关于深化司法责任制综合配套改革的实施意见》提出减少庭长事务性工作负担，建立监督管理与办案平衡机制等。

因此，庭长的职责内容应当包括：（1）承办案件、参与合议案件，对所在庭室的裁判文书进行阅核，组织疑难复杂案件的研讨，召集和主持专业法官会议；（2）对审判资源进行配置，如各审判团队和合议庭之间、内部成员之间的职责分工，特定案件的分配、调整等；（3）对审判质效进行监督管理，如研究本庭审判工作运行态势，对各审判团队、合议庭、独任法官等主体的案件质效开展评查，督促案件办理，掌握并分析各项质效指标，发改案件评析；（4）对庭室工作进行部署安排，如处理涉诉信访，重大案件协调与报告，指导法官助理、培养青年法官，党风廉政管理，政策传达通报，组织调研宣传，主持部门考评会议、对法官及其他司法人员作出评价，个案流程节点的管理及行使程序性事项审批权力，管理监督本庭其他审判执行工作等行政事务；（5）具体个案监督权，包括对"四类案件"要求报告进展及结果，结合投诉举报、信访申诉等线索，对审判人员作风开展调查核实和检查，采取整改措施等。

（二）综合行政部门负责人的职责内容

如前文所述，由于各地区的各级人民法院在内设综合行政机构设置上存在行政管理机构设置不统一、行政管理事务缺乏整合分流、行政管理机构缺乏法定性等问题，在综合行政部门负责人的职责要求上，不同的综合行政部门负责人具

---

① 参见陆伟、韩文江：《司法体制综合配套改革背景下法院行政管理的转型与发展》，载《人民司法》2020 年第 4 期。

体的职责内容不同,既涉及与上级机关(如党委、人大、上级人民法院)与下级法院之间的纵向性工作,又涉及与其他人民法院、外单位之间的外部性工作;既涉及人民法院办公条件的工作,又涉及干警学习和生活条件的工作;既涉及人的工作,也涉及财、物的工作,①涵盖参与和辅助决策类、组织和督办落实类、统筹协调类、综合服务保障类等(见表9-1所示)。但无论如何,综合行政部门负责人的职责内容均包含对所在部门的党风廉政管理、政策传达通报、组织调研宣传、主持部门考评会议、行使程序性事项审批权力及管理监督本部门常规工作等内容。

表9-1 综合行政管理部门的职责内容

管理职能	分类	内容
对外行政事务管理职能	面向社会公众	法治教育宣传、组织案件旁听、法院公开日活动、人民陪审员管理、接受人民群众监督等
	处理与政府机关的关系	信息交流与互换,地区性活动协同开展,维持法院独立地位等工作
	处理与人大政协关系	接受人民代表监督,加强沟通联系,处理督办案件等
对内行政事务管理职能	综合类行政职能	信息汇集处理、财务经费管理、物资装备采购、基本设施建设
	辅助审判类职能	包括诉讼服务、信访办理、档案管理、赃证物管理、信息技术、安全保卫等
	政工群团组织类职能	人员招录、考核、教育等,以及法院内部机关党委、团委、工会等组织建设
	监督检查职能	对法院内部党员、工作人员的纪律检查,以及对案件裁判情况的自查,包括违法违纪举报受理、查办,党风廉政建设,案件检查等工作

第二节 模式检索:人民法院部门负责人考核模式的多元性

目前,人民法院审判业务部门负责人考核方式主要集中于法官角色的审判

① 莫远航:《人民法院管理理论与实践》,人民法院出版社2007年版,第166页。

业务考核，要求庭长完成既定办案任务的同时，依托庭长监督管理职责进行考评。而对综合行政部门负责人的考评方式未与一般综合行政部门人员进行区分，同样采取述职 + 主观打分评价模式。通过检索，本节对部门负责人考评模式，选取具有代表性的模式进行介绍。

一、审判业务部门负责人考核现状

（一）基于审判职能即履行法官审判职能的考核方式

基于审判职能的考核方式演变主要经历三个阶段：第一个阶段是 1978 年至 1996 年，首次就审判职能绩效建立考评机制；第二个阶段是 1997 年至 2013 年，主要围绕法官的职业性、专业性进行绩效考评；第三个阶段是 2013 年至今，加大考评力度和考评结果运用，优化考评委员会的人员组成等。基于法官职能的考评在实践中存在以下几种模式：

1. “指标数 + 结案率 + 办案数”的分类评价模式。上海市第二中级人民法院作为改革试点先驱，根据案件类型不同的情况，探索建立针对性分类考核模式，即对主要审判业务部门团队法官考核审判业绩指标完成情况，对其他审判业务部门团队法官考核结案率情况，对速裁团队法官考核办案数情况。同时，考核分为基础项和附加项两项：前者着重考察办案数、参与合议案件数及案件质量；后者主要包括从调研、信息、宣传等。

2. “过程考核 + 全面评价”模式。上海市第一中级人民法院不以审判业绩结果为核心，而更倾向于对干警业绩的过程考核和全面评价，通过针对性地对干警工作岗位进行分类，并将规范庭审、裁判文书评价纳入工作成果，进行类型化和贴近化评价，同时通过干警自荐和随机抽检方式进行考核进行抽样评价，确保考核的公平和公正。

3. “自动化 + 数据化”信息平台支撑模式。重庆市第一中级人民法院搭建复杂维度案件质效分析系统、法院受案压力预测系统等数据平台，实现法官工作量统计的信息化、科学化。江苏省南京市中级人民法院自主开发办案量评估软件与案件信息管理系统实时对接，自动生成案件质量、效率、效果等各类数据，实时、精确掌握法官审判工作量，使得考评更加信息化。上海市闵行区人民法院建立考核信息平台，实现各项考核指标的自动生成、交互评价、动态跟踪、结果反馈，从办案负荷、质量、效率、效果等四方面为考评提供数据支持，并将考核结果每季度以例会形式进行分析讲评，促进资源有效配置和法官高效完成工作。

4.“分类+分条+分层”考核模式。江苏省常州市中级人民法院的考核项为审判绩效、办结案件数和重点工作。其中，审判绩效包含办案工作量及庭审、裁判文书、案例的获奖加分，审判质量、效率的瑕疵扣分。对办结案件数则进行分条线考核，将考评对象与同岗位办案数最高者进行对比确定考核分数。重点工作考核则是指法官承担的延伸工作，如司法调研、审判业务指导等，并要求该项需先经部门法官讨论，再交分管领导审核，最后经绩效考核委员会办公室核定，确保公平。重庆市黔江区人民法院同样在绩效考核中采取“工作排位同类化”分条方式，加上平时考核负面清单制、加分制、业绩评价权责制和奖励制，充分运用绩效考核及作风考核。

5.“工作量核定+动态赋分”模式。北京市第二中级人民法院构建“司法工作量核定系统”，即通过“北京法院审判业务管理系统”平台获取数据、采集办案关键点，设定类型标杆案件并为不同办案要点设定系数，采用对比标杆案件、叠加要点系数等方法，得出个案工作量。同时组建一线审判业务专家和人力资源专家小组为办案质量、效率的重点考评指标赋予相应分值，确保指标的选取与分值设置能够准确、客观反映实际情况，并给予各部门一定权限，添加符合本部门岗位需求的考评指标项。通过动态赋分、调整机制，将重点工作有机融入考核中，并对标上级法院的要求，引导全院干警在提升审判质效、完成重点工作上下功夫。并让没有担任职务的普通法官在院考评委员会中占有一定比例，参与考评工作重大事项的研究决定等，确保考核结果的公平性和公信度。

(二)基于监督管理职能的考核方式

1.“审判考评监管体系”模式。云南省人民法院系统探索建立中级人民法院领导干部审判考评监管体系：一是核定庭长办案量不低于全院员额法官人均结案数20%的标准，对其承办的每个案件进行考评赋分，对办案量、审理重大疑难复杂新类型案件不达标进行“一项否决”；二是为确保庭长“一岗双责”、审判行政两手抓，将参加专业法官会议、审委会及参与扫黑除恶等阶段性重点工作纳入考评范围，通过信息系统智能生成办案绩效；三是进行综合测评，包括审判能力、司法作风、廉洁情况等；四是定期对庭长办案质效排名通报，给出4个等次评定及是否列入选升后备、退出员额等倾向性意见，对排名靠后的单位和成绩不达标人员责令整改。通过将各级人民法院庭长履职情况列入考评监管体系，确保权力规范行使。

2.“审判监督管理述职”模式。吉林省吉林市中级人民法院定期组织召开庭长监督管理述职工作，通过开展集中培训、通报数据、分享经验等多种方式，加强庭长监督管理水平和履职能力的全面提升。一是定期报告，推进院庭长监督管理常态落实，提升管理实效。二是制定履职指引和权力清单，以表格化清单方式明确庭长监督管理事项，明确权力运行边界和负面清单，厘清管理内容和权责事项，压实“一岗双责” 和审判监督的管理工作职责。三是开展集中培训，由审判管理部门汇总收集最高人民法院、省法院和中级人民法院本级的司法责任制落实相关制度文件，通过集中讲解培训、下发制度汇编等方式提升管理水平。四是全程监管重大典型案件，要求庭长提出监管意见，承办法官反馈办理情况，实现监管系统与办案系统和数据平台的信息同步。五是规范庭长监管履职情况考核，从制度落实执行、质效指标完成、管理督导等多方面，对庭长履行审判管理职责情况进行考核，并将考核结果作为年度评先选优的佐证，切实落实庭长履职能力的全面提升。

3.“庭长示范庭”模式。宁德市中级人民法院强调通过庭长带头办案，提升全市人民法院审判质效。一是对庭长办理案件的类型、数量等提出了明确要求，规定庭长为不固定合议庭，不办“挂名案”，不办简易案件，由本人亲自承办重大疑难复杂以及新类型、具有普遍法律适用意义的案件。二是将院庭长主审与参审案件数量纳入全市人民法院庭长办案情况月度通报，并作为审判绩效评价考核的重要依据。三是庭长庭审示范活动还将与全市人民法院精品庭审、精品文书、精品案例、精品司法建议评选活动相结合，通过庭长带头办案，发挥优势审判资源的辐射效应，对其他法官起到引领示范作用，带动全体法官多办案、快办案、办好案，树立精品意识，打造精品案件，展示新时代人民法官的专业素养和时代风采。

（三）现有审判部门负责人考评实践模式的经验启示

1.“客观＋主观”分层考核更有利。在考评方式上，可以将现有的各地区人民法院对庭长的审判业绩考核及管理职能考核进行综合，形成“客观＋主观”分层考核。客观方面主要为审判业绩评价，体现为审判质效数据、审判延伸工作数据，通过核定庭长办案量、从信息化平台调取审判质效数据、参与专业法官会议及审委会数量、信息、调研、宣传、示范庭审、精品裁判文书等多个考评项目为基数，该些数据可以通过构建信息化平台进行数据抓取，也可以通过科学核定办案量、获奖等级及次数达成横向和纵向的比较。主观方面主要为管理能力测评，通过述职方式，对品牌创建工作、队伍建设工作、审判监督管理工作、传帮带能力等进行汇报，再由分管领导打分、中层领导测评、部门人员评价等多种方式折算分数。相较于无差异性和生硬性的单纯数据考评，通过日常接触进行的主观评价更为公允、贴合，是数据质效评价体系的有益补充。

2.“季度+年度”周期考核更优化。虽然最高人民法院规定应按季度考评，并鼓励按月度考评。但是实践中，绝大多数法院仅年度绩效考评，忽视了日常评价。以上海市闵行区人民法院的季度考核讲评会为例，通过季度考核结果，可以让被考核人员通过分析讲评调整自身审判工作节奏，也为全院审判资源配置提供了依据，属于可借鉴的经验。

3.“办案+管理”职能考核最全面。对于审判业务部门负责人的考评应兼顾其作为法官的审判业绩考评及作为部门负责人的管理职能考评。审判业绩考核前文已论此处不再赘述。而管理职能则一方面通过全面梳理，制定庭长职责的正负面清单，如符合新型审判权运行的庭长权力清单，庭长应履职而未履职的负面清单，确保“放权不放任”。另一方面健全“四类案件”监督机制，完善识别监管情形，制定监督规程指引，要细化庭长带头办理疑难复杂案件和重点监督“四类案件”的标准，完善事中监督程序。有条件的法院可以强化信息化监督，依托信息化强化监管平台功能，确保行使监督职权可记录、可查询、可追溯，实现审判监督管理控权有据、监管到位，确保监督管理权行使透明化。

二、行政综合部门负责人考核现状

司法责任制改革以来，全国人民法院都在关注法官绩效考核，但是对于综合行政部门考核的推进相对较慢，多数采取投票制或平均制，不利于激发行政综合部门工作人员的积极性。且对于行政综合部门负责人的考核未与所在部门其余工作人员作区分。

（一）现有综合行政部门负责人考评的代表性模式

目前综合行政部门负责人的考核模式主要为述职制度。以山东省临沭县人民法院的综合行政部门负责人述职制度为例，其在制定考核办法之初就摒弃平均主义，注重体现差异化，通过积分评价的方式，将各综合行政部门的所有职能行为予以量化。每个月末召开业绩考评会，由各综合部门负责人对本部门工作进行总结报告，考评委员会对述职的综合部门进行打星评价。最高为八颗星，最低为一颗星，每个星级只能对应一个部门，换言之，如果业绩考评委员会的委员将八颗星给了办公室，那么评议下一个部门的时候，只能打七颗星以下，以此类推，得分最低的部门只能获得一颗星，以此拉大部门业绩差距，倒逼各部门提升工作水平。在部门述职完毕后，考评委员会点评时会进行点评并指出该月工作中各部门存在的问题、意见和建议，方便部门改进工作。同时要求常规工作少说甚至不说，而重点是把本部门一个月来工作的重点、亮点、特点、优点说清楚，要用数据说话，形成与上一个月的对比。考评委员会吸纳所有综合部门负责人、每月业绩排名靠前的员额法官、法官助理和书记员列席会议、参与投票，稀释常任委员的打分。最后，由于综合部门的主要职能是服务审判执行主业，因此服务对象的满意度也是衡量综合部门工作的重要依据，就将干警评价纳入综合部门评分中。

为此，临沭县人民法院研发了干警评价小程序。每月 25 日以后，干警可以通过该程序对本部门以外的其他综合部门进行评价，评价也是最高八颗星，最低一颗星，可以作同等级评价，评价提交后台自动汇总成绩。另外，在干警拟对某部门作低于三颗星评价时，系统自动会弹出对话框，要求填写评价理由，后台可汇总评价意见建议，这样也便于综合部门更好的改进工作，提升服务质量水平。

（二）现有综合行政部门负责人代表性考评模式的经验启示

1.“述职＋测评”的多元评价模式。由于综合行政部门以辅助审判事务，服务审判执行部门干警为主业，因此对其评价不仅应包括分管领导对各部门履职情况的主观评价打分，而且应囊括全院被服务对象作为测评人员，方能全面反映其工作质效。

2.“精品＋点评”的重点述职模式。由于综合行政部门常规性事务较多，若汇报的均是千篇一律的工作内容，既无法体现其工作的出彩，也不利于工作效率、质量的改进和提升。通过重点汇报所完成的品牌工作或亮点工作，并有考评委员会成员进行客观点评，不仅有利于考核优化，更有利于整体工作的推进。

3.“技术＋需求”的信息化考评方式。可以依托智慧法院建设，在对综合行政部门工作成效评价的反馈方式上注重技术与需求的融合，加快实现行政管理信息化考评，有利于评价人员的大胆反馈及综合行政部门工作的优化提升。

第三节 分类考核:人民法院不同部门负责人的考核路径

综合前面两节内容可知,对审判业务部门负责人的考核应兼顾"法官—行政管理者—审判管理监督者"三重角色,分别就其个人及所在庭室的审判质效、党风廉政、信息调研宣传等综合事务情况进行考量。因此,对于庭长法官角色的业绩考量可参照员额法官的考评模式,并兼顾其作为管理者的角色,将所在部门人员的平均业绩水平作为庭长考评基数中的一项,以突显管理者的带头作用和传帮带作用。此外,对于其管理能力考评,可通过分管领导、其他中层正职及全院人员打分、投票作为测评。而庭室品牌创建等关键事项可予以加分。对综合行政部门负责人来说,则应立足其职能特点,采用述职考评及民主测评等综合评价方式相结合,突出其服务审判的功能作用进行考核。

一、审判业务部门负责人考核路径

审判业务部门负责人首先是法官,因此对其业绩考评应当与法官审判活动相一致,突出法官职业特点。但同时,也要突出其作为行政管理者的特点。因此,聚焦司法审判工作和审判业务部门负责人的角色定位,在司法体制综合配套改革背景下,审判业务部门负责人量化考核的核心要素至少包括以下几项:

(一)个人工作业绩

1. 审判工作数量的评估。员额法官工作业绩主要体现在案件办理上,以办案数量、质量、效率及效果为基础进行量化评分,由审判管理部门负责提供。由于庭长、团队长(副庭长)、副庭长负责庭室的行政管理等工作,因此工作量上可折算办案工作量分别为50%、30%、20%。若其作为法官独自办理案件,则得该案全部折算工作量。若由助理参与办案的案件,只计算该案件70%的工作量。并且,办案数量占工作业绩比重为60%。

2. 审判工作质效的评估。提升量化指标考核的科学性和合理性,需遵循以下几个基本原则:一是有效性原则。在评估考核过程中,要突出重点抓问题,努力增强处理问题、解决问题的及时性和有效性,充分发挥指标考核的纠偏作用。二是衡平性原则。在特定指标设置的取舍问题上,只要权衡利弊,在利大于弊或可以通过其他方式控制弊的情况下,就可以选择并实施,在弊大于利的情况下就应当选择放弃。三是可行性原则。评估指标的设置要抓住基本、管用的指标,贯彻简便易行原则。对指标设定的评估标准,不能过高或过低,应当是被评估对象在付出努力的情况下可以实现的,即应有“合理区间”。四是关键性原则。从管理学的角度来讲,没有重点的评价不属于客观评价。具体评估指标确定后,应根据实际情况和需要赋予相应权重,以便审判管理主体根据不同的评估指标在总体考核中的作用进行区别对待,借以引导一线审判人员抓住重点开展工作。五是相对性原则。重视指标,又不唯指标,是使用指标数据考核的重要理念。案件的难易,付出精力的多少,审判质量与效果的高低等,都难以计量。各个人民法院的人员和物质装备等主客观基础条件也存在一定差异。根据最高人民法院关于法院人员考核工作精神,业绩指标主要从质量、效率、效果三个维度设置。故泉州中院在审判业绩考核上,量化指标只能是考核评估的参考性依据或占一定权重,而不应是唯一依据。因此,办案质量占 24 分,并主要通过案件质量评查和优秀文书、优秀庭审评比结果进行评价。案件质量评查包括常规评查、专项评查和重点评查。案件质量评查办法和评定标准根据省法院相关规定执行。优秀裁判文书、精品文书、典型案例和优秀庭审、精品庭审根据获奖等次给予加分。办案效率占 20 分,主要评价结案率目标完成和长期未结、久押不决案件清理情况以及诉讼费退费、未按期归档情况。办案效果占 6 分,主要评价上诉、抗诉、申诉、申请再审、上访、信访化解等相关工作完成情况。全年办案质量、效率、效果未被扣分的,年终各加 2 分。

3. 队伍建设分数应占一定比例。队伍建设包括党建创建、机关效能和廉洁自律等方面。其中党建创建 10 分、机关效能 8 分、廉洁自律 7 分,均按月滚动积分。党建创建方面的评价应包含机关党建、文明创建和工青妇团工作。支部党建主要评价参与支部党建活动的情况,包括参加“三会一课”、机关党校、党员政治生日、党日活动、党建 + 邻里,以及在岗位工作中发挥先锋模范作用等。文明创建主要评价参与志愿活动、便民服务、结对共建、扶贫帮困、文明礼仪、遵章守纪等。工青妇工作主要评价参与工会、共青团和妇委会开展的各项活动等。机关效能方面评价应包括接受效能督查,遵守会风会纪和培训纪律,遵守外出、请假、考勤、用餐等制度,以及部门负责人履行主体责任等业绩。廉洁自律方面应主要评价信访问责、拒绝腐败、主体责任、廉政监督方面的业绩。

(二)部门工作业绩

根据最高人民法院关于法院人员考核工作精神,“各级人民法院可以围绕部门党建工作、目标绩效、队伍管理等情况进行考核,部门考核结果作为确定部门负责人考核等次,调整各部门人员考核优秀等次比例的依据”。可见,由于部门负责人除办案任务外,还担负着行政管理等职责,因此审判业务部门负责人工作业绩应由个人工作业绩和本部门业绩组成。因此,泉州中院在对业务部门负责人制定考核方案中,将部门干警的平均业绩纳入其中,部门负责人的业绩及部门平均业绩两部分各占 50% 进行评价,并规定个人工作业绩和本部门干警平均业绩由审判管理部门提供。

(三)外部综合评价

同样地,根据最高人民法院关于法院人员考核工作精神,“综合评价可以结合民主测评等形式,……各级人民法院可以结合本院实际工作确定综合评价的人员范围、评分标准和评分要点。……分管领导对部门负责人进行综合评价”。由于,审判业务部门负责人管理职能、负责事项的拓展必然引起业绩考评内容的变化,除了法官业绩考评、审判绩效考核外,也应当考核其作为部门负责人的领导能力。因此,泉州中院在对业务部门负责人制定考核方案中,将分管院领导、全体院领导、中层正职以上(包括市管干部)作为对部门负责人进行综合测评的人员范围,因为他们对部门负责人有大量的业内工作和业外生活接触,对考评对象的了解往往是比较全面深入的,特别在思想状态、敬业精神和工作细节等方面有更深的感受。因此,业务部门负责人采用定量、定性相结合的考评方式。定量方面基于个人业绩和部门业绩,定性方面则对法官的工作作风、职业道德等方面作出比较细致的评价意见。即部门负责人由分管领导、全体院领导、中层正职以上(包括市管干部)进行综合评价。其中,各部门负责人的综合评价结合年度述职测评进行。

(四)附加技能分值

调研能力、宣传能力、品牌创建能力等,作为创造性司法活动是反映个人能力的重要方面,也是法官晋职晋级的常规项目。因此,从事调研、信息、宣传,受各级表彰以及获各类竞赛奖项,撰写各类交流、讲话、汇报等综合文稿,以及品牌亮点、办案(服务)竞赛等均应纳入考评范围。其中,调研、信息、宣传、表彰奖励由研究室、办公室、政治部根据附件评分规则审核认定(负责调研、信息、宣传工作的干警,其调研、信息、宣传得分由考评委员会办公室认定)。综合文稿由个人申报,所在部门认定后,报分管领导审批,政治部审核录入。品牌亮点按照市绩效考评加分项目标准对等加分;部门品牌亮点获表彰奖励,同时又被市绩效考评加分的,可选最高得分一项加分。部门负责人可根据对该品牌亮点贡献的大小,提出该分数分配的建议,报分管领导同意后,送政治部审核认定。办案竞赛由审判管理部门审核认定。根据本院常态化开展的办案竞赛活动,由审判管理部门组织评选出月办案最佳庭室、月办案最佳团队、月办案标兵、月办案能手等,给予加分奖励,并对"黄牌示警"对象,给予扣分。承担全院性工作任务或本部门创新项目且得到院长或上级领导的批示认可,以及对承担急难险重任务或承办重大疑难案件、做出突出贡献的,由所在部门提出书面申请,报分管领导审核,党组研究后也可给予适当加分。

二、综合行政部门负责人考核路径

综合行政部门工作因其工作内容和性质的特殊性,工作业绩实行亮岗晒绩和述职测评,并结合平时一贯表现和关键时刻表现进行综合考评是目前较为合适和优化的方式。而综合行政部门负责人的工作业绩,亦在此基础上形成,并由政治部根据每季度本人考核认定等次计分后,进行量化排名。具体的量化指标包括:

1. 亮岗晒绩。对照职责任务和工作实绩,填写"3+1"实绩表(本季度内最能体现自己工作能力及成效的三项工作和最不满意的一项工作)。如前节所述,综合行政部门基于其工作内容的特殊性,通过重点汇报所完成的品牌工作或亮点工作,更有利于考核优化和整体工作的推进,因此泉州中院对综合行政部门负责人同样采取"3+1"考核方式进行考评。

2. 述职测评。召开部门会议,干警汇报季度或年度履职情况(重点汇报"3+1"实绩),分管领导、部门负责人、普通干警以无记名投票方式进行测评,按不同权重计分。同样地,根据最高人民法院关于法院人员考核工作精神,"综合评价可以结合民主测评等形式……各级人民法院可以结合本院实际工作确定综合评价的人员范围、评分标准和评分要点。……分管领导对部门负责人进行综合评价"。由于,综合行政部门以服务审判执行为主业,因此全院干警均是其服务对象,故泉州中院在对综合行政部门负责人制定考核方案中,将分管领导、部门负责人、普通干警作为其综合测评的人员范围。

3. 结果报批。部门负责人的考核结果由政治部根据测评结果提出建议,报院长审定。

4. 附加技能分值。同上述审判部门负责人的该项评价方式。其中，根据本院常态化开展的服务竞赛活动，由审判管理部门组织评选出月服务先锋等，给予加分奖励，并对“黄牌示警”对象，给予扣分。

通过上述四种方式，对法院综合行政部门负责人进行考核，不仅能够做到考核相对全面、客观、公平，还能促使综合行政部门提升工作效率及质效，是为可取之法。

第十章　聘用制书记员:推行以工作质效为核心的量化考核

随着司法改革进入“系统集成、协同高效”的新阶段,司法人员分类管理不断向纵深推进,特别是在加强法官队伍职业化和专业化建设的背景下,为了让法官从烦琐的事务性和程序性工作中解脱出来,将主要精力用于案件裁判,“又快又好”地办案,最有效、最直接的途径就是配备充足的高素质审判辅助人员。在无法突破编制总量的情况下,越来越多的聘用人员被招聘进来补充法院队伍力量,特别是聘用制书记员占据着审判辅助队伍的“绝大多数”,是人民法院工作中不可或缺的重要力量。由于聘用制书记员来源广泛、职责不一、流动性较大,对聘用制书记员的考核管理成为当前各家法院亟待关注解决的问题。如何让聘用制书记员“招得来、用得上、管得好、留得住”,增强聘用制书记员职业认同感和荣誉感,需要构建一套科学规范、简便易行、务实管用的聘用制书记员考核管理办法。

第一节 群体聚焦:聘用制书记员制度的发展和现状

人民法院书记员队伍是审判执行队伍的一员,是推动审判执行工作高效开展、维护社会公平正义的重要岗位。随着司法改革的深入推进,特别是人员分类管理制度改革后,书记员队伍的法律属性和法律定位发生了较大变化,除原有公务员身份的书记员,新招录的均为聘用制书记员,由综合管理局单独序列管理转变,书记员职能定位和岗位职责也发生着变化。在此背景下,聘用制书记员这一群体应运而生并不断扩充壮大,逐步向正规化、专业化、职业化建设迈进,为人民法院审判工作顺利开展提供有力保障。

一、聘用制书记员职业发展沿革

目前,我国关于聘用制书记员的制度规定相对较少,主要以分散在中央司法改革文件、最高人民法院相关文件、地方人民法院相关制度规范等为主,具体规定见表10-1。

表10-1 聘用制书记员管理的相关制度规定及规范内容

制度种类	序号	时间	名称	主要内容
法律	1	2005年	《中华人民共和国公务员法》	机关根据工作需要,经省级以上公务员主管部门批准,可以对专业性较强的职位和辅助性职位实行聘任制
中央司法改革文件	2	2013年	《人民法院工作人员分类管理制度改革意见》	明确类别和划分职责:人员类别分为法官、审判辅助人员、司法行政人员,其中书记员管理改革内容属于法院人员分类管理中的重要内容
	3	2016年	《法官助理、检察官助理和书记员职务序列改革试点方案》	符合条件的编制内书记员要逐步转任法官助理,书记员原则上不再占用中央政法专项编制,主要实行聘用制管理
	4	2017年	《人民法院、人民检察院聘用制书记员管理制度改革方案(试行)》	首次对聘用制书记员的管理从招聘、履职、管理模式、培训、考核等方面进行规定

续表

制度种类	序号	时间	名称	主要内容
最高人民法院相关文件精神	5	1999 年	《人民法院五年改革纲要(1999－2003)》	提出建立书记员单独职务序列以及书记员管理制度细化,初步开展专业化、职业化的法治队伍建设
	6	2003 年	《人民法院书记员管理办法(试行)》	该办法指出,在稳定现有书记员队伍的基础上对新招收的书记员实行聘任制和合同管理。该办法对书记员的职责予以明确,同时对聘任制书记员的资格条件、合同设置、员额、职务级别等予以规定
	7	2005 年	《人民法院第二个五年改革纲要(2004－2008)》	推进人民法院工作人员的分类管理,制定法官、法官助理、书记员、执行员,司法警察、司法行政人员、司法技术人员等分类管理办法,加强法官队伍职业化建设和其他各类人员的专业化建设
	8	2009 年	《人民法院第三个五年改革纲要(2009－2013)》	建立健全以法官、法官助理、书记员和其他行政人员的绩效和分类管理为主要内容的岗位目标考核管理体系
	9	2014 年	《人民法院第四个五年改革纲要(2014－2018)》	健全法官助理、书记员、执行员等审判辅助人员管理制度。科学确定法官与审判辅助人员的数量比例,建立审判辅助人员的正常增补机制,切实减轻法官事务性工作负担。拓宽审判辅助人员的来源渠道,探索以购买社会化服务的方式,优化审判辅助人员结构

续表

制度种类	序号	时间	名称	主要内容
最高人民法院相关文件精神	10	2015 年	《关于认真做好司法改革政策解读工作的通知》	探索采取不同模式的审判辅助人员配备模式,鼓励有条件的法院采取购买社会服务等方式配备法官助理、书记员
	11	2019 年	《人民法院第五个五年改革纲要(2019－2023)》	健全审判辅助人员配备机制。健全完善聘用制书记员的招录、管理机制
	12	2022 年	《关于加强人民法院聘用制书记员管理工作的意见》	坚持人民法院聘用制书记员制度改革方向,遵循聘用制书记员工作规律和职业特点,建立一支职责明晰、管理规范、保障到位的聘用制书记员队伍
地方人民法院相关制度规范	13	2018 年	《福建法院聘用制书记员管理办法(试行)》	结合福建法院工作实际,对聘用制书记员的招聘程序、职责和权利义务、管理机制、能级和晋升、职业保障、考核考试、退出机制等进一步细化规定
	14	2023 年	《泉州中院聘用制书记员绩效考核办法(试行)》	结合泉州市两级人民法院工作实际,对聘用制书记员月度、季度、年度绩效考核进一步细化规定

从上述文件制度规定的变化可以看出,人民法院书记员组成结构已从行政编向聘用制发生根本性转变,聘用制书记员从职业空白到趋于定型并逐步走向职业化发展,成为人民法院书记员队伍的主力军。

(一)1990 年至 2005 年:制度萌芽阶段,从“委任制”走向“聘任制”

对书记员队伍管理的关注是从 1999 年《一五纲要》开始的,提出了单独职务序列的要求,书记员管理体制改革就此拉开序幕。随后,2003 年出台的《人民法院书记员管理办法(试行)》专门就书记员单独序列管理进行了明确,并指出以聘任制和合同管理,从此人民法院书记员的身份从原来国家核定编制内正式录用的“委任制书记员”转变为人民法院政法专项编制的“聘任制书记员”,即在聘任合同有效期内，书记员具有国家工作人员身份，聘任合同解除或者终止后，双方即解除聘任关系，受聘人不再具有国家工作人员身份。[①] 此后，2005 年《公务员法》正式在法律上确认了公务员职位聘任制度，也为推行聘任制书记员制度提供了法律依据。在制度萌芽阶段，书记员管理走向了聘任制和单独序列管理的改革路线，标志着改革前"书记员—助理审判员—审判员"的时代彻底的结束，书记员与法官的关系逐步向专业化、平等化、规范化方向发展。不过，由于聘任制书记员身份仍然是公务员，其招聘职数仍受法院编制限制。

（二）2005 年至 2017 年：初步探索阶段，从"聘任制"走向"聘用制"

最高人民法院 2005 年和 2009 年发布的人民法院《二五纲要》《三五纲要》均对继续深化人民法院司法体制和工作机制改革提供了思路方向，其中提出的完善法官及其辅助人员分类管理制度、逐步建立法官助理制度等为书记员角色定位和聘用制管理奠定坚实基础。随后，2014 年《四五纲要》首次以正式文件形式提出通过购买社会化服务的方式拓宽审判辅助人员的来源渠道，该文件不仅明确了聘用制审判辅助人员的法律地位，而且为如何拓宽聘用制审判辅助人员的来源渠道提供了思路。因此，在 2016 年前后，为应对受理案件数量持续激增带来的"人案矛盾"压力，聘用制书记员的方式逐渐被全国各地法院采纳，同时最高人民法院会同中央有关部门下发了《法官助理、检察官助理和书记员职务序列改革试点方案》，对书记员编制和招聘进行了专门明确的规定，要求书记员不再占用专项编制，主要实行聘用制管理。最终，2017 年最高人民法院、最高人民检察院、财政部、人力资源和社会保障部四家单位联合发布《人民法院、人民检察院聘用制书记员管理制度改革方案（试行）》，书记员聘用制从各地探索实践走向制度建设，聘用制书记员的法律地位正式明确，对聘用制书记员的任职条件、招聘程序、职业保障等予以明文规定。

（三）2017 年至今：深化发展阶段——从"聘用制"走向"职业化"道路

《人民法院、人民检察院聘用制书记员管理制度改革方案（试行）》颁布后，各高级人民法院在省级人社部门的指导下，统一组织开展聘用制书记员招聘工作，以福建法院系统为例，已分别于 2017 年、2021 年、2022 年分三批全省统筹招聘聘用制书记员 3343 名，2023 年 7 月已启动第四批 607 名聘用制书记员的招聘

---

① 万毅：《回归书记员角色的法律定位》，载《人民法院报》2017 年 4 月 12 日，第 8 版。

工作。为进一步推动聘用制书记员管理制度化和规范化，最高人民法院在2019年发布的《五五纲要》中明确提出完善聘用制书记员招录、培养、晋升等管理制度的目标任务，并于2022年出台《关于加强人民法院聘用制书记员管理工作的意见》，除重申明确“法院书记员主要实行聘用制管理，原则上不再占用中央政法专项编制”外，进一步规范聘用人员招录培养、考核管理、职业保障，为聘用制书记员规范化管理和职业化发展提供遵循。综上来看，聘用制改革后，书记员的职责愈加明晰、分工愈加精细、管理愈加规范，聘用制书记员的职业化新趋势越来越明显。

二、聘用制书记员分类和职责

聘用制书记员，是指以合同的形式确定与法院的人事关系，在符合国家法律规定且双方自愿的情况下，人民法院根据各庭岗位需要，面向社会公开、择优聘请能力相适应的人员担任书记员，书记员通过招聘进入人民法院任职，并与人民法院签订聘用合同。[①] 根据编制类型和岗位职责的不同，聘用制书记员可以分为以下类型。

（一）根据编制类型不同

1. 省聘书记员，是指由高级人民法院会同同级财政、人力资源社会保障等部门，结合案件数量、人员编制、员额总量、经济社会发展、辖区人口等因素共同研究核定控制数及各层级法院的分配数量，并由高级人民法院统一组织向社会公开招聘的书记员，实行合同制管理，薪酬待遇所需经费列入各法院年度预算，由省财政统筹保障。

2. 市聘书记员，是指由中级人民法院根据工作需要研究提出招聘计划，按照有关条件和程序统一组织向社会公开招聘的劳务派遣制书记员，并委托第三方劳务派遣公司与拟聘用人选签订劳动合同。

3. 院聘书记员，是指由各基层人民法院根据工作需要研究提出招聘计划，明确招聘条件和招聘程序，并自行组织向社会公开招聘的各类法院工作人员，包括审判辅助、司法行政、后勤保障等书记员。

---

① 肖韵琪：《A市法院书记员聘用管理的问题及对策研究》，重庆大学2021年硕士学位论文，第12页。

(二)根据岗位职责不同

1.聘用制审判类书记员(省聘、市聘、院聘)及辅助人员。主要职责是负责审判辅助事务,包括庭前准备的事务性工作;检查开庭时诉讼参与人的出庭情况,宣布法庭纪律;案件审理中的记录工作;校对、送达法律文书;整理、装订、归档案卷材料;完成法官或法官助理交办的其他事务。

2.聘用制执行类书记员(省聘、市聘、院聘)及辅助人员。主要职责是负责执行辅助事务,包括执行立案信息登记和录入;执行文书校对、打印、盖章;执行过程中听证、调查、询问等记录和相关格式文书的填写;在法官的授权下,对被执行人财产实施网络查询、提起控制;失信被执行人信息录入、屏蔽;发送执行法律文书;配合法官助理,将执行措施、文书等录入上传执行办案系统;执行案件报结、装卷、归档工作;完成法官或法官助理交办的其他事务。

三、聘用制书记员岗位特点

聘用制书记员是人民法院强大的生力军,是司法工作不可或缺的重要力量。由于在来源渠道、招录方式、准入条件、职业发展等方面都与编制内审判辅助人员存在较大差距,导致聘用制书记员队伍呈现较为鲜明的岗位特点。下面以泉州市两级人民法院为例,通过对聘用制书记员岗位分布、专业背景、工作年限、离职等基本情况进行深入分析,全面了解掌握聘用制书记员岗位特点。

(一)聘用制书记员岗位分工精细,工作标准难统一

聘用制书记员主要在审判执行业务部门,分布立案、民事、刑事、行政、执行等法院各部门和团队,岗位职责内容既有共通性也有差异性。同时,随着近年来人民法院“一站式”多元解纷和诉讼服务体系建设的深入推进,审判辅助事务逐步走向集约化、规范化、精细化,同一部门甚至同一岗位的聘用制书记员职责分工也存在不同,例如,在集约化管理改革下,立案部门聘用制书记员就专岗从事卷宗扫描、应诉送达、庭审记录等不同审判辅助事务。但是,聘用制书记员岗位分工的精细化程序越高,工作质量标准越难统一,对工作业绩考核指标体系提出的要求越高,既要能反映个体情况的差异性,又要能体现整体情况的系统性。

(二)聘用制书记员构成成分复杂,监督管理难度大

聘用制书记员在年龄分布、教育水平、学科背景、专业素养等方面都有着较大差异,这种复杂的人员构成对队伍监督管理提出了更大的挑战。一方面,是聘用制书记员来源渠道多,有省级统一招聘、劳动派遣、法院自聘等,人员进入的审查考核标准不统一、执行不规范,导致聘用制书记员素质参差不齐,对规则遵守、责任落实、制度执行的认识理解存在一定差异;另一方面,是聘用制书记员招录后归口各个部门使用管理,基于庞大的人员基数和不同的岗位分工,对聘用制书记员的日常管理多由所在部门进行,没有形成全院统一的管理制度,个别部门对聘用制书记员考核管理不严,导致聘用制书记员执法司法不规范行为的发生,影响了人民法院形象和司法公信力。

(三)聘用制书记员流动较为频繁,与法院黏合度低

从工作年限来看,泉州市两级人民法院聘用人员工作 10 年以上的占比较低,且该部分多数在后勤岗位(如驾驶员、文印等),较少人在审判执行一线,聘用人员对书记员职业的忠诚度和法院的归属感不高。从离职情况来看,近年来聘用制书记员辞职数量整体呈现波动上升趋势,聘用制书记员流动性较大,且经过了解,大部分离职人员的学历层次基本为法学类本科及以上学历,在法院工作的时间集中在半年到两年之间,离职之后的就业去向为辞职在家、律所、银行、公司或其他行政事业单位。

从总体情况来看,人民法院聘用制书记员队伍的稳定性较弱,与法官、办案团队整体的黏合度不高,存在“边招边流”现象,聘用制书记员离职原因主要集中在“工资低、福利待遇低、工作压力大、晋升难、职业归属感低”等方面。大量聘用制书记员流失,一方面,增加人力物力成本,启动一次招聘需要经过发布公告、笔试、面试、向相关部门报备等各种流程,程序复杂且耗时长,人员流失严重会加大招录成本;另一方面,影响团队凝聚力,人员辞职有时会引起群体效应,造成团队内部不稳定,短时间内没有合适人选补缺到岗,增加法官工作量,影响人民法院整体工作进度。

第二节　实践探索:聘用制书记员的考核现状

党的十八大以来,人民法院持续推进队伍的革命化、正规化、专业化、职业化建设。什么是职业化?就是将司法视为职业,所有人员的选聘、任用与管理根据工作规律和职业特点进行,把最优秀的人才吸引留在司法一线,这也正是司法改革的初衷。作为人民法院队伍的重要组成部分,聘用制书记员的职业化建设不容忽视。当前,各地人民法院纷纷探索运用考核“指挥棒”作用,提升聘用制书记员队伍的规范化管理水平,更好地服务保障审判执行工作。不过,当前聘用制书记员管理考评工作还存在较多问题,与岗位特点和职业发展不相适应,阻碍聘用制书记员队伍整体效能发挥。

一、聘用制书记员考核的司法实践

经调研发现,当前大部分人民法院都有将聘用制书记员作为单独序列来考核,但是考核基本流程是:首先由政治部公布考核方案,然后由聘用人员上报工作总结和自评打分,随后由相关部门负责人根据聘用人员的“德、能、勤、绩、廉”表现进行评估打分,按照不同档次确定聘用制书记员绩效考核结果,考核结果一般仅作为绩效奖金分档发放依据。这种以定性评价为主的考核方式存在以下问题:

(一)考核主观色彩较强,书记员职业荣誉感不高

1. 考核主客观评价失衡。传统“个人申报—部门推荐—分管院领导把关—党组议定”的考核模式下,对书记员定性评价过多,定量指标考核较少,且主要依靠团队长和部门负责人的个人感受评分,具有较大的主观性和随意性,导致主观评价的成分大于客观考核。对于考核结果,通常是由团队长和部门负责人提出考核建议,再转交各分管院领导签字确认,而分管院领导对于聘用制书记员日常工作表现并不熟悉,仅仅是在团队长和部门负责人评定的结果上加以确认,考核结果难以体现聘用制书记员的综合素质与真实水平。

2. 考核激励作用不明显。当前对聘用制书记员的考核内容完全统一,未能根据实际情况和工作内容进行有效区分,没有体现对不同类型书记员评价考核的差异性,容易引发“干多干少一个样、干好干坏一个样”的不良导向,难以调动书记员的工作积极性。同时,传统考核模式要求各分管院领导根据所分管书记员总数的比例提出优秀档次的人数,变相对优秀档次的人数予以“配额”,一定程度上滋生“轮流坐庄”“有奖平均发”“同吃大锅饭”等现象,导致考核成为“走过场”。

3. 考核反馈申诉不畅通。考核结果在运用于发放奖金后宣布结束,没有有效的反馈程序,评估和评估结果有的甚至没有公布给书记员,也没有建立相应的结果申诉机制,导致书记员对考核抱着“事不关己”的态度。考核结果的反馈应

该是考核中一个较重要的环节。如果考核结果不反馈给被考核对象,考核本身就失去意义。从某种角度来看,考核结果的反馈质量对考核的有效性起着决定性的作用。考核一旦缺少反馈环节,就会流于形式,难以起到激励书记员、促使其改进的目的。

(二)考核方式片面单一,书记员职业获得感不够

1. 考核内容针对性不强。书记员与法官助理岗位职责较易混淆,根据人员分类管理改革,书记员被明确分为审判辅助人员,这决定该群体难以保持自身的独立,具有与法官助理一同服务法官、服务案件的属性,从而导致法官助理与书记员之间的关联性紧密,特别是当法官助理紧缺时,一些聘任制书记员甚至承担着法官助理的工作,但对其工作量的评定却未予以区分,与普通书记员毫无二致。

2. 考核指标设置不全面。人民法院书记员岗位分工较为精细,工作量化难度大。一方面,是团队工作难界定,对于团队化、流水线工作较难界定每个人的工作范围和工作内容,工作岗位发生变化带来的工作业务变化无法及时准确确定和量化;另一方面,是临时工作被忽视,有些岗位临时性工作较多,难以用单一方法进行量化考核,一些岗位阶段性工作比较多,可能临时分配给相关聘用制书记员,但是这种非岗位职责内的工作内容和工作量往往被忽视而未被计入量化考核。

3. "工""酬"不对等。单一的工作量化方法导致聘用制书记员薪酬待遇与劳动付出极易出现不对等的情况,薪资待遇无法充分调动书记员的工作积极性和主动性。一方面,出现"同工不同酬"现象,例如,当前人民法院书记员包括省级财政保障的聘用制书记员、劳务派遣用工制书记员和单位自行招聘书记员,上述人员所从事的工作内容大体一致,但是他们薪资待遇却不尽相同,影响审判团队内部和谐稳定。另一方面,出现"同酬不同工"现象,同批次的书记员会因为所在业务庭(室)不同,工作内容有所区别,其工作难度、强度也不尽相同,这种"忙闲不均"情况极易导致队伍不稳定。

(三)考核结果应用不足,书记员职业归属感不强

1. "角色期望"难以实现。从"角色理论"的角度来看,法院聘用制书记员对自身的认同感等都影响着其是否能够在聘用制书记员这一角色中扮演成功,将其运作顺利且有效。因为处在编制外,部分聘用制书记员从心理上对法院有疏远感,感觉自己是“临时工”,无法产生归属感,这也就造就了一旦有机会到其他更稳定的单位或者考取公务员、事业单位,都会选择离开的现实局面。当前,人民法院绩效考核结果尚无法与书记员编制转换相挂钩,也就是说优秀的市聘、院聘书记员无法通过平时业绩考核直接进入省聘书记员行列,省聘书记员也很少因工作业绩表现差被退出该序列,省聘、市聘、院聘之间编制转换的渠道尚未打通。

2.“职业期许”无法回应。当前,大多数人民法院仅用考核结果来决定续聘或辞退,并没有作为岗位调整、等级晋升、培养激励的重要依据,“一聘定终身”的局面难打破。换句话说,对聘用制书记员的绩效考核并没有对其起到约束,因为没有相应的处罚,无论绩效考核结果的好坏,都不会影响聘用制书记员自身的利益。目前很多人民法院尚未开展聘用制书记员等级管理,一方面,既没有拉开差距,让能力强的书记员在职务等级中得到激励;另一方面,也很少让能力差、考核不合格的聘用人员受到降级的处罚,“能上能下、能进能出”的书记员管理格局尚未建立。由于未能在个人长远发展和等级评价中得到认同和鼓励,很多聘用制书记员对职业的认同感和对法院的归属感不强,常常把法院工作当作一个阶段工作的“跳板”,致使工作热情减弱,无法融入组织当中,造成队伍“常来常往”的局面。

二、聘用制书记员考核上级政策导向

自2017年最高人民法院会同三部门颁布《人民法院、人民检察院聘用制书记员管理制度改革方案(试行)》以来,“司法人员分类管理改革的最后一块制度拼图已经到位”。近年来,党委和各级人民法院通过会议、文件、解读等形式,对聘用制书记员管理工作进一步予以细化规定,为我们健全完善聘用制书记员考核管理机制提供了理论支撑和方向指导。具体可以归纳为以下几个方面政策导向。

(一)坚持定性定量相结合的考核评价机制,确保对聘用制书记员全面评价

对聘用制书记员的考核,要结合司法规律和职业特点,以政治素质和工作实绩为重点,对书记员德、能、勤、绩、廉进行全面考核和综合评价,注重听取所在部门负责人或所在团队法官的意见,突出对工作质量、效率、效果的考核,按照简便易行的标准设计考核指标和规则。坚持定性定量相结合方式,健全完善让数字

说话的考核体系,立足实际,科学设置考核指标、权重、方法,合理确定考核周期、考核等次,实现对聘用制书记员的业绩进行适时、全面、公开、灵活、科学、持续的评价。

(二)构建"能进能出"相挂钩的考核反馈机制,实现对聘用制书记员动态管理

中共中央《关于深化党和国家机构改革的决定》中提出,"严格控制编外聘用人员,从严规范适用岗位、职责权限和各项管理制度"。最高人民法院和福建省高级人民法院相关文件也均明确,对聘用制书记员实行总量控制、动态调整。为实现对聘用人员"严控增量、优化存量、动态管理"的要求,如最高人民法院提出,"对于考核不合格的聘用制书记员,要进行培训或者调整工作岗位。经过培训或者调整工作岗位后仍不能胜任工作的,人民法院可以依法解除劳动关系",福建省高级人民法院同样明确,"对年度考核不合格的视为不能胜任工作,可以调整出聘用制书记员岗位"。可见,需要构建"能进能出"相挂钩的考核反馈机制,方能实现对聘用制书记员"严控增量、优化存量、动态管理"的要求。

(三)打造"能上能下"相促进的考核应用机制,加强对聘用制书记员职业保障

最高人民法院《关于加强人民法院聘用制书记员管理工作的意见》提出,"对聘用制书记员实行等级管理,建立健全符合聘用制书记员职业特点的等级管理制度,并把考核结果与聘用制书记员等级确定与升降相挂钩"。《福建法院聘用制书记员管理办法(试行)》提出,"对聘用制书记员实行能级管理,晋升岗位能级必须经过晋级考核考试,年度考核结果作为岗位能级晋升的重要依据"。只有把考核结果应用到人员等级晋升中,不断完善激励措施,拓宽职业发展空间,才能不断增强聘用制书记员职业认同感和荣誉感。

第三节 构建图景:聘用制书记员的考核细案

党的二十大报告提出:"完善干部考核评价体系,引导干部树立和践行正确政绩观,推动干部能上能下、能进能出,形成能者上、优者奖、庸者下、劣者汰的良好局面。"面对聘用制书记员这一庞大群体,怎样吸引高素质的人才"留得住"?怎样才能更好地进行科学的管理?怎样才能激起他们的工作积极性?怎样才能让他们有一个长久的、安定的工作?怎样才能促进他们的事业发展?毋庸置疑,建立一套科学合理的分类量化考核机制,促进聘用制书记员科学使用和管理,激发工作积极性,增强职业荣誉感和获得感,让高质量高水平的聘用制书记员更好参与基层人民法院工作,这是优化人民法院人员资源配置,有序开展审判执行工作的“定心丸”。根据《中华人民共和国劳动法》、《中华人民共和国劳动合同法》、《人民法院、人民检察院聘用制书记员管理制度改革方案(试行)》、最高人民法院《关于加强人民法院聘用制书记员管理工作的意见》、《福建法院聘用制书记员管理办法(试行)》等规定,泉州市两级人民法院初步探索了一套与聘用制书记员职业发展相适应的分类量化考核办法。

一、聘用制书记员考核总体原则

绩效考核是一项综合性、系统性工作,立足聘用制书记员工作规律和职业特点,对聘用制书记员进行分类量化考核应遵循以下四个方面的原则。

(一)工作质效导向原则

量化考核体系不应只是模式化、程序化的公式内容,量化考核的目的是奖优罚劣、激励争先。因此,无论是考核目标的确立、划分,还是考核细则的修改,都应在完成单位整体质效的基础上,将工作质效反映的问题及时总结归纳,继而调整部门整体目标和个人岗位目标,体现在关键绩效指标的选取上。结合人民法院工作的实际需要,聘用制书记员量化考核应坚持以工作实绩考核为重点,按照政治与业务深度融合要求,主要突出对工作质量、工作效率和工作效果三个维度的考核。

(二)平衡主客观评价原则

定性定量相结合的方式既能保证考核的公正和准确,又能对聘用制书记员的工作状态进行准确了解,为培养人才和岗位调配提供数据支持,确保全面衡量和评价聘用制书记员的综合素质。因此,为平衡主客观评价对绩效考核的影响,在定量定性相结合的基础上,要把业绩指标、共性指标和综合评价作为抓手,平衡好主观分值权重和客观分值权重,重视对工作能力和工作作风的综合考量,并结合民主测评等方式,广泛征求部门负责人和所在团队法官意见。

(三)全程公开公示原则

加强聘用制书记员考核的透明度,广泛征求被考核者和考核者的意见和建议,修订分类量化考核方案实施细则,并通过单位内网进行发布,让被考核者明确其在分类量化考核过程中如何参与、获知考核结果的渠道和方式、如何进行考核结果反馈及申诉、考核结果运用的具体内容等。考核过程中,本着客观真实的原则,做到"一把尺子量到底",严格以聘用制书记员的考核得分为依据在部门内部或者职责相近的本院同类岗位之间进行排名比较,激发聘用制书记员的工作热情和提高工作积极性。

(四)打破平均主义原则

如果只是"平均分配""大锅饭"的"老好人"思想,那么工作成绩差距则没有意义,而奖励则变成了一种福利,不能产生任何的激励。因此,在聘用制书记员分类量化考核中,坚决打破"平均主义",坚持报酬和业绩挂钩,坚持"多劳多得、少劳少得、不劳不得",赏罚分明。同时,扩大考核结果的适用范围,考核结果与奖惩机制的紧密结合,引导聘用人员重视个人创造的价值,激励书记员不断开拓进取,争创佳绩。

二、聘用制书记员考核主要方法

为满足对聘用制书记员的工作业绩进行适时、全面、公开、灵活、科学、持续的评价,在坚持分类评价与统一评价、定量评价与定性评价、客观考评与主观打分、重点评价与全面评价、定岗评价与转岗评价、个人评价与部门评价、平时评价与年度评价、业绩评价与业绩档案等相结合的基础上,充分考虑聘用制书记员工作规律和职业特点,采用简便有效的考核方法。

(一)分类量化考核法

为避免"不同岗位人员按照同一量化考核体系不科学不公平"问题,考虑到各类聘用制书记员工作的差异性较大,对聘用制审判类书记员和聘用制执行类书记员进行分类考核,在考勤、归档、退诉讼费、笔录质量、司法礼仪、学习培训等方面设置共性指标,并按照岗位职责、工作特点的不同分别设置个性化的业绩指标,确保兼顾审判、执行类聘用制书记员的特点,强化精准性、体现差异性。

(二)关键业绩指标法

关键业绩指标是通过对聘用制书记员岗位角色和工作内容进行分析,明确与各项岗位职责相对应的工作目标,将法院工作目标分解成个人目标,继而明确书记员的量化考核指标,例如,从聘用制审判类书记员岗位职责清单中抽取庭审记录数和跟案数作为重要业绩指标,分类设置量化考核指标和标准,确定指标值的上下限,体现指标的关联性和导向作用,实现考核的激励作用,避免盲目追求指标数值。

（三）岗位目标管理法

岗位目标是各业务主管部门根据人民法院工作目标和部门目标，量化确定聘用制书记员个人的工作目标，主管部门定期跟踪个人目标的完成情况确定考核得分。例如，对聘用制审判类书记员和聘用制执行类书记员，根据所跟法官结案数量确定书记员考核期限内应归档数量，并以未完成归档数确定书记员在归档业绩得分情况；又如，根据当月生效裁判或执行文书确定书记员期限内应完成退诉讼费任务数，并以未退诉讼费情况确定书记员在退诉讼费业绩得分情况，确保法院、部门目标任务层层分解、落实到人。

（四）多元维度评价法

为确保主观评价全面、准确，避免"千人一面""人情打分"等行为，凡是与聘用制书记员有工作关系的主体都尽量参与对被考核者的评价，这些评价主要源于部门领导、部门干警以及书管室等内外部各个维度，同时法官对聘用制书记员的考核等次有一定建议权。通过这种全方位的评价，被考核者得到与自己劳动付出相对匹配的考核结果，通过考核情况可以清晰地明确自己各方面的优劣，扬长避短。

三、聘用制书记员考核的主体

量化考核主体是组织量化考核的部门和个人，承担着人员绩效考核的主要职责。根据最高人民法院《关于加强人民法院聘用制书记员管理工作的意见》提出的"探索集中管理、统一调配的聘用制书记员管理模式"要求，探索建立统一的书记员管理办公室（以下简称书管室），负责全体书记员（含省聘、市聘和院聘）的业务培训、测评考核、定级定档、评先评优、晋升退出等工作，按照不同岗位工作性质对书记员进行分组管理，由业务熟悉的法官助理担任组长、并配备2名书记员担任副组长协助管理。因此，区别于员额法官、法官助理等由政治部组织实施绩效考核的模式，由书管室作为聘用制书记员的专门考核主体，统筹负责分类量化考核事宜，能够进一步推动聘用制书记员绩效考核的规范化和专业化。

此外，其他相关职能部门为聘用制书记员的考核工作提供有力配合，政治部提供聘用制书记员上班考勤、司法礼仪、技能比赛等情况，审判管理部门、执行局提供聘用制书记员跟案数、记录数、执行工作业绩等数据情况，督察室牵头组织对聘用制书记员遵守制度情况、开庭着装等司法礼仪等进行检查，提供督察检查情况，各部门负责人、庭室干警根据聘用制书记员工作业绩、工作能力和工作作风表现情况进行综合评价打分。

四、聘用制书记员考核内容和程序

对聘用制书记员考核主要采取月度绩效考核、季度绩效考核和年度绩效考核三种方式，考核指标计分采用基础分结合加减分的方式。具体工作量在基础分中体现，加减分指标以工作质效为主要标准，围绕完成审判辅助工作的质量、效率、效果进行设置。根据审判类书记员和执行类书记员工作职责和岗位要求的差异，分别设置具体考核内容和权重如下：

（一）聘用制书记员月度考核

1.基础分。采取百分制，主要体现工作业绩，采用关键业绩指标。（1）聘任制审判类书记员的工作业绩主要包括：跟案数、记录数（含次数和页数）、折算数（含结案折算和内务折算）。跟案数指考核区间内分配给书记员的案件数量。记录数指考核区间内书记员所作的开庭笔录、提审（讯问）笔录、调查笔录、询问笔录、听证笔录、合议笔录、专业法官会议讨论笔录、审委会笔录等笔录的次数和页数。结案折算数指根据折算规则计算得出的案件数量。内务折算数指内勤、党务专员等内务工作折算得出的案件数量。（2）聘用制执行类书记员因实行分段集约，工作业绩由执行局根据该书记员的工作完成情况进行量化排名后报书管室核算。具体包括执行立案信息登记和录入，执行过程中听证、调查、询问等记录和相关格式文书的填写，在法官的授权下对被执行人财产实施网络查询、提起控制，失信被执行人信息录入、屏蔽，发送执行法律文书等执行事务，由执行局根据各项执行事务工作设定折算计分标准。

2.扣分项。主要包括共性指标和业绩指标。共性指标包括考勤、司法礼仪、学习培训，按照相关规定和情况进行扣分，例如“正当理由迟到或早退一次扣0.5分、旷工半日扣3分”。业绩指标包括上诉（复议）移送、归档、退诉讼费、笔录质量、庭前准备，由于上述事项工作内容相对固定、规范要求明确具体，特别是对内容质量、完成时限的工作标准较为明确，因此采取“按件计分结合加减分模式”进行指标计分，如未在规定期限内移送上诉（复议）案件的，未在规定期限内归档的，未在规定期限内退还诉讼费的，笔录质量发现明显错误或存在瑕疵的，庭前准备工作不充分、不规范的,按照相应情况按件数计算指标扣分。

3. 加分项。主要包括参加全院性特殊工作任务等,如在本单位大型会议或活动中担任工作人员且表现良好的,担任小组长(副组长)表现比较突出的,撰写调研信息宣传的,上述这些聘用制书记员岗位职能之外的工作任务,视情况予以相应加分。

聘用制书记员月度考核由书管室在每月结束后10个工作日内组织进行,根据月度考核量化排名情况,审判岗位书记员第1~3名和执行岗位书记员第1名评为"月度优秀书记员",列入执法办案竞赛光荣榜,年度绩效每次加2分。

(二)聘用制书记员季度考核

1. 基础分。采取百分制,由工作业绩、综合评价两部分组成。

(1)工作业绩。根据最高人民法院下发的《法院人员工作指引(征求意见稿)》提出的"业绩指标分值不低于满分分值的60%",工作业绩占基础分的80%,计算方法采用平均分模式,即该季度内的月工作业绩平均得分乘以80%。这种计算方法是基于每月工作业绩指标计分均已囊括聘用制书记员全部工作量,本着"简便有效"的考核原则,无须在季度考核中重复统计增加考核人员工作量,且平均分模式能较好体现聘用制书记员一段时间内的工作质效是否稳定,具有较科学的参考价值和计分依据。

(2)综合评价。综合评价设定占基础分的20%,由书记员所在部门领导、庭室干警以及书管室根据该书记员的表现情况按照好、较好、一般、较差四个档次进行评价,四个档次采取阶梯式评价得分方式计分。其中部门领导评价占40%,部门干警和书管室评价各占30%。评为"好"档次的人数比例不超过40%。

2. 扣分项、加分项。季度扣(加)分计算方法为季度内的每月扣(加)分总和。

聘用制书记员季度考核由书管室在每季度结束后10个工作日内组织进行,根据季度考核量化排名情况,对审判和执行岗位书记员分别排名前40%的,年度绩效每次加2分。

(三)聘用制书记员年度考核

1. 基础分。采取百分制,计算方式采用平均分模式,即该年度内各季度绩效考核平均得分。

2. 加分项。包括月度优秀加分、季度优秀加分和技能竞赛加分三部分。按照月度优秀加2分、季度优秀加2分,技能竞赛每年举办一次,根据竞赛结果名次分别予以年度绩效加分。

聘用制书记员年度考核由书管室在每年审判管理统计日结束后 30 日内组织进行年度考核,根据年度绩效考核排名的位次发放年度绩效奖金。同时结合聘用制书记员合同制管理的特点,对聘用制书记员考核还应包括试用期考核和聘期考核,确保将人员考核与队伍日常管理相融合。试用期考核结果分为合格和不合格两个等级,考核合格者可予以确认聘用。聘期考核结果分为合格和不合格两个等次,考核合格者可予以续聘。

五、聘用制书记员量化考核的创新运用

以工作质效为核心的量化考核,结果运用是关键。考核是为了激励引导聘用人员以更好的状态、更实的作风推进工作,如果"只刮风,不下雨",将考核结果"束之高阁"、弃之不用,长此以往,就会出现考核失去"药效"的情况。因此,要将量化考核结果与绩效奖金、等级晋升、合同续签等挂钩,从而进一步优化薪酬待遇结构,以解决获得感不够问题,使之服务审判更有干头;进一步畅通等级晋升渠道,以解决归属感不强问题,使之提素增能更有奔头;进一步加强奖优罚劣,以解决荣誉感不高的问题,使之担当作为更有劲头。

结合当前因晋升空间狭窄引起的聘用制书记员队伍不稳定、职业认同感不强的问题,深入探索对聘用制书记员考核结果的创新运用模式。一是与书记员等级管理相挂钩,将聘用制书记员职务等次按照由高至低顺序分为一级书记员、二级书记员、三级书记员、四级书记员、五级书记员等五级进阶,设置相应等次职数核定和晋级年限,实行工龄工资与等级工资结合按月发放制度,解决聘用制书记员发展难、晋升难的实践盲点。二是与法官助理选聘相挂钩,以内部转任的形式从聘用制书记员队伍中选任素质高、能力好、专业强的聘用制法官助理,促进聘用制书记员与聘用制法官助理相互流转、相互成长、互为依靠的良性循环。

第十一章　其他聘用制人员:推行以服务保障为核心的量化考核

基于诉讼案件增长的客观事实和审判辅助人员改革的路径,法院聘用制人员作为重要的补充和辅助力量应运而生,越来越多人民法院采用向社会公开招聘辅助人员的方式缓解“案多人少”矛盾。目前,招聘的岗位除聘用制书记员①外,还有司法警务辅助人员、计算机运维人员、文秘、车队驾驶员、食堂服务人员等。经过几年的探索运行,这些聘用制人员对于服务保障人民法院审判质效提升和推动法院工作科学发展都有着不可或缺的作用。但也出现了新的问题:现有聘用制人员数量多占比大、构成复杂多元,素质高技能水平好的聘用制人员离职率高;部分在岗人员工作积极性不高,这些问题制约了人民法院工作效率的进一步提高。究其原因,主要是缺乏科学有效的绩效激励机制。考虑该群体人员在人民法院职能发挥、审执工作保障等方面的重要作用,亟待加强对该群体人员队伍的科学化、精准化、系统化管理考核,推动人员队伍规范化、制度化、法治化建设。

---

① 因聘用制书记员已在本书第十章详细论述,故本章节讨论的聘用制人员主要为除聘用制书记员以外的其他人员。

第一节　群体特点：其他聘用制人员的岗位职责和发展现状

聘用制人员是在社会经济持续发展形势下，人民法院的社会治理和公共服务广度深度不断拓展而催生的用于弥补用人缺口的岗位人员。聘用制人员采用合同制，不具有行政编制，多分布于工勤、服务岗位，工作内容相对繁杂而薪酬待遇较低，加之人民法院系统对于聘用制人员的绩效考核重视程度有待加强，相应的管理措施跟不上，目前聘用制人员队伍呈现人事管理有效性不足、人员流动过于频繁、队伍不稳定的现象，使人民法院总体工作效能也受到一定影响。

一、其他聘用制人员的分类和职责内容

根据岗位特点和工作职责不同，可将聘用制人员（除聘用制书记员）划分为以下类型：

（1）文职类聘用人员。文职类聘用人员主要集中在文印、宣传、窗口服务、指挥中心、后勤综合等岗位，多以公文收发流转、文书排版印刷、数据报表制作、宣传设计编辑等行政后勤事务为主。

（2）勤务类聘用人员。勤务类聘用人员主要为司法警务辅助人员，主要职责是协助司法警察进行安检、押解、值庭、看管、安保处突、配合强制执行等警务工作及领导交办的其他工作，确保人民法院机关安全、维护法院正常办公秩序。

（3）保障类聘用人员。保障类聘用人员主要集中在计算机设备运维人员、车队驾驶员和食堂人员等。计算机运维人员主要负责日常审判执行工作系统的维护更新、办公设备的检修更换以及一定的信息网络安全保障责任；车队驾驶员主要负责为审判执行中心工作提供安全规范的执勤用车服务保障以及日常的车辆保养和维修；食堂人员主要负责为全院干警、公务接待等提供用餐服务保障。

二、其他聘用制人员的岗位特点

聘用制人员实行合同化管理，薪酬待遇较低，晋升发展渠道受限，社会认知和认同感不足，这导致工作归属感和荣誉感低，人员流动性大，无法全面有效激发人员工作能力。

（一）收入较低，易产生心理落差

现阶段一般基层人民法院的在职在编人员，往往实行上级单位的“三定方案”即定职能、定岗位、定人员。其中，“定人员”是指定中央政法编制。而这些编制人员的办公经费、公共福利、固定工资等，由中央财政补贴一部分，剩下的工资余额部分，由各区县财政划拨一笔专门款项补贴基层在职在编司法工作者，这些工资薪酬基本上能够满足一个家庭的日常生活开销。而人民法院聘用制人员的薪酬总体偏低，加之工作任务繁重，聘用制人员加班加点成为工作常态，但绩效奖励与之不相匹配，导致很多聘用制人员产生心理落差。

（二）人员流动性大，队伍政治业务素养亟待提升

聘用制人员队伍年轻化，大部分为刚刚踏入社会的毕业生，多数是为了暂时缓解繁重的就业压力，一旦有更好的职业选择就会辞职，使聘用制人员队伍陷入“招收—辞职—招收”的循环模式。同时，由于招收录用标准不高，且各地各自招录、各自使用，有的聘用制人员对于人民法院工作并没有太多的情怀，对于从事司法服务保障工作所需要的必备技能与法律常识知之甚少，自主学习的主动性和积极性也不高，导致其政治素养普遍不够高、技能不够精、履职能力欠缺，难以适应现实工作和实战需求。

（三）职业尊荣感较低，缺乏一定的发展前景

该类聘用制人员并非人民法院审判执行辅助工作的主力军，常常被习惯性边缘化。人民法院系统内部也未根据聘用制人员的工作年限、文化水平、专业特长、工作业绩等综合情况确定等级并对其实行分级管理，同时也缺乏科学的评定机制和晋升机制。晋升渠道的不畅，使聘用制人员的专业水平、工作能力和个人价值得不到充分体现，缺少职业尊荣感，和努力向上的驱动力，难以通过自主学习提升个人能力、体能素质、法律知识等各方面的技能知识水平，进而无法带来工作效率的有效提升。

三、其他聘用制人员的职业困境

（一）思维盲区——遭遇群体定位的内生性障碍

有的基层人民法院在引入聘用制人员时往往都是图一时之需，解决“人手不足”的问题，初始招聘理念中存在定位误区。在角色定位上，人民法院对聘用制人员的个人价值认识不足，对这一群体队伍建设重视程度不够，且没有认识到这

一群体可为当地民众提供本土化的诉讼服务；在主体定位上，这一群体队伍建设往往以基层人民法院为中心而非以聘用人员个体价值实现为中心，人员管理从人民法院内部需求的角度推进，主要考虑的是如何方便管理，对聘用人员各方面需求考虑不够。

（二）认同缺失——遭遇社会认同的外源性障碍

人民法院聘用制人员在社会上统称“编外人员”。由于管理制度在实际操作过程中被区别适用，导致聘用制人员的工作积极性不高。这一群体具有很强的临时性，他们中有的人员往往只注重短期效果，缺乏归属感、安全感、认同感。

第二节　问题剖析：其他聘用制人员考核的现实考量

在人民法院人力资源管理中，聘用制人员往往会将自己报酬程度与努力程度之比和编制内干警报酬程度与努力程度进行比较，其工作积极性和满意感容易受挫。只有从根本上解决聘用制人员的绩效激励问题，坚决消除“只是临时工”的自卑心态，才能激发出聘用制人员队伍的强大工作动力，促使他们发挥最大的主观能动性，更好地完成组织目标，从而实现个人因工作成就而获得的激励和组织整体绩效的提升。

一、其他聘用制人员考核的实践意义

健全完善聘用制人员考核机制，为人民法院建立科学的人力资源管理制度，实现聘用制人员绩效考核体系的持续优化，对提升聘用制人员的职业荣誉感以及职业获得感，更好地服务审判执行工作，为人民法院系统聘用制人员的职业发展提供合理化建议都具有非常重要的现实意义和实践价值。

（一）加强其他聘用制人员的日常监督和管理

管好用好聘用制人员事关人民法院队伍整体形象，事关人民法院工作高质量发展。健全完善聘用制人员考核机制，有助于夯实聘用制人员监督管理，促使每个聘用制人员行为规范、作风优良，切实提高聘用制人员监督管理实效实绩。

（二）激发其他聘用制人员的工作动力和潜能

员工激励合理的绩效考核机制，通过设定明确的薪酬体系和晋升渠道，实现“工”“薪”相互对等，激发聘用制人员工作热情和积极性，同时引导聘用制人员

明确自己的职业发展方向和目标，从而挖掘聘用制人员的工作潜能，提高工作效率和质量。

（三）提升其他聘用制人员的职业尊荣和认同

通过健全绩效考核机制，改进人员晋级及工资调整机制，体现人文关怀和尊重，能够进一步增强聘用制人员认同感。同时，加大对优秀人员事迹宣传力度进而增强其荣誉感，对绩效考核排名靠后的人员进行谈心谈话，了解并帮助解决其工作困难和问题，进一步增强归属感。

二、其他聘用制人员考核的运行困境

（一）其他聘用制人员考核的实践样本

为破解聘用制人员管理监督难题，探究聘用制人员绩效考核机制存在的问题，挖掘内隐的、影响聘用制人员工作绩效的因素，通过总结各地人民法院的考核实践发现，对于聘用制人员的考核规定大部分集中于对聘用制书记员基于司法审判辅助人员角色的考核，多数人民法院并未对聘用制人员实施专门绩效考核，而部分有对于其他聘用制人员出台的考核规定，其内容也较为原则和宽泛，缺乏针对性和可操作性。实践中对聘用制人员的考核主要有以下三种模式：

1. 参照上级管理模式。部分人民法院没有出台针对聘用制人员单独的绩效考核办法，而是参照上级规定对聘用制人员进行管理。

2. 民主测评模式。部分人民法院对聘用制人员的考核参照公务员的年度考核模式采取民主投票的方式，由全体工作人员、部门负责人、分管领导分别投票，按照不同的权重得分核算出最终得分，根据得分划分档次。考核范围是全体聘用制人员，不分岗位、级别、工作量等，所有人员在一张测评表内。考核周期为一年考核一次，根据评价结果分为若干个等级。对于表现优秀的，按照一定的优秀比例确定优秀名额，给予内部表彰或者下一年度增资奖励。对于排名最后几名，定为不合格档次，需轮岗或者劝退。

3. “工作业绩＋民主测评”模式。部分人民法院对聘用制人员的考核结合工作业绩和民主投票，对不同部门岗位性质分别考核，考核内容、考核结果由部门自行制定汇总，根据分配给部门各等次比例，确定同一部门人员等次及各等次人员数量。如立案庭人员考核、刑事审判庭辅助人员考核等，互相不占用其他部门的名额，根据考核结果，发放不同档次的绩效工资。

(二)其他聘用制人员考核的问题检视

通过上文所述的几种考核模式来看,部分人民法院对于聘用制人员绩效考核存在考核规则欠缺、考核内容主观、考核结果运用流于形式等问题,导致未能实现绩效考核的应有目标,更不能提升法院整体的工作效能。

1.绩效考核规定细则不完善

目前法院聘用制人员队伍规模较大,人员众多,因各岗位性质和工作内容迥异,相应的管理考核也应有所区别,但现有对聘用制人员的考核评估和监督制约机制还存在提升空间。部分人民法院未出台相应的考核规则,出台规则的人民法院,其相关规定内容较为宏观宽泛,多为原则性规定,缺乏可操作性,在具体实践工作中,难以针对不同岗位和工作性质的聘用制人员进行科学全面的考核评估,难以发挥效用、实现有效约束力。

2.绩效考核指标内容主观化

因聘用制人员岗位特点,其工作实绩的量化考核存在一定难度,现有绩效考核规定的考核内容基本以民主评价的形式为主,对于其是否完成工作及工作的完成质效如何主要由部门负责人评定,主观因素影响过大。这种简单的主观评价方式不能全面反映聘用制人员的工作实绩,也会影响对相应奖励的公平感。绩效考核指标设置时需将主客观项目结合,尽量考虑不同岗位人群的职责特点,实现利用考核将真正优秀的人选拔出来,形成更加有效的激励机制。

3.绩效考核结果运用形式化

一方面,在人员缺乏、考核制度不完善的情况下,有的部门出现“轮流优秀”的现象,使聘用制人员差异化的工作成绩,并不能在福利待遇上有着可视化体现,绩效考核结果对于聘用制人员履职尽责的驱动力明显不足。另一方面,人民法院耗费大量精力和人力实施绩效考核,但只停留在评选出优秀和良好等次人员,未进一步推进将考核结果运用到培训、深造机会的优先推荐等方面,对于年轻的聘用制人员而言,他们对工作的期待不仅是薪酬方面,更注重个人长远的职业发展和能力提升。

4.绩效考核沟通反馈不积极

真诚的绩效沟通可以促进绩效反馈的良性循环。考核评价主体在评价前后,必须要有足够的沟通作支撑,即事前对工作内容是否变化、岗位目标是否修正、工作量是否调整的沟通,事中对绩效考核过程中出现问题的沟通,事后对绩效结果的反馈沟通，以及根据绩效考核结果对聘用制人员的工作偏差进行指导和及时纠正。但现实中绩效沟通反馈不及时，导致干警对绩效考核结果不知情甚至不在意，绩效考核结果流于形式。

第三节　框架建构：其他聘用制人员的考核路径

科学合理的绩效考核机制，应当树立讲担当、树担当、改革创新、干事创业的鲜明导向，结合岗位职能特点，按照简便易行的标准设计考核指标和规则，在实现奖优罚劣的同时，不仅能激励先进，还能鞭策后进。绩效考核体系的关键是考核目标明确、考核指标科学、考核制度完善、考核结果运用反馈及宣传。针对聘用制人员的绩效考核应以提高辅助工作的效率以实现整体司法效率为目标，根据不同工作性质设计完善绩效考核制度，在绩效考核宣传中，让聘用制人员知晓其可获得的激励，从而提升自身工作价值。

一、其他聘用制人员考核的总体思路

针对其他聘用制人员的考核，总体思路如下：

一是设置考核指标时，要树立工作质效导向，将对聘用制人员的考核与提升人民法院总体工作效能的整体目标结合起来，并将考核指标个人得分和部门得分相绑定，提高部门人员之间的配合能力，增强组织凝聚力。

二是绩效考核要体现公正并不断强化目标激励效果，让有能力者获得更大的激励。对绩效考核的全过程和结果进行公开，对考核过程中的反馈及时进行处理和答复，确保绩效考核的公开、公正、透明。

三是绩效考核也要体现出对聘用制人员符合组织目标的行为及时评价、鼓励，以便实现聘用制人员的组织激励和个人激励。同时，要严格执行绩效考核结果，充分发挥"鲶鱼效应"，激发工作活力。

二、其他聘用制人员考核的指标设定

（一）文职类聘用制人员的考核指标设定

文职类聘用制人员主要集中于综合行政后勤岗位，因其岗位事务的特殊性存在一定量化困难，故其考核评价实行亮岗晒绩和述职测评，结合平时一贯表现

和关键时刻表现进行综合考评。亮岗晒绩主要由考核对象对照职责任务和工作实绩,填写“3+1”实绩表,即本季度内最能体现自己工作能力及成效的三项工作和最不满意的一项工作。述职测评主要指召开部门会议,由考核对象汇报季度或年度履职情况,重点汇报“3+1”实绩,分管领导、部门负责人、普通干警以无记名投票方式进行测评,并按不同权重计分。

(二)勤务类聘用制人员的考核指标设定

勤务类聘用人员主要为司法警务辅助人员,其绩效考核的内容应当紧密结合辅警岗位职责,注重具体指标与日常工作、阶段目标、交办任务有机结合,尽可能确保考核的科学合理、全面系统和精准有效。根据现实情况,辅警的绩效考核指标主要由以下三部分组成:日常工作表现、突出工作业绩和综合民主测评。

(1)日常工作表现:主要包括值班安保、警务保障、警务技能、志愿服务和警容风纪。该部分由法警支队根据量化评分细则进行日常管理工作表现评价打分。

①值班安保。重点考虑有效处置突发事件;查获危险品并妥善处置;参与完成重要安保任务等。

②警务保障。包括参加诉讼案件庭审警务保障和专项执行行动警务协助。

③警务技能。积极参加集训,配合训练、演练活动;参加上级组织的各类培训、技能考核、竞赛。

④志愿服务。参加支队及上级组织的集体活动;完成上级交办的其他工作;参与志愿者服务;参加支队安排的其他公务(勤务)。

⑤警容风纪。按要求着警服;严格遵守廉洁自律规定等。

(2)突出工作业绩:主要包括有效处突、训练考核和其他公务。该项由辅警申报,并经相关主管部门和政治部审核。

①有效处突。做好院机关、人民法庭安全保卫工作,发生突发事件或紧急情况立即汇报并到场有效处置的情况。

②训练考核。积极参加实战技能训练,在体能测试、技能竞赛中取得名次的情况。

③其他公务。参加院重要活动的情况。

(3)综合民主测评:包括领导评价、干警评价和自评互评。

①领导评价。由辅警所在岗位的分管领导对辅警人员进行评价打分。

②干警评价。由支队全体法警对辅警人员进行评价打分。

③自评互评。召开辅警工作会议对全体辅警人员的日常服务进行自评互评。

(三)保障类聘用制人员的考核指标设定

1. 车队聘用人员考核指标设定

车队聘用人员的考核指标设定主要包含日常工作表现和综合民主测评两部分。

(1)日常管理工作表现。由行装处根据量化评分细则进行日常管理工作表现评价打分。

①交通安全。要求驾驶员要坚持“安全第一、预防为主”的安全方针,严格遵守交通规则和操作规程,做到安全行车,保持稳定,不违章,更不应因违章违法而造成交通事故。

②服从安排。要求驾驶员积极配合负责人的调度(夜班、休息日或法定节假日出车等)及其他事务。

③爱护车辆。要求驾驶员应爱护车辆,注意平常用车的保养,发车前、运行中及收车后要勤于检查车况,使车况随时处于良好状态,尽量减少损耗。保持车容整洁,车内干净等。

④日常考勤。要求驾驶员应严格遵守考勤制度。

⑤礼貌仪容。要求驾驶员仪容仪表得体,不在车内抽烟,接人待物注意个人形象等。

⑥无出车时表现。要求未经调派的车辆必须停放在指定位置,严禁乱停乱放;无出车时应在单位待命等。

(2)综合民主测评:包括领导评价和干警评价。

①领导评价。由相关领导对聘用人员进行评价打分,领导包括但不限于分管院领导、行装处处长、行装处分管副处长、行装处负责车队工作的干警。

②干警评价。由全院干警对车队司机的日常服务进行评价。

2. 食堂聘用人员考核指标设定

食堂聘用人员的考核指标设定主要包含日常工作表现和综合民主测评两部分。

(1)日常管理工作表现。由行装处根据量化评分细则进行日常管理工作表现评价打分。

①服从安排。要求食堂人员服从工作安排,保障干警用餐和公务接待需求。

②热情服务。要求食堂人员在现场保障过程中服务态度端正热情;现场保障过程中处理应急情况及时有效。

③工作标准。

厨师:具体负责本院机关食堂工作日三餐菜品的烹饪制作;把关食材质量安全,确保饭菜味美价廉,样式多变;严格执行用餐时间,保证准时用餐;及时清洗炊具和灶具,保持用餐卫生;负责工作人员因工作需要加班(包括法定节假日)时的用餐制作及本院公务接待用餐的制作;办理综合办公室下达的其他临时性制餐任务。

服务员:按照食堂管理安排做好就餐服务、卫生保洁及其他日常工作任务;听从主厨安排做好洗菜、配菜,协助主厨开展厨房管理工作;协助主厨完成食堂各餐的烹制工作,把关食品质量卫生,无过期变质食品;供餐时负责及时添加饭、菜,供餐完毕后对餐厅地面、桌面进行卫生清理、清洁,对餐具进行清洗消毒,确保食堂的清洁卫生。

甜点师:负责实施面点加工计划,面点质量好;加工技术手艺娴熟,避免造成面点食材浪费。

④环境卫生和食品安全卫生。注意个人仪容仪表和个人卫生,保障用餐环境卫生和食品安全卫生,避免因个人仪容仪表和个人卫生问题影响食品安全卫生。

(2)综合民主测评:包括领导评价和干警评价。

①领导评价。由领导对食堂聘任人员进行评价打分,领导包括但不限于分管院领导、行装处长、行装处分管副处长、行装处负责食堂工作的人员。

②干警评价。组织全体干警对食堂员工进行综合评分。

三、其他聘用制人员考核的结果反馈运用

(一)完善队伍教育培训体系

立足于岗位职能强化和技能提升,拓展绩效考核结果运用,依据考核结果加强聘用制人员教育培训,按照“缺什么补什么”的原则,对聘用制人员进行调学调训、安排实践锻炼,推动政治素质、业务素质、职业道德素质不断提升。

（二）探索考核谈心谈话制度

结合实际探索建立考核谈心谈话制度，畅通聘用制人员对考核结果的反馈申诉渠道，并及时核实处理。对考核排名靠后、结果不理想的人员及时开展谈心谈话，了解其思想工作生活情况，帮助解决实际问题困难，体现组织人文关怀和尊重。

（三）强化绩效正面宣传引导

强化绩效考核结果正面宣传引导，传播正向积极的价值观念和管理理念，塑造团结进取、公平公正、奋勇争先、赏罚分明的良性竞争生态，激发聘用制人员的工作热情，鼓励聘用制人员向优秀者学习，提升质量意识和技能水平，营造争先创优、比学赶超的良好氛围。

第十二章　共性指标:人民法院人员共性量化考核内容

在人民法院人员考核中存在共性目标与个性目标的不同。分类考核是为了突出针对性、提高考评的精准度,一般是专业性、发展性指标,推动干警提升本职工作的能力水平;共性目标则适用于所有评价对象,往往体现为基础性、保障性指标,为本职工作打下坚实基础的指标。作为公务员的法院人员必须满足《公务员法》对公务员的基本要求,这是属于在编法院人员必须达到的共性目标。一套科学合理的考核指标体系,既要覆盖共性指标又要突出个性指标,既要完善基础指标又要准确运用正负向指标,既要有客观的硬性指标又要有主观的群众评价。人民法院人员共性量化考核内容主要包括共性指标、综合评价、正负向加减分指标三方面内容,其中,共性指标重点评价法院人员政治品质、道德品行、履职能力、精神状态、工作作风、廉洁自律等;综合评价指标主要考核队伍建设及群众公认度等;正负向加减分主要考核担当精神、创新意识等方面。

第一节　从严治院:人民法院人员队伍建设考核设计

共性指标重点评价人民法院人员政治品质、道德品行、履职能力、精神状态、工作作风、廉洁自律等,具体指标内容主要依据2020年中共中央组织部《公务员考核规定》关于德、能、勤、廉有关要求,结合人民法院工作特点具体设置。

这些原则性、保障性、基础性指标实质上都能归于一个主题,即队伍建设。人民法院事业实现高质量发展,根本要靠人,关键要靠队伍。面对新形势新任务,人民法院要坚持"以党建带队建、强管理促审判、保廉洁守公正"的主线,夯实队伍的发展根基,全面从严治党、从严治院,落实严管厚爱,将队伍建设考核作为一项基础性、长期性的重要抓手。实践中,可将队伍建设考核指标划分为党建创建、机关效能、廉洁自律三项来展开。

一、党建创建:队伍建设的引领工程

从政治伦理基础来看,党对人民法院的绝对领导是由党的政治地位和法律地位决定的。早在2011年,最高人民法院就提出按照"抓党建、带队建、促审判"的总体工作思路。考核内容也要遵循这一思路,确保考核工作与党建工作同向同行、同频共振。

(一)考核"党建创建"工作的价值意涵

1. 落实高质量机关党建的要求

坚持党对人民法院工作的绝对领导,坚决执行党的政治路线,是人民法院工作始终沿着正确方向前进的根本保证,也是人民法院切实履行宪法法律赋予职责的必然要求。以习近平新时代中国特色社会主义思想为指导,在中国特色社会主义法治体系下,人民法院不仅仅是司法审判机关,更具有政治机关这一鲜明本色。作为党领导下的国家审判机关,必须旗帜鲜明讲政治,坚定不移、坚持不懈加强党的政治建设,切实加强机关党建工作,全面推动机关党的思想建设、组织建设、作风建设和制度建设。因此,在人民法院人员工作考核中,机关党建工作必然作为重要的考核内容。

2. 推动"以党建带群建、以群建促党建"的要求

最高人民法院《关于进一步加强人民法院思想政治建设的意见》中指出:"坚

持以党建带工建、带团建、带妇建,充分发挥群众组织联系干警、凝聚干警的作用。”人民法院除党组织外,还建立有工会①、共青团②、妇联③等群团组织,对落实新时代党建带群建的要求,全面加强党对工会、共青团、妇联的领导,有效发挥桥梁纽带作用,动员广大人民群众为完成党的中心任务而奋斗,具有十分重要的意义。党组织对工会、共青团、妇联等群众组织实行领导,是党章赋予党组织的一项重要职责。人民法院的工会、共青团、妇联等群团组织,是法院中为年轻干警提供锻炼平台、增强队伍凝聚力、拓展和创新群众服务形式的重要组织。总体而言,人民法院党群工作以“党建引领、群团共建”为思路,紧紧围绕执法办案中心工作,开展活动、凝聚队伍、服务群众,是“大党建”工作和队伍建设工作中的重要内容,也应当作为考核内容。

3. 加强精神文明建设的要求

习近平总书记在教育文化卫生体育领域专家代表座谈会上指出:“文明是现代化国家的显著标志。要把提高社会文明程度作为建设社会主义文化强国的重大任务,坚持重在建设、以立为本,坚持久久为功、持之以恒,努力推动形成适应新时代要求的思想观念、精神面貌、文明风尚、行为规范。”人民法院的文明创建工作,作为树立法院形象、弘扬司法文明、加强队伍建设、推动工作发展的“强基”工程,是全院性的一项工作,人民法院干警的文明程度决定法院的整体高度,也决定法官在社会中的整体形象。

(二)“党建创建”工作的考核路径

1. 围绕党建工作责任制展开机关党建考核

机关党建考核,主要围绕党员义务和党建工作责任制展开,同时因为人民法院干警中还有党员、非党员、党务工作者的身份区分,不同的身份所负有不同的党建职责,在考核应当予以区分。一是以党员、非党员身份析分权责。《中国共

---

① 《机关工会工作暂行条例》第2条规定:机关工会是指党的机关、人大机关、行政机关、政协机关、审判机关、检察机关,各民主党派和工商联的机关,以及使用国家行政编制的人民团体和群众团体机关等依法建立的工会组织。

② 《中国共产主义青年团党和国家机关基层组织工作条例(试行)》第2条规定:机关基层团组织是共青团在党和国家机关全部工作和战斗力的基础。机关基层团组织是指设置在县级以上各级党的机关、人大机关、行政机关、政协机关、监察机关、审判机关、检察机关、群团机关的团组织。

③ 《妇女联合会机关、事业单位基层组织工作条例》第2条规定:妇女委员会、妇女工作委员会是妇女联合会在机关和事业单位的基层组织,是党和政府联系妇女群众的桥梁和纽带。

产党章程》对党员义务提出了八项要求,其中,首位的义务是学习,只有在履行好此项义务基础上,党员才能提高自己的政治觉悟,并坚决贯彻执行党的路线方针政策,切实履行其他党员义务。《中国共产党章程》还规定:“每个党员,不论职务高低,都必须编入党的一个支部、小组或其他特定组织,参加党的组织生活,接受党内外群众的监督。”《中国共产党组织工作条例》明确了“三会一课”、主题党日等组织生活形式,参与这些组织生活都是党员义务。二是以党务工作者和普通党员身份析分权责。党务工作是党的基础性工作,关系党组织的实际运行状况,重视党务工作、善抓党务工作一直是我们党加强自身内部管理的宝贵经验,对党务工作进行激励性评价也是对干警勇于承担党务职责的鼓励。另外,党建竞赛是创新特色党建、打造党建品牌、增强党务本领、提升党建水平的一项重要举措,凝聚了党务工作者的党务智慧和创先争优精神,是一种非义务的值得鼓励的工作。

2. 围绕司法文明要求展开文明创建考核

司法文明建设作为政治文明建设的重要组成部分,是一项内容广泛的系统工程,司法文明进步是我国社会主义司法制度优越性的重要标志,也是司法体制改革的重要价值取向。文明创建是司法文明建设的一个重要抓手。人民法院的文明创建工作主要围绕着“为大局服务,为人民司法”工作主题展开,形式主要包括:开展各类志愿服务,为打造文明单位、文明城市营造良好法治环境;通过在日常工作中,做到行为规范、语言文明,细心耐心接待当事人及来访群众,展示良好的司法形象;通过认真开展“文明干警”、“文明庭室”及“文明家庭”标兵的评选活动,弘扬正气,倡树文明司法新风。

3. 围绕群团发展要求开展工青妇团工作考核

建立旨在广泛联系各方面群众的群团组织来帮助党做群众工作,这是我们党的一大创举和优势。群团组织建设要坚持围绕中心服务大局,坚持服务群众,最广泛地把人民群众组织起来、动员起来、团结起来,汇聚起建设新时代人民法院的重要组织力量。工青妇组织起到联系群众的桥梁纽带作用:一是通过活动载体增强群团组织活力,增进人民法院与社会群众的沟通联系;二是通过鼓励年轻团员等群体开展创先争优,积极争创荣誉,形成互促互进的学习氛围;三是通过加大信息宣传工作,为人民法院工作面向社会群体展示司法形象拓宽载体。

二、机关效能:队伍建设的保障工程

(一)考核“机关效能”的价值意涵

机关效能建设是转变机关作风,提高办案效率,创新管理机制,建立运作协调、行为规范的人民法院机关管理体系的现实需要,也关系人民法院改革发展和审判执行等各项工作的开展。

1. 弘扬优良传统的必然要求

人民法院要持续加强机关效能建设,当好“马上就办、真抓实干”优良传统作风的弘扬者践行者,使“马上就办、真抓实干”成为习惯、变成规矩、形成文化。加强机关效能建设,就必然要强化对干部职工的日常管理,抓好各项规章制度的执行,加强效能监督检查,推进转变工作作风。

2. 服务大局发展的重要保障

机关效能建设以科学管理为手段,以优质服务为宗旨,以人民满意为目的,通过抓机关效能建设,着力在转作风、提效率、优服务上下功夫,引领干部职工聚焦当事人“急、难、愁、盼”问题,不断提高服务水平,解决“痛点”“堵点”,为当事人提供更加高效、便捷、贴心的司法服务,营造一个良好的司法环境,推动地方经济高质量发展。

3. 转变司法作风的迫切需要

当前,在进一步转变司法作风,提高办案质量和效率,努力实现让人民群众在每一个司法案件中感受到公平正义的新形势下,虽然人民法院办案效率明显提高,工作作风明显转变,履职能力明显增强,但仍有个别干部职工在工作中存在工作不积极、待人不热情、责任心不强、服务质量不高等问题。这些问题影响了人民法院形象,破坏了干群关系,而进行“机关效能”考核,加强机关效能建设,正是从根本上解决上述问题的有效途径和有力手段。

(二)“机关效能”指标的细化路径

机关效能指标应当从队伍日常管理、规章制度执行、开展效能督察等方面来细化,包括效能督察被查处、违反会风会纪、擅自外出、擅自就餐、仪容仪表不规范、不遵守考勤制度、不遵守请假制度、违反培训纪律以及其他违反机关效能的行为。

1. 效能督察

开展效能督察是贯彻落实习近平总书记关于作风建设重要论述的具体行动,是保障党中央、省委、市委和上级人民法院决策部署落地落实的重要举措,是促进法院上下改作风、提效能、促发展的有力抓手。当前,市委、市政府的效能部门或上级人民法院在检查工作部署落实、规章制度执行、司法作风建设、服务群众效能,本院在检查工作抓落实等情况时,主要也是结合效能督察来完成的。

2. 会风会纪

召开会议是实行集体领导、进行民主决策和处理日常工作的重要方式,是宣传、贯彻、执行党的路线、方针、政策,交流经验、布置工作和解决问题的重要手段。会风代表作风,作风体现党风、政风,会风不好则体现管理不实、作风不正、队伍不严,最终影响司法质效和司法公信力。严肃会风会纪,是法院机关政治素养、工作作风、精神状态的重要体现,对会风会纪要坚持经常抓、抓经常、反复抓、长期抓。

3. 日常管理

机关效能建设,重在日常、贵在有恒,维护法院机关良好的工作秩序,要在日常管理监督上下功夫,做深做实做细日常管理监督,要敢于较真碰硬,从点滴小事抓起、从具体问题管起,及时发现问题、纠正偏差,使干警习惯在受监督和约束的环境中工作生活,练就过硬作风。主要围绕日常考勤、请假、擅自外出、擅自就餐、仪容仪表等方面展开。

(1)日常考勤

考勤制度是一切制度和纪律的基础,加强机关考勤是改进工作作风、严肃工作纪律、提高工作效率的切入点,通过抓考勤管理不仅可以增强干部职工的时间观念,提高工作效能,更重要的是,可以大大改善人民法院的精神风貌,提升人民法院的整体对外形象。

(2)请假

请假制度,可以保护干部职工的利益,确保干部职工假期的应有权益得到保障,干部职工因病、事假、产假、婚假、年休假等原因可以请假,暂时离开工作岗位。严格执行请假审批制度,对干部职工的请假情况进行记录和统计,可以规范干部职工的行为和法院的工作秩序。

(3)擅自外出

坚守岗位是对工作负责的态度,是良好工作作风的表现,工作人员上班期间擅离职守、私自外出办私事等是“四风”问题,反映了干部职工纪律观念淡薄、作风飘浮、工作不扎实等问题。加强日常工作中擅自外出的监督管理,有利于进一步严肃工作纪律,压实工作责任,改进工作作风。

(4)擅自就餐

擅自就餐,是指未在规定时间在食堂用餐,主要是提前就餐。擅自就餐是漠视纪律规矩的表现,不是小问题,反映了干部职工对规章制度视若无睹,表露出无所谓的态度,是对正风肃纪工作不重视、不敏感。法院工作人员应当严格执行作息制度,按时就餐,以严的纪律塑造实的作风。

(5)仪容仪表不规范

司法的公信力来自裁判的公正,更来自法官的形象。人民法院实行统一着装,是人民法院司法形象和干警精神风貌的综合反映,是维护法治尊严,依法行使审判权的需要。法院工作人员应当严格遵守《人民法院审判制服着装管理办法》,穿着审判制服,应当做到服装整齐洁净,仪表端庄得体,注重礼仪规范。

4. 培训纪律

教育培训是人民法院队伍建设的一项基础性工作,是提升干部队伍素质能力的有效手段,是推动法院事业高质量发展的重要保障。抓好教育培训,就要严肃培训纪律,严格执行培训管理制度。对于外单位组织的培训,遵守培训纪律也是对人民法院干警素质和法院形象的展现。

三、廉洁自律:队伍建设的底线工程

(一)考核“廉洁自律”的价值意涵

守住廉洁自律这个关口,离不开制度机制约束,设置廉洁自律考评就是一项行之有效的制度机制约束。最高人民法院《关于加强和完善法官考核工作的指导意见》第12条规定,对“廉”的考核,主要围绕廉洁司法、廉洁自律等设置指标,重点考核遵守廉洁纪律,落实中央八项规定及其实施细则精神,落实防止干预司法“三个规定”等情况。在平时考核中这一指标也主要围绕上述重点考核内容的执行情况展开。

1. 养成良好职业道德

《中华人民共和国法官职业道德基本准则》中,对法官职业道德的内涵阐释包含保障司法公正、保持清正廉洁、加强自身修养、约束业外活动等方面,都涉及廉洁自律的要求。无论是法官还是一般干警,恪守廉洁自律都是职业道德的应有之义。

2. 实现社会公平正义

人民法官是代表国家维护社会公平正义的执法者,其廉洁自律意识如何,很大程度上决定了公正司法能否落到实处,因此,强化人民法官的廉洁自律意识,对人民法院实现司法公平公正具有重大意义。

3. 推进司法公信建设

法院干警一言一行代表着人民法院在人民群众心目中的形象,一举一动体现着司法公正,法院人员的每一次错误,都将造成不良影响。法院干警的廉洁自律,决定了法院在人民群众心目中的形象和威信,是推进司法公信建设的重要内容。

(二)"廉洁自律"指标的细化路径

1. 信访问责

信访工作是党的群众工作的重要组成部分,是了解社情民意的重要窗口,是反映人民法院审判执行工作效果的"晴雨表"。习近平总书记在2022年春季学期中央党校(国家行政学院)中青年干部培训开班式上讲话指出:"信访是送上门来的群众工作,要通过信访渠道摸清群众愿望和诉求,找到工作差距和不足,举一反三,加以改进,更好为群众服务。"因此,对群众反映的信访事项,督察室、立案庭等有关部门要依法依规依纪办理,对信访线索认真开展核查工作,核查属实的,充分运用监督执纪"四种形态"进行处置。监督执纪"四种形态"是从党的历史和全面从严治党实践中总结提炼的创新举措,体现了惩前毖后、治病救人的一贯方针。在队伍建设上,要在用好第一种形态上下功夫,对党员干部身上出现苗头性、倾向性问题的,及时提醒纠正。根据《中国共产党纪律检查机关监督执纪工作规则》《中华人民共和国监察法》等规定对于第一种形态的处理方式主要是谈话提醒、批评教育、责令检查,或者予以诫勉。对于第二种形态的处理方式主要是警告、严重警告、停职检查、调整职务、免职等。对于第三种形态的处理主要是撤销党内职务、留党察看、开除党籍、降职、撤职、调整其享受的待遇等。一般来说,考核中只需考虑第一种形态问责的情形,需要党、政纪以上处分的,按照相关规定另行处理,不在考评范围内。

2. 拒绝腐败

面对不良诱惑,作为法院工作人员,廉洁自律这根弦永远不能松,否则就会“一次做让步,次次守不住”。主动拒绝腐败,在工作中拒吃请、拒礼、拒贿,坚守的是职业良知,彰显的是司法公正,不仅能以实际行动诠释公正廉洁的职业道德,展现人民法院干警廉洁自律的良好形象,而且能警醒当事人、利害关系人不要试图用非法手段获取非法利益,有助于营造风清气正的社会环境。

3. 主体责任(评价对象为部门负责人、分管领导)

对部门负责人、分管领导落实主体责任进行评价,是落实全面从严治党主体责任的具体要求。法院全面从严治党主体责任的落实,与各部门对党组工作部署的落实情况息息相关。部门负责人、分管领导应当认真履行“一岗双责”,既要抓好分管部门应当承担的具体业务工作,又要抓好分管部门的党风廉政建设和反腐败工作。做好分管干警教育和管理工作,抓好司法廉洁教育,对干警坚定党性、廉洁从政、改进作风、联系群众等情况进行经常性督促,发现苗头性、倾向性问题早提醒、早纠正,发现违法违纪问题及时报告,形成党组、分管领导、部门负责人的管党治党合力。对部门负责人、分管领导履行主体责任不力,导致分管干警因政治立场、意识形态、党风廉政问题被处理的,需承担主体责任,在考核中一并减分。

4. 廉政监督(评价对象为廉政监察员)

2009 年 2 月,最高人民法院首次建立了廉政监察员制度,制定了《关于在人民法院审判执行部门设立廉政监察员的实施办法(试行)》并要求全国法院建立相应制度。廉政监察员是纪检监察职能在各部门的延伸,在审判、执行等部门设立廉政监察员是落实全面从严治党的有力举措。廉政监察员监督是人民法院内部监督体系中不可或缺的重要组成部分,在本部门党风廉政建设和反腐败工作中承担着重要的责任,一方面,要协助部门领导认真履行本部门党风廉政建设和反腐败工作的主体责任,抓好本部门党风廉政建设的日常事务,抓好司法廉洁教育和作风纪律教育;另一方面,要协助纪检监察部门认真履行对本部门权力运行的监督责任,积极排查本部门各岗位廉政风险点,着力健全完善本部门的规章制度,开展日常廉政监督。可以说,廉政监察员既是本部门党风廉政建设和反腐败工作的推动者，又是本部门权力运行和制度落实的监督者，在确保司法公正廉洁中具有重要作用。但廉政监察员所做的监督工作往往“吃力不讨好”，容易被误解，容易得罪人，基于廉政监察员重要性及工作特点，对廉政监督工作进行激励性评价，不但是为廉政监察员“撑腰打气”，也是对廉政监察员认真履行职责，充分发挥好职能作用，勇于担当作为的鼓励和肯定。

5. 落实中央八项规定精神及其实施细则

作风建设永远在路上。中央八项规定已成为新时代党的作风建设的“金色名片”，人民群众交口称赞“中央八项规定改变中国”。但同时也要清醒看到，“四风”问题具有顽固性、反复性，稍有松懈，就会卷土重来、死灰复燃，决不能有松劲歇脚、疲劳厌战的情绪。必须坚持严的基调、严的措施、严的氛围，在“常”“长”二字上下功夫，经常抓、见常态，持久抓、见长效，锲而不舍落实中央八项规定精神。

6. 落实“三个规定”

公正是司法的生命线。中央防止干预司法“三个规定”为人民法院防止内外部人员干预司法、以案谋私、利益输送架设了全程留痕、依法追责的“隔离带”和“高压线”，为人民法院工作人员依法履行职责、公正廉洁司法提供了制度保障。实施以来，人民法院通过“三个规定”贯彻落实“回头看”和专项整治、政法队伍教育整顿顽瘴痼疾整治等一系列有效措施，制度落实取得了明显成效，但也必须清醒看到，许多干警对中央防止干预司法“三个规定”的意义认识不清，各项制度措施落实存在短板漏洞，敷衍应付式填报、避重就轻式填报等不如实记录报告的问题普遍存在，“有问必录、应报尽报”尚未成为行动自觉，制度效能的发挥与党中央要求和人民群众期待仍存在较大差距，廉洁司法公正司法“防火墙”“隔离带”的作用还未充分显现。因此，为切实抓好防止干预司法“三个规定”贯彻落实，严格执行“月报告”“零报告”等制度，将落实“三个规定”纳入考核尤显重要。

第二节　广听民意：人民法院人员综合评价指标设计

“兼听则明，偏听则暗。”综合评价是由一定范围内的人员根据考核对象的各方面素质和履行职责情况表现进行综合评分，实现主客观评价相统一，是了解干部群众对考核对象评价意见的一种方法，是民意调查的具体形式之一。在干部考核管理制度上，各地经过大量卓有成效的探索，民意情况成为在干部考核中考虑的必要因素。实践中，综合评价可以结合民主测评等形式进行，综合评价的目的是要通过实事求是的、客观公正的群众评判，为组织选准用好干部提供可靠依据。

一、综合评价在干部考核中的实践背景

干部考核中的民主化程度，一贯是党中央十分重视的，自 1983 年中共中央组织部在《关于改革干部管理体制若干问题的规定》中指出："今后提拔干部，必须坚持群众推荐或民意测验，干部管理部门考察，党委集体讨论决定的制度"以来，各地在领导干部考核中逐渐引入了民主测评和民意调查等内容。党的十七大强调"扩大干部工作民主，增强民主推荐、民主测评的科学性和真实性"。经过长期的发展实践，中央和地方制定并试行了一系列领导干部考核办法，不断加强和改进干部考核评价工作，取得了初步成效，但也存在一些问题。为适应新形势新任务，2009 年，中央下发了《关于建立促进科学发展的党政领导班子和领导干部考核评价机制的意见》和《地方党政领导班子和领导干部综合考核评价办法（试行）》《党政工作部门领导班子和领导干部综合考核评价办法（试行）》《党政领导班子和领导干部年度考核办法（试行）》，其中特别强调要扩大考核民主，并将综合评价作为干部考核的必要环节作出了明确规定。2019 年，中共中央办公厅《党政领导干部考核工作条例》及《公务员考核规定》均再次对综合评价提出要求。

二、综合评价在考核工作中的价值意涵

（一）充分发挥民主、走群众路线的必然要求

坚持群众公认，是我们党的群众路线和群众观点在干部工作中的生动运用和集中体现，是考核和评价干部的重要原则，为干部指明了正确的认知方向和思想方法。综合评价是落实党在干部管理上的制度要求，强化干部群众的参与和监督，加大群众满意度在干部考核评价中的分量。

（二）完善考核制度、拓用人视野的重要环节

严格执行和正确运用综合评价的程序和方法，能够落实群众在干部工作中的知情权、参与权、选择权和监督权，防止和克服选人用人上的不正之风，充分运用群众雪亮的眼睛，拓宽选人视野，克服在少数人中选人、靠少数人选人的局限

性;准确识别干部,减少用人失察失误;提高选人用人质量,使优秀人才脱颖而出。

(三)全面评价干部、强队伍建设的重要手段

综合评价作为了解干部履行职责情况及其德才表现的重要途径和环节,一般来说,得分较差的干部群众公认度就低,往往存在一些问题。因此,对于综合评价指标中得分低的干部,能够及时对其开展个别谈话,指出问题并帮助改进,有助于促进干部队伍作风的转变,提高队伍整体战斗力。

三、综合评价在考核工作中的实践困境

从各地工作实践中来看,虽然综合评价的方式被广泛运用到领导干部的任前选拔、任期考核、年度考核与各类专项考核中,但从评价成效来看,在科学性和准确性方面,还存在一些失真问题,评价结果不能充分反映客观实际。

(一)人员选取不够科学

诚然,全员评价在形式上最大程度地坚持了群众路线,但考虑部门人数差异及评价参与主体受工作职责、认知偏差、情感等因素的影响,容易呈现不同的认识差异和评价标准。一方面,部分评价者与被评价者不来往、不交流、不了解,评价者对被评价者的工作业绩、实际工作状况和能力等认知度不够,会造成全凭个人印象打分的结果。另一方面,部分评价者的民主意识和民主观念比较薄弱,对综合评价的重要性或实际价值认识不到位,产生消极、敷衍的评价态度;或者出于个人好恶或恩怨作出歪曲事实的评价。

(二)评价结果失真失实

优秀档次作为干部综合评价中的最高评价,从理论上讲,只有德、能、勤、绩、廉各个方面都表现突出的干部,综合评价时才可获得优秀等次,比较突出或相对突出的只能获评称职等次。根据领导干部的实际,正常的评价结果应该正态分布,即多数干部应该是称职档次,其他档次干部应是少数。① 但在实际评价中,受传统观念影响,加之部分评价人员缺乏足够责任感,爱做“老好人”,导致优秀档次的评价比例偏高,难以反映领导干部真实情况,造成“干好干坏一个样”,影响了部分领导干部的工作积极性,且掩盖了部分领导干部的缺点不足,不利于领导

① 参见贾科:《领导干部考察失真研究》,载《战略与管理》2004年第3期。

干部综合素质的提高。

(三)指标设置难以把握

综合评价的内容设置目前存在的倾向包括:一是过于笼统抽象,评价内容涉及面广,评价内容比较抽象,缺乏明确的行为化等级定义,对所有人员都采用一个模式和评价标准,没有结合地方和部门实际情况设置具有部门和地方特色的评价指标,导致不同的评价人员在实际打分时对评价标准的宽严把握不一致,存在较为明显的宽大误差或居中趋势误差,要么两极分化要么平均主义。二是指标过细过多,将评价内容进行过细的划分,实践中甚至多达几十项指标,使评价主体面对烦琐的指标感到无所适从。

(四)组织程序不够严密

大多数综合评价的组织程序是,召开会议,考核组发放综合评价表,评价者填表投票,考核组回收。测评主体往往需要在短时间内完成对多位被评价对象的民主测评,评价时间仓促,评价者缺少思考时间,加上统一集中评价的保密性差以及接受评价的领导干部述职述廉不充分等原因,缺乏一个免于打扰、充分思考的外部环境,导致综合评价很难是在参评人员经过深思熟虑和心理安全的背景下完成的。

四、人民法院人员综合评价的考核路径

由于干部考核是国家政治制度的组成部分,受到国家政治体制及社会制度的影响和制约。因此,既要在综合评价的内容和时限、方案设计、操作过程和评价结果的分析等方面,运用科学的理论指导和专业的技术操作,同时又要立足我国国情,根据中国干部管理体制的特点及中国社会文化、群众观念状况、民主化程度等,结合人民法院工作实际确定综合评价的人员范围、评分标准和评分要点。

(一)综合评价参与主体

要提高综合评价的科学性和真实性,一个重要因素在于科学合理界定评价主体,让知情人投知情票。要合理界定综合评价主体的人员范围,要突出广泛性、代表性、知情性和差异性。尽管在选取部分评价而非全院评价时,可能会出现广泛性不够、偏差大的质疑,但法院作为大体量单位,基数够大,选取部分评价主体样本既能保证知情度、关联度也能保障代表性。

结合管理学组织架构,院领导、分管领导、中层正职以上干部作为组织中高层管理者,负责对各个部门进行管理、督导和评价,在组织管理中扮演着至关重要的角色。法院人员考核中综合评价主体分为两类:一类是针对普通干警而确定的综合评价主体;另一类是针对部门负责人而确定的综合评价主体。在职责性质和所处地位上,部门负责人都应当被特殊评价,在职责性质上部门负责人的队伍建设、主体责任等方面是其重要的工作内容;双方的工作知情范围也有所不同。

1. 针对普通干警的综合评价主体

普通干警的综合评价主体主要包括分管领导、部门领导(正副职)、中层正职以上(包含市管干部)。普通干警在日常工作生活中接触较多的主要就是这三类人员。分管领导、部门领导(正副职)都是直接参与工作分配和工作成果验收的,对于该干警的履职能力、工作作风等方面都十分了解,加之"一岗双责"要求和工作生活中的密切接触,对于其政治品质、道德品行、廉洁自律也有相当程度的了解。而中层正职以上人员(包含市管干部)在日常同分管领导、部门领导(正副职)交流较多,且不同部门间也有业务交流和工作配合,对普通干警也有一定了解。

2. 针对部门负责人的综合评价主体

部门负责人的综合评价主体主要包括分管领导、全体院领导、中层正职以上(包含市管干部)。分管领导对于自己分管的部门负责人的各项情况都十分了解,院领导同部门负责人之间的交流也比较多,不同于上述院领导与普通干警的直接接触和沟通交流的机会较少,仅知其名甚至叫不上名的情况很多,所以院领导只作为部门负责人的评价主体。部门负责人作为同级评价主体,由于之间的地位相当,且有工作配合交流,因此知情度也较高,其中市管干部都是原来的院领导或中层正职退居二线,因此对全院工作的了解都比较全面深入。

(二)综合评价内容及评价标准

综合评价一般在述职述廉的基础上进行,按照德才兼备、以德为先的原则,体现为一种以"德、能、勤、绩、廉"为内容的业绩评价和能力评价混合体。

1. 评价内容

评价内容仍然基于"德、能、勤、绩、廉"五个方面,它们仍然是综合评价的主要内容,但还需注意的是,这些方面除其他已经予以客观量化的考核内容之外,还有部分难以量化考核的内容,由评价者予以内心评价,包括但不限于:(1)队伍团结指标。是否尊重领导、团结同事、关心关爱下属,有强烈的集体荣誉感和责任感,能积极协助配合同事完成部门工作任务。(2)担当作为指标。担当作为指标在正负向加减分中有特殊加分,但该指标门槛较高,必须得到上级批示肯定或作出突出贡献,但日常工作中仍然有部分突发、紧急、难以完成的工作难以被囊括,但勇于承担此类工作的干警也会被评价主体所认可并作出积极评价。(3)默默奉献指标。尽管在整个考核方案中都尽量将事务性工作如综合文稿、品牌亮点、党务工作等予以囊括,但还有一些"老黄牛式"忠于职守、爱岗敬业、勤勉尽责的干警,承担了许多基础性工作,也能在此得到积极评价。(4)道德品行指标。道德品行指标也是共性指标中的一项指标,包括社会公德、家庭美德、个人品德等方面,这些内容难以被法院的考核方案进行量化评价。(5)履职能力指标。包括群众工作能力、沟通协调能力、贯彻执行能力、应急处突能力等,有的能够在其他工作业绩考核中体现,但在日常工作中评价者也自有评价。

2. 评价标准

主要分为"优秀、称职、基本称职、不称职"四级考核等次,其中"优秀"等次是指综合表现突出,出色履行职责,圆满完成工作任务;"称职"是指综合表现好,认真履行工作职责,较好地完成工作任务;"基本称职"是指综合表现勉强完成工作职责,或者在某方面存在明显不足、有较大问题;"不称职"是指综合表现不能完成工作职责,或者在某个方面存在严重问题、出现重大错误。

(三)综合评价的程序和方法

综合评价的程序和方法是综合评价工作顺利有序进行的重要保障,要通过合理的程序和方法尽可能地得出客观公正的评价结果。

1. 区分序列化评比

为防止评价分值较高人员集中在同一人员序列中,在评价中注意以每个序列区分赛道,确保考核竞争的公平性。针对普通干警的综合评价,分管领导区分单独部门但不区分序列进行投票;部门领导(正副职)对本部门干警无须区分序列进行投票;中层正职以上(包括市管干部)对参与考核的干警,区分法官、审判辅助人员、执行人员、法警、司法行政人员等序列进行投票。针对部门负责人的综合评价,由于对其评价主要集中于队伍管理、主体责任等标准,无论是分管领导、全体院领导还是中层正职以上(包含市管干部)都无须区分序列进行投票。

取平均值确定各类评价主体得分后,汇总计算综合评价得分。

2. 采用“定性 + 定量”式计分

将年终考核的优秀比例提前前置到综合评价中,在综合评价设置一定的优秀比例,确定“优秀、称职、基本称职、不称职”四级考核等次,让评价人员在被评价对象内按照优秀的等次比例进行评价,避免部分评价人员意识不足、责任感缺乏、爱做“老好人”等问题。同时为了避免分值的区分度过大,根据评价等次设置统一的梯次分值,如好 5 分、较好 4 分、一般 3 分、较差 2 分,最终取平均值得出分数。

3. 建立述职式竞争

针对实践中存在的拉票、信息差、意识不足问题,除了要对评价人员加强教育引导、严明纪律,还可采取深化改革和扩大民主的办法,探索设立“公开述职”、个人自荐等让干部展示才华、表达愿望的合法平台,变暗处的无规则的拉票为公开的有规则的竞争。

4. 改进公开式投票

首先在综合评价准备阶段应当注重对评价者进行思想教育和培训,提前让评价者知晓熟悉评价的目的、意义、具体内,以及减少评价误差的办法,帮助评价者正确理解综合评价的作用和意义,端正其态度。其次要给评价时间预留足够的时间,不便于集中填写的可以分散填写。最后还可以尝试线上评价工具,可以确保评价者在足够的时间、空间和匿名性保护的基础上作出符合内心真意的评价。

第三节　激励担当:人民法院人员特殊工作正负向考核指标设计

最高人民法院《关于深化司法责任制综合配套改革的实施意见》指出,对法官在完成办案任务的同时,根据组织安排参与专项工作、审判调研、业务指导等,应当科学设置考核指标,全面体现法官工作量。在主责主业之外,还有部分工作能够作为衡量工作能力、展示工作担当或者作为特殊情形予以评价的指标,通过对这类指标的设置,能够充分考量干警对全院工作的奉献度、以实际成果考评其他事项业绩,引导干警积极开展其他司法职能事务。这类工作通常运用“正负向加减分”指标来衡量，这是一种在定量指标百分制基础上加分或减分，不占用权重的指标。

一、“正负向加减分”指标的设置意义

（一）重点工作指引、提醒、警示清单

通过设置加分、减分、否决性指标等附加指标，既能突出考核管理重点，又能让考核管理灵活有余。以正向加分指标让干警知所趋赴，激发干警干事热情；以负向减分指标强化规则、树立警示，以扣分处罚强制驱使完成既定目标，两者结合，延伸考核的广度和深度，既能突出考核重点，又能让考核灵活有余。

（二）完善落实担当作为的激励机制

激励在面对急难险重任务和处理复杂问题、应对重大考验时表现突出、有显著成绩和贡献的干警，能够促进担当作为、鼓励干事创业，让敢于担当者脱颖而出。同时，也激励额外承担事务性工作、兼职工作、特殊工作的干警，让默默奉献者不会吃亏。

（三）推动人的全面发展的重要机制

习近平总书记在2020年秋季学期中央党校（国家行政学院）中青年干部培训班开班式上明确提出：“面对复杂形势和艰巨任务，我们要在危机中育先机、于变局中开新局，干部特别是年轻干部要提高政治能力、调查研究能力、科学决策能力、改革攻坚能力、应急处突能力、群众工作能力、抓落实能力，勇于直面问题，想干事、能干事、干成事，不断解决问题、破解难题。”这是新形势下干部培养的明确要求。如果对法院人员仅从业绩方面及廉洁自律等共性指标方面进行考评，难以全面促进干警的能力提升。

二、“正负向加减分”指标的考核路径

（一）坚持研判关联度，促进“案”的质效优化

在设置加减分指标时，要注重研判加减分情况与法院业务的关联度，围绕法院以办案业务为中心的职能定位，从更好服务审执工作出发设置相关指标。包括调研信息宣传工作、办案（服务）竞赛、司法品牌等内容都可以设置为加分项目。

（二）坚持平衡难易度，避免指标重叠

尽管加减分指标的设置要围绕服务审执工作出发，但可能出现加分项跟基础指标的内容重叠，通常来说基础指标代表的是干警的主责主业，而加分项更多代表的是主责主业之外的额外工作，且通常是更难完成、更需突出评价的工作。

（三）坚持把握限值度，合理控制区间

要充分考虑考核结果合理导向，科学设置各类指标的考核权重，设置正向加分的上限，防止通过正向加分弯道超车，弱化主责主业业绩考评的作用；设置负向减分的下限，避免干警萎靡不振，挫伤工作积极性。

三、人民法院"正负向加减分"的可参考项目

根据人民法院工作实际情况，除具体工作业绩等个性指标及德、勤、廉等共性指标之外，需要单独评价的重要工作主要包括调研、信息、宣传、表彰奖励、综合文稿、品牌亮点、办案（服务）竞赛、季度考核、承担疑难复杂案件（急难险重任务）等"正向加分"项目和案件监管责任不到位等"负向减分"项目。

（一）正向加分项目

1. 调研业绩

2023 年 3 月 19 日，中共中央办公厅印发《关于在全党大兴调查研究的工作方案》，把调查研究工作提高到前所未有的高度，强调要"增强做好调查研究的思想自觉、政治自觉、行动自觉"。对人民法院来说，调研工作是确保更好地践行服务大局、司法为民、公正司法职能的一项基础性工作，它不仅是司法审判工作的重要组成部分，也是探寻司法规律、指导执法办案、服务党政决策的更高层次的司法实践活动。最高人民法院先后于 2000 年 1 月、2006 年 8 月和 2010 年 6 月下发《关于加强人民法院调查研究工作的规定》《人民法院调研工作管理办法》《关于进一步加强调查研究工作的意见》，对不断提高人民法院调研工作能力和水平，更好发挥调研工作在服务人民法院执法办案、服务人民法院科学决策、服务人民法院科学发展等方面作用提出了明确要求。

2. 信息业绩

人民法院历来重视信息工作。早在 1990 年最高人民法院就曾出台《关于加强人民法院信息工作的暂行规定》，又于 2008 年出台《人民法院信息工作的若干规定》，并规定"兼职信息员的信息工作表现应当纳入所在部门目标任务考评范

围”。法院信息工作是人民法院审判活动和其他工作的客观反映，是领导及时和掌握法院情况，进行科学决策和指导工作的依据，是人民法院工作不可缺少的重要组成部分，主要分为动态类、经验类、问题建议类、决策部署类、重大案件类、重大紧急类六种类型。

当前，人民法院信息工作存在撰写报送不及时、捕捉信息不敏感等问题。现有的宣传人员多毕业于法学专业，欠缺新闻专业素质和信息敏感性，对一些好的素材不能及时予以发掘且报送信息的连续性较差，习惯于报结果信息，对事前、事中没有连续性上报，缺乏事前预警与事中监督，未能深层次、全方位发现、采集、挖掘信息源，深层次的调研类、问题类、建议类信息少。

因此，通过信息工作考核指标的设置，能够进一步提升干警对信息工作的重视度，激发主动了解信息是什么、为什么写、怎么写的积极性，鼓励干警及时、全面、深入地反映法院审判执行工作和其他工作中存在的经验教训、新情况、新问题，为科学决策和指导工作提供依据。

3. 宣传业绩

宣传工作是全面反映贯彻执行党的路线方针政策和国家法律的主要情况，准确报道审判工作动态和典型案例，及时反映各项工作新举措和新成效，生动宣传公正、高效、廉洁、文明司法先进事迹，大力开展法律普及和法制宣传教育工作的一项重要工作。当前，法院宣传工作存在思想认识不足、重业务轻宣传、宣传稿件数量和发表层次不理想等问题，这些问题的产生同有关领导重视不够，宣传人员业务素质不高或责任心不强，工作机制不完善有关。设置宣传业绩指标，能够切实加强法院干警新闻宣传意识，提高新闻宣传写作技巧和水平，提升新媒体知识学习运用、熟练掌握新媒体传播规律的能力。

4. 表彰奖励业绩

评优、表彰先进是对干警德才表现、专业水平、工作业绩、综合能力的充分肯定，通过设置表彰奖励指标，能够形成价值认同，以点带面地激发干警之间对标先进、比学赶超的积极氛围。

5. 综合文稿业绩

综合文稿是对人民法院各阶段工作、各项工作成果及整体工作的总结展示，也能发现客观实际问题并提出相应解决方案，对法院各项工作开展具有指导性意义，具有以文辅政之作用。综合文稿的撰写，也是衡量法院干警文字功底、综合协调能力、政策理论基础等综合素质的重要指标。综合文稿体类主要包括领导讲话、工作报告、工作总结、述职报告、署名文章、往来信函等。

6. 品牌亮点业绩

司法品牌,是以司法工作质效为核心,以提升司法能力为目标,以优化司法服务为内容,形成在一定区域范围内具有较强影响力、较高知名度和较多群众认同感,产生示范、导向和辐射带动作用的司法载体。设置部门品牌亮点这一指标,有益于推动各庭室提升司法能力、优化司法服务、打造司法口碑,促进各庭室部门凝聚力,形成干事创业的良好氛围。

7. 办案(服务)竞赛

开展办案(服务)竞赛是深入贯彻习近平法治思想,找准司法服务大局的目标定位,聚焦法院执法办案第一要务,不断巩固提升审判执行质效和司法公信力的有效抓手,是提供更加有力的司法服务和保障的具体措施。法院通过打造专业团队、定期举办业务竞赛、常态化开展岗位练兵等方式,梯次性、长期性培养审判或服务专家型人才,本身就是一项长期的考评工程。

8. 季度考核

对干部进行平时考核,是推动考核工作经常化、制度化、全覆盖的必然要求,对干部的日常管理和监督发挥着指挥棒、风向标作用。平时考核指标是为充分考量阶段性表现而设置。

9. 特殊加分

设置特殊加分指标是为突出评价干警承担急难险重任务、处理复杂问题、应对重大考验的担当和能力。人民法院作为化解社会矛盾纠纷的政治机关,所面临的重大疑难案件等急难险重任务,往往关系社会安定稳定,需要激励干警主动作为、敢于担当。设置这一指标具有兜底性、灵活性的特征,能更全面地评价干警,树立担当导向,对干警的突出表现作出特殊奖励,范围可以包括承担全院性工作任务或本部门创新项目得到上级领导批示肯定,以及对承担急难险重任务或承办重大疑难案件、作出突出贡献的。

(二)负向减分项目

1. 职责未履行到位

法院人员工作职责主要包含业务职责和调研、信息、宣传等其他职责。对于常态化开展的办案(服务)竞赛活动中,未完成上级或本院下达的工作任务的,将被“黄牌示警”，予以扣分；对于未按时完成上级法院和本院下达的调研、信息、宣传任务的；未完成司法统计分析课题，或者课题被评定为不合格的，予以扣分。

2. 违反各项管理制度

法院管理制度包括保密管理制度、档案管理制度、公务接待管理制度、车辆使用制度、财务制度、司法礼仪规范等，对违反有关管理制度被上级通报批评或造成不良影响的，予以扣分。

3. 违反廉政作风制度

作风建设是人民法院的永恒主题，廉洁奉公是法官道德的基本底线，尽管前述已经对机关效能、廉洁自律等指标进行过考核，但由于这一指标的特殊重要性，还需要在负向扣分中予以呈现。如中共中央办公厅印发的《推进领导干部能上能下规定》中强调，“组织观念淡薄，不严格执行重大事项请示报告、个人有关事项报告等制度，无正当理由拒不执行组织的分配、调动、交流等决定的”要被调整职务，可以予以扣分。

第十三章　考核载体：分类量化考核系统建设及应用

随着司法体制改革进程的不断深化，如何建立符合法院人员职业特点的考核评价体系，并有效开展考核工作，是新形势下摆在人民法院面前的重要而紧迫的任务。为深入贯彻习近平总书记关于干部考核工作的重要指示批示精神，准确把握司法工作规律，突出职能特点，泉州中院以实际需求为导向，借助"智慧法院"信息化建设成果，主动作为、先行先试、精准发力，加快推进人工智能与审判业务、人民法院管理等各项工作深度融合。针对传统考核模式流程烦琐、可操作性不强等问题，以"信息支撑、智慧生成"为理念，构建一套人民法院司法人员绩效评价体系，通过对不同岗位人员的分类和梳理、业绩指标设定和量化、数据采集和处理、模型建立和优化、系统应用和反馈等环节，运用科学评价结果对干警进行奖励与惩处，极大地促进人民法院人员绩效考评的规范化、公正化和科学化，进一步提高人民法院工作的质量和效率。

第一节 宏观取向:分类量化考核系统建设构思

党的十八大以来,人民法院充分践行以人民为中心的发展思想,主动利用现代信息化技术,全面推进智慧法院建设。习近平总书记在2014年2月27日中央网络安全和信息化领导小组第一次会议上的讲话中指出,“没有信息化就没有现代化”。人民法院现代化的核心目标即审判体系和审判能力的现代化,要实现这样的目标,信息化建设是重要的手段。法院人员绩效考核同样面临信息化的需求,如何将信息化技术运用到人民法院绩效考核中,积极创新考核载体,提高考核工作效率,已经成为摆在人民法院面前亟须解决的课题。

一、绩效考核系统建设的目的及意义

公务员考核应坚持以提升组织绩效和提高个人能力为目标,用科学的方法对绩效考核进行量化管理,以增强考核结果的效度和信度,形成包括制订计划、跟踪管理、评价分析、结果反馈等环节在内的结论持续改进完善的循环系统。[①]在功能需求层面,绩效考核系统至少应包含考核计划管理、岗位任务管理、履职成效管理、绩效分析评判、结果运用反馈等功能。智慧法院建设是司法体制改革的重要一环,目前已经进入4.0时代,在现有信息化背景下,法院绩效考核系统建设必然需要依托人工智能运用和大数据管理平台,以工作目标为导向,制定目标,分解目标,制定目标行动策略,生成组织、部门、个人的绩效计划,以构建一个全闭环、全覆盖、全协同,上下联动一体化的目标绩效管理平台。

1. 有效优化组织结构

基于大数据背景的绩效考核系统,可以弥补现有组织架构管理的不足,实现垂直化向扁平化管理的过渡,对法院人员的考核会变得更加直观和顺畅。涉及的考核指标、项目会更容易获取并执行,不仅能有效提高管理效率,同时可以相应提高管理质量。

---

① 何宝辉:《非领导职务公务员考核量化管理模型构建及实现路径》,载《行政与法》2010年第10期。

2. 利于优化管理策略

利用大数据进行法院人员绩效管理,可以使管理范围更加广泛,获得的干警数据信息更加全面真实。通过对绩效数据进行分析,可以了解各个数据信息背后的关联,并对影响法院人员绩效的因素进行研判。同时,可以进一步发现绩效管理中的不足,并及时调整和优化管理策略,激发法院人员工作热情,提高工作效率。

3. 便于发掘个性潜能

绩效考核管理以数字量化为依据,会更加凸显公平合理,减少因评价人员主观意识带来的影响,保证评价的真实性和客观性。通过对法院人员考评数据的分析,能够直观发现干警具有某种个性化特征,并充分利用个性特征,因人适岗,发挥干警的最大潜能,使人尽其才,最终实现司法资源优化配置。

二、人民法院绩效考核系统建设现状

各级各地人民法院在不同程度地尝试探索对法院人员的绩效考核,也在建设各式各样的考核系统和管理平台,但因这些考核系统往往采用传统的考核方式,信息化程度不高,从目前的运行情况来看,效果并不理想,仍然存在许多弊端和困难。

(一)数据孤岛众多,资源整合利用率低

涉及考核的人、案、事等各维度数据分散于众多业务系统,数据存储较碎片化,催生了“信息孤岛”的繁殖,导致各个业务数据“烟囱林立”,数据共享难,严重制约了绩效管理流程优化及业务创新。

(二)人员类型多样,粗放考核效果差

人民法院人员数量及类型众多,不同群体所承担的工作职能均不相同,这就决定了考核指标设定的差异性,考核的重点要点不同。传统考核模式比较粗放,差异化较低,无法实现法院人员绩效考评的公平性、公正性。

(三)绩效计分复杂,人工计算效率低

人民法院人多案多,案件折抵规则复杂,每个人民法院都有一套自己的计分规则。传统考核方法依靠庭室上报、人工核算的模式,严重加大考核人员的工作量,效率低且准确率不高,无法保障绩效考评结果的权威性。

(四)结果展示滞后,激励效果不明显

绩效得分无法通过一些载体实时动态展示体现,法官无法实时跟进本人办案业绩,考核人员无法动态跟踪干警工作成果及效果,导致绩效激励效果不明

显,违背了绩效考评公开性与透明性。

(五)数据管理不便,绩效结果应用难

传统绩效考核结果由各个职能部门自行打分,数据离散,虽统一汇集到考评中心,但因缺少统一的平台托管数据,导致绩效结果无法沉淀及追溯,且无法做到周期性随时调阅比对,最终影响绩效考评指导作用及参考价值。

三、分类量化考核系统建设目标

分类量化考核系统是一种基于计算机技术和网络技术的法院人员考评管理解决方案,主要用于对人民法院工作人员进行分类考核评估和绩效管理,提高人民法院各项工作的质量和效率。分类量化考核系统遵循最高人民法院及福建省高级人民法院有关完善法官绩效考核工作指导意见,围绕法官办案业绩为主体考核目标,结合公务员考核"德、能、勤、绩、廉"指标体系构建集"人""案""事"多维度融合的法院人员绩效考评系统。通过实现考核数据的统一归集,从办案数量、办案质量、办案效率、办案效果四个维度构建统一规范的考评规则和计算模型。支持不同业务线条划分以及不同办案协同业务的权重比例等规则场景,实现考核结果实时计算、量化数据透明追溯,形成标准统一、健全完善、公开透明的法院人员绩效考评机制,充分发挥考核"指挥棒""风向标"的作用,不断提升干部考核工作的区分度、合理度、辨识度、科技度、公信度,实现干部队伍管理的科学化、规范化、标准化。分类量化考核系统具体建设目标如下:

1. 实现全院"办公办案信息一张网"

通过福建法院人事综合管理平台,统一抓取在编人员信息,对接福建法院大数据平台办案数据来源,实现全员办公办案数据基础统一平台。通过合理的人员类别划分,构建起"一类一案""一人一表"的精细化考核体系。

2. 提升人民法院人员绩效考评管理能力

制定全院统一人事绩效标准,结合人民法院个性化管理需要,根据各类人员岗位职责不同,设置不同的业绩指标考核和不同的评价人员,以此更贴近部门或岗位特征,充分调动干警工作的积极性,形成标准统一、健全完善、公开透明的法院人员绩效考评机制。

3. 为法院人员绩效考评提供全面技术支持

通过信息化系统建立与法院人员绩效考评相融合的信息技术体系,按照集约化、系统化的思路,统筹规划,优化设计,细化技术指标,以关联人民法院案件数量、办案压力、工作质效等数据作为评价指标,为法院人员绩效考评提供全面技术支持。

四、分类量化考核系统整体架构设计

绩效考核系统采取全省一级集中部署方式,应用系统、业务数据等均部署于福建省高级人民法院提供的虚拟化云资源中,系统采用浏览器和服务器架构模式(Browser/Sener)架构,系统用户通过通用网络浏览器进行访问。系统支持与福建法院人事综合管理平台系统进行门户集成,实现统一用户账户认证、单点登录、密码管理和快捷跳转等,满足“一处登录、处处可用”的要求。

按照人民法院工作需要,分类量化考核系统整体架构包括四个方面:

1. 构建泉州中院司法人事数据汇聚中心。汇聚人民法院司法人事数据、案件信息、非办案业绩等数据,形成人、案、事多维度融合的统一人事数据中心,为绩效考核深化应用提供数据基础。

2. 建设在线绩效考评规则和配置平台。支持所有绩效指标评分灵活配置,系统自动计算人民法院人员的工作绩效,实现具体工作人员及部门绩效的统计分析,建成人民法院绩效考核评分规则体系,实时提供人民法院人员的工作业绩成果。

3. 建设绩效考核填报管理平台。针对系统无法直接从其他数据中心获取数据的情况,提供在线数据填报、审核、打分等管理流程,实现对人民法院工作人员的综合评价,满足绩效考核多面性、全方位要求。

4. 实现绩效考核查询分析管理需要。包括对所有人民法院人员考核数据的查询分析、业绩得分、总分统计、类别排名、考核态势情况等信息展示。

第二节　系统架构:分类量化考核系统功能及模块设定

建构人民法院分类量化考核系统是为了实现绩效考核工作的规范化和信息化,提高绩效考核工作的效率。因此,分类量化考核系统功能和模块设定应始终围绕服务审判中心工作,坚持人性化设计,系统界面要尽量做到美观、大方,操作流程要做到简便、好用,使考核主体及考核对象易学易用,不能为考核实现信息化而增大工作量。

一、绩效考核系统基础数据采集平台建设

(一)绩效考核系统基础数据来源

绩效考核系统建设离不开基础数据的来源。基础数据包括人民法院人事信息、审判案件信息和执行案件信息。其中,人事数据信息源于福建省高级人民法院人事综合管理系统;审判案件信息、执行案件信息均源于福建省高级人民法院审判数据中心。

(二)绩效考核系统基础数据抽取流程

绩效考核系统的基础数据配置,采取对接福建省高级人民法院既有的数据中心,抽取系统数据作为绩效考核基础信息的方法。

基础配置管理模块是针对法院数据中心的数据传输与交换过程中涉及的数据转换部门、数据转换业务系统、数据转换接口等一些基础要素进行配置管理,为转换与传输过程做好基础准备工作。利用采集工具从业务系统数据源抽取所需的数据,经过数据清洗,最终按照预先定义好的数据库模型,将数据加载到物理集中库。数据采集流程如图 13 - 1 所示。

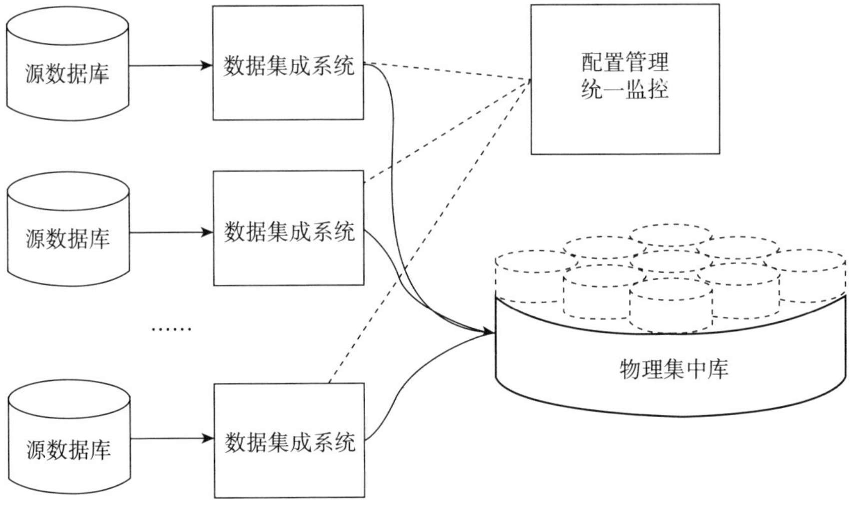

图 13 - 1　数据采集流程

数据集成工具提供数据集成所需的数据抽取、清洗、转换、装载、规则设计、流程设计、工作调度、监控报警、业务审计等功能,实现对基础数据库内的数据进

行采集、清洗转换、标准化处理和整合服务,通过任务调度管理实现对整合工具的集中管理和执行。通过配置执行时间的方式,控制数据整合工具中数据整合任务的执行;自动恢复出现异常的整合任务,并对整合任务出现的错误进行报警;记录整合任务的审计日志。

(三)绩效考核系统基础数据集中汇聚

全面、集中、准确、规范地收集法院人员数据信息,包括人事信息、案件信息等,形成集“人”“案”“事”多维度融合的人事数据中心,为绩效考核提供数据基础。对接福建省高级人民法院数据中心,获取全部审判、执行等案件数据信息,并根据最高人民法院案件信息业务标准规范完成相关数据转换和数据清洗入库。

(四)绩效考核系统绩效数据管理

绩效数据管理中心是绩效考核系统管理平台的基础,是考核系统建设的核心,承担数据采集、数据清洗、数据整合、数据存储等重要任务,包含数据采集管理、数据存储管理等功能模块,为绩效考核管理平台的各类应用提供坚实数据基础。

1.数据采集平台

(1)物理集中库。通过数据采集工具把人事数据和人员案件数据同步到物理集中库中,汇集原始数据生成物理集中库,数据类型支持结构化、半结构化、非结构化数据。通过把原来分散在不同应用系统的人员信息数据进行集中,形成物理集中库,便于实现对人员的数据进行分析。

(2)人事数据采集平台功能。平台功能主要包括对人员信息资源数据进行数据采集、数据转换、数据汇总、任务调控、任务监控等全过程的数据采集管理。数据采集管理需考虑到与多种业务系统对接,应实现多数据接口、可灵活配置,从数据库、文件、数据流、数据接口采集数据。数据采集管理需采用分布式架构,弹性管控集群资源,采集方式与数据采集插件应适用不同场景下进行数据采集和传输的需求。通过这些插件的高效、快速的采集平台的数据处理能力和存储能力,确保整个系统平台的稳定运行。

2.数据存储管理

数据中心数据存储管理主要包括基础数据库管理和主题数据库存储管理。

(1)基础数据库管理。基础数据库(数据仓库)管理是对基础数据(如人事基础信息、人事绩效基础信息等）进行管理；基础数据库管理是在数据仓库的数据交换、数据存储和共享发布全过程对数据进行统一管理。

（2）主题数据库管理。主题数据库管理是对人事信息数据、人员绩效数据、人员案件数据等主题数据库的数据交换、数据存储和共享发布全过程的统一管理。

（五）人事数据主题库

人事数据主题库是根据各类人员数据创建的主题数据库。通过对不同的主题进行模型设计、数据处理和数据存储，包括司法人事数据库、审判执行数据库的建设为绩效综合平台提供数据基础。

1. 法院人事数据库

创建法院人事数据库对于分析全院各部门人员职能分配，各部门人员、法官占比，法官助理以及书记员配比有重要意义。人事管理平台通过建设人事数据库，汇聚员额法官、法官助理、书记员、行政人员等数据信息，为人事管理提供数据基础；人事数据库需根据人员类型建设子级主题库，主要包括法官数据库、法官助理数据库、书记员数据库、行政人员数据库等，各类子级主题库需按照规范建设，数据标准严格遵循规范。

2. 审判执行案件数据库

法院人员的审判执行案件数据是人民法院重点关注的对象，人员的审判执行案件数据的汇聚、创建审判执行案件数据库对于分析全院各部门审判业务部门人员的审判质效、绩效考评有重要意义。人事管理平台通过建设审判执行数据库，汇聚审判数据、执行数据信息，为人事综合管理提供数据基础；审判执行数据库需根据案件类型建设子级主题库，主要包括审判案件数据库、执行案件数据库、超审限案件数据库、长期未结案件数据库等，各类子级主题库需按照法标规范建设，数据标准严格遵循法标规范。

二、办案绩效考核规则配置建设及应用

（一）办案绩效考核规则配置建设方案

1. 基础信息配置

系统支持依据考核周期配置每个周期内考核方案，作为本周期内计件计分的数据基础，考核方案包含基础配置和人员配置。

(1)考核信息配置。考核信息配置是指考核方案基本信息,涵盖考核年份、考核周期、考核方案名称以及方案说明。

(2)办案指标任务。系统支持设定考核对象每个考核周期内的办案指标任务,如法官、法官助理办案任务数量,同时支持对特殊情况人员单独进行办案指标任务数量的设置。

(3)庭室目标结案率。系统支持设定每个考核周期内各个庭室目标结案率,作为考核结案率相关指标的数据基础。

(4)考核部门配置。系统支持配置每个考核周期内人员所在的考核部门,以满足人员所在考核部门动态变化的情况。

(5)人员配置。每个考核周期存在考核人员动态变化,系统支持对应考核周期配置本次需考核的人员。

2. 计件规则配置

系统支持依据考核要求,动态配置对应版本案件折算件规则,支持对案件类型(如民事案件、刑事案件等)、案件类别(如民事一审、刑事一审等)配置各类案由、案件程序的固定系数、浮动系数生成折算件公式以及规则条件模型。

3. 计分规则配置

系统支持依据考核要求,动态配置对应版本考核计分规则,支持依据考核指标办案质量、办案效果、办案效率等一级指标配置对应二级项目的计分类型(加分、扣分)、得分等基本计分规则信息项,生成计分模型。

4. 折算占比配置

系统支持对案件占比、案件配比两种方式的案件折算分配情况进行配置。支持配置法官与法官助理之间的案件折算配比分成,同时,支持合议庭成员的案件占比分成配置。

5. 考核方式管理

系统支持配置人民法院考核方式,依据设定的考核方式,作为整年人民法院考核的基本模式,可设定考核方式为年度、季度、月度考核。支持依据年份配置考核方式。

6. 指标管理

系统支持配置人民法院考核项目指标,支持考核计分依据指标版本,计算对应指标分数。系统支持对指标的维护,包含新增、编辑、配置、复制、删除,包含对指标类型、指标别名、指标分数的设定。

(二)办案绩效规则计算建设方案

1. 案件折算

系统支持根据案件折算模型,自动或手动计算每个法官案件折算件。

(1)自动折算。系统自动获取法院大数据的案件数据,依据规则模型与算法,自动匹配计算每个案件的案件折算件,每天增量计算案件折算。

(2)手动折算。系统支持重新计算的机制,可单独选择某个月份重新计算所有案件,也可单独选中一个案件类别进行计算,亦可选择具体案件类型进行计算;同时支持指定案号重新计算。

2. 得分计算

系统支持根据绩效考核模型,自动计算每个法官审判案件绩效得分。考虑到一些特殊的情况,系统支持以人工计分导入的方式,计算案件所属各个计分标签的情况,并且针对当前的法官、法官助理、书记员等赋予最后得分。

(1)自动计分。系统支持依据绩效考核各个指标,归集各个指标项下的得分情况,如办案质量、办案效率、办案效果等相关指标,以及对应二级指标的得分,结合计分模型,自动计算办案人员绩效得分。

(2)手动计分。系统支持人工核对绩效得分入口,支持手动导入 Excel 表格调整人员得分,如调整办案质量、办案效率、办案效果等的二级指标的最终得分。

3. 绩效填报管理

系统支持对办案数量、办案质量、办案效率、办案效果四类大项指标,通过表单填报办案过程中加分或扣分,系统自动计分,实现非客观参数的计分。同时,系统支持通过填报指标、部门、人员姓名、考核周期等相关查询条件,查询填报数据。

4. 复议管理

系统支持对于案件折算件存在异议时,案件承办人可发起案件折算复议,同时,支持案件复议审核流程,通过承办人发起、审判管理部门审核的流程,对案件折算进行二次折算,以纠正案件折算结果。系统支持案件复议发起、案件审核、复议查询等相关功能。

5. 加折件填报管理

系统支持案件除本身客观因素外的特殊情况,对于案件工作量折算件的附加情况进行加折填报。系统通过承办人员发起加折申请,审判管理部门进行审核的机制,进行案件折算件的主观折算,纳入办案数量指标。支持加折件填报新增、编辑、删除、查询、审核等相关功能。

(三)办案绩效规则查询管理建设方案

1.案件折算查询

系统汇聚所有的案件,可根据承办部门、承办法官、案件类别、案件类型、立案日期、结案日期、案号进行查询。系统支持统计并展示每个案件的案件折算数,同时,可展示查看案件折算详情,展示案件符合计件规则的标签及折算件明细。可根据查询条件,查询具体某个案件,支持查看的得分详情,允许导出案件详情。

2.人员得分查询

支持多维度展示人员绩效考核情况数据,支持查看人员办案质量、办案效率、办案效果等指标加分或扣分情况。系统统计考核对象的办案数量、办案质量、办案效率、办案效果和总分,支持根据部门、年份和姓名查询。

3.绩效统计分析

(1)绩效得分统计:系统对考核周期内办案人员相关办案数量、办案质量、办案效率、办案效果的得分情况进行统计,同时,支持下钻查看明细,支持办案数量指标层层下钻,以及查看对应考核周期的案件折算件。

(2)案件折算统计:系统支持统计、展示每个案件的案件折算件,支持通过案件类型、案件类别查询案件折算数据。同时,可展示查看案件折算规则明细。

(3)办案数量统计:系统支持统计、展示各类人员办案数量折算统计,支持通过部门、人员类型、人员姓名查询人员办案数量,同时支持多级下钻查看办案数量构成及规则折算明细。

(4)绩效统计报表:系统支持生成绩效统计报表,通过不同的考核周期,考核指标动态生成统计报表。

4.绩效考评态势分析

系统支持通过各个维度的分析,以图表方式直观展示办案绩效排名、部门达标情况、各案件类型考评情况、任务完成情况,作为全院总体的绩效情况概览。统计汇总本法院各个维度的绩效考评情况,包含参加考评的部门、考评总人数、考评案件总数、案件类型得分等情况,并支持对每个部门达到标准件的情况进行综合分析。从部门角度,统计每个部门得分情况以及制定部门排行榜,统计每个部门的排名;从人员角度,制定部门最高分人员排行榜,展示每个部门最高分的排名。

三、非办案绩效考核规则配置建设及应用

(一)非办案考核规则配置建设方案

1. 基础信息配置

系统支持依据考核周期配置每个周期内的非办案绩效考核方案,主要考核各类人员在队伍建设、职业技能、担当精神及其他工作方面的业绩。

(1)考核信息配置。考核信息配置包含考核方案基本信息,涵盖考核年份、考核周期、考核方案名称以及有关业绩计分指标配置。

(2)考核部门配置。系统支持配置每个考核周期内人员所在的考核部门,以满足人员所在考核部门动态变化的情况。

(3)考核人员配置。每个考核周期存在考核人员动态变化,系统支持对应考核周期里,配置本次需考核的人员。

2. 非办案指标规则配置

系统支持依据综合考核要求,动态配置对应的非办案考核指标,支持对考核人员类型、审核部门、评分标准、分数、计算模式等配置多个队伍建设及其他工作方面的业绩考核指标。支持一级到四级指标填报模型的搭建,并根据后台配置的考核指标,前端动态展示根据后台指标配置生成的填报页面。

3. 非办案业绩填报流程

系统支持依据根据后台配置,针对不同的填报人员展示不同的业绩填报内容,支持填报内容和上传附件。上传完毕根据后台配置流转到不同部门审核,支持打分/统计/备注。

4. 非办案数据报表统计

系统支持依据考核周期内统计队伍建设等多个考核模块的得分情况,同时,支持结合工作业绩(办案)+队伍建设+正负向加减分总分统计和排名,并支持多个部门考核得分数据报表的导出。

(二)非办案数据填报及审核

绩效考核系统填报的数据主要是非办案数据的填报,如队伍建设、调研、信

息、宣传、表彰奖励等数据,由考评对象根据绩效考核指标要求,对自己已经完成的工作成果,人工录入考核系统中,系统管理员或指定的职能部门审核人员对该填报指标根据既定的规则,给予加分或扣分。

1. 填报阶段

(1)用户登录系统:用户使用自己的账号和密码登录绩效考核系统。

(2)选择填报指标:用户根据自己的岗位和职责,在系统中选择需要填报的指标。

(3)填写数据:用户根据指标的要求,手动填写相应的数据。

(4)提交填报:用户完成数据填写后,点击提交按钮将填报的数据提交系统。

2. 审核阶段

(1)数据审核:系统管理员或指定的审核人员对提交的数据进行审核。审核人员可以查看填报的数据,检查数据的准确性和合规性。

(2)审核结果反馈:审核人员根据审核结果,将审核的结果反馈给填报人员。审核结果包括通过、驳回、待补充等状态。

(3)驳回和补充:如果填报的数据不符合要求或存在问题,审核人员可以将数据驳回,并提供相应的补充说明。填报人员需要根据审核人员的要求,对数据进行修改或补充。

(4)再次提交:填报人员根据审核人员的要求,对驳回的数据进行修改或补充,并再次提交系统。

(5)审核完成:审核人员对再次提交的数据进行审核,如果符合要求,则审核完成。审核结果将被记录在系统中,供后续的绩效评估和分析使用。

在填报和审核过程中,系统可以提供相应的界面和功能,以支持用户的填报和审核操作。同时,系统具备权限管理功能,确保只有具有相应权限的用户才能进行填报和审核操作。此外,系统还可以提供实时的填报和审核状态查询功能,以便用户随时了解填报和审核进展情况。

四、绩效考核系统功能配置管理及应用

系统管理,主要包括用户认证、用户管理、部门管理、角色管理、功能权限管理、数据权限管理等功能。

1. 用户认证

系统支持独立系统用户登录,同时支持与福建法院人事综合管理平台实现用户统一认证单点登录。

2. 用户管理

系统提供对用户信息的管理,包括用户信息维护与展示,系统支持对用户进行新增、修改、删除、查询等相关维护。

3. 部门管理

系统提供对部门相关信息的管理,包括部门信息维护与展示、团队信息的维护。系统支持维护人民法院内各个部门基本信息,支持依据业务需求,设定部门下相关团队。

4. 角色管理

系统中用户的操作权限是通过角色来控制的,角色是具备一定操作权限的用户组,当需要对一组用户赋予相同的权限时,可以使用角色进行授权。系统支持对业务所需角色进行维护,支持新增、编辑、修改、删除。同时,支持角色集成功能权限、数据权限以及授权功能。

5. 权限管理

权限管理可对角色或用户进行权限配置,支持批量权限配置,权限配置根据其分配权限功能不同分为功能权限配置及数据权限配置。功能权限配置支持配置系统菜单及系统按钮的权限,支持维护权限,包含新增、编辑、删除、查询等功能权限。数据权限配置是为用户或角色配置相应的数据操作权限,数据操作权限可分为本院、本部门、本人等,实现数据权限动态灵活配置。

第三节 赋能提效:综合评价测评的信息化需求及应用

综合评价测评(民主测评)作为考察评价干部德才表现的一种重要手段,在党政领导干部选拔任用上发挥极其关键的作用,而且广泛运用于干部职工评先评优、职级晋升、法官入额等方面。但传统的纸质化测评模式过程烦琐,从制表、打分、统计到汇总完全依靠人工,很难实现测评工作的有序、高效、公平,无法适应时代发展需要。

一、传统纸质化测评模式的弊端

(一)考评费时费力,工作效率不高

传统纸质化测评方式中,工作人员需要提前制作、打印各类测评票,按照参评人员类别现场分发,回收后再组织大量人力手工统计、汇总测评结果,工作量大、费时费力,一般很难当天完成,如果测评类别多,可能需要 2~3 日甚至更久才能顺利完成。

(二)全程人工作业,容易出现失误

纸质测评票在分发过程中,容易发生发错的情况,如果测评人员没有及时发现,一般难以纠正。勾选票时,容易发生填涂错误、超人选打分或评分项打分不完整等状况,出现大量废票。人工统票时,一般采取"一个唱票、一个计票"的方式,难以避免出现统计失误。

(三)组织形式单一,不便工作开展

线下集中投票的组织方式,因参会涉及的部门和人员较多,参与测评人员日程不确定,尤其是像人民法院审判执行工作任务繁重,相关人员经常因开庭或外出请假,导致测评数据不全面、不精准。

二、信息化综合评价测评的优势

(一)操作管理便捷,提高工作效率

所有测评工作均能在线实现全方位操作和管理,包括测评票制作、统计、汇总及原始数据导出存档。当测评结束后,系统可以迅速根据记分权重计算出评分结果,测评结果一目了然,大大提高工作效率,免去大量人力物力资源浪费。

(二)测评结果精准,提供分析研判

整个测评过程均由系统内部程序完成,无人工参与,保证了测评数据的真实和准确,增强了测评的公信力。另外,测评结果数据可根据人员类别、评价项目等各种维度进行分析统计,为组织决策提供参考,促进干部队伍整体素质持续改进。

(三)突破时空限制,随时开展测评

信息化的管理方式和投票打分方式突破时间、地点限制,使测评打分投票更加便捷,方便参评人员随时随地参与投票,从更大程度上保证了全员参与测评。

三、信息化综合评价测评实操

随着社会的进步和科技的发展，信息化技术得以广泛应用，因传统纸质化测评方式存在上述各种问题，已明显不能满足目前干部考核的需求，依托大数据、云计算、网络安全等技术研发的考核测评系统得到普遍应用。为了提高考核测评工作效率，增强考核的科学性、可操作性，泉州中院在2022年年度考核工作中创新使用二维码测评方式，所有参与评价人员通过个人手机微信扫描二维码方式进入测评界面，进行无记名投票。将以往传统纸质化、多类别的测评票转化为一张评价信息表，以最简洁直观的形式呈现在评价人员的手机上，"化零为整"。多元的测评要素和便捷的评价方式实现统一，全过程无纸化，有效降低了人力、物力及时间成本，实现了方便快捷的目的。

(一)综合评价测评信息化需求及功能

信息化测评即无纸化测评，采用手机作为操作终端，由参与测评人员用个人手机扫描二维码，进入测评系统，以无记名投票方式进行操作。

1. 登录模式

根据工作需求，信息化测评系统可分为匿名测评和实名测评两种模式。实名测评还可以根据账号登录模式，采用实名登录、手机号登录或者分配账号登录等方式。一般情况下，如果仅是单纯完成某一个考核时间段内对干部的综合评价，可选择按"无须登录"模式进行测评。无须登录模式中，系统按照设定生成一个二维码，手机扫描后无须登录，直接进入测评页面，方便快捷，系统完全不留下任何个人身份信息，打消测评人员的顾虑，实现匿名测评，促进测评公开公正。

2. 测评项目

每个测评可以自定义测评人员类别、测评项目、权重分数、测评对象和测评人等。测评时可以进行对指标打分，也可以进行文字评价、选择项评价。系统后台会根据工作需求，自动计算总分或合成相应数据。

3. 测评管理

系统设置了一部手机只能登录一次，当一部手机提交保存成功后，就不再接受该手机再次访问，扫描该二维码也不能再次进入测评页面，确保投票测评的一次性。此外，系统可以在后台集中管理各二维码的生效时间段，测评人员只有在规定的时间段内访问才能测评；或可查看后台数据，所有应测人员均完成测评后,即可关闭访问端口。

4. 原始数据

所有测评人员投票结果提交后,测评系统会在后台进行自动汇总,同步生成一张有投票时间、测评项目、分数等数据的文件,该文件可以 Excel 文件格式导出,和传统纸质方式要求的原始票一样,可作为投票的原始核查依据,由组织测评工作人员和纪检督察人员在文件上签名,密封起来存档备查。

5. 数据分析

测评数据生成后,系统对每一项数据均可采用“柱状图”“饼状图”等更直观的表现形式进行结果汇总,并可按照工作需要,对数据进行更精细、更深入的计算分析,为组织决策、干部人事工作提供科学、及时、有效的数据支撑。

(二)综合评价测评信息化操作流程

目前,泉州中院将信息化测评运用在两个方面:一是在平时考核(季度考核)中,对干警的季度业绩进行测评;二是在年度考核中,对干警的综合表现进行测评。具体操作流程如下:(1)设定测评票类型、维护指标、维护对象;(2)新建测评项目、选择测评指标、选择测评对象(关联设置);(3)生成测评二维码、打包下载分类二维码;(4)发放二维码、手机扫码测评;(5)自动统计汇总(汇总 + 明细)、一键导出 Excel 文件。

第十四章 结果运用:将考核结果广泛运用到干部管理全过程

为政之要,莫先于用人。

考核工作的最终落脚点在于“用”,如何用得对,树立考核正确导向;如何用得好,激励干警担当作为;如何用得准,选拔优秀审判人才。这是平时考核结果转化工作的应有之义。

结合泉州中院对分类量化考核工作的具体实践,在人员考核结果转化方面可从前期准备、中期转化、后期保障三方面进行,在转化初期,将干警考核情况精准记录,通过以信息化、智能化终端实现干警业绩档案的全程在线留痕,为干警精准画像;在考核中期,把考核结果广泛运用到干部管理全过程,做好干部考核“后半篇文章”,将考核结果与绩效奖金、评先评优、提拔任用、职级晋升、法官入额紧密挂钩;在考核后期,将考核中出现的问题进行实时反馈并限期整改,切实让考核工作成为发现问题、解决问题的有效手段,最终将考核工作成为推动工作的有效抓手,并以此树立起鲜明导向。让干多干少不一样、干好干坏不一样,推动“考”有所得、“评”有所获、“改”有所成,让有为者有位、能干者能上、优秀者优先。

第一节　精准画像:建立人民法院人员业绩档案

“小者大之端,轻者重之源。”突出“怎么用”是激励公务员队伍管理的有效手段,但怎么用应如何体现?依照《中华人民共和国公务员法》《中华人民共和国法官法》《公务员平时考核办法(试行)》等有关规定,泉州中院探索建立起法院人员考核业绩档案,为干警“精准画像”提供了理论和实践样板。

一、业绩档案设计构想

业绩档案的建立是将制度革新的内在效应通过外在形式表现的重要手段,因此,需建立起内容完善、使用便利、查询智慧的考核档案,并针对日、周、月、季、年五个重要的考核时间节点做好记录工作,确保对考核工作的全过程记录。

(一)业绩档案突出特点

通过实践,泉州中院业绩档案以其完整性、便利性、智慧性为考核工作提供了诸多帮助。

1. 内容的完整性

该档案涵盖干警基本信息以及干警每季度考核情况,包括每季度考核内容中工作业绩、考核评价、正负向加减分等内容,并可出具考核结论性意见,以简单明了的方式提升考核结果的运用。通过全面客观为干警“精准画像”,树立“干在平时、比在平时、优在平时”的鲜明导向,按照“一人一画像”建立平时业绩档案,有效促进广大干警“有为有位,在位更在状态”。

2. 查询的智慧性

“机关应当结合实际,运用互联网技术和信息化手段开展平时考核,提高考核工作智能化水平,力求简便快捷,防止烦琐操作。”因此,在完善纸质化业绩档案的基础上,依托人民法院队伍管理系统、案件管理系统、廉政信用评价系统相关信息,整合为集记载、评价、反馈、公示、浏览、查询、警示、监督、管理等功能于一体的电子业绩档案,实现对干警履职的全方位、全过程、动态化评价。

3. 运用的高效性

因业绩档案为干警一人一份,在实际运用中,若需要查看某位干警的工作情况,可通过福建法院人事系统,其中干警的个人基本信息及考核结果均可直观体现,为干部考核工作提供了参考基础,实现干部考核的便利性。

(二)业绩档案节点管理

抓好“日考勤、周记录、月对账、季考评、年测评”5个重要节点的考核管理。日考勤看出工,周记录看目标,月对账看质量,季考评看实绩,年测评既看作为又看口碑,让每一项平时工作都有落脚点,实现精准对账。

1. 一日一记实

法官及审判辅助人员通过录入审判执行信息系统的立案、分案、开庭、宣判等重要节点信息,由系统自动提取生成审判执行工作日志。司法行政人员使用日志系统全面记录司法行政工作的项目、内容、进度等信息,形成工作日志。每天到岗后,先使用平时考核系统撰写工作项目与工作任务;下班前,记录工作任务的落实、完成情况。想做什么,每日有计划;做了什么,每天有台账。工作方向明确、内容清晰,工作效率与工作能力可得到有效提高。

2. 一周一评价

各部门负责人通过考核系统实时查看本部门人员工作进度,每周实时跟踪,针对进度较慢的可及时沟通,各部门人员工作存在困难的也可及时反馈,并提出意见与建议。除面对面的形式,也可通过平时考核系统实时反馈给部门人员,促进其改进工作、提高效率,实现了“不管领导在不在,大家都会好好干”的工作效果。

3. 一月一总结

法官、审判辅助人员通过庭务会、工作交流会、党小组会等形式,及时对审判执行工作中出现的问题进行汇总、分析,并提出解决方案;司法行政人员采取例会方式对阶段性工作进行总结,领导及时掌握部门工作整体情况,对下一步如何开展工作进行及时部署。

4. 一季一考核

在每个季度末,院考评委员会组织各部门考评小组实施全院范围的业绩考评工作。各部门考评小组根据本季度做的3项最突出的工作进行互评投票,以工作日志和领导评价为基本依据,按照不同人员类别,结合审判执行各项考核指标的量化得分,计算出个人季度业绩得分,经本人签字确认后交考核委员会存档,由政治部录入考核系统后,形成电子业绩档案。

5. 一年一奖励

年度综合评定以平时考核结果为基础,将法官、审判辅助人员、司法行政人员四个季度平时考核得分累加后折合为年度考核得分。根据年度考核得分在各自序列的纵向排序,参考领导评价意见最终确定年度考核结果。年度考核优秀等次人员均在平时考核结果排名靠前的公务员中产生。

通过日志账单式的记录,为干警平时考核工作开展奠定了良好的基础,干警也对自己工作底数"更明",责任"更清"。

二、业绩档案总体框架搭建

"探索将智能化应用嵌入办案平台,自动抓取办案、办公数据,实时生成考核过程,动态更新考核内容,全程公开考核流程,确保考核结果客观、精准、可追溯。"①随着信息化、智慧化系统的运用,泉州中院探索出线上个人业绩档案。该档案系统主要由 3 个模块组成:个人信息档案模块、个人业绩档案模块、考评辅助信息模块。

(一)个人信息档案模块

个人业绩档案第一个模块为个人基本信息的汇总集合,包括干部任免审批表、公务员登记信息、工作简历等基本信息,涵盖干警个人成长、年度考核、奖惩情况、人事变动、学历学位等基本情况。通过该模块,用户可以查看自己过往履历情况、人事相关信息,同时该模块主要提供用户查询与考评相关的人事信息的功能,也为人事部门查询个人信息提供方便快捷的方式。因智能化操作系统的运用,该部分可直接从福建法院人事系统中提取,具体方法为:

1. 完善信息档案

系统自动从人事信息数据库中读取当前填写考核用户的相关信息,包括:姓名、出生时间、性别、政治面貌,如果当前的人事信息系统中不存在相关人员信息,则以空白页面展示,提示用户进行填写。

2. 考评信息填写

用户填写非系统数据信息除在数据库中存储的部分人事信息外,还应在年度考核表页面填写对部分非常规考评信息,包括:(1)个人年度自评:主要叙述本年度用户在人民法院系统中的工作成果,要求文字内容不能超过固定的页面长

---

① 最高人民法院印发《关于深化司法责任制综合配套改革的实施意见》的通知,法发〔2020〕26号。

度,并且可以调整字号大小并自动进行分页。(2)现任职部门:填写用户在人民法院当前的任职部门情况,当有多个任职部门时,可以都写入考核表中。(3)现担任职务:填写用户在人民法院所任职务情况。(4)任职时间:用户填写在人民法院任现职务时间,若有多个职务,以最高职务为准。(5)参加脱产培训情况。(6)个人签名:用户在填写完成之后需要在页面中进行签名。

3. 系统校验提交

在用户点击提交之后,系统对用户的年度考核表完成情况进行校验,若有未填项的存在则进行标注并予以提示,若均已完成,则允许提交到后台。

(二)个人业绩档案模块

对照考核方法,个人业绩档案模块分为以下四部分:工作业绩、队伍建设、综合评价、正负向加减分评价。以上四个方面对应考核体系基础分及正负向加减分。

1. 工作业绩

工作业绩得分占比60%,分值为60分。现有的7类人员可分为一线审判人员、行政辅助人员、部门负责人员。从事一线审判工作的法官、法官助理、执行人员,在一级指标工作业绩对应设置的二级指标均为办案数量、办案质量、办案效率、办案效果,三级指标设置方面根据各类别人员存在差异。行政辅助人员可分为综合类别人员及法警,在二级指标的设置上,综合类人员为四个季度的工作业绩评价,每季度评价各15分;法警为执勤、业务考核、规范执法。部门负责人员分为业务部门负责人员及综合部门负责人员,二级指标设置方面业务部门负责人员为个人工作业绩(分值30分),对应三级指标为办案数量、办案质量、办案效率、办案效果,以及部门平均业绩(分值30分);综合部门负责人员为每季度工作评价各15分。

2. 队伍建设

队伍建设模块分值为25分,各类别人员均包括党建创建、机关效能、廉洁自律三类指标,分值分布为党建创建10分、机关效能8分、廉洁自律7分。因部门负责人需承担带队伍的职责,所以在评价方式上分为个人得分及部门平均分,两部分各50%组成队伍建设得分。

3. 综合评价

综合评价模块分值为15分,各类别人员评价方式及分值均相同,二级指标均为分管领导评价、院领导评价、中层正职以上评价,各评价分数均为 5 分。

4. 正负向加减分

“对法官在完成办案任务的同时,根据组织安排参与专项工作、审判调研、业务指导等,应当科学设置考核指标,全面体现法官工作量。”[①]正负向加减分的设置是为了更好地让优秀者脱颖而出,实干者不被埋没。因此,在指标设置上综合考虑了干警可产生差异化的指标。法官、执行人员、法官助理的加减分设置包含调研、信息、宣传、表彰奖励、综合文稿、品牌亮点、办案竞赛、季度考核及其他;综合类干警及综合部门负责任人该项包含调研、信息、宣传、表彰奖励、综合文稿、品牌亮点、办案竞赛及其他;法警该项包含调研、信息、宣传、表彰奖励、综合文稿、品牌亮点、突出业绩、服务竞赛、季度考核及其他;业务部门负责人该项包括调研、信息、宣传、表彰奖励、综合文稿、品牌亮点、办案竞赛、四类案件监管[②]、季度考核及其他。

(三)考评辅助信息模块

该部分主要为榜单排名情况,包含考评优秀红榜、后进人员黄榜、落后人员灰榜等模块,主要对个人业绩档案做补充,作为领导择优选人的辅助参考信息。该部分主要对整体绩效考评情况进行梳理,按照排名情况,综合分析干警的业务能力素质,并进行“精准画像”,对干警每次考核情况进行分析,并进行系统集成。

红榜可作为绩效考评、评先评优、职级晋升、提拔任用、员额入额的重要依据;黄榜主要对考核结果排名为倒数 10% 的人员出示黄牌预警,提醒其薄弱、短板环节,以使其更好地进行改进提升;灰榜主要为连续 3 次考核排名为倒数 10% 的人员,该部分人员除必要谈话、问责外,若出现连续不达标或影响办案质效的情况,酌情予以年度考核等次降等、降低法官等级等处理方式。

三、业绩档案智慧化生成模式

“探索将智能化应用嵌入办案平台,自动抓取办案、办公数据,实时生成考核

---

① 最高人民法院印发《关于深化司法责任制综合配套改革的实施意见》的通知,法发〔2020〕26 号。

② 最高人民法院印发《关于深化司法责任制综合配套改革的实施意见》的通知(法发〔2020〕26 号)第 8 条中规定,“院庭长不得以主持或参加专业法官会议、协调督办重大敏感案件、监督‘四类案件’、接待来访、指挥执行等充抵办案数量,但相关事务可以计入工作量,纳入绩效考核评价内容”。

过程，动态更新考核内容，全程公开考核流程，确保考核结果客观、精准、可追溯。”①根据泉州中院考核探索，已开发干警平时考核的智能化评价系统，且该系统已成功嵌入福建法院人事综合管理平台，因此，在实现方式上，可将以上模块统一开发，作为干警个人基本信息的补充。且该系统对于编外人员也可统一录入，对全院人员均可实现统一的业绩档案。在业绩档案构建上，一方面，底数“要明”，对于干警的业绩档案需详细写清每个项目的赋分情况，在分数评比时需标注清楚；另一方面，公开“要清”，针对赋分依据，需及时向干警进行反馈，针对有疑问的指标设置定期反馈机制，确保各项指标赋分能经得起检验，评价原则及实施情况能让干警心服口服。

（一）业绩档案平台对接

为让业绩档案实现智慧化自动生成，在建成智慧化分析平台之后，通过对接审判系统及福建法院人事综合管理平台的相关数据，完成平台基础数据录入，形成初步的人员信息库。在此基础上，在业绩档案的实现上，每次考核之后需对相关信息进行录入集成，在考核工作有了一定数量之后，可形成专门的数据分析库，对干警的个人能力素质进行全方位的分析描写，为干警提拔任用、表彰奖励、职级晋升等方面提供直观依据。

（二）业绩档案智慧分析

在实现业绩档案全部同步生成数据信息之后，政工部门人员可充分利用大数据分析，实现对全院人员在晋升晋级、奖惩情况、队伍结构、退休提醒等方面自动分析，通过设定关键词，筛选出符合条件的人员，对干警进行“精准画像”，在进行干部选拔推荐时，准确对该干警进行系统化分析，对其工作情况及擅长领域可自动抓取数据，确保选人用人的准确性。

“不知人之短，不知人之长，不知人长中之短，不知人短中之长，则不可以用人，不可以教人。”业绩档案的建立，形成“一人一表”将干警的长短以表格档案的形式体现，成为平时考核工作的有效载体。针对泉州中院的有效探索，将干警个人业绩档案，通过采取信息化集成的方式，改变传统的纸质档案保存不便，人工制作流程烦琐等问题，保证了干警个人业绩档案的真实准确性，同时提高了用人

---

① 最高人民法院印发《关于深化司法责任制综合配套改革的实施意见》的通知，法发〔2020〕26号。

部门的方便快捷性,为平时考核工作结果转化的有效性奠定了坚实基础。

第二节　打通应用:建立考核结果运用机制

建立起干警个人业绩档案后,对于如何将平时考核结果落实到位,泉州中院探索了5个挂钩机制,通过将考核结果与绩效奖金、评优评先、职级晋升、提拔任用、法官入额相挂钩,提升考核工作对于选人用人的风向标作用,与绩效挂钩切实做到"奖优罚懒",与法官入额挂钩激活员额法官"一池春水",切实将考核结果转化为推动干警职业发展、内在能力提升的度量衡,真正做到对优秀者重用、对有潜力者培养、对落后者鞭策。

一、明确转化步骤

在成果转化具体操作步骤上,按照"人员分类、数据核对、核定比例、上会推荐、结果核定、公示公开"6个程序进行,形成闭环管理,增强公平性。

(一)人员分类排名

量化考核后,考核职能部门分别对"6+1"类人员按照量化总分进行排名,形成7类人员排名表格,为后续工作开展奠定基础。做到考核对象"全面化、无禁区",打破部分人员"舒适圈",增强责任心,确保"千斤重担人人挑、人人肩上有指标",形成横向到边、纵向到底、一级抓一级、层层抓落实的工作格局,推动各项工作落地落细落实。

(二)考核数据核对

考核结果需做到客观公正,且需让被评价人员有相应的反馈机制,在考核结果核算完成后,需将分数及排名情况在全院进行公示,并有1~2天的反馈期,针对有异议的分数进行重新核算,若无误的需讲清赋分规则,有误的需及时改正,确保干警对于考核工作的参与权、知情权,提升干警对考核工作的知晓率、支持度。

(三)核定优秀比例

"公务员平时考核结果分为好、较好、一般和较差4个等次。好等次公务员人数原则上掌握在本机关参加平时考核的公务员总人数的40%以内。”①根据平时考核原则，优秀人员比例为40%，因此，在核定优秀比例时，须严格按照该比例进行核算。7类人员按照总人数的40%核定各序列人员优秀比例，按5%核定黄牌人员，若一年度中3次被评为黄牌人员，年度考核将酌情给予基本称职等次。

（四）组织上会推荐

“主管领导对公务员的个人小结进行审核，提出考核结果等次建议，由同级主要领导审定，也可以由领导班子或者机关组织（人事）部门审定。”②为保证结果的客观公正性，相关考核工作情况评定须经党组会研究通过，针对优秀人员按照排名从严审核把握，保证平时考核工作的严谨性、说服力。

（五）季度考核结果及绩效奖金核定

通过党组会确定各序列优秀人员比例，并填写组织部下发的平时考核简明情况登记表，季度考核结果列入年度考核结果，作为年度考核结果的重要参考依据。

根据评定的优秀等次，按照档差核定各序列绩效奖金金额，并对其中需要扣减的如审判质效、督察通报等情况进行详细说明备注，确保干警各项奖金来源有据可依。

（六）结果榜单公示

“有关领导或者机关组织（人事）部门采取适当方式，及时向公务员本人反馈考核结果，肯定成绩、指出不足，提出改进要求，听取本人意见。”③根据干警优秀比例，确定优秀干警人才储备库，同时为更好进行奖优罚懒工作，对落后干警建立黄牌警示机制，连续多次排名倒数的需在庭务会上作出检讨，并分析落后原因，做到有针对性的提高，提升考核工作的指向性。

二、在编干警结果转化

将排名与绩效奖金、评先评优、职级晋升、提拔使用等直接挂钩，让考核结果真正转化落地。“强化平时考核结果运用，根据考核结果有针对性地加强激励约束、培养教育，鼓励先进、鞭策落后，营造见贤思齐、比学赶超的良好氛围。对平

① 中共中央组织部《公务员平时考核办法（试行）》（2019年），第8条第1款、第2款。
② 中共中央组织部《公务员平时考核办法（试行）》（2019年），第7条第2项。
③ 中共中央组织部《公务员平时考核办法（试行）》（2019年），第7条第3项。

时考核结果为好等次的公务员,以适当方式及时予以表扬,可以按照有关规定给予物质奖励。对平时考核一贯表现优秀的公务员,在选拔任用、职务职级晋升、评先奖优等方面优先考虑。”①最高人民法院在考核文件的结果转化中提出,“法院人员考核结果作为职务职级调整、法官等级升降、绩效奖金分配、评优评先、交流任职、退出员额等的重要依据”。充分发挥考核结果激励和约束作用,健全平时考核结果运用机制,加大对平时考核结果的使用力度,不断拓宽平时考核结果运用渠道,物质奖励与精神激励并重,将考核结果与提拔重用、岗位调整、职务晋升、评先评优、推荐表彰等相结合,充分激发公务员的工作热情和积极性。此外,健全平时考核结果惩处机制,推行“能上能下”制度举措,以考核结果倒逼干警成长,使靠实绩论英雄、用事业挣荣誉成为干部共识。

在平时考核转化文件依据上主要源于《中国共产党组织工作条例》《党政领导干部选拔任用工作条例》《公务员平时考核办法(试行)》《公务员职务与职级并行规定》等党内法规和《公务员法》《人民法院组织法》《法官法》等法律,并结合最高人民法院出台的相关政策规定及文件,(《五五纲要》,最高人民法院印发《关于深化司法责任制综合配套改革的实施意见》的通知,中共中央组织部、最高人民法院关于印发《法官单独职务序列规定》的通知等)。因此,泉州中院开展的平时考核工作符合顶层设计要求,是中基层人民法院对干部管理的有益探索。

(一)与绩效奖金挂钩

将平时考核与绩效奖金挂钩,所有干警按得分排名折算发放奖金,能直观地让干警感受到平时考核结果的直接运用,增强干警获得感,激发干警的争先创优意识。

1. 文件依据

根据最高人民法院最新下发的关于就《法院人员考核工作指引(征求意见稿)》征求意见的通知中提出,“绩效奖金一般按照考核等次发放,也可以根据考核得分排名划分不同档次发放,并适当拉开档次差距”。② 针对奖金是否发放问题,提出“法院人员年度考核优秀或称职等次的,享受当年度奖励性绩效奖金。法院人员年度考核确定为优秀、称职等次的,享受当年度奖励性绩效奖金。年度

---

① 中共中央组织部印发《公务员平时考核办法(试行)》,2019年6月1日施行。

② 最高人民法院印发关于就《法院人员考核工作指引(征求意见稿)》征求意见的通知,法[政]明传〔2023〕37号。

考核确定为基本称职、不称职等次或者参加年度考核不确定等次的，不享受当年度奖励性绩效奖金”。此外，最高人民法院印发《关于深化司法责任制综合配套改革的实施意见》的通知等相关文件均将考核结果与奖金发放相挂钩。

2. 奖金来源

根据量化考核结果排名，对干警司改绩效按不同等次发放。司改绩效分为基础性绩效及奖励性绩效：基础性绩效为干警基本权益保障，40% 的司改绩效需确保发放到位，且基础性绩效随月发放；奖励性绩效为 60%，各地人民法院对奖励性绩效一般以年度考核确定等次的形式发放，年度考核结果是奖励性绩效的发放依据。

3. 发放原则

一是向办案一线倾斜。“分配发放法官绩效考核奖金，应当按照‘突出实绩、奖优罚劣、倾斜一线’的原则，不与法官职务等级挂钩，注重向一线办案人员倾斜。各级人民法院应当根据实际情况，合理确定奖励性绩效考核奖金档次标准和人员比例，真正拉开档次、体现差别。”[①]因此，对于绩效奖金的发放必须真正做到与考核结果挂钩，同时可以探索以季度为时间节点发放，与年度统一发放相比，能更大程度地激励干警争先创优热情。二是适当拉开差距。不断完善平时考核结果正向激励制度，把平时考核结果作为评先争优的重要依据，同等情况下，优先表彰那些平时考核结果“优秀”等次较多的人员。将平时考核结果与物质激励相挂钩，建立平时考核结果与年底绩效奖金的发放相结合的机制，根据平时考核结果来确定绩效工资的级别和档次，及时足额兑现物质奖励，并合理拉开奖励的差距，实现表彰激励的效果。三是特殊情形不予发放。其他不予发放的情形：因违纪违法受到党纪政务处分的，影响期内不予发放奖励性绩效考核奖金；处分期间不足 1 年的，按比例核减发放奖励性绩效考核奖金。[②]

4. 操作程序

举例说明：假设某人民法院各类人员共 30 名，包括法官 10 名，法官助理 10 名，辅助人员 10 名。因以上 3 类人员分属不同序列考核，因此奖金发放也不尽相

---

① 最高人民法院印发《关于深化司法责任制综合配套改革的实施意见》的通知，法发〔2020〕26 号。

② 最高人民法院印发《关于深化司法责任制综合配套改革的实施意见》的通知，法发〔2020〕26 号。

同，以法官为例，假设10名法官中2人考核为“优秀”，5人考核为“称职”，2人考核为“基本称职”（无奖励性绩效奖金），1人考核为“不称职”（无奖励性绩效奖金）；且考核“优秀”与考核“称职”的两类人员因排名不同，领取的绩效奖金也不相同。同样假设另外两名序列人员也为该比例，发放原则相同，仅是奖励金额不同。

针对平时考核结果与绩效奖金挂钩一般可通过以下步骤开展：一是确定排名情况，每季度根据“6+1”类人员，按干警序列分门别类进行人员量化排名，以分数高低的形式直接体现；二是核定考核比例，考评第一档优秀的为总额的20%，称职为70%，基本称职、不称职为10%，确定各类人员考核等级情况；三是核定发放奖金，根据各类人员排名，核定每名干警的绩效奖金发放金额，按照排名先后，每名考核人员按排名均领取不同金额的绩效奖金。

5. 奖金核算

为激励干警在各自赛道里向优者争，与快者比，因此，设定不同排名领取不同奖励金额，经过核算，每个等次按照1/3的奖金比例作为最高档及最低档领取的档差，对不同排名提出如下公式：

$$X = 0.6Y \times \frac{1}{3} \times \frac{1}{n}$$

（X为等次差，60%为奖励性绩效比例，n为称职及以上人数，Y为干警当年度绩效奖金总额）

在核定比例时，以该序列人员中位数为绩效考核基准金额，以上个例说明，在10名法官中，7名法官可领取绩效奖金，则排名在第4的为中位数，领取基准奖金，往上往下均按等次差计算，最终领取的奖金将动态平衡。

例如，法官年度绩效奖金为2万元，被评为称职及以上等次的有2+5=7人，则等次档差为：20000×0.6×1/3×1/7=571元。同理可得，若审判辅助年度绩效奖金为1.5万元，等次差为428元；聘用制书记员年度绩效奖金为1万元，等次差为285元，可得出表14－1：

表 14－1　法院人员分类量化考核绩效奖金核定表

单位:元

序列	分类量化考核等次奖金发放金额									
	优秀等次		称职等次					基本称职等次		不称职等次
	A	B	C	D	E	F	G	H	I	J
法官	13713	13142	12571	12000	11429	10858	10287	0	0	0
审判辅助	10284	9856	9428	9000	8572	8144	7716	0	0	0
聘用书记员	6855	6570	6285	6000	5715	5430	5145	0	0	0

(二)与评优评先挂钩

各类人员评先评优中,根据名额从该类量化排名靠前中推荐。一方面是对干警工作成绩的鼓励和鞭策,发挥其积聚和释放“正能量”的作用;另一方面也是通过对先进典型的树立和表彰,调动全院人员工作积极性和主动性,引导和激励干警从“畏难等靠”到“比争赶超”转变,从而推动各项工作健康快速发展。

1. 文件依据

人民法院人员考核结果作为职务职级调整、法官等级升降、绩效奖金分配、评优评先、交流任职、退出员额等的重要依据。《五五纲要》中提出:“结合人民法院实际,建立干部素质培养、知事识人、选拔任用、从严管理、正向激励体系,健全发现培养选拔优秀年轻干部工作机制,健全激励干部担当作为工作机制。”

2. 评选原则

一是明确各序列优秀比例,考核按照“6＋1”类人员进行划分,很大程度上避免了优秀名额及比例都集中在同一种类型人员,在进行推荐时,因有明确的各序列考核,在推荐时可根据不同的推荐要求,给予不同类型人员奖励,提升评优评先的合理性和激励性;二是以排名择优推荐,打破传统评价模式,根据以往的评优评先,一般为部门、分管推荐后上会研究,做得好不好大多靠印象,没有实在的考核依据,在引入平时考核之后,打破传统推荐方式,让推荐更具科学性、说服力。

3. 评选步骤

举例说明:为激发干警干事创业热情,决定对平时表现优秀的6名法官进行表彰奖励,政治部对前期人选进行筛选,根据量化考核排名,按照1∶1.5的比例进行人选推荐,共推荐了 9 名候选人提交党组会讨论研究,经过分管推荐、评选条件对比、组织研究,结合量化排名情况,最终选定 6 名择优推荐。

将考核结果与评优评先挂钩一般建议从以下几方面开展:一是量化排名,以评选时间为节点,统计干警本年度的量化排名得分,按照时间节点计算干警排名平均分;二是确定推荐人数,在确定人选时,按先后顺序排名以 1∶1.5 的比例根据评选条件进行初筛,形成初步人选名单;三是上会研究,按照评选条件,根据组织考量、分管推荐、评选条件等,在综合考虑的基础上择优选出推荐人员;四是公示程序,按照最终择优选拔的人选,向全院人员公开,提升考核工作的公开透明性。

4.组织保障

一是强化结果运用。考核等次区分度不高,往往难以体现被考核对象之间的差异化程度,考核的激励约束作用难以得到充分发挥,因此,要根据不同的工作情况,合理分配各个考核等次所占比例,增加考核等次的区分度。为树立鲜明的激励导向,推行年度考核优秀嘉奖、连续 3 年优秀记三等功的奖励标准,每年根据年度考核结果,连续 3 年组织考核优秀的干警可参加健康休养活动,这产生了较好的正向激励效应。此外,在评定等次的同时,对于考核结果也要进行排名,对于排名靠后的人员,要及时督促整改。二是建立干警优秀人才库。按照建管并重、优中选优、分类培养、动态管理的原则,根据入库人员流动情况,每 2 ~ 3 年开展一次集中选拔,入库名额根据实际情况确定。在入库条件方面,明确设置了入库基本条件、优先推荐条件和禁入情形,突出政治素质、品德作风、能力水平,确保政治可靠、业绩突出的骨干人才入库。在入库程序方面,明确个人申请、单位推荐、评选公示环节,确保评审工作公平、公正、公开。着眼形势任务需要,立足打基础、利长远,明确人才库管理部门、入库人员所在单位应当综合考察入库人员能力素质、发挥其优势特长,采取定期培训、优先提供学习交流机会、优先提供实践锻炼渠道、优先提供理论和实证研究优秀成果展示平台等多种方式加强入库人员分类培养,为入库人员打造能力素养提升的快车道。三是建立逐层推荐制度。按照不同类型人员考核优秀的次数进行排名推荐,按照综合考虑、排名优先、组织推荐等环节将考核结果进行转化,针对不同层级奖励,按照考核结果排名进行优先推荐,确立“能者上”的良好导向,提升干警争先创优、有付出有回报的良好氛围。同时,对考核认定表现较差的,通过谈话提醒、离岗培训、调整岗位等方式督促改进。

（三）与职级晋升挂钩

1. 文件依据

中共中央办公厅印发《公务员职务与职级并行规定》①第 18 条中明确提出，“公务员晋升职级应当根据工作需要、德才表现、职责轻重、工作实绩和资历等因素综合考虑，不是达到最低任职年限就必须晋升，也不能简单按照任职年限论资排辈，体现正确的用人导向”。《五五纲要》中提出：“研究制定法官单独职务序列规定、法官等级比例设置办法和法官等级升降办法，推动形成法官等级按期晋升和择优选升的常态化机制，落实向基层人民法院倾斜的政策导向。”最高人民法院《法院人员考核工作指引（征求意见稿）》中提出，“法官年度考核确定为优秀等次的，晋升法官等级时在同等条件下优先考虑；审判辅助人员、司法行政人员年度考核确定为优秀等次的，晋升上一职级所要求的任职年限缩短半年。年度考核确定为称职等次的，本考核年度计算为晋升法官等级、职务职级的任职年限。年度考核确定为不称职、基本称职等次或者参加年度考核不确定等次的，本考核年度不计算为晋升法官等级、职务职级的任职年限。考核得分排名多次靠后，且工作质效不高、能力较弱、态度消极的，一般不得晋升等级、职级”。② 为考核与职级晋升工作挂钩提供了理论依据。

2. 晋升类别

按照现有的分类管理，在职级晋升上可分为法官等级晋升、综合管理类职级晋升（司法行政人员）、审判辅助人员职级晋升、法警序列晋升四种类型。因平时考核已将不同序列人员按“6 + 1”类人员开展考核工作，因此，可将人员进行重新排列组合，将其按所属序列按比例核定推荐人员，以不同人员不同序列开展晋升工作。相关晋升比例及原则严格按照《公务员职务职级并行规定》《人民法院组织法》《法官法》等法律法规执行。

一是法官序列。法官晋升需满足晋升年限，一般四级高级法官以下的，需满下一级 2 年及以上；晋升四级高级法官及以上的需要满足 3 年及以上。应改变按年限就晋升的方式，以择优或考核等方式开展职级晋升，年度考核结果可作为参

① 中共中央办公厅印发《公务员职务与职级并行规定》，自 2019 年 6 月 1 日起施行。

② 最高人民法院印发关于就《法院人员考核工作指引（征求意见稿）》征求意见的通知，法［政］明传〔2023〕37 号。

考依据直接运用到法官晋升中,晋升等级自下而上分别为五级法官、四级法官、三级法官、二级法官、一级法官、四级高级法官、三级高级法官、二级高级法官、一级高级法官等。

二是辅助人员序列。辅助人员包括审判辅助人员及司法行政人员。审判辅助人员按照法官助理及书记员两个序列晋升:法官助理序列一般为五级法官助理、四级法官助理、三级法官助理、二级法官助理、一级法官助理、四级高级法官助理、三级高级法官助理、二级高级法官助理、一级高级法官助理等;书记员序列一般为五级书记员、四级书记员、三级书记员、二级书记员、一级书记员、四级高级书记员、三级高级书记员、二级高级书记员、一级高级书记员等。

三是司法行政人员序列。参照综合管理类人员晋升职级,该类人员参照党政序列公务员晋升。《公务员职务职级并行规定》第 19 条规定:"公务员晋升职级所要求任职年限的年度考核结果均应为称职以上等次,其间每有 1 个年度考核结果为优秀等次的,任职年限缩短半年;每有 1 个年度考核结果为基本称职等次或者不定等次的,该年度不计算为晋升职级的任职年限。"因此,在晋升条件上年度考核优秀人员可缩短晋升时间,平时考核推荐的优秀干警在年度考核中予以侧重,由下至上按照一级科员、四级主任科员、三级主任科员、二级主任科员、一级主任科员、四级调研员、三级调研员、二级调研员、一级调研员等晋升等级。

四是法警序列。法警在职级晋升方面,参照人民警察管理办法进行,在实际操作中,职级晋升方法参照比对人民法院其他类别人员,改变按年限晋升的方式,以择优或考核等形式晋升等级,由下至上等级分为一级警员、四级警长、三级警长、二级警长、一级警长、四级高级警长、三级高级警长、二级高级警长、一级高级警长等级别。

五是其他类别人员。如执行员等其他类别人员可按照不同类别的法官、法官助理、书记员等按序列晋升;聘用人员按聘用人员考核晋升办法晋升,其他类别人员可考虑按照考核结果、工龄等择优上升等级增加工资等形式。

3. 操作流程

举例说明:在某次职级晋升中,A 法官因年底考核优秀,与同资历获得称职的 B 法官、C 法官获得晋升机会,顺利晋升法官等级;D 法官助理因年度考核优秀,在职级晋升时缩短半年时间,顺利晋升四级法官助理。

针对平时考核结果与职级晋升一般可按以下步骤展开:一是确定晋升人员

库。将晋升人员与推荐人员按1∶1.5的比例确定晋升人员库,确定包含各序列年度考核优秀干警及排名靠前的干警,从两类人员中确定:一方面,避免排名靠前的干警因年度考核人员限制导致未评上的情况;另一方面,综合考虑排名情况,能将更多优秀干警纳入其中。二是确定人员先后排序,按照本年度平时考核平均分排序,对其中年度考核优秀人员设定合理分数进行加分,得到最新的人员排名,并按照新的人员排序作为择优选任依据。三是组织上会研究,根据晋升的条件,由分管推荐、组织推荐、集体讨论等方式确定晋升干警。四是及时公开选任情况,根据推荐情况,按人事公开规定公示相关人选,确保选任的公正、透明。

4. 组织保障

一是树立鲜明择优导向。明确将平时考核结果及年度考核结果作为晋升等级的最基础人员选拔库来源,并从中择优选择晋升人员,确保考核结果真正落实运用到位,有效提升干部队伍对平时考核结果转化的公信度,确保平时考核制度能顺畅推行、提升平时考核的运用深度、广度。二是畅通人员流转渠道。虽因岗位职责不同,为更好地管理各类别人员实行分类别考核排名,但针对转岗人员及优秀人员要畅通沟通交流渠道,积极向上级法院及本级组织部门的沟通,针对各序列交流人员,要按照同等级、同资历人员比对确定相应职级,为交流轮岗人员提供政策保障,提升干部队伍的流动性。三是争取党政机关支持。在开展职级晋升工作上,需要相关部门积极配合开展,尤其涉及政法部门、组织(人事)部门等相关单位,需做好前期协调工作及后期沟通工作,针对部分县区存在司法行政序列晋升后相关待遇、补贴未落实等情况,应积极向上级法院反馈,积极开展协调工作,以更好地保障干警权益。

(四)与提拔使用挂钩

在实践中,针对人员选拔情况,泉州中院通过量化考核的形式,选任了一批中层人员,在民意测评方面,均得到了高度的认可。因此,如何让干部考核结果的有效运用形成干部能上能下的有效抓手,需要在提拔任用时将平时考核的结果作为重要参考依据,尤其在提拔干部时,对量化排名靠前的优先提名,形成有效激励机制。

1. 文件依据

《中国共产党组织工作条例》第23条明确规定:"建立健全日常考核、分类考核、近距离考核的知事识人体系,贯彻新发展理念,坚持正确政绩观,把区分优劣、奖优罚劣、激励担当、促进发展作为基本任务,优化考核内容和考核指标体系,完善考核方式方法,统筹开展平时考核、年度考核、专项考核、任期考核,全方位、多渠道了解干部,注意掌握干部在重大任务、重大斗争一线的表现。强化考核结果运用,把考核结果与干部选拔任用、教育培养、管理监督、激励约束、问责追责等结合起来,推动形成能者上、优者奖、庸者下、劣者汰的正确导向。"该条提出将考核成果与干部选拔任用相挂钩。最高人民法院印发的《法院人员考核工作指引(征求意见稿)》在结果转化中明确提出"考核得分排名多次靠后的一般不得晋升领导职务"①,因此,针对考核结果运用可分为正反两方面进行。

2. 运用原则

加大平时考核结果在干部提拔重用中的作用。干部考核结果是干部考核重用的重要依据,要不断加强平时考核结果的使用力度,把考核结果作为提拔任用、领导班子配备、"蹲苗"等工作的重要依据,不断调动干部干事创业的积极性。一是树立"优劣"导向,要树立"重在日常"的鲜明用人导向,把平时考核结果作为干部提拔重用以及岗位调整、轮岗交流等的重要依据,在职务调整时,优先考虑平时考核结果"好"等次较多的干警。同时在提拔任用时,针对选拔晋升条件传达到位,强化干警对平时考核工作结果转化的认识,明确考核结果与提拔使用相挂钩。二是正面"能上"选拔,在选拔干部时,要注重干部的德能勤绩廉等方面的综合考察,且要通过重点工作、斗争一线中选拔出优秀人才,对于"好"的干部要给予机会,通过考核的方式让他们被看见,让"实干者""老黄牛"型的干部真正得以凸显。三是负面"能下"评价,"考核得分排名多次靠后的一般不得晋升领导职务",该条规定明确地将表现较差的人员切实试行"能下"的方式,对平时考核表现差人员,可采取调离岗位、免职、降职等方式进行调整,真正形成"能者上、庸者下"的干部使用机制,推动形成干得好就上、干不好就下的鲜明用人导向。

3. 选拔程序

举例说明:某庭室拟择优选拔一名中层副职,同部门有 3 个后备人选,部门 A 在做好本职工作基础上,需时常撰写发言稿、信息宣传等材料,但因平时工作较忙,常年处于埋头苦干的状态;同部门 B 人际交往能力较强,但案件承办情况较

① 最高人民法院印发关于就《法院人员考核工作指引(征求意见稿)》征求意见的通知,法[政]明传〔2023〕37 号。

为一般,手中有几件案件临近审限;C 能力与 A 相当,但仅需完成审判部门工作,经过量化考核排名,A 因承担了额外的工作,在量化考核中排名靠前,最终在 3 人中脱颖而出,最终被选任为部门副职。

针对平时考核结果与提拔任用相挂钩可从以下步骤开展:一是确定提拔使用人员库,将提拔使用人数与推荐人数按 1∶1.5 的比例确定人员库,如拟提拔使用6 人,进入推荐人数为9 人,须综合考虑拟提拔使用是否符合岗位硬性条件,在同序列或相同能力等级的人员中择优选出推荐人员;二是组织上会研究,根据提拔使用条件,依据选拔任用的条件,如领导能力、年龄结构、干部评价等综合因素,由分管推荐、集体讨论、组织推荐等方式确定推荐干警;三是组织选任程序,依据选拔任用程序开展干部选任工作,包括组织推荐、投票选举、民主测评、考察公示等环节。(以上为选拔任用与平时考核运用的挂钩介绍,相关选任需严格按照组织规范开展干部选任工作开展)

4. 组织保障

一是建立后备人才库,对于优秀干警要建立干警提拔任用后备人选资料库,针对平时考核排名靠前的人员,可优先作为区(县)管干部、市管干部的后备人选,在提拔任用时予以优先考虑;同时在提拔晋升时,综合组织推荐、绩效考核、综合评价等多角度、全方位检视干警工作、生活情况,为组织选拔优秀人才提供人才库。二是建立定期跟踪,针对"下"的干部,要实时跟踪发展情况,针对多次考核排名靠后的情况,组织上需进行谈心谈话,了解其工作存在的问题困难,针对岗位能力不适应的应及时调整,知识结构老旧的要及时给予培训,针对个人情况的工会给予一定帮助,提升后进干警在工作、生活等多方面的人文关怀。三是搭建培养锻炼平台,针对考核处于中间阶段的干警,要通过多种组织形式,如搭建培养平台,在急难险重任务中给予锻炼,加大对中间阶段干警的培养锻炼力度,提升他们的整体工作效能,为干部队伍向前发展提供强有力的人才动力。

(五)与法官入额挂钩

"完善法官员额制度,是实现法官专业化不可缺少的前提条件,是一项具有重大而深远意义的改革和重大战略性举措。"①法官员额制的提出是一项历史性

---

① 宋永盼:《法官员额制及其配置机制问题研究》,载《中国法院网》2016 年 3 月 23 日,https://www.chinacourt.org/article/detail/2016/03/id/1827042.shtml。

的改革,但是现有的法官员额出现了相对静止的状态,年轻法官助理存在入额难、年长法官出现力不从心的状况,但是囿于转任渠道及职级待遇方面的问题,在“能上能下”上存在一定的壁垒。

1. 文件依据

最高人民法院印发《关于深化司法责任制综合配套改革的实施意见》的通知第 17 条、第 23 条中规定,“担任领导职务的法官不办案、办案达不到要求,或挂名办案、虚假办案,拒不改正的,应当退出员额。”“法官考核采取平时考核与年度考核相结合,年度考核以平时考核为基础。考核结果记入审判业绩档案,作为对法官奖惩、晋升、调整职务职级和工资、离岗培训、免职、降职、辞退的重要依据。考核不合格的,按规定调整岗位、降低等级、停发绩效奖金或退出员额。”在最高人民法院印发的《法院人员考核工作指引(征求意见稿)》中也明确提出,“法官年度考核确定为不称职等次,或者连续两年确定为基本称职等次的,应当降低法官等级,并按照相关规定退出员额。法官退出员额后转任审判辅助人员或者司法行政人员的,综合考虑其德才表现、任职资历、工作经历等条件,比照同等条件人员确定职级”。

2. 运用原则

法官员额空缺时,优先考虑量化排名靠前的法官助理。同时,对排名靠后的,采取必要的组织措施。一是设定考核期限,因法官办案过程中发改案件、办案难度等存在一定随机性,单次的考核结果不一定是法官办案情况的真实体现,因此,对法官办案考核周期应设置相应的缓冲期,适应办案规律要求,同时在考核指标上依据能动司法理念,依据实际需要进行适当调整,以适应法官办案客观规律。因此,在考核周期设置上对于不达标的法官给予第一年给予黄牌警告,第二年降低一个法官等级,第三年要求其直接退出员额。二是逐层降低等级,中共中央组织部、最高人民法院关于印发《法官单独职务序列规定》的通知第 22 条中对法官降低等级作出如下规定:“法官等级实行能上能下,年度考核被确定为不称职等次的、因工作能力较弱不胜任现等级的、因受到组织处理或者党纪政务处分,不宜亟需担任现等级的,法律法规和党内法规规定的其他情形。”根据现有法官等级,市(地)级人民法院设置一级高法官至三级法官,县级人民法院设置三级高级法官至五级法官。[1] 因此，按照法官等级序列，若法官出现年度考核结果连续3年不达标的情况，予以降低法官等级，并报相关组织(人事)部门备案。在降低等级期间，考核委员会须对法官的办案情况全程跟踪，且规定中指出"法官受到降低等级处理的，2年内不得提拔职务、晋升等级"。若达到晋升条件后，可依据考核结果按组织程序择优晋升。三是退出员额序列，法官年度考核确定为不称职等次，或者连续两年确定为基本称职等次的，应当降低法官等级，并按照相关规定退出员额。具体操作需由本院政治部门提出方案，并由市(地)级人民法院党组研究，报市(地)党委组织部审批。针对退出员额的法官需做好政策解释工作，避免出现因政策理解不到位造成的对立情绪。通过兑现结果，倒逼干警争先争优争效，真正让"实干家"有激励、"老黄牛"有动力、"老油条"有压力，推动形成良好导向的正向激励机制。

3. 操作程序

举例说明：以法官退额及法官助理入额为例，A法官因拖延办案、信访案件较多等原因，在考核中三次排名靠后，在年度考核中被评为基本称职等次，按照考核规定，因办案不达标被责令退出员额序列；法官助理B已达到入额条件，但因员额无空缺，导致无法入额，在A法官退出员额后，综合平时考核得分排名及工作业绩等，经员额考试等相关环节的考察，顺利进入员额队伍。

(1)员额退出：一是量化考核排名，法官根据人数，按照优秀20%，称职70%，基本称职5%、不称职5%比例，确定各类别人员；二是严把时间节点，根据考核工作规则，考核排名在后5%的法官，给予3年的时间整改，若连续出现考核不合格的情况，第一年给予黄牌警告，第二年降低一个法官等级，第三年要求其直接退出员额；三是责令退出员额，按照相关组织程序，经过3年的考核周期，法官未达到办案要求责令退出员额，有效促进法官队伍的流动。

(2)法官助理入额：一是组织入额考试，法官助理需满5年工作年限，且符合相关入额条件，针对法官助理入额考试，可依据个人意愿参加，经过入额考试后得出符合条件人选的入额成绩；二是择优选拔干警，以入额人选1∶1.5的比例差额确定考察人选，为确保入额程序的公正，需由政治部制定入额考核方案，依据入额成绩，结合综合评价、考核情况、工作实绩等，经组织推荐后，最终确定入额

① 中共中央组织部、最高人民法院关于印发《法官单独职务序列规定》的通知，第7条。

考察人选;三是确定入额程序,依据法官入额相关程序,经组织考察、公示、任命等环节,正式任命为员额法官。

4. 组织保障

一是确保程序公开透明,员额法官是人民法院审判工作的人才基础,考核必须确保优秀人才选得出,为人民法院增强审判力量提供强有力的制度支持,因此,在程序上必须确保公开透明,让“选得上”与“选不上”的都心服口服,确保审判队伍的稳定;二是形成良性循环机制,员额法官队伍因相对固定,在工作积极性上受到一定影响,因此通过法官进出机制打破法官队伍流动性低、人员队伍结构固化的形式,对激发法官队伍活力起到很好的促进作用,员额法官在免除法官职务后,按照人岗相适的原则转任其他岗位并确定等级;三是其他特殊情形,采取按期晋升和择优选升相结合,特别优秀或工作特殊需要的一线办案岗位法官可以特别选升。择优选升应当控制在规定的等级比例或数量范围内,鼓励特别优秀的法官实行特别选升,特别选升可突破任职资格或越级晋升。法官年度考核被确定为基本称职、不进行年度考核,或参加年度考核不定等次的,该考核年度不计为晋升法官等级的年限。在党纪政务处分影响期内的,不得晋升法官等级。

(六)其他途径

不断拓宽平时考核结果的运用渠道平时考核有助于推动高素质干警队伍建设,实现队伍的高效管理。将平时考核与干警日常管理相结合,拓宽考核结果运用渠道。

1. 要将考核结果与干警日常教育培训相挂钩

做好干警教育培训,是建设高素质专业化队伍的战略性、基础性工程,对于提高队伍素质有着重要的作用。要把考核结果作为干警参加教育培训的重要依据,优先安排平时考核表现优秀的干警参加外出交流培训,帮助其扩充知识储备,提升工作能力。对于那些平时考核等次较差的,根据“缺什么补什么”的原则,有针对性地开展“强弱项”式教育培训,帮助其提升业务知识水平和工作能力,实现更好的发展。

2. 将平时考核结果运用到干警轮岗交流中去

轮岗交流有助于不断优化干警队伍结构,提升队伍整体活力。通过对平时考核结果进行分析,发现干警个人能力素质存在的不足,对工作经历相对单一的干警,有计划、有步骤地安排交流轮岗,增强多岗位实践锻炼,让其不断学习知识,增长才干,开阔视野,提升能力。例如,将缺少民事审判、刑事审判经验的干警对应安排到民事庭、刑事庭进行锻炼,将缺乏基层法庭工作经历的干警安排到法庭一线进行锻炼,实现培养锻炼的目的。

3. 将平时考核与后备干部管理工作相结合

后备干部是指那些有发展前途和培养潜力的年轻干部,一般是作为补充中层干部、领导班子的首要人选。要将平时考核结果作为发现人才的重要渠道,根据考核结果,及时发现和掌握有发展潜力的年轻干警,并纳入后备干部队伍进行跟踪培养和动态管理,增强年轻干部的生机和活力,努力为年轻干部营造干事创业的良好氛围。

三、聘用人员结果转化

对于聘用人员队伍应探索一条适合该队伍发展的考核办法,为稳定队伍、留住人才提供制度支撑。《人民法院编制外书记员管理办法》第 14 条中规定:“编制外书记员实行平时考核和年度考核相结合,考核由组织人事部门会同所在部门组织实施。平时考核主要对政治素养、工作实绩、业务能力、态度作风、廉洁自律等情况进行综合评价。年度考核以平时考核为基础。年度考核分为优秀、良好、合格和不合格四个等次。考核结果作为调整编制外书记员等级、待遇以及奖惩、培训续聘、辞退的重要依据。”“健全与工作绩效挂钩的考核机制。加强编制外书记员和警务辅助人员基本养老、医疗、失业、生育、工伤等社会保险和住房公积金等社会保障待遇。”针对聘用人员的平时考核结果转化相对较为简便,主要包括与专项招录、绩效奖金挂钩、与劳动合同挂钩、与岗位调整挂钩。

(一)与专项招录挂钩

《五五纲要》中提出:“健全完善聘用制书记员的招录、管理机制。”《人民法院编制外书记员管理办法》第 19 条关于职业发展中规定:“基层人民法院招录公务员以及事业编制人员的,可以设置一定数量的职位向具有一定年限司法辅助工作经历且考核优秀的编制外书记员倾斜。”因此,对于表现优秀的聘用人员可通过设定专门岗位的形式吸收,同时可探索内部转任渠道,泉州市两级人民法院探索了聘用制法官助理选任制度,为聘用制书记员晋升发展提供了空间。不仅为聘用人员的职业发展探索一条可行道路,也为司法事业留住更多优秀人才。

（二）与绩效奖金挂钩

该方式是最能直接转化的考核方式，依据平时考核结果对聘用人员进行先后排名，按照比例确定优秀、落后人员，在季度考核奖金发放上可直接进行转化，切实做到奖优罚懒，并且划拨专项奖励资金，对连续获评优秀的人员翻番奖励，一定程度上提高优秀辅助人员工资待遇，以提高聘用人员工作积极性、主动性，为审判事业长足发展奠定坚实基础。

（三）与岗位调整挂钩

针对连续两次考核不合格的聘用人员，除扣发绩效外，应考虑该人员是否适应岗位发展要求，若出现人岗不相适的，应及时进行岗位调整，并由责任部门及政治部对其开展谈话，了解工作落后的原因及解决办法。平时考核的开展不仅是有效管理聘用人员的有益途径，也为聘用人员安心工作、长足发展提供了制度保障。

（四）与劳动期限挂钩

《人民法院编制外书记员管理办法》第 17 条中规定“劳动关系的解除或终止，编制外书记员有下列情形之一的，应当按程序解除或终止劳动关系：年度考核不合格的。”[①]根据平时考核工作情况，聘用人员若连续出现考核排名倒数的，依据第一次黄牌警告，第二次扣发绩效，第三次解除劳动合同对聘用人员的行为进行约束，并将考核结果及时反馈给当事人。

综上所述，针对平时考核结果的转化，主要分为正式干警及聘用人员，在干警的结果转化上，强调其事业发展，在聘用人员的结果转化上，注重其待遇提升，切实关注不同类型人员发展需求，确保了考核工作的有效落地。通过建立平时考核结果转化机制，从明确转化程序、明确转化内容、明确结果兑现三方面保障平时考核机制的落地实施，为干警心无旁骛干事业提供制度保障，为审判事业长足发展奠定坚实基础，也为新审判质效体系提供了基层智慧。

---

① 具体规定包含六种情形：(1)年度考核不合格的；(2)违反人民法院规章制度、审判工作纪律，情节严重的；(3)严重失职，营私舞弊，对人民法院工作造成重大损害的；(4)被依法追究刑事责任的；(5)涉嫌严重违纪行为，经查属实的；(6)其他应当解除劳动合同或劳务派遣协议的情形。

第三节　完善配套:建立结果运用保障机制

针对平时考核工作,强有力的督察机制及结果运用保障机制必不可少。要通过强化氛围营造,利用多种有效形式,加强全员平时考核工作的运用保障机制,积极营造人人参与考核、人人你追我赶、人人创先争优的良好氛围。在结果运用保障方面,可通过组建监督机构、注重结果反馈、跟踪整改情况三部分,强化对结果运用保障机制。

一、明确考核全过程监督机制

为保障考核工作的顺利开展,监督机构必不可少。监督机构通过对考核方法、考核程序、工作进度等进行监督检查,能及时发现考核过程中存在的问题并加以纠正,确保考核工作有序实施。为更好地完成结果转化,需建立包括组织领导、部门统筹、全程监督的结果运用保障机制,在党组的领导下,强化对考核工作的全程监督,完善考核监督严格按照规范程序进行考核,把依程序公正生成平时绩效考核数据成绩作为干部考评落地的基本前提。

(一)设立平时考核监督小组

人民法院作为相对独立的审判部门,因设有内部督察机构及外部监督的派驻纪检部门,在开展专项督察方面可以专门职能机构为基础,因此针对平时考核设立专项监督小组有较坚实的组织基础。

1. 人员设置方面

设立由分管领导及部门人员组成的监督小组,具体为分管督察室的党组成员及派驻纪检组组长,在组员方面可为督察室及派驻纪检组人员、干警代表以及其他有关成员。把那些政治素质过硬、工作能力强、有较强的综合协调能力的人员吸收进来,组成专项的督导小组,确保对平时考核工作的有效监督。

2. 职能设定方面

全过程监督平时考核工作,尤其对关键时间节点及容易产生个人主观评价的部分需着重加强监督;监督平时考核工作小组及责任部门履职情况,确保结果的公平、公正、公开;为干警申辩提供渠道,干警对平时考核个人成绩排名提出疑问时,提供程序规范、调查有据的反馈结果。

(二)考核监督具体实施原则

1. 全流程监督

坚持谁主管、谁实施、谁负责的原则,夯实各类测评主体的责任。要充分发挥监督的作用,对平时考核实施全方位、多角度、全流程的动态监督,确保干警平时绩效考核的公平、公正、公开,提高平时绩效考核的说服力。在平时绩效考核结果运用方纪检部门应全程对考核进行监督,对平时绩效考核结果进行公示,让所有干警对平时绩效考核结果信服。

2. 重点节点监督

所有涉及干警个人的主观测评内容均应依规产生和录入。按照季度的时间节点开展领导评价督导检查工作,对评价不准确的内容据实调整,切实解决领导评价"不会评""不愿评""不敢评"的问题。

3. 受理干警申辩

探索平时绩效考核申辩制度,坚持以人为本、实事求是地维护干警利益。如果干警对平时绩效考核成绩或数据有疑义的,可以按照规定的程序进行申辩调整。在考核各项数据确定以前进行全面检查和评估,对普遍存在的问题提交给考核领导小组进行系统分析、甄别和调整。通过调阅个人工作纪实、工作小结、领导评价内容或者约谈相关人员,严格有序地开展平时绩效考核,提高平时绩效考核的科学性和公信度。

4. 监督惩戒职能

要加大监督巡查力度,对于在平时绩效考核中出现的弄虚作假、徇私舞弊、违规违纪行为做到"心中有数",及时予以纠正,能够及时补短板找差距。特别是对于考核过程不规范、考核结果不公正的,监督机构有权更改或撤销考核结果,必要时追究相关工作人员的责任。

二、明确考核结果整改反馈机制

"考而不用、用而不实"会降低绩效考核的公信力,要让平时绩效考核在工作中更有"话语权"就必须科学制定考核结果运用制度并严格执行。同时将考核结果进行有效反馈,针对考核中发现的薄弱环节加强监督整改,及时反馈考核过程中发现的问题,作为提升审判质效、补齐队伍短板的有力抓手,进而提高队伍整体能力。

（一）反馈考核结果

在考核结果出来之后，由绩效考评委员会对考核过程中发现的问题、存在的薄弱短板进行集中收集，形成完整的分析报告。针对各庭室人员存在的共性问题对庭室进行集中反馈，个人存在的短板问题可登录福建干部人事管理系统，在相关考核反馈模块进行了解；反馈至各部门的共性问题，庭室负责人应及时认领，以便后续能进一步整改。

（二）制定整改举措

各部门及责任庭室针对反馈的整改内容及时制定可操作的整改措施，并通过庭务会、廉政周例会等形式将整改任务通知到位，并明确责任人，对相关工作整改到位。主要包括审判管理、队伍建设等方面的内容，如针对队伍管理中考勤落实等方面，可能与庭室的整体工作纪律有关，庭室负责人可通过庭务会议、谈心谈话等形式强化干警工作纪律性等。

（三）明确整改时限

明确整改时限主要针对反馈至各部门及责任庭室存在的较为集中的问题，为各庭室查缺补漏、整改短板提供参考，一般在考核结果反馈的 1 个月内完成整改，若存在困难的，定期报送整改进度，让考核结果为提升队伍整体工作的有力抓手。

三、健全考核结果整改惩处机制

完善的平时考核整改反馈、问责机制、惩处机制，有助于维护平时考核工作的权威性，提高平时考核制度的执行力。因此，要建立明确的惩罚机制并认真贯彻落实，杜绝只奖不罚、不罚不奖的状况，解决“干好干坏一个样，干多干少一个样”的问题。

（一）整改结果反馈

通过结果反馈、制定整改措施、落实整改举措等环节，应及时反馈整改进度及整改结果，考核委员会对整改情况进行书面督察和实地检查，确保整改的有效性和及时性。

（二）通报整改情况

考核委员会针对个人及庭室的整改情况进行检查，并将整改情况及时反馈至各部门，若整改到位的则不影响评优评先等硬性指标，若存在整改困难的，应及时协调帮助解决,若长期整改不到位的,应启动组织问责程序。

(三)落实惩处机制

针对部门中存在的共性问题,且经过时限整改后,问题依旧存在且程度加重等情况,督察部门应及时介入调查,若长期整改不到位或不整改的,应采取必要的组织措施;对于那些平时考核结果为一般或较差的干警,特别是考核结果连续几次较差的,除要在经济上有所体现外,还可以采用提醒谈话、诫勉、岗位调离等手段,必要时让纪检组介入调查,通过这些惩罚机制,使队伍不断成长进步。

公务员是干部队伍的重要组成部分,是社会主义事业的中坚力量。抓考核就是抓导向,抓管理,抓队伍建设,抓制度落实;通过考核结果的有效运用,为管理干部队伍提供动力保障;通过抓实“算细账”,以干警平时表现,展开科学考评,力促干部有为有位。

第十五章　前景展望：人民法院人员分类量化考核管理的发展走向

随着全面依法治国的推进，将人民法院等同于行政机关、将法官等同于普通公务员的管理体制已不能适应司法公正和高效的要求。要改变这种现状，就必须推进人民法院人员分类管理体制改革。人民法院人员分类管理体制改革至今，以员额制为代表的整体性改革已经基本完成，但如何纵深推进、如何适应新形势新要求、发挥长远效应的配套改革仍在探索中。其中，人民法院人员分类量化考核机制就是十分迫切的问题之一。综观当前对人民法院量化考核的研究，大部分集中在针对法官如何进行量化考核的研究上，对人民法院中审判辅助人员、司法行政人员、聘用制书记员等人员考核管理的研究屈指可数，本书的撰写本身也只是摸着石头过河的大胆尝试，知其应为而为之。然而，改革发展本是循序渐进之事，绝不可一蹴而就。故本书前文所建构的人民法院人员分类量化考核管理体系主要基于当前的政策环境和现有的实践应用而完成，本章则对当前这一体系的发展局限进行检视，并就未来人民法院人员分类量化考核管理的发展走向作出展望。

第一节　整体检视：人民法院人员分类量化考核管理的“四个挑战”

量化考核管理的理念目前已经在各地各级人民法院得到了普遍认同，并已成为人民法院审判管理机制改革的重要组成部分。但是，从目前来看，我国人民法院人员分类量化考核管理体系还处在初期发展阶段，且这一体系的发展与司法实践的发展紧密相关，因此在应用过程中也不可避免地出现了一些深层次的问题。

一、量化考核管理法治化建设不足之挑战

截至目前，人民法院人员分类量化考核管理体系还缺少整体规划、缺乏顶层设计，未出台专门的法律法规文件。而在2021年，最高人民检察院就已出台《检察人员考核工作指引》，明确检察人员实行分级分类、量化评分考核，划分检察官、检察辅助人员、司法行政人员三类人员，由业绩指标、共性指标、综合评价三项得分组成，实行逐月累计计分、实时动态排名等执行公务员考核有关规定。最高人民法院目前尚未出台针对法院系统人员的分类量化考核管理文件，尚未对不同类别的法院人员考核标准进行界定，未能形成在全国范围内行之有效的分类量化考核管理机制，导致不同地区的法院人员考核标准不同，不利于从整体上对法院人员考核进行统一管理。同时，我国人民法院人员分类量化考核管理的理论基础不强，法院系统对于法院管理方面的理论研究相对不足，尤其是人民法院量化考核管理方面的理论研究更是欠缺。

二、量化考核管理痕迹化倾向之挑战

随着量化考核理念的逐渐推广，各地人民法院开始探索采用量化方式作为日常管理的主要手段，并且由宏观到微观，考核趋势不断加强，考核指标不断细化，有的法院可能从指标抽象化这一极端走向指标过细化的另一极端，未兼顾考核工作的科学性和简便性，未能突出重点、抓住主业，导致“眉毛胡子一把抓”，如实践中有的地方人民法院考核指标过于泛滥、“一票否决”指标过多，在考核时为了留痕强调过程的公正性而增加了许多程序步骤，且过于强调当前阶段性的重

点工作而忽略了整体性、长期性的其他工作，最终可能导致考核工作湮没于烦琐的量化过程中，耗费了过多的人力、物力和财力。

三、量化考核管理单一化评价之挑战

我国有的人民法院的人员分类量化考核缺乏外部评价，没有注重收集广大群众对人民法院人员工作内容的具体意见，未能构建一个包含上评下、下评上、相互评、广泛评的多维评价结构，考核评价工作的客观性和准确性还有待提升。同时，当前有的人民法院考核评价机制的公开透明度不够高，在考核评价过程中，从最初的考核目标设定、技术手段选择、考核指标构建、考核组织实施，到最后的考核结果运用等环节，均由单一考核主体实施，缺乏考核评估过程中的对话参与，未能探索借助第三方机构的力量开展顶层制度和实施策略规划，在科学性和专业性上还有待提高。

四、量化考核管理形式化倾向之挑战

量化考核管理制度是实现人民法院队伍建设目标的重要工具，发挥着监督和反馈的作用，但在实施过程中，考核的主体和双方之间可能出现缺乏沟通的情况，信息的不对称性使量化考核成为一种单项的考核，再加上有的部门对平时考核不够重视，在结果的使用上容易受策略化行为的影响，可能使分类量化考核流于形式。虽然考核的结果可以作为人民法院人员管理的重要依据，但由于有的法院未能综合考虑法院战略目标，未形成一整套队伍建设体系，使考核制度与培训制度、薪酬制度、任免制度等相互脱节，造成了司法资源的耗费。人民法院人员分类量化考核本身具备激励性和导向性，但如果审判管理体系不健全，将弱化考核制度自身的信度和效度，造成了量化考核本身的异化。

第二节　固本夯基：人民法院人员分类量化考核管理体系的“四大基石”

本书所讨论的“考核管理体系”是一个具备综合性、全面性、反复性、动态性和可持续性的工作机制。同时，又因为考核是管理机制的重要环节，不可重考核轻管理。人民法院在数次改革纲要中指出要创新和加强审判管理，建立符合审

判工作特点和规律的审判管理机制，考核工作就包含在审判管理机制当中。诚然，人民法院并不仅仅包括审判执行工作，还包括大量审判执行的辅助性工作，这就促进了分类量化考核管理体系被探讨、研究、实践和优化。要谈如何优化人民法院人员分类量化考核管理体系，如果没有把握好这一体系的建立根基，就如同“无本之源”“无根之木”。因此，必须先梳理好这一体系发展的基础所在，明确在当前时代背景下，我国人民法院对人员进行分类量化考核管理的必要性与可行性。

一、坚持党对人民法院工作的绝对领导

（一）全面从严管党治院的必然要求

“政法”在我国一直被赋予独特且重要的政治价值与法律意蕴——无论是作为一种政治制度安排还是作为一种法治实践方式，从革命根据地时期到中华人民共和国成立，再从改革开放到全面深化改革的新时代，政法体制被视为我们党领导人民建设人民民主法治的基本制度。① 实践证明，坚持党对人民法院工作的绝对领导，是我们的政治优势和制度优势。全面从严治院，要求人民法院要一刻不停推进全面从严治党、从严治院，锻造绝对忠诚、绝对纯洁、绝对可靠的人民法院铁军。要始终坚持党对人民法院工作的政治领导，要始终坚持党管干部原则，大力推进人民法院队伍革命化、正规化、专业化、职业化建设，确保司法权牢牢掌握在让党中央放心、让人民群众满意的人手中。在全面从严管党治院的视域下，必须要加强党对相关人员的实际考核工作，形成在党的绝对领导下的人民法院人员管理考核制度，构建政治过硬、业务精湛、纪律严明、道德崇高的人民法院队伍，从而实现全面从严管党治院。

（二）最高人民法院对考核工作的新要求

2023 年 4 月底，最高人民法院党组研究决定，结合主题教育检视整改，在院机关开展干部全员考核工作；2023 年 7 月，最高人民法院召开机关干部考核工作推进会，张军院长出席会议并强调，考核工作要始终坚持“从政治上看”。全员考核工作是落实党中央部署、适应新时代新发展阶段形势任务的必然要求，是推进

① 参见刘全娥：《陕甘宁边区司法改革与“政法传统”的形成》，人民出版社 2016 年版，第 256 页。

政治与业务深度融合的有力抓手,是破解当前队伍建设突出问题的重要举措。把政治标准放在首位,把党的建设、纪律建设各方面制度要求融入考核工作中,通过考核把党中央的决策部署传导到各级人民法院、压实到每一名法院干警。因此,推进全员考核,不能作为阶段式、一阵风,必须抓实、抓常、抓细,持之以恒、久久为功。此外,最高人民法院正在研究起草《法院人员考核工作指引(征求意见稿)》。意见稿针对不同人民法院人员的岗位职责,多维度多方面设计考核指标,对各人民法院提出了建立人民法院人员分类量化考核管理制度的新要求。

二、全面准确落实司法责任制

(一)司法责任制的制度定位

2017年10月25日,为确保司法责任制改革有规范明确的政策依据,中共中央办公厅印发了《关于加强法官检察官正规化专业化职业化建设全面落实司法责任制的意见》。该意见对规范审判人员权责配置、完善院庭长办理机制、健全司法绩效考核制度等提出进一步要求,也系统整合了试点期间分散出台的改革政策。更为重要的是,"人民法院实行司法责任制,建立健全权责统一的司法权力运行机制"被写入2018年修订的《人民法院组织法》第8条,司法责任制正式成为立法确认的制度性规定。自党的十八届三中全会、党的十八届四中全会决定推进"让审理者裁判,由裁判者负责","落实谁办案谁负责"以来,司法责任制一直是构建新型审判权力运行机制的核心工程,被习近平总书记称作深化司法体制改革的"牛鼻子"。[①] 继党的十九大报告首次提出"全面落实司法责任制"后,党的二十大报告再次强调要"全面准确落实司法责任制"。党的十八大以来,人民法院以"司法权是判断权和裁量权"为理论基点,以责任制形式确认了审判权不同于行政权的特点,法官单独职务序列改革才得以落实,防止过问干预案件"三个规定"才能够严格执行。如果司法责任制未能被全面准确落实,那么人民法院独立的审判机关地位和去行政化的审判管理机制也将失去基础。

(二)深化司法体制综合配套改革的迫切需要

党的二十大报告之所以重申"深化司法体制综合配套改革",是因为全面深

---

① 参见习近平:《深化司法体制改革》,载习近平:《论坚持全面深化改革》,中央文献出版社2018年版,第158页。

化改革越是深入,各领域之间的耦合性就会越强,不同领域的改革必须协同推进、强化配套。不实施法官员额制,落实司法责任制就没有人员依托;不落实司法责任制,人民法院人员分类、人民法院人员职业保障就成为无本之木。作为最重要的基础性改革,司法责任制的落实必须精准有效,才有利于助理配备、绩效考核、履职保障、惩戒机制、员额待遇等配套措施精准嵌入、形成合力。

三、深化司法管理体制改革

(一)法院队伍管理制度的奠基作用

司法管理体制是国家司法权力配置、组织和运行的机制和制度,其中司法机关的法律性质和法律地位如何确定,上下级司法机关之间的相互关系,司法人员如何产生和履行职务,司法职权如何设定和配置,司法功能如何得到充分和有效地发挥,等等,是司法管理体制的重要制度内涵。司法管理体制在一个国家的司法体制中具有基础性的建构作用,有什么样的司法管理体制,就有什么样的司法运行体制。因此,司法管理体制改革对于加快建立符合职业特点的人民法院人员管理制度、推进法院队伍正规化、专业化、职业化,确保依法独立公正行使审判权,具有深刻的奠基作用。

(二)司法管理体制改革下的人民法院人员管理

人民法院干部队伍的素质关系司法管理体制改革的成效,关系司法公信的重塑与司法公正价值目标的实现,鉴于此,在深入推进司法管理体制改革的进程中,不断优化人民法院干部管理机制,是现阶段开展司法管理体制改革的重点任务,也是全面深化国家机构改革的题中之义。社会主义法治实践取得的历史经验表明:公正司法不仅需要依法独立公正行使审判权的司法体制作保障,而且需要打造一支政治素质过硬、业务素质高、年龄学历结构优化、实践经验丰富的法院人员队伍。二者相互促进、相辅相成,才能营造出良好的司法改革创新氛围。纵观党的十八大以来人民法院人员管理机制改革的进程,无论是健全人民法院人员分类管理制度、完善法官逐级遴选机制,还是建立人民法院人员职业保障机制等具体制度安排,都深刻体现并直接反映了司法管理体制改革的系统性和科学性,为打造一支政治过硬、尽忠职守、业务精湛、人民满意的法院队伍,进而持续推进人民法院人事制度改革指明了方向。

四、巩固拓展智慧法院建设成果

(一)目前我国智慧法院建设应用情况

在司法体制改革的背景下,在案多人少的现实矛盾下,最高人民法院提出了建设智慧法院的愿景。2016年,最高人民法院首次提出建设立足于时代发展前沿的"智慧法院"。近年来,在最高人民法院的顶层设计下,地方人民法院对智慧法院建设进行了积极探索。目前,我国智慧法院建设在服务审判执行、提升诉讼服务水平、加强大数据应用等方面都取得了显著成就。尤其是在加强司法大数据应用方面,人民法院建成大数据管理和服务平台,覆盖审判执行、司法人事、司法研究、司法政务、信息化管理和外部数据六大类数据的国家司法审判信息资源库,已成为全球最大的司法审判信息资源库。全国法院所有案件信息实时、自动汇聚,每5分钟自动更新。截至2022年年底,已累计汇聚案件信息2.9亿件,数据可信度长期稳定在99%以上,为进一步的数据分析奠定基础。①

(二)智慧法院建设为人员管理提供有力支撑

目前,我国智慧法院建设主要应用于网络基础设施建设、诉讼咨询服务建设、在线诉讼等方面,通过智慧法院进行法院人员管理考核的情况较少。但是,当前我国已建成的司法审判信息资源库已经为人民法院人员分类量化管理考核提供了基础平台。从供给侧来看,基于大数据的精细化审判管理不仅要精准测算人力资源的配备情况,还要进行类型化分析,了解不同法官个体或者团队的表现,对高效率、高水平的审判法官或者法官团队进行精准画像,并通过绩效考核、员额配置、团队重建等手段,提升法官个人及其团队的工作效能,以提升司法体系内部人力资源配置的能级。② 智慧法院的建设,可以使法院人员的活动被细致、精确、完整地量化,进而以更加精准的人员管理支撑办案责任制落实、人员分类管理、人力资源科学配置等改革目标的实现。例如,依托大数据管理平台,法院能对法官的办案数量、办案质量进行精准的衡量、测算,破除过去"计件式"考

---

① 参见陈国平、田禾:《中国法院信息化发展报告 No.7(2023)》,社会科学文献出版社2023年版,第24页。

② 参见程金华:《人工、智能与法院大转型》,载《上海交通大学学报(哲学社会科学版)》2019年第6期。

核制度存在的评估滞后、指标单一、忽略案件差异性等问题。[①] 人工智能为法院提供的智能化服务以大数据管理和服务平台为基础。相较国外对司法数据公开以及司法领域数据分析我国保持更为严谨的态度,中国司法数据的体量和数据公开方面具有明显优势,可以为智能化方向提供较充分的数据基础,为推动我国人民法院人员分类量化考核管理提供有力支撑。

第三节　行稳致远:人民法院人员分类量化考核管理体系发展的四个现代化

人民法院人员分类管理制度的建立,是深化司法改革的内在需求,我国目前已经形成了较为系统的人员分类量化考核制度,对不同类别的法院人员进行考核,助力高素质法院队伍建设。目前,系统的分类量化考核制度,并不意味制度本身是一成不变的。随着中国式现代化的进程不断推进,司法改革仍将不断深化,法院内部的人员结构可能会发生调整,司法环境也可能随着社会的不断发展而变化,故人民法院人员的分类量化管理制度应当面向未来,寻求一个科学可持续化的发展路径,不断完善自身制度问题,做到与司法改革发展精准匹配,助力我国司法审判工作现代化,实现新发展。

一、坚持科学理念引领,推进审判理念现代化

思想是行动的先导,理念是实践的指南。最高人民法院院长张军提出:“实现审判工作现代化最关键的是做实审判理念现代化,以审判理念现代化统领、引导、促进各项工作现代化。”审判理念的现代化指的是在审判活动中,根据现代社会的需求和法治精神,不断完善和创新审判理念,以适应社会的发展和司法实践的需要。现代化审判理念的意义在于为司法体系的运行提供了指导原则,使司法能够更加公正、高效地实施,从而维护社会秩序和公共利益。现代化审判理念强调公正和平等、效率和专业性、人性化和人权保障以及信息化和科技应用等方面的要求。只有在这些要求的指导下,司法才能真正实现公正、高效、人性化和

① 参见罗玮、王禄生:《论大数据驱动的司法体制综合配套改革》,载《中国应用法学》2021 年第 2 期。

科技化，为社会的发展和进步作出更大贡献。故未来应当不断推进审判理念的现代化，并以此为要求对人民法院人员的考核管理制度进行不断的优化。

（一）坚持“人民司法”方向

政权的人民属性是社会主义的本质，我国各级国家机关都冠以“人民”二字，人民性已构成我国司法制度的一个本质特征。司法审判工作其实也是一种群众工作，人民法院的工作人员如何分类、分类管理的导向也要坚持人民性，要立足我国实际，坚持走群众路线，把人民司法理念贯彻落实到法院人员分类管理的制度设计和实践操作中。一方面，要始终坚持人民法院的人员分类管理服务于审判、服务于人民群众，以有利于人民群众开展司法诉讼、有利于增进人民司法的公正与效益的原则，不断优化人员的分类管理和考核，确保方向不偏、轨道正确。另一方面，要坚持走群众路线，结合全面深化司法体制改革，在司法实践中不断发现和解决人民法院人员分类管理中的难点、问题，不断完善制度设计、科学管理，不搞空中楼阁、形而上的顶层设计。

（二）聚焦“公正与效率”主题

人民法院作为国家的审判机关，履行好职责使命，就要围绕“公正和效率”的主题。长期以来，如何处理好公正与效率价值二者的关系，一直是司法工作的重点。

正义或公正始终被认为是人类社会最基本的美德和价值理想。[①] 司法的公正包含了实体正义和程序正义两方面内容，而效率价值本身是一个经济学概念，但由于社科法学研究的不断深入，效率在法学领域也成为了重要价值。[②] 由于客观的人、财、物的局限性，司法活动中应当更加注重效率的优化和资源的配置。利用司法资源的有效度是衡量司法效率的关键。对于公正与效率的关系，一方面二者具有同一性，公正是以效率为基础的，所谓迟来的公正并非真正意义上的公正。另一方面，公正和效率也存在对立性，对于公正或者是效率的绝对化追求并非法治社会应有的常态。

故未来中国法院的发展，无论是人民法院人员的考核管理制度，抑或法院审

---

① 参见［美］罗斯科·庞德：《通过法律的社会控制：法律的任务》，沈宗灵等译，商务印书馆1984年版，第463页。

② 参见何佳君：《公正与效率：我国司法改革进程中的价值取向问题研究——以刑事认罪认罚从宽制度改革为例》，载《东南大学学报（哲学社会科学版）》2018年第S1期。

判业务的发展,都应当始终聚焦公正和效率这一永恒主题,正确处理好公正和效率之间的关系。一方面,应当树立公正优先的价值目标,保障程序正义。例如,在对于人民法院人员的考核管理制度中,应当加大对程序瑕疵等程序问题的考核,对于出现程序瑕疵的情况,在评价考核指标的权重计算上,应当占较大的比重,以此来保证司法程序的正义,从而最大限度地实现公正的价值目标。而从我国当前的司法改革进路中也能够看出,公正价值无疑是处于核心地位的,无论是从顶层设计中的跨行政区域审判制度改革,巡回法庭制度改革到涉及人财物统一管理改革和员额制改革,这些措施都是为了确保司法公正的目标能够顺利达成。① 另一方面,要在公正优先的前提之下合理提高效率,当前我国人民法院仍然面临"案多人少"的主要矛盾,而对于人民法院人员分类量化管理考核制度的探索,正是为了提高人民法院队伍的素质,通过考核促提升、促办案,以科学的分类量化考核方式既保证司法的公正,又提高了司法审判的效率,是正确处理公正和效率关系的体现。未来,对于人民法院人员管理考核制度的不断完善也应继续坚持这一理念,不断为法治工作事业提供高质量的人民法院队伍。

(三)贯彻"能动司法"理念

2009 年,时任最高人民法院院长的王胜俊在调研时,提出了"能动司法"的具体理念,他提出:"我们所讲的能动司法,简而言之,就是发挥司法的主观能动性,积极主动地为大局服务,为经济社会发展服务。""服务性、主动性、高效性,是能动司法的三个显著特征。"②当下,张军院长也深刻指出,"要把能动司法贯穿新时代新发展阶段审判工作始终,以司法审判工作现代化服务保障中国式现代化"。可见能动司法理念的贯彻对于法治事业的发展具有重大意义。首先,能动司法具有时代紧迫性,我国步入新时代之后,经济飞速发展,社会矛盾更加多元,群众法治需求日益增长,而能动司法能够通过积极、主动地解决纠纷,防止纠纷对社会稳定造成破坏。其次,能动司法也是贯彻党全面依法治国总方针的必然要求,是人民司法的自然发展。再次,能动司法能够有助于我国法律体系作用的发挥及发展,能够将中国特色社会主义法律体系的优越性发挥出来,也能够反哺法律体系的不断完善。最后,能动司法也是动态实现公正的必然要求,能动司法

---

① 参见黄文艺:《中国司法改革基本理路解析》,载《法制与社会发展》2017 年第 2 期。

② 袁祥、王逸吟:《什么是能动司法? 为什么要能动司法?》,载《光明日报》2010 年 5 月 13 日,第 9 版。

以合法性为基本要求,以积极为工作风格,通过法律积极解决司法难题,从而实现公正。①

因贯彻能动司法理念对我国法治事业发展的重大意义,故未来我国人民法院发展应当全方位、全过程地贯彻能动司法理念,对于人民法院人员的管理考核制度也不例外,应当加大对于能动司法能力水平的考核,在人员考核管理制度中增加对于能动司法的考核项目,重点考核人员多元解纷、诉源治理、服务发展等能动司法能力。同时,不断增加能动司法的考核比重,督促司法人员重视对于纠纷的实质化解决。

二、聚焦人民法院队伍职业化、专业化与精英化发展需求,推进审判机制现代化

《五五纲要》将全面推进人民法院队伍革命化、正规化、专业化、职业化建设列为构建中国特色社会主义法院人员分类管理和职业保障制度体系的重要内容。人民法院人员分类量化考核管理制度作为司法人员分类管理制度的组成部分,核心内容在于落实法官员额制改革成果。因此,要讨论人民法院人员分类量化考核管理制度的发展路径,直至上升到中国法院未来的发展道路,必然绕不开员额制设计的底层逻辑——实现司法的职业化、专业化目标与精英化发展需求。

(一)法院队伍职业化、精英化道路的源流与问题

在2002年7月的全国法院队伍建设工作会议上,最高人民法院首次明确提出"法官职业化建设"的总体目标,并将其作为提高法官队伍素质、加强法院队伍建设的一条主线。2002年10月,在北京召开的法官职业化建设国际研讨会进一步提出:法官职业化是法治国家对法官队伍建设的唯一选择。② 以此为基础,2014年6月,以员额制分配改革为中心的法院队伍职业化、精英化建设道路正式开启。

福建省泉州市中级人民法院于2021年发表的调研报告从三个方面反映了

① 参见张骐、孙宪忠、侯猛:《"新时代人民法院能动司法"笔谈——简论新时代人民法院能动司法》,载《中国应用法学》2023年第4期。

② 参见杜中杰:《法官职业化:通往法治的必经途径——法官职业化建设国际研讨会综述》,载《人民司法》2002年第12期。

这条道路在当前的效果与问题:①一是员额法官在改革后办案主体地位得以明确,工资待遇有所改善,职业尊荣感得到提升,但法官群体不同程度存在焦虑情绪。这种焦虑情绪一方面源于案件爆炸式增长,另一方面源于法官入额后从管理到审判的自我角色转变尚未完成。二是审判辅助人员整体工作积极性不高。法官助理在员额制改革后,职业前景模糊、上升渠道存在不确定性;聘用制书记员薪资待遇与公务员差距大,且发展空间小,导致书记员流失率高,难以当成终身职业对待;司法警察在改革后,并未享受到司改绩效工资福利,且大多数法警并未受过专门的法律教育,也不具有法律从业资格,发展空间受限。三是司法行政人员的晋升受职数限制,难度较大,相比而言,员额法官比行政人员在工资待遇和职级晋升上均有优势。

(二)道路发展中的法官——"少而精"的群体

法官职业化的命题实际上隐含着法官精英化的概念。法官职业化意味着对法官的资格有严格的标准,要求法官的素质要高、数量要精。这是因为法官行使的司法权是一种判断权,这种判断之所以能为公众信服和接受,是因为法官具有权威的地位。权威的确立,一方面依赖于法官超出常人的专业素养和公正的品格,要求法官在职业上必须具有独特的知识、技能、工作方法、行为方式以及思维模式。这种独特性培养从基础的法学教育便开始,通过统一的法律职业资格考试制度形成准入门槛,并在后续的职业培训与职业道德建设中进一步巩固、加强。另一方面,这种权威还直接建立在由国家保障带来的尊严和荣誉之上,而人数较少的群体,国家较有能力与机会为其提供优越的任职保障,因而其权威地位比较容易获得和维持。②

出于以上原因,在一些国家职业法官的数量被限制在一个很小的范围内。③在近年来出现诉讼爆炸的情况下,其对法官数量的增加亦非常慎重,主要通过其他方式来分流案件。

---

① 参见福建省泉州市中级人民法院课题组:《法院队伍管理的调查思考　基于福建泉州中院分类量化考核实践》,载《中国审判》2021 年第 23 期。

② 参见章武生:《目标与路径:司法权威的内涵与生成条件——法官职业化、精英化与司法权威》,载《政治与法律》2004 年第 5 期。

③ 以大陆法系国家为例,2012 年德国全国法官仅约 12000 余名,2013 年日本全国法官仅 3703 人。参见宋远升:《精英化与专业化的迷失——法官员额制的困境与出路》,载《政法论坛》2017 年第 2 期。

我国在员额制改革以前,法官的数量是21万余人。庞大的法官群体业务素质良莠不齐,法官群体带来尊严的待遇难以得到充分保障。这也就可能导致法官的精英化形象被模糊、被弱化,权威被削弱。

故此,未来中国法院的发展仍需聚焦员额法官本身,通过深化员额制分配改革,对法官队伍进行“瘦身”和“重新洗牌”,让司法精英留在审判一线、让一线办案法官获得应有的尊严,塑造“少而精”的法官精英化形象。具体到分类管理制度发展,便是进一步根据法官的人员岗位性质和处理案件特点进行分类考核,将考核结果由简单机械核算的办案工作量与政治评价或者组织评价,转变为基于长期精细的观察分析,并将案件差异性纳入考量因素,以此为基础计算出的真实反馈法官的实际工作量的实际导向考评结果,并反哺员额制改革,为整体测算法院实际工作量,进而计算法院员额比提供有力的事实依据。

(三)审判团队的组成——法院其他人员管理

对其他人员的分类管理,根本上属于法官员额比,即需要多少员额法官的从属问题。以书记员和法官助理为例,在确认所需员额法官数额后,员额法官—法官助理—书记员三者即形成了一个在内部实现有效分权及分享机制的审判团体。员额法官、法官助理与书记员之间实行审判事务、审判辅助事务及司法行政辅助事务分工,这是员额制正常运作的基础性保证。

由于审判事务、审判辅助事务及司法行政辅助事务三者在审判程序中所占的比重不同,以经验推论,员额法官与司法辅助人员、司法行政人员的比例应当是1∶N∶M。而以实证分析,在域外国家法院审判配置中,包括审判辅助及司法行政人员的数量一般是法官人数的数倍。在大陆法系,日本(2013年)法官(3703人)与其他工作人员(22026人)的平均比例为1∶6;德国(2012年)法官(12930人)与其他工作人员(50475人)的平均比例为1∶4。普通法系的法官比例更小、辅助人员更多,如2014年美国俄勒冈州法官(200人)与其他工作人员(1600人)的比例为1∶8;美国科罗拉多州法官(300人)与其他工作人员(3500人)的比例为1∶12。①

员额制改革后,我国员额法官为12万余名,司法辅助人员完全不能满足实

① 参见宋远升:《精英化与专业化的迷失——法官员额制的困境与出路》,载《政法论坛》2017年第2期。

践的需要,且这一现状将长期维持。因此在我国,上述三者结构比例一般为1∶1∶1,这是能够保证审判质效的底线要求,并且根据具体情况予以调整。同时,在不同审级法院之间,基于案件压力集中到基层人民法院或者中级人民法院的考量,在司法辅助人员配置方面向基层人民法院倾斜。

根据上述事实,今后中国法院发展必然需要采取更为精细化的、向员额法官看齐的人员管理模式。在员额法官专业职务序列之外,以良性的人员流动为目标,实行单独人员序列分级管理制度,打通法官助理、书记员、司法行政人员内部间流通晋升通道,并通过适当提高其他人员待遇,以及完善跨序列交流机制,保证以青年为主体的审判辅助人员及司法行政人员利益保障,推动高素质的专业法律精英持续集中至急需的司法一线。定期考试兼考核的方式将成为常态,通过对司法技艺或者司法伦理的考试考核,而不仅仅依赖奖惩制度,督促其他法院人员进行自我调整、自我提高,从而推动人民法院队伍整体职业化、精英化建设。

三、围绕司法体制改革新目标,推进审判体系现代化

司法体制改革是一个循序渐进的过程。党的十五大正式提出"推进司法改革",党的十六大提出"推进司法体制改革",党的十七大提出"深化司法体制改革",党的十八大提出"进一步深化司法体制改革",党的十九大、党的二十大均将"深化司法体制综合配套改革"作为全面深化改革和全面推进依法治国的重要内容。① 随着以人民法院人员分类量化考核管理制度为代表的司法体制综合配套改革深入,攻坚克难将成为继续深化司法体制改革的主旋律。唯有在思想认识上提前准备,在前进道路上做好谋划,才能形成关键路径引导,推动司法体制改革进入新时代。

(一)处理好依法独立行使职权和监督管理的关系

司法机关承担着维护社会公平正义的艰巨使命。司法权力公正高效运行,既需要排除外部干扰,确保公正,又要从内部加强监督,杜绝滥用职权与司法腐败。作为相对独立闭环的机关,司法改革要最终取信于民,要维持在调整社会关系中的最高权威,这两方面均不可偏废。权责明晰的司法权力运行机制,是公正司法、高效司法、廉洁司法的必要保障。深化司法体制改革,核心是解决司法权

---

① 参见陈卫东:《十八大以来司法体制改革的回顾与展望》,载《法学》2017年第10期。

力运行机制的行政化问题。这就要求上层设计明确司法权力与司法管理的关系和界限,“去行政化”而不是“去管理化”。故此,我国法院在今后的发展中,要将司法审判权的独立行使与监督管理权的严格行使同时作为司法权力运行改革重点内容,具体到人员分类管理制度等司法体制综合配套措施,便是要推动设立办案权力清单,大幅度下放审判权,进一步赋予一线办案人办案主体地位,让“做主的人做主”“办案的人办案”;建立健全错案终身负责等办案质量责任分配机制,将严肃追责落实到人,并与保护办案人员积极性结合起来;完善权力运行监督管理,强调管理人员监督职责,自觉接受外部监管,保证司法权力公平、公正、公开运行。

(二)处理好法院人员分类管理和案多人少的关系

如前文所述,从法院系统目前人员状况来看,“案多人少”“积案甚多”是当前以及今后相当长一段时间司法机关不得不面对的矛盾。对法院定分止争的功能以及司法权威、司法公信力可能产生不良影响。需要通过人员分类量化考核制度等司法制度配套改革,推动员额制改革落到实处,通过建立司法人员的适时补充机制,全力打造“法官—法官助理—书记员”的新型办案团队,帮助员额法官从非审判、办案事务中解脱出来,专注于审判权行使,由此打造员额法官职业地位与职业气质,提升员额法官职业素质、工作效率,有效维护司法权威,提升司法公信力。

(三)处理好专职序列保障和发挥各类人员作用的关系

建立一套准入、晋升、遴选、职业保障、薪酬以及人民法院机关各类人员的职业保障和管理制度,确保法院人员公正、廉洁、自律和相应社会地位。要设计不同类别人民法院人员职业通道,会同有关职能部门,长期专项研究人民法院其他工作人员包括司法行政人员、审判辅助人员,包括司法警察、专业技术人员的职业成长路径,避免只走“员额制”这座“独木桥”,明确彼此之间的职责定位、晋升路径、工作衔接,争取同步妥善解决,既有利于法院整体工作推进,又有利于法院队伍专业化、职业化发展。要在把握各自序列内交流的总体原则基础上,积极稳健探索根据工作需要,有条件、有流向的跨序列交流机制,促进不同层级和不同区域之间人民法院人员的交流,保持稳定与激发活力相结合,整体推动人民法院队伍建设。

(四)处理好丰富司法实践和促进理论研究的关系

司法体制发展不能没有理论的指导,理论研究的不足在一定程度上制约了司法改革成效，而司法改革的基础性、制度性措施，很多并没有先例可循，在一些根本性、方向性的问题上没有立足司法实践深入研究，使改革是否反映了学术界、实务界、社会的共识，以及能否在改革实践中落实都值得商榷。如果理论研究不能为顶层设计提供依据与技术支持，将导致改革顾此失彼。若要继续深化人员分类考核制度等司法体制配套制度改革，必须立足于司法体制改革已经积累的丰富实践经验，通过引入高水平智库外脑等方式，针对改革实践中所遭遇的深层次问题进行提炼总结，形成具有前瞻性、指导性与可操作性的行动方案，并及时与立法机关进行深入沟通，坚持于法有据，在法律框架内开展改革，维护法制统一与权威。要对落实办案责任制、考核评价办法、内设机构优化整合等难点问题进行深入调研，广泛听取各方面意见，加强理性思考和实践探索，形成具有前瞻性、指导性和可操作性的改革后续方案，为深化改革提供理论支撑和操作依据。

（五）处理好吸收有益经验和助力全球治理的关系

20 世纪 90 年代以来，由多元治理主体合作解决全球问题的治理观念日益深入人心，在此背景下，我国法院通过审理涉外案件尤其是涉外商事案件，分配全球司法治理权，进而确定案件当事人的权利义务，最终产生全球治理效果这一实现路径来积极参与涉外治理，全球治理功能愈加突出。整体而言，我国法院所开展的跨国司法治理，实现了法律效果、经济效果、政治效果与社会效果等的有机统一，反过来又提升我国法院国际司法职能，树立中国司法在国际上的影响力与公信力，进而对中国法院参与甚至主导国际规则制定与国际话语权等软实力产生积极影响。[①] 作为全球治理的一支重要且独特的力量，我国法院通过与国际法形成良好关系，成为开展整体性治理的重要组成部分。在这一背景下，中国法院更需要通过对外输出具有中国特色的普适性司法创新体系经验，提升在整体性治理中的地位。这就要求在今后的司法改革中，深入探索以人员分类管理考核制度为代表的司法体制综合配套改革，通过横向比对，吸收其他国家法院的有益经验，同时继承并发扬中国特色社会主义法律体系中人员管理制度等的精华成分，形成具有鲜明中国特色的普适性司法创新体系。在对外输送中过程中，提升

---

① 参见吴卡：《中国法院参与全球治理的实践路径与可持续策略》，载《国际法研究》2021 年第 2 期。

中国法院持续参与全球治理的能力与效果,提升中国法院在国际法律事务中的话语权与影响力。

四、建立干部信息数字管理系统,推进审判管理现代化

我国法院信息化建设已经进入3.0阶段,即智慧法院建设阶段,智慧法院引发了法官思维观念、法院工作流程和司法权力运行方式的重大变革。在以移动互联网、大数据、人工智能为代表的信息技术不断发展的背景下,加之司法体制改革的推动,我国智慧法院建设如火如荼且成果显著。当前,我国智慧法院体系主要包括以"五网三云"①为主体的信息基础设施、以"智审、智执、智服、智管"业务领域为体系分布的应用系统、以司法审判信息资源为核心的大数据管理和服务平台、分布于各个关键环节的网络安全系统和连通各类系统的可视化质效型运维管理平台。中国社会科学院专门从事法治研究的第三方机构已经论断,我国智慧法院建设已然处于世界领先地位。② 而人民法院人员分类量化考核管理便是智慧法院建设的重要应用领域。通过对人员的多维度精准画像,人民法院可以在任职、晋升、培训、考核等各个场域和各个环节对政法人员进行实时化、动态化、智能化的精准分类管理,使政法队伍的管理实现从零散到整体、从片面到科学全面的转轨。③ 就目前而言,各地基层人民法院数据处理技术有待进一步提高,各人民法院内部的考核数据、精准人像还在初步构建阶段,而人民法院系统间各人员管理数据库相互独立、类型不一,缺乏统一的标准化接口,缺少安全机制下的跨部门信息交换,数据孤岛现象突出。人民法院之间、人民法院内外之间未完全打通数据共享这一板块,导致智慧法院建设最重要的数据化基础还建立得不够充分。④

未来,人民法院将不断探索信息网络技术与审判管理工作的深度融合,以信

---

① 参见许建峰、孙福辉、陈奇伟:《智慧法院体系工程概论》,人民法院出版社2021年版,第155页。

② 陈甦、田禾主编:《法治蓝皮书:中国法院信息化发展报告No.5(2021)》,社会科学文献出版社2021年版,第4页。

③ 参见王禄生:《智能技术赋能政法改革的中国图景》,载《法律科学(西北政法大学学报)》2023年第5期。

④ 参见陶天蓉、杨仪、李世军:《人工智能在基层人民法院智慧化建设中的运用——基于SWOT分析》,载《经营与管理》2023年第2期。

息技术发展为人员分类量化考核管理工作提供技术支持。建立“数字画像”信息管理体系,帮助人民法院进行内部精细化管理,实现人民法院人员数字队伍管理。人民法院不仅要在内部充分利用“数据画像”对人员进行考核,使人员分类量化考核制度在司法系统得到良好运行,还要进一步打通包括检察院、公安、市场监管、金融等部门人员管理信息在内的数据共享通道,形成政务和司法的“物联网”,并利用所有可用的尖端技术(从人工智能到区块链),使这一物联网变得更加智能,避免出现人员考核管理数据在人事关系调动前后存在割裂性和重复性的情况。正如一个人的档案伴随其终生一样,数字信息也应当是唯一的,不能不同单位不同时期多头记录,以确保其真实性权威性。未来可依托人员分类考核管理制度,建立全国统一的干部信息数字管理系统,保证各地方各单位系统的一致性,实现相互之间数据在必要时能够接入,干部调动后能够同步转入、调阅和审核,对干部以往工作考评情况、道德诚信等内容实现全景式掌握。当组织需要了解人选不同时期的政治表现或其他信息,或者是某一特定阶段干部的德能勤绩廉综合表现时,打开系统就能一目了然。

附件1　福建省泉州市中级人民法院法院人员分类量化考核办法(试行)

为进一步贯彻落实中央关于深化司法体制改革的部署要求，推进司法人员分类管理，完善法院队伍考核评价机制，根据《中华人民共和国公务员法》《中华人民共和国法官法》《最高人民法院关于完善人民法院司法责任制的若干意见》《最高人民法院关于深化司法责任制综合配套改革的意见》《公务员平时考核办法(试行)》《福建法院工作人员绩效考核及奖金分配指导意见(试行)》等有关规定，结合本院工作实际，制定本办法。

一、总则

(一)指导思想

坚持以习近平新时代中国特色社会主义思想为指导，认真贯彻习近平法治思想，按照司法责任制的要求，科学设定考核项目、内容和标准，完善考核方法程序，建立考核结果运行机制，充分发挥广大干警的工作积极性和改革创新性，不断提升司法工作能力，促进审判体系和审判能力现代化。

(二)总体要求

司法人员分类量化考核要根据中央关于“要区分人

员类别、岗位特点以及案件类型,分层分级制定针对性强、级差合理、简便易行的绩效考核办法”以及中央政法委提出的“要以办案数量、案件难易程度、办案质量效果为主要依据,科学设计绩效奖金发放标准,合理拉开档次,不搞平均主义,最大限度激励入额人员多办案、办好案”等要求,遵循司法规律,充分考虑不同部门、不同工作岗位、不同类别人员的差异,依照科学规范、客观公正、公开透明、简便易行的原则进行。

(三)主要方法

量化考核方法采取分类评价与统一评价、定量评价与定性评价、客观考评与主观打分、重点评价与全面评价、定岗评价与转岗评价、个人评价与部门评价、平时评价与年度评价、业绩评价与业绩档案等相结合,以满足对各类人员的业绩进行适时、全面、公开、灵活、科学、持续的评价。同时,做好业绩考核与公务员年度考核、日常考核的衔接,切实加强日常评价,注重平时考核结果运用。

二、考核对象

人员分类量化考核具体分为“6+1”共七类人员,其中,“6”即员额法官、法官助理、执行人员、综合行政人员、司法警察、聘用人员六大类别人员,“1”即部门负责人。各类人员具体如下:

1. 员额法官。包括各审判业务部门的员额法官(不包括执行局法官);

2. 法官助理。包括各审判业务部门的法官助理(不包括执行局法官助理);

3. 执行人员。因执行工作与审判工作差异较大,且实行分段执行模式,执行人员实行单列考核(包括执行局法官和法官助理);

4. 综合行政人员。包括综合行政部门人员(包括工勤人员)、审判业务部门中未设办案任务数的法官助理和书记员,以及司法技术人员;

5. 司法警察。法警支队实行单列考核;

6. 聘用人员。包括审判、执行业务部门和综合行政部门的书记员(省聘、市聘及院聘)及辅助人员,车队驾驶员,食堂员工以及法警支队辅警等,考虑到工作的差异性,分类别进行考核;

7. 部门负责人。包括审判业务部门负责人和综合行政部门负责人,除办案任务外,还担负着行政管理等职责,实行单列考核。

按照上级法院定期督察下级法院领导办案情况的要求,本院对院领导办案绩效,只通报不考核。

三、考核内容

量化考核采取基础分和正负向加减分评价相结合的方式。基础分采取百分制,主要考核各类人员的工作业绩、队伍建设以及群众公认度等方面;正负向加减分主要考核担当精神、创新意识等方面。

工作业绩评价,权重占60%,分类评价员额法官、法官助理、执行人员的办案数量、质量、效率、效果等;司法警察的值勤、体能、技能等;综合行政人员的履职程度。同时,对兼职、晋职、转岗等特殊人员的业绩进行评价。

队伍建设评价,权重占25%,主要评价各类人员参与支部党建、文明创建,以及机关效能、廉洁自律等方面的情况。

综合评价,权重占15%,主要指院领导、部门领导(正副职)、中层正职以上领导(包括市管干部)根据考核对象的一贯表现作出的评价。

正负向加减分,正向加分设上限,减分则根据相关细则进行扣分。主要包括调研、信息、宣传、表彰奖励、综合文稿、品牌亮点、办案(服务)竞赛等。此外,为鼓励创新和担当,对承担全院性工作任务或本部门创新项目且得到院长或上级领导的批示认可,以及对承担急难险重任务或承办重大疑难案件、做出突出贡献的干警,适当进行加分。

(一)工作业绩(权重60分)

员额法官、法官助理、执行人员工作业绩主要体现在案件办理上,以办案数量、质量、效率及效果为基础进行量化评分。年办案任务均为180件,以民商事二审速裁案件(原一审适用简易程序上诉案件)为标准件。审判管理部门根据员额法官、法官助理、执行人员办案数量、办案质量、办案效率、办案效果考核标准,并对工作业绩作出评价。

1. 员额法官工作业绩评价

(1)办案质量(24分)。主要通过案件质量评查和优秀文书、优秀庭审评比结果进行评价。案件质量评查包括常规评查、专项评查和重点评查。案件质量评查办法和评定标准根据省法院闽高法〔2021〕88号相关规定执行。优秀裁判文书、精品文书、典型案例和优秀庭审、精品庭审根据获奖等次给予加分。

(2)办案数量(10分)。院领导行政管理等工作折办案工作量75%;庭长、团队长(副庭长)、副庭长行政管理等工作分别折办案工作量50%、30%、20%。法官独自办理的案件,得该案全部折算工作量。助理参与办案的案件,法官只计算该案件70%的工作量。

(3)办案效率(10分)。主要评价审限内结案率和长期未结、久押不决案件清理情况以及诉讼费退费、未按期归档情况。

(4)办案效果(16分)。主要评价上诉、抗诉、申诉、再审、涉诉上访(越级访、非正常访等)、信访化解等相关工作完成情况。

2.法官助理工作业绩评价

法官助理评价内容中,参与协助办案数量、质量、效率方面与员额法官(审判业务部门)一致。办案效果方面,增设"法官评价",由所在团队员额法官对参与协助办案的法官助理进行评价。

3.执行人员工作业绩评价

执行人员评价内容中,办案数量与员额法官(审判业务部门)一致,不分区分员额法官和法官助理。办案质量通过案件评查、一案双查及执行异议、复议被上级法院撤销、改判、发回重审等进行评价。办案效率重点评价审限内结案率、实际执行到位率及长期未结案件等。办案效果通过涉诉上访及信访化解情况进行评价。

4.综合行政人员工作业绩评价

综合行政人员工作业绩每季度考核一次,实行亮岗晒绩和述职测评,结合平时一贯表现和关键时刻表现进行综合考评。

(1)亮岗晒绩。考核对象对照职责任务和工作实绩,填写"3+1"实绩表(本季度内最能体现自己工作能力及成效的三项工作和最不满意的一项工作)。

(2)述职测评。召开部门会议,干警汇报季度或年度履职情况(重点汇报"3+1"实绩),分管领导、部门负责人、普通干警以无记名投票方式进行测评,按不同权重计分。

(3)确定等次。部门负责人根据测评结果提出定档建议,报分管领导审定,后报政治部备案。政治部根据确定的等次,核算相应分值。

5.司法警察工作业绩评价

司法警察工作业绩主要包括执勤(开庭保障、刑民事案件执行、应急处突、实施强制措施、安保警卫任务、值班备勤等)、业务考核(以省法院下发的"实战化训练”考核细则为评分标准)、规范执法(执法执勤情况)等。具体由法警支队组织实施并对工作业绩作出评价。

6. 部门负责人工作业绩评价

部门负责人分为审判业务部门负责人和综合行政部门负责人。审判业务部门负责人工作业绩由个人工作业绩和本部门干警平均业绩两部分组成(各占50%)进行评价,个人工作业绩和本部门干警平均业绩由审判管理部门提供。综合行政部门负责人工作业绩由政治部根据每季度本人考核认定等次计分后,进行量化排名。

7. 聘用人员工作业绩评价

审判业务部门和综合行政部门书记员(省聘、市聘及院聘)、辅助人员的工作业绩由书记员管理办公室协同审判管理部门根据量化评分细则进行评价;执行部门书记员及辅助人员由书记员管理办公室协同执行局根据量化评分细则进行评价;车队驾驶员、食堂员工由行装处负责根据量化评分细则进行评价;辅警由法警支队负责根据量化评分细则进行评价等。

8. 特殊人员业绩评价

(1)多岗位兼职的人员,其业绩按各职位的评价分值和分担的任务比例进行合成评价。

(2)晋职和转岗等人员,其业绩评价由晋职和转岗前后不同的职位评价分值合成。

(3)挂职、借调等人员,离岗期间不作业绩评价。

(二)队伍建设(权重25分)

队伍建设包括党建创建、机关效能和廉洁自律等方面。其中党建创建10分、机关效能8分、廉洁自律7分,均按月滚动积分。

1. 党建创建方面评价。包含机关党建、文明创建和工青妇团工作。支部党建主要评价参与支部党建活动的情况,包括参加“三会一课”、机关党校、党员政治生日、党日活动、党建竞赛,以及在岗位工作中发挥先锋模范作用等。文明创建主要评价参与志愿活动、便民服务、创先争优、遵章守纪等。工青妇工作主要评价参与工会、共青团和妇委会开展的各项活动等。

2. 机关效能方面评价。主要评价各类人员接受效能督察,遵守会风会纪和培训纪律,遵守外出、请假、考勤、用餐等制度,以及部门负责人履行主体责任等情况。

3.廉洁自律方面评价。主要评价信访问责、廉洁自律、执行“中央八项规定”“三个规定”等情况。

（三）综合评价（权重15分）

普通干警由分管领导、部门领导（正副职）、中层正职以上（包括市管干部）进行综合评价；部门负责人由分管领导、全体院领导、中层正职以上（包括市管干部）进行综合评价。对审判业务部门的法官助理评价，还应增加所在团队员额法官的评价意见。对各类人员全年的综合评价，在每年年底进行。其中，各部门负责人的综合评价结合年度述职测评进行。

（四）正负向加减分

主要评价各类人员从事调研、信息、宣传，受各级表彰以及获各类竞赛奖项，撰写各类交流、讲话、汇报等综合文稿，以及品牌亮点、办案（服务）竞赛等。

1.调研、信息、宣传、表彰奖励分别由研究室、办公室、政治部根据附件评分规则审核认定（负责调研、信息、宣传工作的干警，其调研、信息、宣传得分由政治部认定）。

2.综合文稿由个人申报，所在部门认定后，报分管领导审批，政治部审核录入。

3.品牌亮点按照市绩效考评加分项目标准对等加分；部门品牌亮点获表彰奖励，同时被市绩效考评加分的，可选最高得分一项加分。部门负责人可根据对该品牌亮点贡献的大小，提出该分数分配的建议，报分管领导同意后，送政治部审核认定。

4.办案（服务）竞赛由审判管理部门审核认定。根据本院常态化开展的办案（服务）竞赛活动，由审判管理部门组织评选出月办案最佳庭室、月办案最佳团队、月办案标兵、月办案能手、月执行标兵、月执行能手、月服务先锋、月优秀书记员等，给予加分奖励，并对“黄牌示警”对象，给予扣分。

5.其他：对承担全院性工作任务或本部门创新项目且得到院长或上级领导的批示认可，以及对承担急难险重任务或承办重大疑难案件、做出突出贡献的，由所在部门提出书面申请，报分管领导审核，党组研究后给予适当加分。

四、考核步骤

量化考核注重平时考核与年度考核相互衔接。工作业绩每季度考核1次，队伍建设、综合评价、正负向加减分每年考核1次。

（一）季度考核。各部门考核对象对照职责任务和工作实绩，填写"3+1"实绩表。召开部门会议，干警（以"3+1"形式）逐一汇报本季度岗位任务完成情况，之后以无记名方式进行投票测评。部门负责人根据测评结果，对部门干警的考核等次提出建议，报分管领导审定。部门负责人的考核结果由政治部根据测评结果提出建议，报院长审定。

（二）年度考核。在平时业绩考核的基础上，按照员额法官、法官助理、执行人员、综合行政人员、司法警察、部门负责人、工勤等各类别人员数量比例下达每个类别人员优秀名额。对各类别人员根据量化考核结果进行排名，根据排名结果，兑现考核结果。

五、结果运用

量化考核结果纳入业绩档案，作为各类人员评先评优、职级晋升、提拔使用、奖金分配、员额进退等挂钩，通过量化考核，建立一个能上能下、能进能出、优胜劣汰的干部管理和激励机制，为打造一支正规化、专业化、革命化、职业化法院队伍提供坚强制度保障。

六、其他

1. 本院设立中院干警业绩考核委员会，下设办公室，人员由政治部、办公室、督察室、审判管理部门、研究室、行装处和机关党委会等各相关职能部门组成，依托在政治部，在业绩考核委员会的领导下，开展干警的业绩考核评价工作。

2. 本院聘用人员实行单列管理，由书记员管理办公室协同有关职能部门，根据工作实际和岗位特点，制定具体考评细则，报政治部备案。

3. 本办法涉及相关考核数据材料，月上报截止日为次月的10日前，季度上报截止日为次季度的10日前，年度上报截止日为次年1月31日前。

4. 凡考评期间出现职务调整，包括兼职转岗、晋职晋级、挂职借调等，需调整办案任务数、启用不同的业绩评价表或业绩合成方式等，均自次月起实行。

5. 本办法涉及项目由各职能部门归口负责解释，其他由政治部负责解释，未尽事宜经业绩考评委员会讨论研究后决定。

6. 本办法自发布之日起施行。

附表 1－1　泉州市中级人民法院员额法官/法官助理/执行人员量化考核表

序号	姓名	部门	基础分										正负向加减分									总分	排名
			工作业绩(60 分)				队伍建设(25 分)			综合评价(15 分)			调研	信息	宣传	表彰奖励	综合文稿	品牌亮点	办案竞赛	季度考核	其他		
			办案质量(24 分)	办案数量(10 分)	办案效率(10 分)	办案效果(16 分)	党建创建(10 分)	机关效能(8 分)	廉洁自律(7 分)	分管领导评价(5 分)	部门领导评价(5 分)	中层正职以上评价(5 分)	调研(6 分)	信息(4 分)	宣传(4 分)	表彰奖励(6 分)	综合文稿(5 分)	品牌亮点(5 分)	具体加减分见备注	具体加分见备注	具体加分见备注		
			重点指标				主要指标			评价主体													
			案件质量评查等	承办案件、协助办案、参办案件等	长期未结、久押不决、诉讼费清退、未按期归档等	非正常上访(包括极端访、越级访)、信访化解等	学习教育、三会一课、党建活动、党费缴纳、创先争优等	效能督查、会风会纪、就餐外出、考勤培训等	信访问责、廉洁自律、执行“八项规定”“三个规定”等	直属的分管院领导评价	部门领导(包括正副职)评价	中层正职以上(包括市管干部)评价											
1																							
2																							
3																							

备注

1. 工作业绩由审管办根据附件评分规则审核认定。

2. 队伍建设由机关党委会、政治部、督察室等职能部门根据附件评分规则审核认定。

3. 综合评价由分管领导、部门领导(正副职)、中层正职以上(包括市管干部)评价。

4. 调研、信息、宣传、表彰奖励由研究室、办公室、政治部根据附件评分规则审核认定。

5. 综合文稿由个人申报,所在部门认定后,报分管领导审批,政治部审核录入。

6. 品牌亮点按照市绩效考评加分项目标准对等加分;部门品牌亮点获表彰奖励,同时被市绩效考评加分的,可选最高得分一项加分。部门负责人可根据对该品牌亮点贡献的大小,提出该分数分配的建议,报分管领导同意后,送政治部审核认定。

7. 办案(服务)竞赛由审管办审核认定。根据本院常态化开展的办案(服务)竞赛活动,由审管办组织评选出月办案最佳庭室、月办案最佳团队、月办案标兵、月办案能手、月执行标兵、月执行能手、月服务先锋等,给予加分奖励 2 分/次,并对“黄牌示警”对象,给予扣分 2 分/次。其中,入选月办案最佳庭室的,部门负责人 +2 分/次,部门其他人员各 +1 分/次;入选月办案最佳团队,团队人员各 +1 分/次。不因团队和个人同时加分或同时扣分,只适用分值高者。

8. 季度考核即平时考核,季度考核优秀 +2 分/次,由政治部审核录入。

9. 其他:对承担全院性工作任务或本部门创新项目且得到院长或上级领导的批示认可,以及对承担急难险重任务或承办重大疑难案件做出突出贡献的,由所在部门提出书面申请,报分管领导审核,党组研究后给予适当加分(1~5 分/次)。

附表 1－2　泉州市中级人民法院综合行政人员量化考核表

序号	姓名	部门	基础分										正负向加减分								总分	排名
			工作业绩(60 分)				队伍建设(25 分)			综合评价(15 分)			调研	信息	宣传	表彰奖励	综合文稿	品牌亮点	服务竞赛	其他		
							党建创建(10 分)	机关效能(8 分)	廉洁自律(7 分)	分管领导评价(5 分)	部门领导评价(5 分)	中层正职以上评价(5 分)										
							主要指标			评价主体												
			第一季度(15 分)	第二季度(15 分)	第三季度(15 分)	第四季度(15 分)	学习教育、三会一课、党建活动、党费缴纳、创先争优等	效能督查、会风会纪、就餐外出、考勤培训等	信访问责、廉洁自律、执行“八项规定”“三个规定”等	直属的分管院领导评价	部门领导(包括正副职)评价	中层正职以上(包括市管干部)评价	调研(6 分)	信息(4 分)	宣传(4 分)	表彰奖励(6 分)	综合文稿(5 分)	品牌亮点(5 分)	具体加分见备注	具体加分见备注		
1																						
2																						
3																						

备注

1. 工作业绩由四个季度考核认定构成，每季度由干警汇报本季度岗位任务完成情况，分管领导、部门负责人、普通干警以无记名投票方式进行测评，政治部根据测评结果进行核算计分。

2. 队伍建设由机关党委会、政治部、督察室等职能部门根据附件评分规则审核认定。

3. 综合评价由分管领导、部门领导(正副职)、中层正职以上(包括市管干部)评价。

4. 调研、信息、宣传、表彰奖励由研究室、办公室、政治部根据附件评分规则审核认定。

5. 综合文稿由个人申报，所在部门认定后，报分管领导审批，政治部审核录入。

6. 品牌亮点按照市绩效考评加分项目标准对等加分；部门品牌亮点获表彰奖励，同时被市绩效考评加分的，可选最高得分一项加分。部门负责人可根据对该品牌亮点贡献的大小，提出该分数分配的建议，报分管领导同意后，送政治部审核认定。

7. 办案(服务)竞赛由审管办审核认定。根据本院常态化开展的办案(服务)竞赛活动，由审管办组织评选出月办案最佳庭室、月办案最佳团队、月办案标兵、月办案能手、月执行标兵、月执行能手、月服务先锋等，给予加分奖励 2 分/次，并对“黄牌示警”对象，给予扣分 2 分/次。其中，入选月办案最佳庭室的，部门负责人 +2 分/次，部门其他人员各 +1 分/次；入选月办案最佳团队，团队人员各 +1 分/次。不因团队和个人同时加分或同时扣分，只适用分值高者。

8. 其他：对承担全院性工作任务或本部门创新项目且得到院长或上级领导的批示认可，以及对承担急难险重任务或承办重大疑难案件做出突出贡献的，由所在部门提出书面申请，报分管领导审核，党组研究后给予适当加分(1～5 分/次)。

附表1－3　泉州市中级人民法院司法警察量化考核表

序号	姓名	部门	基础分									正负向加减分										总分	排名
			工作业绩(60分)			队伍建设(25分)			综合评价(15分)			调研	信息	宣传	表彰奖励	综合文稿	品牌亮点	突出业绩	服务竞赛	季度考核	其他		
			执勤(42分)	业务考核(12分)	规范执法(6分)	党建创建(10分)	机关效能(8分)	廉洁自律(7分)	分管领导评价(5分)	部门领导评价(5分)	中层正职以上评价(5分)												
			重点指标			主要指标			评价主体														
			开庭保障、刑民事执行、应急处突、实施强制措施、安保警卫、值班备勤等	体能、单警技能、枪械、警情等	执勤不规范、警容不严整、执法执勤失当造成事故等	学习教育、三会一课、党建活动、党费缴纳、创先争优等	效能督查、会风会纪、就餐外出、考勤培训等	信访问责、廉洁自律、执行“八项规定”“三个规定”等	直属的分管院领导评价	部门领导(包括正副职)评价	中层正职以上(包括市管干部)评价	调研(6分)	信息(4分)	宣传(4分)	表彰奖励(6分)	综合文稿(5分)	品牌亮点(5分)	年度重大警务活动或突出工作业绩(5分)	具体加分见备注	具体加分见备注	具体加分见备注		
1																							
2																							
3																							

备注

1. 工作业绩由法警支队根据附件评分规则审核认定。

2. 队伍建设由机关党委会、政治部、督察室等职能部门根据附件评分规则审核认定。

3. 综合评价由分管领导、部门领导(正副职)、中层正职以上(包括市管干部)评价。

4. 调研、信息、宣传、表彰奖励由研究室、办公室、政治部根据附件评分规则审核认定。

5. 综合文稿由个人申报,所在部门认定后,报分管领导审批,政治部审核录入。

6. 品牌亮点按照市绩效考评加分项目标准对等加分;部门品牌亮点获表彰奖励,同时被市绩效考评加分的,可选最高得分一项加分。部门负责人可根据对该品牌亮点贡献的大小,提出该分数分配的建议,报分管领导同意后,送政治部审核认定。

7. 办案(服务)竞赛由审管办审核认定。根据本院常态化开展的办案(服务)竞赛活动,由审管办组织评选出月办案最佳庭室、月办案最佳团队、月办案标兵、月办案能手、月执行标兵、月执行能手、月服务先锋等,给予加分奖励2分/次,并对“黄牌示警”对象,给予扣分2分/次。其中,入选月办案最佳庭室的,部门负责人+2分/次,部门其他人员各+1分/次;入选月办案最佳团队,团队人员各+1分/次。不因团队和个人同时加分或同时扣分,只适用分值高者。

8. 季度考核即平时考核,季度考核优秀+2分/次,由政治部审核录入。

9. 其他:对承担全院性工作任务或本部门创新项目且得到院长或上级领导的批示认可,以及对承担急难险重任务或承办重大疑难案件做出突出贡献的,由所在部门提出书面申请,报分管领导审核,党组研究后给予适当加分(1~5分/次)。

附表 1－4　泉州市中级人民法院部门负责人量化考核表（审判业务部门）

<table>
<tr><th rowspan="6">序号</th><th rowspan="6">姓名</th><th rowspan="6">部门</th><th colspan="12">基础分</th><th colspan="10">正负向加减分</th><th rowspan="6">总分</th><th rowspan="6">排名</th></tr>
<tr><th colspan="5">工作业绩（60 分）</th><th colspan="4">队伍建设（25 分）</th><th colspan="3">综合评价（15 分）</th><th>调研</th><th>信息</th><th>宣传</th><th colspan="2">表彰奖励</th><th>综合文稿</th><th>品牌亮点</th><th>办案竞赛</th><th>季度考核</th><th>其他</th></tr>
<tr><th colspan="4">个人工作业绩（30 分）</th><th>部门平均业绩（30 分）</th><th colspan="3">个人（25 分/2＝12.5 分）</th><th>部门平均（12.5 分）</th><th rowspan="2">分管领导评价（5 分）</th><th rowspan="2">院领导评价（5 分）</th><th rowspan="2">中层正职以上评价（5 分）</th><th rowspan="4">调研（6 分）</th><th rowspan="4">信息（4 分）</th><th rowspan="4">宣传（4 分）</th><th rowspan="4">个人表彰奖励（6 分）</th><th rowspan="4">部门集体表彰奖励（6 分）</th><th rowspan="4">综合文稿（5 分）</th><th rowspan="4">品牌亮点（5 分）</th><th rowspan="4">具体加减分见备注</th><th rowspan="4">具体加分见备注</th><th rowspan="4">具体加分见备注</th></tr>
<tr><th>办案质量（12 分）</th><th>办案数量（5 分）</th><th>办案效率（5 分）</th><th>办案效果（8 分）</th><th rowspan="3">取部门人员工作业绩平均值折算</th><th>党建创建（10 分）</th><th>机关效能（8 分）</th><th>廉洁自律（7 分）</th><th rowspan="3">取部门人员队伍建设平均值折算</th></tr>
<tr><th colspan="4">重点指标</th><th colspan="3">主要指标</th><th colspan="3">评价主体</th></tr>
<tr><th>案件质量评查等</th><th>承办案件、参办案件等</th><th>长期未结、久押不决、诉讼费清退、未按期归档等</th><th>非正常上访（包括极端访、越级访）、信访化解等</th><th>学习教育、三会一课、党建活动、党费缴纳、创先争优等</th><th>效能督查、会风会纪、就餐外出、考勤培训等</th><th>信访问责、廉洁自律、执行“八项规定”“三个规定”等</th><th>直属的分管院领导评价</th><th>全体院领导评价</th><th>中层正职和市管干部评价（不含院领导）</th></tr>
<tr><td>1</td><td></td><td></td><td></td><td></td><td></td><td></td><td></td><td></td><td></td><td></td><td></td><td></td><td></td><td></td><td></td><td></td><td></td><td></td><td></td><td></td><td></td><td></td><td></td><td></td><td></td><td></td></tr>
<tr><td>2</td><td></td><td></td><td></td><td></td><td></td><td></td><td></td><td></td><td></td><td></td><td></td><td></td><td></td><td></td><td></td><td></td><td></td><td></td><td></td><td></td><td></td><td></td><td></td><td></td><td></td><td></td></tr>
<tr><td>3</td><td></td><td></td><td></td><td></td><td></td><td></td><td></td><td></td><td></td><td></td><td></td><td></td><td></td><td></td><td></td><td></td><td></td><td></td><td></td><td></td><td></td><td></td><td></td><td></td><td></td><td></td></tr>
</table>

备注

1. 工作业绩由个人工作业绩和部门平均业绩两部分组成，由审管办根据附件评分规则审核认定。

2. 队伍建设由个人队伍建设得分和部门人员队伍建设平均值折算得分构成，由机关党委会、政治部、督察室等职能部门根据附件评分规则审核认定。

3. 综合评价由分管领导、全体院领导及中层正职和市管干部评价，由政治部审核录入。

4. 调研、信息、宣传、表彰奖励由研究室、办公室、政治部根据附件评分规则审核认定。

5. 综合文稿由个人申报，所在部门认定后，报分管领导审批，政治部审核录入。

6. 品牌亮点按照市绩效考评加分项目标准对等加分；部门品牌亮点获表彰奖励，同时被市绩效考评加分的，可选最高得分一项加分。部门负责人可根据对该品牌亮点贡献的大小，提出该分数分配的建议，报分管领导同意后，送政治部审核认定。

7. 办案（服务）竞赛由审管办审核认定。根据本院常态化开展的办案（服务）竞赛活动，由审管办组织评选出月办案最佳庭室、月办案最佳团队、月办案标兵、月办案能手、月执行标兵、月执行能手、月服务先锋等，给予加分奖励 2 分/次，并对“黄牌示警”对象，给予扣分 2 分/次。其中，入选月办案最佳庭室的，部门负责人＋2 分/次，部门其他人员各＋1 分/次；入选月办案最佳团队，团队人员各＋1 分/次。不因团队和个人同时加分或同时扣分，只适用分值高者。

8. 季度考核即平时考核，季度考核优秀＋2 分/次，由政治部审核录入。

9. 其他：对承担全院性工作任务或本部门创新项目且得到院长或上级领导的批示认可，以及对承担急难险重任务或承办重大疑难案件做出突出贡献的，由所在部门提出书面申请，报分管领导审核，党组研究后给予适当加分（1～5 分/次）。

附表1-5　泉州市中级人民法院部门负责人量化考核表（综合行政部门）

<table>
<tr><td rowspan="6">序号</td><td rowspan="6">姓名</td><td rowspan="6">部门</td><td colspan="14">基础分</td><td colspan="10">正负向加减分</td><td rowspan="6">总分</td><td rowspan="6">排名</td></tr>
<tr><td colspan="4">工作业绩(60 分)</td><td colspan="4">队伍建设(25 分)</td><td colspan="3">综合评价(15 分)</td><td>调研</td><td>信息</td><td>宣传</td><td colspan="2">表彰奖励</td><td>综合文稿</td><td>品牌亮点</td><td>服务竞赛</td><td>其他</td></tr>
<tr><td rowspan="4">第一季度（15分）</td><td rowspan="4">第二季度（15分）</td><td rowspan="4">第三季度（15分）</td><td rowspan="4">第四季度（15分）</td><td colspan="3">个人(25 分/2 = 12.5 分)</td><td>部门平均(12.5 分)</td><td rowspan="2">分管领导评价(5 分)</td><td rowspan="2">院领导评价(5 分)</td><td rowspan="2">中层正职以上评价(5 分)</td><td rowspan="4">调研(6 分)</td><td rowspan="4">信息(4 分)</td><td rowspan="4">宣传(4 分)</td><td rowspan="4">个人表彰奖励(6 分)</td><td rowspan="4">部门集体表彰奖励(6 分)</td><td rowspan="4">综合文稿(5 分)</td><td rowspan="4">品牌亮点(5 分)</td><td rowspan="4">具体加分见备注</td><td rowspan="4">具体加分见备注</td></tr>
<tr><td>党建创建(10 分)</td><td>机关效能(8 分)</td><td>廉洁自律(7 分)</td><td rowspan="3">取部门人员队伍建设平均值折算</td></tr>
<tr><td colspan="3">主要指标</td><td colspan="3">评价主体</td></tr>
<tr><td>学习教育、三会一课、党建活动、党费缴纳、创先争优等</td><td>效能督查、会风会纪、就餐外出、考勤培训等</td><td>信访问责、廉洁自律、执行“八项规定”“三个规定”等</td><td>直属的分管院领导评价</td><td>全体院领导评价</td><td>中层正职和市管干部评价（不含院领导）</td></tr>
<tr><td>1</td><td></td><td></td><td></td><td></td><td></td><td></td><td></td><td></td><td></td><td></td><td></td><td></td><td></td><td></td><td></td><td></td><td></td><td></td><td></td><td></td><td></td><td></td><td></td><td></td></tr>
<tr><td>2</td><td></td><td></td><td></td><td></td><td></td><td></td><td></td><td></td><td></td><td></td><td></td><td></td><td></td><td></td><td></td><td></td><td></td><td></td><td></td><td></td><td></td><td></td><td></td><td></td></tr>
<tr><td>3</td><td></td><td></td><td></td><td></td><td></td><td></td><td></td><td></td><td></td><td></td><td></td><td></td><td></td><td></td><td></td><td></td><td></td><td></td><td></td><td></td><td></td><td></td><td></td><td></td></tr>
</table>

备注

1. 工作业绩由四个季度考核认定构成，每季度由部门负责人以书面形式提交本季度“3 + 1”实绩表，政治部汇总后印发给每位院领导，院领导以无记名方式进行投票测评，政治部根据测评结果进行核算计分。

2. 队伍建设由个人队伍建设得分和部门人员队伍建设平均值折算得分构成，由机关党委会、政治部、督察室等职能部门根据附件评分规则审核认定。

3. 综合评价由分管领导、全体院领导及中层正职和市管干部评价，由政治部审核录入。

4. 调研、信息、宣传、表彰奖励由研究室、办公室、政治部根据附件评分规则审核认定。

5. 综合文稿由个人申报，所在部门认定后，报分管领导审批，政治部审核录入。

6. 品牌亮点按照市绩效考评加分项目标准对等加分；部门品牌亮点获表彰奖励，同时被市绩效考评加分的，可选最高得分一项加分。部门负责人可根据对该品牌亮点贡献的大小，提出该分数分配的建议，报分管领导同意后，送政治部审核认定。

7. 办案（服务）竞赛由审管办审核认定。根据本院常态化开展的办案（服务）竞赛活动，由审管办组织评选出月服务先锋部门的，部门负责人 +2 分/次，部门其他人员各 +1 分/次。

8. 其他：对承担全院性工作任务或本部门创新项目且得到院长或上级领导的批示认可，以及对承担急难险重任务或承办重大疑难案件做出突出贡献的，由所在部门提出书面申请，报分管领导审核，党组研究后给予适当加分（1 ~ 5 分/次）。

附表 1-6　泉州市中级人民法院综合行政部门聘用人员量化考核表(除车队司机、食堂工、辅警外)

序号	部门	姓名	编制类别	工作业绩(100 分)	扣分				加分		总分	排名
					考勤情况	学习培训	司法礼仪	其他	全院性特殊任务	其他		
1												
2												
3												
4												
5												
6												
7												
8												

备注

1. 工作业绩:由聘用人员所在部门各派出 1 名代表、书管办(包括各小组长)根据该聘用人员表现情况按照好、较好、一般、较差四个档次进行评价,四个档次分别按 100 分、85 分、70 分、55 分计算,其中评为好的比例不超过 40%。
2. 考勤扣分:指未遵守考勤制度的,无正当理由迟到或早退一次扣 0.5 分、旷工半日扣 3 分。
3. 学习培训扣分:指无正当理由未参加学习培训的,一次扣 2 分。
4. 司法礼仪扣分:被督察室、政治部等相关部门检查发现在着装、仪容仪表、庭审纪律等方面存在不规范情形的,每查到一次扣 0.5 分。
5. 全院性特殊任务加分:指参加全院性特殊工作任务,如在本院大型会议或活动中担任工作人员且表现良好的,每次加 0.5 分。
6. 其他加分项:如担任小组长(含副组长)表现较为突出的,书管办酌情加分;如有撰写调研信息宣传的,按相关规定加分。

附表 1－7　泉州市中级人民法院车队聘用人员量化考核表

序号	姓名	基础分（100 分）								正向加分			总分	排名
		日常管理工作表现（50 分）						领导评价（30 分）	干警评价（20 分）	表彰奖励	服务竞赛	其他工作		
		交通安全（15 分）	服从安排（10 分）	爱护车辆（10 分）	日常考勤（5 分）	礼貌仪容（5 分）	无出车时表现（5 分）			5 分	5 分	5 分		
1														
2														
3														
4														
5														
6														

备注

1. 交通安全（15 分）：驾驶员要坚持“安全第一、预防为主”的安全方针，严格遵守交通规则和操作规程，做到安全行车，保持稳定。不违章，更不应因违章违法而造成交通事故。扣分：因驾驶员不慎造成交通事故的，扣 15 分；违反交通法规，但无造成事故的，一次扣 5 分。

2. 服从安排（10 分）：积极配合负责人的调度（夜班、休息日或法定节假日出车等）及其他事务。扣分：无正当理由不服从工作安排的：对保障工作影响较大的，一次扣 5 分；对保障工作造成一定影响的，一次扣 3 分；对保障工作影响较小的，一次扣 1 分。

3. 爱护车辆（10 分）：驾驶员应爱护车辆，注意平常用车的保养，发车前、运行中及收车后要勤于检查车况，使车况随时处于良好状态，尽量减少损耗。保持车容整洁，车内干净等。扣分：爱护车辆不当，对保障工作影响较大的，一次扣 3 分；对保障工作造成一定影响的，一次扣 1 分。

4. 日常考勤（5 分）：指未遵守考勤制度的，无正当理由迟到或早退一次扣 0.5 分，旷工半日扣 3 分。

5. 礼貌仪容（5 分）：仪容仪表得体，不说污言秽语，不在车内抽烟，接人待物注意个人形象等。扣分：态度恶劣的，一次扣 3 分；态度不够热情的，一次扣 1 分；不注意卫生，影响差的，一次扣 1 分；不注意卫生，影响较为不好的，一次扣 0.5 分。

6. 无出车时表现（5 分）：未经调派的车辆必须停放在指定位置，严禁乱停乱放，无出车时应在单位待命等。扣分：违反一次扣 1 分。

7. 领导评价（30 分）：由领导对聘用人员进行评价打分，领导包括但不限于分管院领导、行装处长、行装处分管副处长、行装处负责车队工作的干警。

8. 干警评价（20 分）：由全院干警对车队司机的日常服务进行评价。

附表 1－8　泉州市中级人民法院食堂聘用人员量化考核表

序号	姓名	部门	基础分(100 分)							正向加分			总分	排名
			日常管理工作表现(40 分)					领导评价(50 分)	自评互评(10 分)	表彰奖励	服务竞赛	其他工作		
			服从安排(10 分)	热情服务(10 分)	工作标准(10 分)	日常考勤(5 分)	仪容仪表(5 分)			5 分	5 分	5 分		
1														
2														
3														

备注

1. 服从安排:不服从工作安排:对保障工作影响较大的,一次扣 5 分;对保障工作造成一定影响的,一次扣 3 分;对保障工作影响较小的,一次扣 1 分。

2. 热情服务:现场保障过程中服务态度不端正:态度恶劣的,一次扣 3 分;态度不够热情的,一次扣 1 分。现场保障过程中处理应急情况不及时:很不及时,对保障工作影响较大的,一次扣 3 分;不够及时,对保障工作造成一定影响的,一次扣 1 分。

3. 仪容仪表:应注意个人仪容仪表及个人卫生:不注意个人卫生,可能影响食品卫生的,一次扣 1 分;不注意个人卫生,不影响食品卫生、但影响个人仪容的,一次扣 0.5 分。

4. 日常考勤:指未遵守考勤制度的,无正当理由迟到或早退一次扣 0.5 分、旷工半日扣 3 分。

5. 工作标准:(1)厨师、厨师助理:实施加工烹饪计划:实施计划很不完满,对保障工作影响较大的,一次扣 3 分;实施计划不够完满,对保障工作造成一定影响的,一次扣 1 分。原料出、入库的验收工作:原料出、入库验收不准确、不及时,导致账物偏差较大的,一次扣 1 分。原料出、入库验收不准确、不及时,导致账物出现一定偏差的,一次扣 0.5 分。就餐期间保障:协调加菜不及时、严重影响保障的,一次扣 1 分;协调加菜不及时、对保障造成一定影响的,一次扣 0.5 分。烹饪技术及原料浪费:技术不精,菜品质量较差、造成较大浪费的,一次扣 0.5 分;技术不精,菜品质量有一定差距、造成一定浪费的,一次扣 0.3 分。

(2)西点师、中式面点师:牵头实施面点加工计划:实施计划很不完满,对保障工作影响较大的,一次扣 3 分;实施计划不够完满,对保障工作影响造成一定影响的,一次扣 1 分。加工技术及原料浪费:技术不精,面点质量较差、造成较大浪费的,一次扣 0.5 分;技术不精,面点质量有一定差距、造成一定浪费的,一次扣 0.3 分。

(3)服务员:打扫卫生(拖地、擦餐桌、清洗厨具等):打扫卫生标准较低,影响用餐环境的,一次扣 0.5 分;打扫卫生标准不够高,对用餐环境造成一定影响的,一次扣 0.3 分。轮值负责早餐制作:制作标准较低或保障不及时,对保障工作影响较大的,一次扣 1 分;制作标准不够高或不够及时,对保障工作造成一定影响的,一次扣 0.5 分。

6. 领导评价(50 分):由领导对聘任制人员进行评价打分,领导包括但不限于分管院领导、行装处长、行装处分管副处长、行装处负责食堂工作的人员,满分 50 分,取平均值为最终得分(若院里有关于测评的其他要求,在此模块中分取部分分数执行)。

7. 自评互评(10 分):全体食堂员工组织自评互评,对身边同事进行综合评分,满分 10 分,取平均值为最终得分。

附表1－9　泉州市中级人民法院辅警量化考核表

序号	姓名	部门	基础分（100分）							正向加分			总分	排名
			日常管理工作表现（60分）					干警评价（20分）	自评互评（20分）	有效处突	训练考核	其他公务		
			值班安保（15分）	警务保障（15分）	警务技能（15分）	其他工作（10分）	警容风纪（5分）			5分	5分	5分		
1														
2														
3														

备注

一、值班安保工作

1. 加分情形。（1）有效处置闹访等突发事件一次加3分；（2）收缴布条传单等每次加2分；（3）收缴管制物品每件加2分；（4）查获危险品并妥善处置每次加3分；（5）临时替班每次加1分；（6）周末节假日临时加班每次加1分；（7）参与完成重要安保任务每次加1.5分。

2. 减分情形。（1）西门岗、审判楼、诉服、监控室值班迟到、早退、脱岗每次减2分；（2）未有效完成安检、登记等职责每次减2分；（3）未按要求着装或佩戴装备每次减1分；（4）在值班岗位长时间玩手机每次减1.5分；（5）岗亭、安检台摆放凌乱每次减1.5分；（6）办公室内务脏乱每次减1.5分；（7）会议、安保等场合未按规定佩戴装备、警容不整的每次扣3分；（8）工作日未按要求着装、警服混穿的每次扣1.5分。

二、警务保障工作

1. 加分情形。假期、补休、轮休等非工作时间额外完成以下工作：（1）参加警务保障每次加1分；（2）参加宣判警务保障每次加0.5分；（3）参加刑事执行每次加1.5庭计；（4）参与民事执行每次按1庭计；（5）配合省院或基层院开庭每次按1.5庭计。

2. 减分情形。（1）无特殊情况不请示报告或请假未准许，无故不参加警务工作的一次扣8分。（2）开庭、执行无故迟到的一次扣3分。（3）提押时未对被告人进行全面检查的一人次扣2分。（4）未按要求随身携带“八大件”的每件次扣0.5分。（5）未对旁听人员进行安全检查的一人次扣1分。（6）不经带队警长同意私自离开审判场所从事其他无关活动的扣2分。（7）值庭时玩弄手机、闲聊、打瞌睡的扣2分。值庭时举止不端的扣2分。（8）警惕性不高，不按要求羁押，私自离开看管现场的扣2分。（9）在羁押室乱扔烟头、纸屑，破坏环境卫生的扣1分。

三、警务技能训练

1. 加分情形。（1）参加集训一次加1分；（2）配合训练、演练活动一次加1.5分；（3）参加支队及上级组织的各类培训，被通报表彰的一次加5分；（4）参加法警总队组织的技能考核、竞赛单项成绩排名1～6名的分别加8～3分；（5）参加全市法院组织的培训单项成绩考核排名前5名的一次加2分。

2. 减分情形。（1）被抽调参加集训无故未参训每次扣2分；（2）训练迟到、早退每次扣1分；（3）未按规定着装、佩戴装备每次扣1分；（4）训练态度不端正、违反纪律每次扣2分。

四、其他工作

（1）参加支队及上级组织的集体活动每次加1.5分；（2）完成上级交办的其他工作每次加1分；（3）参与志愿者服务每次加2分；（4）参加志愿献血每次加3分；（5）参加支队安排的其他公务（勤务）每次加1分；（6）不服从上级其他工作安排的每次减2分。

五、警容仪表

（1）工作日未按要求着警服每次扣1.5分；（2）参加集体活动因不良行为造成负面影响每次扣3分。

六、干警评价

由支队全体法警对辅警人员进行评价打分。

七、自评互评

召开辅警工作会议对全体辅警人员的日常服务进行自评互评。

附表 1－10　员额法官工作业绩评价表(60 分)

基础分评价项目			评分标准/分
办案质量(24 分)	案件评查	一般瑕疵	－1
		重大瑕疵	－2
		不合格	－3
		优秀裁判文书、精品文书、典型案例	列入调研业绩评分
		优秀庭审、精品庭审	列入表彰奖励评分
		国家赔偿	－6
办案数量(10 分)	承办案件	任务数:180 件/年(折算完成数)	办案得分 = 10 ×(折算数/任务数),最低 0 分,最高 10 分。
办案效率(10 分)	比率	审限内结案率	≥所在庭设定审限内结案率,每个百分点 ±1 分
	长期未结	一年以上未满两年	－1
		两年以上未满三年	－2
		三年以上未满五年	－4
		五年以上	－6
		本次诉讼审理时间三个月以上未满六个月	－0.5
	久押不决(被告人羁押时间超三年刑事案件)	六个月以上未满十二个月	－1
		十二个月以上	－2
		未按规定退诉讼费	－1
	其他	未按规定归档	－1

续表

基础分评价项目			评分标准/分
办案效果(16分)	不服判	上诉	-0.05
		抗诉	-0.2
	不息诉	申诉、启动再审	两罚:-0.2;-0.5
		信访、启动再审	两罚:-0.2;-0.5
	涉诉上访	被本院指定化解	-0.1
		赴省上访	-0.2
		进京上访	-0.5
		非正常访	-2
		个人极端访	-6
		群体访	-1~-3
	信访化解	承办人化解(终结方式除外)	+0.25
		责任人化解(终结方式除外)	+1~2
	司法公开	裁判文书上网瑕疵	-0.4
		案件信息标识未录或瑕疵	-0.2

备注
1. 办案效率中结案率指标年底统一考评;
2. 既属长期未结案件又属久押不决案件,只按扣分较重的项目扣分;
3. 涉诉上访、信访化解由信访部门填报。

附表1-11 法官助理工作业绩评价表(60分)

基础分评价项目			评分标准/分
办案质量(24分)	案件评查	一般瑕疵	-1
		重大瑕疵	-2
		不合格	-3
		优秀裁判文书、精品文书、典型案例	列入调研业绩评分
		优秀庭审、精品庭审	列入表彰奖励评分
		国家赔偿	-6

续表

基础分评价项目			评分标准/分
办案数量（10分）	协办案件	任务数:180件/年（折算完成数）	办案得分=10×（折算数/任务数），最低0分，最高10分。
办案效率（10分）	比率	审限内结案率	≥所在庭设定审限内结案率，每百分点±1分
	长期未结	一年以上未满两年	-1
		两年以上未满三年	-2
		三年以上未满五年	-3
		五年以上	-6
	久押不决（被告人羁押时间超三年刑事案件）	本次诉讼审理时间三个月以上未满六个月	-0.5
		六个月以上未满十二个月	-1
		十二个月以上	-2
	其他	未按规定退诉讼费	-1
		未按规定归档	-1
办案效果（16分）	涉诉上访	被本院指定化解	-0.1
		赴省上访	-0.2
		进京上访	-0.5
		非正常访	-2
		个人极端访	-6
		群体访	-1~-3

续表

基础分评价项目			评分标准/分
	信访化解	参与剥离、签订息诉息访协议	+0.25
	司法公开	裁判文书上网瑕疵	-0.4
		案件信息、标识未录入或瑕疵	-0.2
	法官评价	个案辅助作用较差	-0.5
		因工作失误造成不良影响的	-0.5

备注
1. 办案效率中结案率指标年底统一考评;
2. 法官评价由法官助理参与案件的承办法官填报;
3. 接待信访与信访化解由信访部门填报。

附表1-12　执行人员工作业绩评价表(60分)

评价项目			评分标准/分
办案质量(24分)	撤改发	执行异议、复议被上级法院撤改发	-1.2
	案件评查	一般瑕疵	-1
		重大瑕疵	-2
		不合格	-3
	一案双查	执行文书制作瑕疵	-0.1
		超标查封且造成不良影响	-0.1
		执行措施瑕疵	-0.2
		执行款发放瑕疵	-0.1
		终本不合规	-0.5
		结案方式不规范	-0.5
		执行行为被撤改	-1.2
	其他	优秀文书、精品文书、典型案例	列入调研业绩评分
		国家赔偿	-6
办案数量(10分)	承办案件	任务数:180件/年(折算完成数)	办案得分=10×(折算数/任务数),最低0分,最高10分。

续表

评价项目			评分标准/分
办案效率（10分）	比率	审限内结案率	≥执行局设定审限结案率，每个百分点±1分
		实际执行到位率	≥25%（每个百分点±1分）
	长期未结	一年以上未满两年	-1
		两年以上未满三年	-2
		三年以上未满五年	-4
		五年以上	-6
		执行异议超过15日	-0.1
		执行复议超过30日	-0.2
	其他	未按规定归档	-1
办案效果（16分）	涉诉上访	被本院指定化解	-0.1
		赴省上访	-0.2
		进京上访	-0.5
		非正常访	-2
		个人极端访	-6
		群体访	-1～-3
	信访化解	承办人化解（终方式除外）	+0.25
		责任人化解（终结方式除外）	+1～2

备注

1. 办案效率中执行审限内结案率指标年底统一考评；
2. 接待信访与涉诉上访、信访化解由信访部门填报。

附表1-13 综合行政人员工作业绩评价表(60分)

评分项目		评分标准
工作业绩(60分)	第一季度(15分)	(1)亮岗晒绩。考核对象对照职责任务和工作实绩,填写"3+1"实绩表(即本季度内最能体现自己工作能力及成效的三项工作和最不满意的一项工作)。 (2)述职测评。召开部门会议,干警汇报季度履职情况(重点汇报"3+1"实绩),分管领导、部门负责人、普通干警以无记名投票方式进行测评,按不同权重计分。 (3)确定等次。部门负责人根据测评结果提出定档建议,报分管领导审定,后报政治部备案。政治部根据确定的等次,核算相应分值。
	第二季度(15分)	
	第三季度(15分)	
	第四季度(15分)	

备注

综合行政人员工作业绩实行亮岗晒绩和述职测评,结合平时一贯表现和关键时刻表现进行综合考评,由政治部组织实施,并审核认定。

附表1-14 司法警察工作业绩评价表(60分)

评价项目			评分标准/分
工作业绩(60分)	执勤(42分)	开庭保障	每次+0.5
		刑民事执行	
		应急处突	
		实施强制措施	
		安保警卫任务	
		值班备勤	
		其他	
	业务考核(12分)	体能	每档1.2
		单警技能	
		枪械	
		警组	
		警情	
	规范执法(6分)	执勤不规范	每次-0.2
		警务工作迟到旷工	
		警容不严整	
		执法执勤失当造成事故	每次-2

续表

评价项目			评分标准/分
突出实绩（5分）	重大警务活动	重大刑事开庭任务（被告人10人或庭审连续2日及以上）	每次+1
		刑事执行主手、配手	
	个人突出业绩	基层督察调研	
		重大处突	
		重大安保警卫任务	

备注

1. 中层副职、科室负责人、党务专员、内勤、兼职法警的"执勤"分全年达28分即算满分；

2. 业务考核以省院下发的"实战化训练"考核细则为评分标准（100分制，10分为一档），每档1.2分，满分12分，年度未通过上级年度考核得0分。

附表1-15　党建创建评价表（10分）

评价项目			评分标准/分
机关党建	理论学习	无故未参加党组中心组理论学习	-0.2
		无故未参加机关党校学习	-0.2
	组织生活	无故未参加"三会一课"	-0.2
		未按要求参加党员政治生日	-1
		未按要求参加主题党日活动	-0.2
		未按时缴纳党费	-0.2
		未按要求参加其他党内活动	-0.2
	党建竞赛	参加市直机关特色党建项目展评	一等奖+3
			二等奖+2
			三等奖+1
		参加中院党建擂台赛	一等奖+2
			二等奖+1
			三等奖+0.5
		参加中院其他党建竞赛活动	一等奖+1
			二等奖+0.5
			三等奖+0.25

续表

评价项目			评分标准/分
	党建工作	履行党内职务	担任机关党委委员、支部书记+1;担任其他党内职务+0.5
		担任党务专员	+1
		配合机关党委会工作	+0.1
文明创建	志愿服务	文明引导活动中被相关部门通报批评的	-1
		志愿服务活动中不服从安排的	-0.5
		无故缺席志愿服务活动的	-0.5
		违反交通法规被处罚或被相关部门通报的	-0.5
		创建申报任务完成较好的部门承办干警	+0.5
		自行开展志愿服务活动并及时上报图文信息的	+0.5
		个人参加志愿服务活动	+0.1
	信息宣传	撰写文明创建信息被刊发	比照信息规则评分
		撰写文明创建宣传被刊发	比照宣传规则评分
	创先争优	荣获“文明家庭”的干警	比照表彰奖励评分
		获得“文明创建”先进个人的干警	比照表彰奖励评分
	其他事项	完成文明单位、全国文明城市、全国未成年人思想道德建设指标体系工作创建任务	+0.5~1
		未完成上级部署的其他文明创建工作任务的	-0.5

续表

评价项目			评分标准/分
工青妇团工作	活动创建	参加市级以上相关工青妇团主题活动	+0.1
		配合创建办好工青妇团活动的组织、策划及实施工作	+0.1
		完成上级部署的有关工青妇团工作任务的	+0.1
	创先争优	荣获各级以上荣誉表彰	比照表彰奖励评分
	信息宣传	撰写工青妇团信息被刊发	比照信息规则评分
		撰写文明创建宣传被刊发	比照宣传规则评分

备注
1. 有关信息、宣传由办公室根据信息、宣传评分规则计分;
2. 有关"创先争优"的获奖情况由政治部根据表彰奖励评分规则计分。

附表1-16 机关效能评价表(8分)

评价项目		评分标准
效能督察	违反效能督察事项被本级查实或通报	-0.2分/次
	违反效能督察事项被上级或外单位查实或通报	-0.5分/次
会风会纪	违反会风会纪被本级查实或通报	-0.2分/次
	违反会风会纪被上级或外单位查实或通报	-0.5分/次
擅自外出	上班期间外出未按规定报告、登记,被本级查实或通报	-0.2分/次
	上班期间外出未按规定报告、登记,被上级或外单位查实或通报	-0.5分/次
擅自就餐	未按规定时间食堂就餐,被本级查实或通报	-0.2分/次
仪容仪表不规范	审判制服着装不规范等仪容仪表不规范行为被本级或上级通报	-0.2分至-0.5分/次
其他违反	其他有违机关效能的行为,被本级查实或通报	-0.2分/次
	其他有违机关效能的行为,被上级或外单位查实或通报	-0.5分/次
考勤	上班迟到、早退	-0.1分/次
	旷工的	-1/天

续表

评价项目		评分标准
请假	当年休假已用完又请事假的	-0.2/天
	除住院外,请病假全年超过5天的	-0.1/天
培训纪律	参会或参训期间,违反纪律,个人被通报的	-0.2分/次
	被上级部门通报,对中院造成负面影响或中院被通报批评的	-0.5分/次

备注
考勤、请假、培训由政治部负责考评,其他项目由督察室负责考评。

附表1-17　廉洁自律评价表(7分)

评价项目		评分标准/分
信访问责	信访线索经核查属实给以谈话提醒、批评教育、责令检查、诫勉谈话	-0.5~-1
	信访线索经核查属实给以警告、严重警告	-1.5~-2
	信访线索经核查属实给以停职检查、调整职务、免职	-2.5~-3
	信访线索经核查属实给以撤销党内职务、留党察看、开除党籍、降职、撤职、调整其享受的待遇等	-3~-4
拒绝腐败	对可以证明的拒吃请	+0.1
	对可以证明的拒礼、拒贿(含主动上交)	+0.2
主体责任	部门负责人履行主体责任不力被谈话提醒	-0.5
	部门负责人履行主体责任不力被批评教育	-0.6
	部门负责人履行主体责任不力被责令检查	-0.8
	部门负责人履行主体责任不力被诫勉谈话	-1
廉政监督	廉政督察员积极履职、参加督察部门各项活动并及时上交材料的	+0.3
落实中央八项规定精神	违反中央八项规定精神被查实或通报的	-1~-2
落实“三个规定”	未落实党组关于“三个规定”填报贯彻意见的	每月-0.5

附表1－18　综合测评评价表(15分)

评分项目			评分标准
普通干警	分管领导评价(5分)	直属的分管院领导评价	对分管的部门干警(不区分序列)按不超过30%为"好"的比例进行投票;按照所得项目对应分值直接算分。
	部门领导评价(5分)	部门领导(包括正副职)的评价	对本部门干警(不区分序列)按不超过30%为"好"的比例进行投票;按照所得项目对应分值算分,取平均值。
	中层正职以上评价(5分)	中层正职以上(包括市管干部)评价	对参与考核的干警(区分序列),按每个序列不超过30%为"好"的比例进行投票;按照所得项目对应分值算分,取平均值。
部门负责人	分管领导评价(5分)	直属的分管院领导评价	对分管的部门负责人直接进行投票,按照所得项目对应分值直接算分。
	院领导评价(5分)	全体院领导评价	对所有参与考核的部门负责人,按不超过30%为"好"的比例进行投票;按照所得项目对应分值算分,取平均值。
	中层正职以上评价(5分)	中层正职和市管干部评价(不含院领导)	对所有参与考核的部门负责人,按不超过30%为"好"的比例进行投票;按照所得项目对应分值算分,取平均值。

备注
1. 测评项目分为好、较好、一般、较差,其对应分值为:好为5分、较好为4分、一般为3分、较差为2分。
2. 对各类人员全年的综合评价,一般在每年年底进行(一年只测评1次)。

附表1－19　调研评价表(6分)

评价项目			评分标准/分
刊物采用	全国性核心法学、社会科学类核心刊物、《人民司法》《法律适用》《决策参考》	调研报告	+4
		司法统计分析	+3
		论文	+2
	《法院调研与司法统计》《司法决策参考》	调研报告	+3
		司法统计分析	+2
	《人民法院报》(理论版),最高人民法院业务庭(室)公开出版的审判指导类刊物	调研报告	+3
		司法统计分析	+2
		论文	+1.5

续表

评价项目			评分标准/分
	其他全国性期刊(指具有“CN”“ISSN”号的刊物)、高等院校、专业性学术团体主办的法律评论、论丛、年刊、学刊(具有“ISBN”号的连续出版物)	调研报告	+2.5
		司法统计分析	+1.5
		论文	+1.25
	《福建审判》《法院调研内参》	调研报告	+3
		司法统计分析	+2
		论文	+1.5
	省级其他刊物	调研报告	+2
		司法统计分析	+1
		论文	+1
	《福建审判》	宣传性、纪实性文章	+0.75
		来稿摘登、文苑	+0.5
		新闻图片	+0.25
		《特刊》	+0.75
	《刺桐法槌》	调研报告	+1
		经验交流、司法统计、论文等	+0.75
		卷首语、法官驿站、特别策划等	+0.5
		法苑撷英	+0.25
	《泉州法院调研》	调研报告	+1
		司法统计分析	+0.75
	《泉州人大》《泉州政协》《泉州法学》等市级刊物、资料	调研报告及论文	+0.75
	福建人民法院调研网“调研园地”栏目	调研报告	+1.5
		司法统计分析	+0.5
	福建人民法院调研网“实务研讨”栏目	论文	+0.75
	福建人民法院调研网“综治平安”“司法改革”“少年法庭”“调研工作动态”栏目	信息	+0.25

续表

<table>
<tr><th colspan="3">评价项目</th><th>评分标准/分</th></tr>
<tr><td rowspan="5">会议选用及征文采用</td><td>国际会议采用</td><td></td><td>+2.5</td></tr>
<tr><td>全国性政法系统专业性会议或学术研讨会、国家级政法类征文</td><td></td><td>+2</td></tr>
<tr><td>中国法学会主办的论坛、中国审判理论研究会各专业委员会年会、海峡两岸司法实务研讨会等全国性会议、论坛</td><td></td><td>+2</td></tr>
<tr><td>省级政法系统专业性会议或学术研讨会、省级政法类征文</td><td></td><td>+1</td></tr>
<tr><td>市级政法系统专业性会议或学术研讨会、市级政法类征文</td><td></td><td>+0.5</td></tr>
<tr><td rowspan="12">获奖</td><td rowspan="4">全国人民法院系统学术讨论会或优秀调研成果以及其他国家级研讨会、论坛</td><td>一等奖</td><td>+5</td></tr>
<tr><td>二等奖</td><td>+4</td></tr>
<tr><td>三等奖</td><td>+3</td></tr>
<tr><td>优秀奖</td><td>+2</td></tr>
<tr><td rowspan="4">全省人民法院系统学术讨论会或优秀调研成果、省法学会诉讼法研究会年会以及其他省级研讨会、论坛</td><td>一等奖</td><td>+4</td></tr>
<tr><td>二等奖</td><td>+3</td></tr>
<tr><td>三等奖</td><td>+2</td></tr>
<tr><td>优秀奖</td><td>+1</td></tr>
<tr><td rowspan="4">全市人民法院系统学术讨论会或优秀调研成果以及其他市级研讨会、论坛</td><td>一等奖</td><td>+1</td></tr>
<tr><td>二等奖</td><td>+0.75</td></tr>
<tr><td>三等奖</td><td>+0.5</td></tr>
<tr><td>优秀奖</td><td>+0.25</td></tr>
</table>

续表

评价项目			评分标准/分
案例	《最高人民法院指导性案例》《最高人民法院公报》		+10
	《福建法院参考性案例》		+5
	全国法院年度优秀案例分析评选活动	一等奖	+4
		二等奖	+3
		三等奖	+2
		优秀奖	+1
	入选福建法院年度精品案例		+4
	《中国审判案例要览》《中国法院年度案例》《人民法院案例选》		+2.5
	《人民司法》案例版		+2
	《人民法院报》		+1.5
	最高人民法院业务庭(室)公开出版的审判指导类刊物		+1.5
	《福建审判》《法院调研内参·参阅案例专刊》		+1
	《刺桐法槌》		+0.5
	其他全国性政法类刊物		+1.5
	其他省级政法类刊物、福建人民法院调研网"典型案例"栏目以及其他市级政法类刊物		+0.5
	"优秀案例"	国家一等奖	+2
		国家二等奖、省一等奖	+1.5
		国家三等奖、优秀奖,省二等奖、市一等奖	+1
		省三等奖、优秀奖,市二等奖	+0.8
		市三等奖、优秀奖	+0.5

续表

评价项目			评分标准/分
司法建议	按规范格式发出的书面司法建议,被建议单位有反馈		+0.25
	“优秀司法建议”	国家一等奖	+2
		国家二等奖、省一等奖	+1.5
		国家三等奖、优秀奖,省二等奖、市一等奖	+1
		省三等奖、优秀奖,市二等奖	+0.8
		市三等奖、优秀奖	+0.5
特别鼓励分	调研成果被最高人民法院、中央各部委领导批示肯定		+5
	调研成果被省委、省人大、省政府、省政协领导,省人民法院主要领导批示肯定		+4
	调研成果被省委政法委、省人民法院领导班子成员,市委、市人大、市政府主要领导批示肯定		+3
	调研成果在会议上作经验交流	国家级	+5
		省级	+4
	申报最高人民法院重点调研课题、审判理论重大课题及其他全国性重大研究课题	中标	+5
		验收合格	+10
		被评为优秀	+10
	参与完成省人民法院党组重大调研课题、全省人民法院重点调研课题及其他全省性重大研究课题并验收合格	主执笔	+5
		参与撰写5000字以上	+1.5
	参与完成中院确定的重点调研课题并验收合格	主执笔	+2.5
		参与撰写5000字以上	+0.5
	独立出版法律专著		+5
	合著出版	每1万字0.25分,封顶2.5分	+2.5
	调研成果转化成规范性文件或被上一级机关采用作为经验推广		+1

续表

评价项目			评分标准/分
扣分	未按时完成上级人民法院和本院下达的调研项目		-1
	未完成重点调研课题、司法统计分析课题的,或者课题被评定为不合格		-1

备注

1. 重复采用计分:(1)同一篇文章被多家刊物采用或多次获奖的,就高计一次分;(2)同一篇文章既被刊物采用,同时又获奖的,两项得分可以累计;(3)同一篇文章被不同级会议采用的,就高计分;被会议采用同时又在同一会议获奖的,就高计一次分。

2. 不予计分项目:(1)报纸及其他刊物采用的新闻图片、文字说明、短讯、通讯、审判纪实、法苑等栏目的文章不计分;(2)被《人民司法》等刊物的司法信箱、读者来信等栏目采用的不计分;(3)除《福建审判·特刊》外,其他以增刊形式刊发的文章不计分;(4)在各种网站发表的文章不计分;(5)刊物采用不包括各种全书、文库、文集,案例主要包括指导性、研讨性案例,宣传性案例不予计分。

3. 研讨会、论坛未设奖项而将论文收录汇编或结集出版的,评选活动未评定等次的,统一按相应级别优秀奖计分。

4. 多人合作的调研成果由第一作者(主执笔人)出具合作人员贡献值说明,按贡献值比例得分;未出具贡献值说明的,按合作人数平均得分。

附表1-20　信息评价表(4分)

评价项目		评分标准/分
国家级	被最高人民法院办公厅信息刊物采用的信息	+4
省级	被省委办公厅、省政府办公厅信息刊物采用的信息	+2
	被省人民法院《每日快讯》采用的信息	+1
	被省人民法院《法院工作简报》采用的信息	+1.5
市级	被市委《侨区快讯》、市政府《泉州要讯》采用的信息	+0.5
	被中院《泉州法院信息》采用的信息	+0.1
	被中院《泉州法院信息》采用的简讯	+0.03

备注

1. 单条信息被相同部门不同刊物重复采用的,只计最高分,被不同部门不同刊物采用的,重复计分;

2. 反映类信息、被省人民法院评为好信息的,每条加0.5分;

3. 省人民法院办公室编发或转报的信息,被中央领导、最高人民法院领导、省领导(含省人民法院主要领导)批示的,每条酌情加1~2分,负面信息获领导批示的不加分;

4. 省人民法院办公室转报的信息被中央办公厅、国务院办公厅信息刊物采用的,每条加2分;

5. 中院办公室采编报送的信息获采用并或绩效加分的,由办公室酌情予以加分。

附表 1 - 21 宣传评价表(4 分)

<table>
<tr><td colspan="2">评价项目</td><td colspan="2">评分标准/分</td></tr>
<tr><td colspan="2">大项一:传统媒体及其新媒体平台</td><td>文字</td><td>视频</td></tr>
<tr><td>类别 1</td><td>人民日报、中央电视台、新华社全国通稿、新华每日电讯、《求是》杂志</td><td colspan="2">+1.8</td></tr>
<tr><td>类别 2</td><td>中央人民广播电台、光明日报、经济日报、中国日报、半月谈、中新社(全国通稿)、工人日报、农民日报、中国青年报、中国改革报、中国纪检监察报、法治日报、人民法院报、民主与法制时报、中国审判杂志、《学习强国》全国平台、中国共产党新闻网、福建日报(1 - 4 版)、福建电视台《福建新闻联播》、东南卫视《福建卫视新闻》</td><td colspan="2">+0.9</td></tr>
<tr><td>类别 3</td><td>人民网、新华网、中新网、央广网、光明网、法治网、中国网、民主与法制网、中国经济网总网、福建日报(5 版及以后)、福建电视台、福建人民广播电台、海峡通讯、福建法治报《天平》栏目</td><td colspan="2">+0.6</td></tr>
<tr><td>类别 4</td><td>福建法治报、海峡都市报和人民网、新华网、中新网、央广网、光明网、法治网、中国网、民主与法制网、中国法院网、中国经济网、学习强国福建频道,东南网、福建长安网以及新华社、人民日报、央视频、央广网、新福建 App</td><td colspan="2">+0.2</td></tr>
<tr><td>类别 5</td><td>泉州晚报、泉州广播电视台 1 套</td><td colspan="2">+0.1</td></tr>
<tr><td>类别 6</td><td>东南早报、海峡都市报、闽南网、泉州网、香港商报、泉州通 App、无线泉州 App</td><td colspan="2">+0.05</td></tr>
<tr><td colspan="2">大项二:政务新媒体平台</td><td>文字</td><td>视频</td></tr>
<tr><td>类别 7</td><td>中央政法委长安剑、最高人民法院微信公众号</td><td>+0.4 ~ 1.2</td><td>+0.1 ~ 0.6</td></tr>
<tr><td>类别 8</td><td>人民法院报、福建政法委清朗天空、福建高院官方微信公众号</td><td>+0.2 ~ 0.8</td><td>+0.05 ~ 0.4</td></tr>
<tr><td rowspan="4">类别 9</td><td>泉州中院官方微信公众号</td><td>+0.02 ~ 0.2</td><td rowspan="4">+0.01 ~ 0.1</td></tr>
<tr><td>阅读量 > 3000</td><td>+0.3</td></tr>
<tr><td>阅读量 > 8000</td><td>+0.4</td></tr>
<tr><td>阅读量 > 80000</td><td>+0.8</td></tr>
<tr><td>类别 10</td><td>平安泉州微信公众号</td><td>+0.1</td><td></td></tr>
</table>

续表

评价项目		评分标准/分	
大项三:其他		文字	视频
类别11	法苑·青语	+0.2~0.4	
类别12	网评员完成网评任务	每月+0.01	
类别13	配合开展重大新闻活动及获荣誉表彰	每项+0.1~0.5	

备注

1. 宣传业绩评分标准详见泉中法明传(2023)141号《泉州市中级人民法院新闻宣传工作量化考核评分标准的补充规定》。

2. 本表分为三大项:传统媒体及其新媒体平台、政务新媒体平台及其他。同题各大项均就高计一次分。

3. 宣传职能部门人员根据相应的贡献值计分。

附表1-22　表彰奖励评价表(6分)

评价项目		评分标准/分
表彰	中共中央、国务院表彰	+6
	最高人民法院等中央和国家机关以及省委、省政府综合表彰	+4
	最高人民法院等中央和国家机关以及省委、省政府单项表彰	+3
	省人民法院等省直机关以及市委、市政府综合表彰	+2
	省人民法院等省直机关以及市委、市政府单项表彰	+1.5
	市中院等市直机关表彰	+1
	中院优秀公务员	+0.8
	中院优秀党员	+0.8
立功	一等功	+4
	二等功	+2
	三等功(含连续三年考核优秀荣立三等功)	+1
嘉奖	中共中央、国务院嘉奖	+5
	最高人民法院等中央和国家机关以及省委、省政府嘉奖	+3
	省人民法院等省直机关以及市委、市政府嘉奖	+1.5
	市中院等市直机关嘉奖	+0.8

续表

评价项目		评分标准/分
通报表扬	中共中央、国务院通报表扬	+4
	最高人民法院等中央和国家机关以及省委、省政府通报表扬	+2
	省人民法院等省直机关以及市委、市政府通报表扬	+1
	市中院等市直机关通报表扬(含中院办案标兵、办案能手)	+0.5
优秀裁判文书、庭审、案例、司法建议评选	全国人民法院一等奖	+2
	全国人民法院二等奖	+1.5
	全国人民法院三等奖、优秀奖	+1
	全省人民法院一等奖	+1.5
	全省人民法院二等奖	+1
	全省人民法院三等奖、优秀奖	+0.8
	全市人民法院一等奖	+1
	全市人民法院二等奖	+0.8
	全市人民法院三等奖、优秀奖	+0.5

备注

1. 集体、个人表彰加分的计分标准一致;集体获表彰奖励的,按照表彰奖励标准得分,由部门负责人根据部门人员贡献大小进行讨论确定个人分数,并报分管院领导审批,政治部审核认定。

2. 表彰、奖励、通报表扬要经过相关流程组织推荐,有相应的牌匾证书、正式行文通报文件作为佐证材料才能列入加分项目。

3. 对最高人民法院、省人民法院等省级及以上机关内设机构的表彰、奖励、通报表扬给予减半计算;市级机关内设机构的表彰、奖励、通报表扬等不加分。

4. 优秀裁判文书、优秀庭审、优秀案例、优秀司法建议,评选未评定等次的,统一按相应级别三等奖得分。

附表 1-23　综合文稿评价表(5 分)

评价项目		评分标准/分
交流文稿	执笔起草国家级会议经验交流材料	+3
	执笔起草全国人民法院、省(部)级会议经验交流材料	+2
	执笔起草全省人民法院、地市级会议经验交流材料或本级业务指导性文件	+1

续表

评价项目		评分标准/分
讲话文稿	执笔起草省(部)级以上领导讲话稿	+2
	执笔起草省人民法院副院长、市级领导或相当级别领导讲话稿	+1.5
	执笔起草院长讲话稿	+1
汇报文稿	执笔起草向中央部门、最高人民法院、省四套班子及其主要领导的综合汇报材料,向市人大会议的工作报告	+2
	执笔起草向省人民法院主要领导、省级部门、市委市人大及其主要领导的综合汇报材料	+1.5
	执笔起草向市级领导、市级部门的综合汇报材料	+1

备注

1.综合文稿由个人申报,所在部门讨论确定后,报分管领导审批,政治部审核认定。

2.综合文稿由个人完成的,对其个人业绩进行加分;如合作完成,根据各自在文稿中发挥的作用和贡献大小分配分值,具体分值由各方协商确定,协商不成的,由共同主管人指定分值。

附件2 福建省泉州市中级人民法院平时及年度考核工作实施方案(试行)

为加强对干警的平时和年度考核,进一步完善考核评价机制,根据市委组织部关于公务员平时考核工作等相关要求,制定本方案。

一、目标要求

加强平时考核管理,提升机关效能,激发干部干事创业、担当作为,为全面、优质、高效完成各项工作目标提供有力保障。

二、考核对象

在编正式干警(不含市管干部)、职工。

三、考核等次

(一)平时考核

平时考核(季度考核)等次分为"好、较好、一般、较差"四档,表现优秀的同志评定为"好"("好"的等次不超过本部门干警人数的40%)。

(二)年度考核

年度考核等次分为"优秀、称职、基本称职、不称职"

四档,优秀等次根据分类量化考核排名,按1∶1.2比例提交党组会研究确定。

四、考核步骤

(一)平时考核

1. 考核时间。每季度结束后下季度首月10日前,由各部门组织开展季度考核,考核时间提前报政治部,由政治部和督察室派员参加。

2. 亮岗晒绩。各部门考核对象对照职责任务和工作实绩,填写"3+1"实绩表(本季度内最能体现自己工作能力及成效的三项工作和最不满意的一项工作)。

3. 述职测评。(1)中层正职以下干警。由部门负责人主持召开本部门全体干警会议,邀请分管院领导参加。干警以"3+1"形式逐一汇报本季度岗位任务完成情况,之后以无记名(二维码)方式进行投票测评。测评项目分为好、较好、一般、较差,其对应分值为:1分、0.8分、0.6分、0.3分。测评票权重系数如下:分管领导为1.5、部门正职(包括负责人)为2.0、其他干警为1。季度考核分值根据民主测评结果量化排名。测评结果由考核组统计后,反馈给部门负责人。(2)部门负责人。部门负责人以书面形式提交本季度"3+1"实绩表,政治部汇总后印发给每位院领导,院领导以无记名(二维码)方式进行投票测评。测评项目分为好、较好、一般、较差,其对应分值为:1分、0.8分、0.6分、0.3分。测评票权重系数如下:院长为1.5、分管领导为1.5、其他院领导为1。季度考核结果按照民主测评量化分排名("好"等次的名额不超过40%)。测评结果由考核组带回统计。

4. 确定等次。部门负责人根据考核组反馈的测评结果,对部门干警的考核等次提出建议,报分管领导审定。部门负责人的考核结果由政治部根据测评结果提出建议,报院长审定。各部门下季度首月15日前,将上一季度考核备案表报送政治部。

5. 结果反馈。部门负责人可采取适当方式,及时向干警本人反馈考核结果,肯定成绩、指出不足,提出改进要求,听取本人意见。部门负责人的考核结果由政治部反馈。

(二)年度考核

1. 考核时间。接到市委组织部年度考核通知后,由政治部组织实施。

2. 评定等次。根据市委组织部核定的优秀等次名额,按照员额法官、法官助理、执行人员、综合行政、法警、部门负责人、工勤等各类别人员数量比例下达每个类别人员优秀名额。对各类别人员根据量化考核结果进行排名，根据排名结果按1∶1.2的差额比例提交院党组研究决定后，公示并上报市委组织部。

五、其他说明

1. 本院设立中院干警业绩考核委员会，下设办公室，人员由政治部、办公室、督察室、审管办、研究室、行装处和机关党委会等各相关职能部门组成，依托在政治部，在业绩考核委员会的领导下，开展干警的业绩考核评价工作。

2. 按照《福建省公务员平时考核实施办法（试行）》，年度考核确定为优秀等次的，应从当年度平时考核结果至少一半以上为“好”等次，且无“一般”“较差”等次的对象中产生。

3. 职工参与本部门季度考核，年度考核单独量化排名后确定等次。

4. 当年度调入（遴选）到我院的干警未超过半年的干警，或借调（挂职）在外单位超过半年且已经回我院工作的干警，因工作时间过短导致量化考核结果可能无法体现客观工作情况，年度考核结果均定为“称职”等次。

5. 严格按照考核标准，对于已经连续两年年度考核被确定为优秀等次的，如工作实绩不突出，应坚持标准条件，不得迁就照顾而确定为优秀等次。

6. 因涉嫌违法违纪正在被核查、已被查实或受党纪政纪处分仍处于影响期的，年度考核不得评为优秀等次。

7. 病、事假累计时间超过当季平时考核周期一半的，参加考核，不确定等次（当季分数为0分）。因病假、事假、产假、自费脱产学习等原因累计不在岗超过2个月的，年度考核不得评为优秀等次。

附表 2－1　泉州市中级人民法院平时考核“3＋1”实绩公示表

（请您事先熟悉表格相关内容，并如实填写）

<table>
<tr><td>姓名</td><td colspan="2"></td><td>单位及职务</td><td colspan="2"></td></tr>
<tr><td colspan="6">最能体现自己工作能力的三项工作和最不满意的一项工作</td></tr>
<tr><td rowspan="4">最能体现自己能力的三项工作以及所取得的主要实绩</td><td>序号</td><td>工作项目
（20 字以内）</td><td>工作背景
（50 字以内）</td><td>工作成绩（50 字以内）</td><td>本人作用（50 字以内）</td></tr>
<tr><td>1</td><td></td><td></td><td></td><td></td></tr>
<tr><td>2</td><td></td><td></td><td></td><td></td></tr>
<tr><td>3</td><td></td><td></td><td></td><td></td></tr>
<tr><td>最不满意的一项工作及主观原因的剖析
（100 字以内）</td><td colspan="5"></td></tr>
</table>

泉州市中级人民法院政治部

附件3　聘用制书记员绩效考核办法(试行)

第一条　聘用制书记员是法院队伍的重要组成力量。为进一步加强对聘用制书记员的考核管理,增强聘用制书记员的责任感、获得感和归属感,激发其工作积极性,提升审判执行质效,结合本院工作实际,制定本办法。

第二条　中院成立书记员管理办公室(以下简称书管办),负责全院书记员(含省聘、市聘和院聘)的业务培训、测评考核、定级定档、评先评优、晋升退出等工作,按照不同岗位工作性质对书记员进行分组管理,并采取分类量化考核方式进行绩效考核。

第三条　本办法所称的聘用制书记员特指在审判执行岗位的书记员。

聘用制书记员的考核采取月度绩效考核、季度绩效考核和年度绩效考核三种方式。

第四条　月度绩效考核由工作业绩、扣分项、加分项三部分组成。(详见附表3－1、附表3－2)

工作业绩采取百分制。审判岗位书记员的工作业绩主要包括:跟案数(20分);记录数(20分),含次数和页数;折算数(60分),含结案折算和内务折算。跟案数指考核区间内分配给书记员的案件数量。记录数指考核区间内书记员所作的开庭笔录、提审(讯问)笔录、调查笔录、询问笔录、听证笔录、合议笔录、专业法官会议讨论笔录、审委会笔录等笔录的次数和页数。结案折算数指根据折算规则计算得出的案件数量。内务折算数指内勤、党务专员等内务工作折算得出的案件数量。以上数据均由本院审管办提供。执行岗位的聘用制书记员因实行分段集约,工作业绩由执行局根据该书记员的工作完成情况进行量化排名后报书管办。

扣分项主要包括考勤、上诉移送、归档、退诉讼费、笔录质量、庭前准备、司法礼仪、学习培训等。考勤扣分指未遵守考勤制度的,无正当理由迟到或早退一次扣0.5分、旷工半日扣3分。上诉移送扣分指未在规定期限内移送上诉(复议)案件的,每件扣3分。归档扣分指未在规定期限内归档的,每件扣3分。退诉讼费扣分指未在规定期限内退还诉讼费的,每件扣3分。笔录质量扣分指由书管办组织随机抽查,发现明显错误的,每件扣1分,存在瑕疵的,每件扣0.5分。庭前准备扣分指庭前准备工作不充分、不规范的,每查到一次扣0.5分。司法礼仪扣分指被督察室、政治部等相关部门检查发现在着装、仪容仪表、庭审纪律等方面存在不规范情形的,每查到一次扣0.5分。学习培训扣分指无正当理由未参加学习培训的,一次扣2分。

加分项主要包括参加全院性特殊工作任务、其他等,如在本院大型会议或活动中担任工作人员且表现良好的,每次加0.5分;担任小组长(副组长)表现比较突出的由书管办酌情加分;撰写调研信息宣传的按相关规定加分。

根据月度考核量化排名情况,审判岗位书记员第1-3名和执行岗位书记员第1名评为"月度优秀书记员",列入执法办案竞赛光荣榜,年度绩效每次加2分。

第五条　季度绩效考核由工作业绩、综合评价、扣分项、加分项四部分组成。(详见附表3-3、附表3-4)

工作业绩和综合评价采取百分制,其中工作业绩占80分,计算方法为该季度内的月工作业绩平均得分乘以80%。综合评价占20分,由书记员所在部门领导、干警以及书管办根据该书记员的表现情况按照好、较好、一般、较差四个档次进行评价,其中部门领导评价占8分,四个档次分别按8分、5分、3分、0分计算;部门干警和书管办评价各占6分,四个档次分别按6分、4分、2分、0分计算;以上评为"好"档次的人数比例不超过40%。本季度出现扣分项目的不能评为"好"的档次,出现两次扣分项目的不能评为"较好"档次。

季度扣(加)分是指季度内的每月扣(加)分总和。

根据季度考核量化排名情况,对审判和执行岗位书记员分别排名前40%的,年度绩效每次加2分。

第六条 年度绩效考核由该年度内各季度绩效考核平均得分和年度绩效加分两部分组成,并根据绩效考核排名的位次发放年度绩效奖金。(详见附表3-5、附表3-6)

对审判和执行岗位年度绩效考核分别排名前30%的书记员,评为"年度优秀书记员",另行给予适当奖励。

第七条 具有中共党员身份的聘用制书记员被中院机关党委评为优秀共产党员的,享受优秀共产党员的奖励。

第八条 聘用制书记员应当参加技能竞赛。中院一年举办一次技能竞赛,内容包括政治理论及岗位知识测试、速录技能、电子卷宗生成和归档情况等。

根据技能竞赛结果,第1-2名年度绩效加2分,第3-5名年度绩效加1.5分,第6-10名年度绩效加1分,其余排名前20%人员年度绩效加0.5分。

第九条 根据工作需要,可以从政治素质硬、专业水平高、绩效考核优秀的聘用制书记员中选聘法官助理。选聘对象应符合以下基本条件:

(一)大学本科及以上学历;

(二)现担任省聘书记员;

(三)在本院工作满三年且曾经在审判执行岗位担任书记员满二年;

(四)通过国家法律职业资格考试(国家统一司法考试);

(五)绩效考核排名靠前。

当年度有以下情形的不得参与法官助理选聘:

(一)未在规定期限内归档的;

(二)未在规定期限内退诉讼费的;

(三)未在规定期限内移送上诉(复议)案件的;

(四)连续旷工或全年累计旷工2日以上的;

(五)全年迟到、早退累计5次以上的;

(六)工作态度粗暴,不尊重当事人,因自身原因导致庭审无法进行或者因其他作风问题被投诉经查证属实达2次以上的;

(七)工作拖沓、效率低下,拖延案件审理进度,情节严重的;

(八)因责任心不强导致工作出现差错、疏漏,造成卷宗遗失、证据材料遗失等严重后果的；

(九)有私下会见当事人或其委托代理人，擅自过问承办法官和其他法官正在审理的案件等违反廉政和审判纪律行为的；

(十)实施其他违反法律、法规、职业规范、本单位规章制度或者社会公共道德的行为，情节严重的。

第十条　选聘为法官助理的，在法官的指导下履行以下职责：

(一)审查诉讼材料，协助法官组织庭前证据交换和庭后补充举证、质证；

(二)协助法官组织庭前、庭中、庭后调解，草拟调解文书；

(三)受法官委托或者协助法官依法办理财产保全和证据保全；办理委托鉴定、评估等工作；与书记员共同做好文书送达工作；

(四)根据法官的要求，准备与案件审理相关的参考资料，研究案件涉及的相关法律问题，并在法官的指导下草拟裁判文书的部分内容；

(五)处理或者协助法官处理拟公开上网的裁判文书；

(六)规范制作法律文书，指导书记员完整收集诉讼文书材料，检查归档诉讼卷宗规范性、完整性；

(七)完成法官交办的其他审判辅助性工作。

第十一条　选聘为法官助理的，相应提高工资待遇。实行一年一聘，到期由政治部和审管办进行考核，考核合格予以续聘。

第十二条　本办法由政治部负责解释，自2023年9月1日起施行。

附件：附表3－1至3－6

附表 3－1　泉州市中级人民法院聘用制审判类书记员月度量化考核表

序号	部门	姓名	编制类别	工作业绩（100 分）				扣分									加分		总分	排名
				跟案数（20 分）	记录数（20 分）		折算数（结案＋内务）（60 分）	考勤情况	上诉移送	归档情况	退诉讼费	笔录质量	司法礼仪	庭前准备	学习培训	其他	全院性特殊任务	其他		
					次数（10 分）	页数（10 分）														
1																				
2																				
3																				
4																				
5																				

备注

1. 跟案数（20 分）：指考核区间内分配给聘用制书记员的案件数，数据由审管办提供。跟案数最多的得满分 20 分，余者根据各自跟案数类推换算。

2. 记录数（20 分）：指考核区间内聘用制书记员所作的开庭笔录、提审（讯问）笔录、调查笔录、询问笔录、听证笔录、合议笔录、专业法官会议讨论笔录、审委会笔录等笔录的次数和页数，数据由审管办提供。次数、页数最多的分别各自得满分 10 分，余者根据各自的次数、页数类推换算。

3. 折算数（结案＋内务）（60 分）：结案折算数指根据折算规则计算得出的案件数量；内务折算数指内勤、党务专员等内务工作折算得出的案件数量；数据由审管办提供，折算数最多的得满分 60 分，余者根据各自折算数类推换算。

4. 考勤扣分：指未遵守考勤制度的，无正当理由迟到或早退一次扣 0.5 分、旷工半日扣 3 分。

5. 上诉移送扣分：指未在规定期限内移送上诉案件的，每一件扣 3 分。

6. 归档扣分：指未在规定期限内归档的，每一件扣 3 分。

7. 退诉讼费扣分：指未在规定期限内退诉讼费的，每件扣 3 分。

8. 笔录质量扣分：指由书管办组织随机抽查，发现明显错误的，每件扣 1 分，存在瑕疵的，每件扣 0.5 分。

9. 庭前准备扣分：指庭前准备工作不充分、不规范的，每查到一次扣 0.5 分。

10. 司法礼仪扣分：被督察室、政治部等相关部门检查发现在着装、仪容仪表、庭审纪律等方面存在不规范情形的，每查到一次扣 0.5 分。

11. 学习培训扣分：指无正当理由未参加学习培训的，一次扣 2 分。

12. 全院性特殊任务加分：指参加全院性特殊工作任务，如在本院大型会议或活动中担任工作人员且表现良好的，每次加 0.5 分。

13. 其他加分项：如担任小组长（含副组长）表现较为突出的，书管办酌情加分；如有撰写调研信息宣传的，按相关规定加分。

14. 根据月度考核量化排名情况，审判岗位书记员第 1－3 名和执行岗位书记员第 1 名评为“月度优秀书记员”，列入执法办案竞赛光荣榜，年度绩效每次加 2 分。

附表3－2 泉州市中级人民法院聘用制执行类书记员月度量化考核表

序号	部门	姓名	编制类别	工作业绩（100分）	扣分									加分		总分	排名
					考勤情况	上诉（复议）移送	归档情况	退收诉讼费	笔录质量	庭前准备	司法礼仪	学习培训	其他	全院性特殊任务	其他		
1																	
2																	
3																	
4																	
5																	

备注

1. 工作业绩：具体数据由执行局提供。
2. 考勤扣分：指未遵守考勤制度的，无正当理由迟到或早退一次扣0.5分、旷工半日扣3分。
3. 上诉（复议）移送扣分：指未在规定期限内移送上诉（复议）案件的，每一件扣3分。
4. 归档扣分：指未在规定期限内归档的，每一件扣3分。
5. 退诉讼费扣分：指未在规定期限内退诉讼费的，每件扣3分。
6. 笔录质量扣分：指由书管办组织随机抽查，发现明显错误的，每件扣1分，存在瑕疵的，每件扣0.5分。
7. 庭前准备扣分：指庭前准备工作不充分、不规范的，每查到一次扣0.5分。
8. 司法礼仪扣分：被督察室、政治部等相关部门检查发现在着装、仪容仪表、庭审纪律等方面存在不规范情形的，每查到一次扣0.5分。
9. 学习培训扣分：指无正当理由未参加学习培训的，一次扣2分。
10. 全院性特殊任务加分：指参加全院性特殊工作任务，如在本院大型会议或活动中担任工作人员且表现良好的，每次加0.5分。

11 其他加分项：如担任小组长（含副组长）表现较为突出的，书管办酌情加分；如有撰写调研信息宣传的，按相关规定加分。

12. 根据月度考核量化排名情况，审判岗位书记员第1－3名和执行岗位书记员第1名评为“月度优秀书记员”，列入执法办案竞赛光荣榜，年度绩效每次加2分。

附表 3－3　泉州市中级人民法院聘用制审判类书记员季度量化考核表

序号	部门	姓名	编制类别	基础分(100 分)				扣分	加分	总分	排名
				工作业绩（80 分）	综合评价(20 分)						
					部门领导评价（8 分）	部门干警评价（6 分）	书管办评价（6 分）				
1											
2											
3											
4											
5											
6											
7											
8											
9											

备注

1. 工作业绩：占 80 分，计算方法为该季度内每月工作业绩平均得分乘以 80%。

2. 综合评价：占 20 分，由书记员所在部门领导、干警及书管办根据书记员的表现情况按照好、较好、一般、较差四个档次进行评价，其中部门领导评价占 8 分，四个档次分别按 8 分、5 分、3 分、0 分计算；部门干警和书管办评价各占 6 分，四个档次分别按 6 分、4 分、2 分、0 分计算；本季度出现扣分项目的不能评为“好”的档次，出现两次扣分项目的不能评为“较好”档次。

3. 季度扣（加）分：指该季度内每月扣（加）分总和。

4. 根据季度考核量化排名情况，对审判和执行岗位书记员分别排名前 40% 的，年度绩效每次加 2 分。

附表 3－4　泉州市中级人民法院聘用制执行类书记员季度量化考核表

序号	部门	姓名	编制类别	基础分（100 分）				扣分	加分	总分	排名
				工作业绩（80 分）	综合评价（20 分）						
					部门领导评价（8 分）	部门干警评价（6 分）	书管办评价（6 分）				
1											
2											
3											
4											
5											

备注

1. 工作业绩：占 80 分，计算方法为该季度内每月工作业绩平均得分乘以 80%。

2. 综合评价：占 20 分，由书记员所在部门领导、干警及书管办根据书记员的表现情况按照好、较好、一般、较差四个档次进行评价，其中部门领导评价占 8 分，四个档次分别按 8 分、5 分、3 分、0 分计算；部门干警和书管办评价各占 6 分，四个档次分别按 6 分、4 分、2 分、0 分计算；本季度出现扣分项目的不能评为“好”的档次，出现两次扣分项目的不能评为“较好”档次。

3. 季度扣（加）分：指该季度内每月扣（加）分总和。

4. 根据季度考核量化排名情况，对审判和执行岗位书记员分别排名前 40% 的，年度绩效每次加 2 分。

附表 3－5　泉州市中级人民法院聘用制审判类书记员年度量化考核表

序号	部门	姓名	编制类别	基础分(100 分)	加分			总分	排名
					月度优秀	季度优秀	技能竞赛		
1									
2									
3									
4									
5									

备注

1. 基础分(100 分):指该年度各季度绩效考核平均得分。

2. 月度优秀加分:指根据月度考核量化排名情况,审判岗位书记员第 1－3 名和执行岗位书记员第 1 名评为“月度优秀书记员”,年度绩效每次加 2 分。

3. 季度优秀加分:指根据季度考核量化排名情况,审判和执行岗位书记员分别排名前 40% 的,年度绩效每次加 2 分。

4. 技能竞赛加分:指根据技能竞赛结果,第 1－2 名年度绩效加 2 分,第 3－5 名年度绩效加 1.5 分,第 6－10 名年度绩效加 1 分,其余排名前 20% 人员年度绩效加 0.5 分。

附表3-6　泉州市中级人民法院聘用制执行类书记员年度量化考核表

序号	部门	姓名	编制类别	基础分(100分)	加分			总分	排名
					月度优秀	季度优秀	技能竞赛		
1									
2									
3									
4									
5									

备注

1. 基础分(100分):指该年度各季度绩效考核平均得分。

2. 月度优秀加分:指根据月度考核量化排名情况,审判岗位书记员第1-3名和执行岗位书记员第1名评为“月度优秀书记员”,年度绩效每次加2分。

3. 季度优秀加分:指根据季度考核量化排名情况,审判和执行岗位书记员分别排名前40%的,年度绩效每次加2分。

4. 技能竞赛加分:指根据技能竞赛结果,第1-2名年度绩效加2分,第3-5名年度绩效加1.5分,第6-10名年度绩效加1分,其余排名前20%人员年度绩效加0.5分。

附件4 平时考核发表情况

一、微信公众号：

1. 先锋泉州：《市中级法院构建分类量化考评机制助推干部担当作为》，2023年6月7日。

2. 闽法快讯：《泉州中院：构建一体化平时考核机制激励干警担当作为》，2023年6月26日。

3. 中国审判：《泉州中院 以考核"出卷"用实绩"答卷"》，2023年7月6日。

4. 福建高院：《让"实干者"有激励、"老黄牛"有动力、"老油条"有压力》，2023年7月11日。

5. 泉州中院：《让"实干者"有激励、"老黄牛"有动力、"老油条"有压力》，2023年7月12日。

二、杂志：

中国审判：《泉州中院 以考核"出卷"用实绩"答卷"》，2023年第11期。

泉州中院：以考核"出卷"用实绩"答卷"*

"手机扫一扫、点一点就可以把考评结果提交系统了，还真方便。"福建省泉州市中级人民法院（以下简称

* 作者杨小蓉、黄志兴，载《中国审判》2023年第11期。

泉州中院)立案庭一名干警连声感叹考评方式的改变。不同于以往纸质化考核方式,创新后的考核方式省去纸质考核表的中间流转环节及后期统计的烦琐,大大提高了工作效率。

近年来,泉州中院好事连连:成功举办海上丝绸之路(泉州)司法合作国际论坛,诉讼服务中心被评为全国“人民满意的公务员集体”,“法映刺桐”宋元法律文化展馆入选“全国法院文化建设特色项目”……

荣誉的背后是泉州中院干警争先创优、奋发有为的责任与担当。该院是如何激励干警干事创业的热情?答案是通过构建“分类+量化+加减+智评+奖惩”的一体化考评机制,实现干部队伍管理的科学化、规范化、标准化,为泉州市两级人民法院高质量发展奠定良好的制度基础。

科学分类,让“考核谁”更有区分度

司法改革后,人民法院工作人员类别多、工作内容差异大,如何进行差异化考核一直是工作难点。泉州中院数易其稿,在2023年的第一次考核中便运用了新的考核办法。干警们发现,不同于以前“大锅饭”式的考评体系,这次考核还关注到个人工作类别的差异性。

据悉,泉州中院将考核对象划分为“6类人员+1个序列”。“6类人员”指的是员额法官、法官助理、执行人员、综合行政人员、司法警察和聘用人员六大类别人员,“1个序列”指的是部门负责人。

量身定制,科学划分。考核序列的合理划分激发了干警们在各自赛道上“向优者学、与快者比、跟强者争”的能动性,也为后续各项考核指标的设定奠定了良好基础。

以事考人,让“考什么”更有精准度

目前,泉州中院有284名干警和176名聘用制人员。如何实现精准考评到人,这是摆在泉州中院党组面前的一道难题。

“我兼庭室的内勤工作,除了上传下达还要负责撰写各种材料,协助办案少了,考核上会不会吃亏?”

“我们庭室小、人员少,但是又承担着涉老、涉少、涉军等创新项目,考核上会不会吃亏?”

…………

在制订平时考核方案前，泉州中院相关工作人员深入各庭室开展调查。干警们关心的问题被一一记下，并在专题会上被反复提及并研究。

“考核体系既要服务全院工作大局，突出工作共性，又要关注个体差异，突出干警个性，既要让‘实干家’有激励、‘老黄牛’有动力，又要让‘老油条’有压力、‘混日子’没市场、‘躺平者’躺不住。”在泉州中院党组会上，党组书记、院长姚丽青为平时考核工作定下总基调。

泉州中院坚持问题导向，聚焦工作业绩、队伍建设及群众认可度，采取百分制形式，设置若干个指标。在指标设置上，该院坚持“共性与个性”的划分方式；在业绩评价上，坚持“定性与定量”相结合，力求做到“以事考人”。

如何让优秀者脱颖而出，泉州中院聚焦考核导向性作用，实行“正向加分+负向扣分”的考核办法。其中，“正向加分”设置9个项目，体现在综合文稿、季度考核、表彰奖励、品牌亮点、办案（服务）竞赛、承担疑难复杂案件（急难险重任务）等项目中。“负向扣分”设置3个项目，包括廉洁自律、机关效能、案件监管等。该考核办法全方位规范干警言行，对踩“红线”的行为对照清单进行扣分，对干警出现严重不良影响的行为则实行“一票否决”，以此拉紧干警工作与生活的“高压线”。

智慧考评，让“怎么考”更有科技度

以往，在开展测评之前，相关工作人员先到考核部门领取考核表格，并逐一发放至每一个人。在填写完成后，考核表格再按照流程返回到考核部门。整个流程不仅费时费力，还会造成漏发漏收的情况。

泉州中院一方面规范传统录入方式，通过个人参与和各职能部门审核，确保“正负向加减分”更完整、更真实、更准确。每月，由个人提出“正向”与“负向”相关项目的书面申请并附材料，填报人所在部门负责人进行初审，办公室、研究室、政治部等相关部门对照标准审核并报院考评办审定同意后，由对应职能部门录入项目。另一方面，该院运用自主研发分类量化考核软件和综合评价“二维码”软件，实现材料线上填报、自动生成相关结果。目前，分类量化考核软件已接入“福建法院人事信息管理系统”和“福建法院审判信息系统”。审判部门人员工作业绩自动折算成分值，其他项目数据手工录入后，干警的排名自动生成。每名干警均可随时登录查看考核结果。该举措实现了共享贯通、公开透明的效果。

结果转化,让“怎么用”更有公信度

“这次提拔的15名干部在量化考评中均排名靠前,结果确实让人信服。”在近期的一次中层提拔中,干警们纷纷发表意见。

随着司法体制改革的深入,员额法官因核定数的限制导致队伍相对固化,且法官因独立办案常游离在考核体系外,如何最大限度激发“一池春水”,一体化平时考核体系给出了最优解。当员额法官发生空缺时,泉州中院相关部门将优先考虑量化排名靠前的法官助理。同时,对排名靠后的员额法官,该院采取必要的组织措施。如对量化考核排名靠后的员额法官,第一年给予“黄牌警告”,第二年降低一个法官等级,第三年要求其直接退出员额序列。

除了与选拔任用、员额进出相挂钩外,在该考评体系中,考核职能部门分别对“6+1”类人员按照量化总分进行排名,将排名与绩效奖金、评优评先、职级晋升直接挂钩。

一滴水折射出太阳的光辉。每天早签到晚签退、每周一“廉政+例会”、每月评选办案(执行)标兵能手和服务先锋……一套“日志式”一体化管理的日常考核办法带来了一股新风,一套机制的建立激发了泉州中院全院工作人员拼搏进取的工作热情。来办事的群众都看在眼里、赞在心中。

泉州市中院构建分类量化考评机制　助推干部担当作为*

近年来,市中级人民法院针对司法改革后干部队伍出现的新情况,注重顶层设计,探索试行分类量化的考核办法,通过构建“分类+量化+加减+智评+奖惩”的一体化考评机制,不断提升干部考核工作的区分度、合理度、辨识度、科技度、公信度,有效促进干部担当作为,推动审判执行工作提质增效。2022年,市中级人民法院诉讼服务中心被中共中央、国务院评为全国“人民满意的公务员集体”;审判执行质效创历史最好成绩,结案率及执行综合绩效均跃居全省前列。

---

* 作者:杨小蓉、黄志兴,载泉州市委组织部微信公众号“先锋泉州”,2023年6月7日。

精准划分“6 类人员 +1 个序列”，让“考核谁”更有区分度

坚持分类评价，针对员额制改革后法院队伍各类人员工作分工等方面的明显差异，合理确定考核对象分组，将全院人员划分为“6 + 1”类。“6”指的是员额法官、法官助理、执行人员、综合行政人员、司法警察和聘用人员六大类别人员，“1”指的是部门负责人。根据不同岗位工作特点，通过合理的人员类别划分，构建起“一类一案”“一人一表”的精细化考核体系，实现了对公务员日常工作表现的分类差异化评价，提高了公务员平时考核的精准度。

统筹考核“共性个性 + 定性定量”，让“考什么”更有合理度

聚焦工作业绩、队伍建设及群众公认度，采取百分制形式，精心设置若干个指标，通过“共性与个性”“定性与定量”相结合，力求做到“以事考人”。在指标设置上，做到“共性”与“个性”相结合，共性指标包括综合评价、工作业绩、队伍建设（党建创建、机关效能、廉洁自律等）3 大项，以及正负向加减分项目。个性指标主要是共性指标工作业绩和综合评价项下，根据各类人员岗位职责不同，设置不同的业绩指标考核和不同的评价人员，以此更贴近部门或岗位特征。在业绩评价上，做到“定性与定量”相结合。如法官、助理和执行人员的业绩以每月通报的折算后办案量为准；行政综合部门的业绩以每季度“3 + 1”述职测评后的考核得分为准。

合理实行“正向加分 + 负向扣分”，让“优与劣”更有辨识度

聚焦考核导向性作用，设置包括信息、调研、宣传、综合文稿、季度考核、表彰奖励、品牌亮点、办案（服务）竞赛、承担疑难复杂案件（急难险重任务）等 9 个正向加分项目，激励全体干警积极“晒工作、晒成绩、晒创新”。同时，坚持负面清单扣分，共设置廉洁自律、机关效能、案件监管等 3 个负向扣分项目，全方位规范干警言行，对踩“红线”的行为对照清单扣分，若出现严重影响的，实行“一票否决”，以此拉紧干部工作生活中的高压线，形成持续震慑。

创新采取“传统录入 + 智慧考评”，让“怎么考”更有科技度

聚焦“怎么考”的问题，试行“传统录入 + 智慧考评”的数据收集方式，通过

数字赋能,实现考核工作由“纸端”进入“云端”的转变,不断提升考核工作科学化水平。通过个人参与和各职能部门审核把关,确保正负向加减分更完整、真实、准确。另外,自主研发分类量化考核软件,创新通过扫描“二维码”进行综合评价,实现数据填报“一屏掌控”、自动生成。并将分类量化考核软件直接接入福建法院人事信息管理系统和福建法院审判信息系统,实现数据信息共享贯通,让每名干警均可随时登录查看个人排名,有效提升考核的透明度。

一体推进“量化排名+兑现结果”,让“怎么用”更有公信度

量化考核后,分别对“6+1”类人员按照量化总分进行排名,并将排名与绩效奖金、评先评优、职级晋升、提拔使用、法官入额等直接挂钩,使平时考核成为激发干部队伍奋发有为的“指挥棒”。同时,对排名靠后的人员,采取必要的组织措施,如对排名靠后的员额法官,第一年给予“黄牌警告”,第二年降低一个法官等级,第三年要求其直接退出员额,有效杜绝“大锅饭”、平均主义、“躺平”思想等现象,让干事者有动力,干成者得实惠,充分调动干警的工作积极性。